会计学概论

（第2版）

耿建新　主编

国家开放大学出版社·北京

图书在版编目（CIP）数据

会计学概论/耿建新主编. -- 2 版. -- 北京：国家开放大学出版社，2021.7（2023.5 重印）
ISBN 978 - 7 - 304 - 10844 - 1

Ⅰ. ①会… Ⅱ. ①耿… Ⅲ. ①会计学 Ⅳ. ①F230

中国版本图书馆 CIP 数据核字（2021）第 104497 号

会计学概论（第 2 版）

KUAIJIXUE GAILUN

耿建新　主编

出版·发行：国家开放大学出版社
电话：营销中心 010 - 68180820　　　　　　总编室 010 - 68182524
网址：http://www.crtvup.com.cn
地址：北京市海淀区西四环中路 45 号　　　　邮编：100039
经销：新华书店北京发行所

策划编辑：赵文静　陆　恬　　　　　　　版式设计：何智杰
责任编辑：陆　恬　　　　　　　　　　　责任校对：吕昀谿
责任印制：武　鹏　马　严

印刷：三河市博文印刷有限公司
版本：2021 年 7 月第 2 版　　　　　　　2023 年 5 月第 7 次印刷
开本：787mm×1092mm　1/16　　　　　印张：23　字数：433 千字

书号：ISBN 978 - 7 - 304 - 10844 - 1
定价：46.00 元

第2版前言

写好一本适用于非会计专业学生的会计学教材，对从事科研、教学的会计学者来说并非易事。其主要原因在于以下几点：首先，教材要满足非会计专业学生掌握会计专业的需要，帮助其打好学习财政、税收、金融、管理等相关学科的基础。具体来说，教材虽然不需要像会计专业的教材那样面面俱到地介绍会计业务，但也不可以有任何疏漏和偏废，尤其是要满足上述各学科的专业基础需要。其次，教材要尽可能地激发和培养非会计专业学生学习会计学知识的热情和兴趣，即努力将会计学知识中的烦琐、交叉、递进的复杂关系规律化、程序化，甚至赋予趣味性。最后，教材要有合理的安排，以帮助同学们深入理解并扎实掌握教材中的内容。本教材在这方面的设计主要表现在各章节之间内容的衔接，以及以各章例题之间相互衔接的方式，实现企业损益的汇总计算、财务报表的编制与分析方面。本教材自出版以来，受到同学们和教师们的一致好评，这对作者来说是最大的荣誉。

社会经济的发展与现代科学技术的进步对本教材的修订提出了新的要求。这在一方面表现为市场经济发展的现状与趋势对企业等提出了新的要求。比如，新的财经法规的出台与实施，会计准则、会计处理规定的变化等。这些变化促使我们努力使教材跟上随时变化的实际情况。在另一方面则表现为现代科学技术发展进程加速，各学科间相互渗透，出现了新的情况，如阅读工具、表达方式、运算方式等日新月异。这些新情况也促使我们加快教学改革的步伐，以新的表现形式将会计学的内容更好地展现在同学们面前。为积极满足上述两个方面的要求，作者对教材内容进行了修订，努力使教材在国家开放大学的教学领域绽放异彩，创造辉煌。

在本次修订中，作者重点在以下几个方面进行了完善：一是及时跟进财经法规、会计准则和其他业务规范的变化。既有对各种法规等变化原因的解释，又分析了法规等的变化对会计处理过程、结果的影响。二是充分运用现代信息技术。既改进和丰富了课程作业的内容和形式，又补充与完善了教学辅助资料。三是对本教材中的一些问题的解释方式等进行了一定程度的调整，包括阐述方式、文字表述的调整，以及课后复习要求的调整等。作者尽己所能、尽力而为，结合自己的教学感悟，为增加同学们的知识储备做出贡献，期望同学们在以后的工作中为我国的经济发展做出更大的贡献。

由于会计准则、财税政策和其他相关规范不断发生着变化，为方便同学们了解新变化，本教材特别设计了"扫一扫 看变化"二维码，及时反映最新财经法规变化及教材勘误信息。

扫一扫
看变化

在修订稿完成之际，还要诚挚地感谢国家开放大学的王秀萍教授、侯立新老师的大力支持！诚挚地感谢国家开放大学出版社的陆恬编辑、郑倩编辑的鼎力相助！她们的辛勤工作体现在篇篇页页中，为本教材增光添色。我真切地希望使用本教材的同学们能够通过学习真正掌握会计学的基本知识，为未来的工作打好基础，筑造成功！

2021 年 5 月

经济、管理类非会计专业的同学为什么要学习"会计学概论"这门课程呢？我们说，这就如同理工科各专业的同学一定要学好数学课程一样，会计学能够告诉大家怎样去确认和计量以价值为标志的各经济事务的进展和变化，而这对经济、管理类各专业的同学来说，这是非常重要的！

我们从这个角度再说：写好一本适合经济、管理类非会计学专业的同学学习的会计学教材并非易事，需要以简练的语言、足够小的篇幅、身边的例证，以及近似于看得见、摸得着的管理活动所隐含的深邃内容、可供准确操作的指导规律，将会计理论与知识深刻地描述出来，展现清楚；同时，面对几次会计工作规范的颠覆性变化，传统会计处理被计算机信息系统冲击得七零八落。因此，处于这样"严酷"背景下，作者前后历经约两年时间才编写出这本适合经济、管理类非会计学专业的同学使用的会计学教材。在编写过程中我们进行了大胆的尝试，付出了巨大的努力。

本书共有八章内容，第一章"总论"与第二章"会计结构与业务循环"是会计学基础理论的内容，第三章"流动资产"、第四章"长期资产"、第五章"负债与所有者权益"以及第六章"收入、费用与利润"是企业会计核算、管理与信息披露的内容，第七章"企业财务报表与合并财务报表"、第八章"财务报表分析"是财务会计报告及其分析、利用的内容。对全书进行这样的结构安排可谓再简单不过了。但是，本书能够使非会计专业的同学从另一个角度了解会计学的知识，即不是为了学会算账，而是为了学会怎样看懂财务会计报告，知道各种财务数据的由来，并能够能动地利用会计数据，更好地开展以会计专业领域为应用范围的业务管理。

本书选择了典型性的业务范例，运用通俗易懂的解释方式，清晰地阐述了会计学的道理和操作技巧，能够让同学们留下深刻的印象，便于记忆。结合"会计学概论"课程的网络视频课程和面授辅导，同学们可以更直观地了解会计学知识是如何广泛应用的，以及会计知识在社会经济领域各方面是如何发挥作用的。本书的会计信息披露部分从我国上市公司的实际案例中选取数据与资料，来自实务的内容丰富的案例能够帮助同学们早日接触社会实践，从而了解到掌握会计知识可以更深入地认识社会。不仅如此，本书还利用计算机的一点功能，努力促使非会计学专业的同学摆脱大量以会计数据记录为表现形式的、萦绕在大家身边挥之不去的会计作业的"纠缠"，将计算机对当今会计的巨大促动"开玩笑式"地展现在大家的面前，并以此来衬托出会计学"宽阔的胸怀"。大家若想真正领会上面几句话的含义，就请打开这本书，来学习它吧！

　　身为中国人民大学商学院会计系二级教授，我以从事会计实务、教学、科研工作四十年的经历，以饱满的热情和辛勤的工作，为本书贡献了我的智慧和汗水。在本书初稿交付之际，感谢将这本书托付于我的国家开放大学经济管理教学部的各位领导以及会计学院的各位老师，是他们的信任与支持，使我的想象力和创作力得以充分发挥；感谢国家开放大学出版社的郑倩编辑，她的勤奋工作使得本书的形式充分体现了其内涵，大大地提高了本书在同类教材中的地位；感谢本书的审定专家——首都经济贸易大学的付磊教授、北方工业大学的刘永祥教授和北京工商大学的胡燕教授，几位专家诚恳的话语、对本书提出的宝贵意见，是对我的巨大鼓励；还要感谢我的学生——北方民族大学会计学副教授李志坚博士，是他一遍一遍地认真阅读了本书初稿，提出了宝贵的修改意见，并借助 Excel 软件设计了一个小工具，可以方便地进行账务处理练习，供广大学习者使用；最后，我要感谢在本书撰写过程中为我做了各方面工作的同事、朋友和同学们，如果本书获得成功，与他（她）们的友谊、谅解和包容是分不开的。

　　本书更是——真切地欢迎作为读者的您！

2018 年 5 月

目 录

CONTENTS

第一章

总 论

本章 PPT

导言

　　本章首先对会计的定义、会计的职能与作用、财务会计报告的目标与财务会计报告使用者进行描述；其次，对作为会计基础理论的会计基本假设和会计基础、会计信息的质量特征、会计要素、会计计量属性、财务会计报告，以及与会计工作相关的法律法规进行介绍；最后，对会计职业、会计知识在社会经济中的作用进行说明，对会计工作的未来进行展望。通过本章的学习，同学们应对构成会计基础的系列概念与相关问题有一定程度的理解，为学好整个会计课程奠定理论基础。

本章学习要点

1. 掌握会计的定义、会计的职能和作用。
2. 理解财务会计报告的目标、财务会计报告使用者。
3. 掌握会计基本假设、会计信息的质量要求。
4. 掌握会计要素、会计计量属性与财务会计报告。
5. 了解会计职业的社会作用及未来展望。

第一节　会计基础概念

本节重难点 1-1

一、会计的定义与特征

（一）会计的定义

会计是由专门的工作人员，通过特有的方法收集、加工和利用以一定的货币单位作为计量标准而表现的经济信息，对经济活动进行连续、系统、全面、综合的核算和监督，提供经济信息，参与预测决策，讲求经济效益的一种管理活动。

由上面的会计定义可以看出，会计的内涵、会计工作的内容是比较丰富的。

（二）会计的特征

特征是用来描述概念的，是某个客体或一组客体特性的抽象结果。任何一个客体或一组客体都具有众多特性，人们将某客体所共有的特性抽象出来，即形成了该客体的概念。按此要求，可对会计的特征做如下理解：

（1）从本质上看，会计是一种讲求经济效益的管理活动。这是对会计特征的本质概括，可集中体现会计与安全、保卫等工作的区别，而其他方面的特征都是在此基础上衍生出来的。

（2）从计量标准来看，会计最主要的特征是以货币为计量标准。这是说，与同样具有计量方面的管理业务，如统计、计划相比，以货币为计量单位是会计的又一主要特征。

（3）从经济活动工作的侧重点来看，会计工作主要是进行信息的收集与处理。即会计工作不是对某一类型经济活动的实际管理，它是以收集和运用经济信息的方式来管理经济活动的。

（4）从实施业务工作的手段来看，会计有不同于其他管理活动的、有自身特色的专门方法。在对经济活动进行管理的过程中，这种方法具有连续性、系统性、全面性和综合性等特点，会计以这种独有的方法收集、加工和利用经济信息。

（5）从实施效果来看，会计可以对经济活动进行组织、控制、调节和指导。比如，会计工作能够控制预算编制过程，以及影响年终时的全面报表分析等方面工作的效果。

二、会计的职能和作用

（一）会计的职能

会计的职能是指会计在经济管理过程中所具有的功能。按照我国会计规范与学术界的看法，会计具有**核算**和**监督**两项基本职能。

1. 核算职能

会计的核算职能，是指会计以货币为主要计量单位，对特定主体的经济活动进行确认、计量和报告。会计核算贯穿于经济活动的全过程，是会计最基本的职能。按照《中华人民共和国会计法》（简称《会计法》）的要求，会计核算的内容主要包括：①款项和有价证券的收付；②财物的收发、增减和使用；③债权、债务的发生和结算；④资本、基金的增减；⑤收入、支出、费用、成本的计算；⑥财务成果的计算和处理；⑦需要办理会计手续、进行会计核算的其他事项。

2. 监督职能

会计的监督职能，是指对特定主体经济活动和相关会计核算的真实性、合法性和合理性进行审查。真实性审查，是指检查各项会计核算是否根据实际发生的经济业务进行；合法性审查，是指检查各项经济业务是否符合国家有关法律法规，遵守财经纪律，执行国家各项方针政策，以杜绝违法乱纪行为；合理性审查，是指检查各项财务收支是否符合客观经济规律及经营管理方面的要求，保证各项财务收支符合特定的财务收支计划，实现预算目标。

（二）会计的作用

会计的作用是会计的职能发挥带来的客观效果。一般认为，会计的作用表现为以下几个方面：

1. 有助于提供决策有用的信息

企业会计通过其核算的职能，提供有关企业财务状况、经营成果和现金流量方面的信息，而这些信息恰恰是包括投资者和债权人在内的各方进行决策的依据。具体来说，无论是企业投资者、债权人，还是企业管理者，都需要会计提供有助于他们进行决策的信息，通过提高会计信息透明度来规范企业会计行为。

2. 有助于企业加强经营管理，提高经济效益

会计利用上述会计核算取得的相关数据资料，可以全面、系统、总括地了解企业生产经营活动情况、财务状况和经营成果，并在此基础上预测和分析其未来的发展前景，参与经营决策，处理企业与各方的关系，考核企业管理人员的经营业绩，从而起到加强企业经营管理、提高其经济效益的积极作用。

3. 有助于考核和监督企业管理层经济责任的履行情况

前已述及，会计信息有助于评价企业的业绩，有助于考核企业管理人员经济责任的履行情况。对于作为出资者的股东及其代表，即治理层的董事会等来说，需要了解企业的资产负债状况及其经营管理状况，以考核企业经营者履行管理责任的能力和水平；作为对社会经济发展负有责任的政府管理部门来说，则需要了解企业执行国家财政经济政策等方面的情况。而所有这一切，都需要承担经济管理活动信息收集、处理工作的会计来提供信息。

三、财务会计报告的目标与财务会计报告使用者

👤 名师点拨 1-1

[QR code]

怎样理解财务会计报告的目标？

📖 法规速查 1-1

[QR code]

企业会计准则——基本准则

（一）财务会计报告的目标

财务会计报告的目标，简称会计的目标，即期望会计达到的目的或境界。作为财务会计体系的基础，无论是从理论研究的角度，还是从做好实际工作的角度来分析，这都是很重要的问题。

按照我国《企业会计准则——基本准则》的解释：企业应当编制财务会计报告。财务会计报告的目标是向财务会计报告使用者提供与企业财务状况、经营成果和现金流量等有关的会计信息，反映企业管理层受托责任履行情况，有助于财务会计报告使用者做出经济决策。

按照这样的解释，会计工作主要是为实现财务会计报告的目标服务的，而会计工作的核心就是编制及报出财务会计报告，因此，会计目标也被解释为财务会计报告目标。财务会计报告的目标存在"决策有用论"和"受托责任论"两种看法，上述解释即"决策有用论"。会计的目标的相关理论，对会计信息的质量要求及会计的行为规范等有很重要的指导作用。

（二）财务会计报告使用者

我国企业会计准则对企业财务会计报告使用者也有专门的说明，即"**财务会计报告使用者**包括投资者、债权人、政府及其有关部门和社会公众等"。

名师点拨 1-2

财务会计报告的目标和财务会计报告使用者之间的关系是怎样的？

1. 投资者

投资者是指投入财产购买某种资产以期获取利益或利润的自然人和法人。广义的投资者包括公司股东、债权人和利益相关者；狭义的投资者指的就是股东。根据我国资本市场的近期发展，本书所述的投资者主要是指持有公司股权的股东。

2. 债权人

广义的债权人主要是指预付款者，即那些对企业提供需偿还的融资的机构和个人，包括给企业提供贷款的机构（如商业银行）或个人（贷款债权人）和以出售货物或劳务形式提供短期融资的机构或个人（商业债权人）。

3. 政府及其有关部门

这里专指对企业经营负有行政管理责任的部门或机构，如工商管理、财政、税务、环境保护等部门或机构。这样的部门或机构要通过财务会计报告信息监管公司的相关业务，以实现它们对企业的管理责任。

4. 社会公众

社会公众就是生活在当前这个社会的人们，或者说是参与社会活动的民众群体。此处主要是指在资本市场中为数众多的潜在投资者。潜在投资者相当于股民或很可能成为企业股东的人，他们就是依靠公司的财务会计报告做出是否投资与投资多少的决策的。

除上述四种"财务会计报告使用者"之外，学者们的见解是，在考虑财务会计报告使用者时，也应将企业内部管理部门、员工、客户等考虑进来，因为他们也要依靠会计信息做出决策。我们认为这样的考虑是正确的。

第二节　会计的基础理论与行为规范

本节重难点 1-2

一、会计的基础理论

会计的基础理论主要指会计基本假设、会计基础和会计信息的质量要求。

名师点拨 1-3

应怎样理解会计基本假设的具体内容与重要意义？

（一）会计基本假设

假设，是运用思维、想象，对所研究事物的本质或规律的初步设想或推测，是对所研究的课题提出的可能的答案或尝试性理解。按此含义延伸，**会计基本假设**也称会计的前提，是指在特定的经济环境中，根据以往的会计实践和理论，对会计领域中尚未肯定的事项所做出的合乎情理的假说或设想。

按照我国会计准则的解释，**会计基本假设有会计主体假设、持续经营假设、会计分期假设、货币计量假设。**

1. 会计主体假设

企业应当对其本身发生的交易或者事项进行会计确认、计量和报告。也就是说，就会计而论，首要的事项是明白其要为一定的主体服务，要有一个明确的业务处理范围。一般来说，法律主体一定是会计主体，而非法律主体的内部分支机构，或者非法律主体的企业集团的合并报告主体，也都可以成为会计主体。

2. 持续经营假设

企业会计确认、计量和报告应当以持续经营为前提。持续经营假设是指企业在编制财务报表时，假定其经营活动在可预见的将来会继续下去，不会面临破产清算等情况。若不符合这样的条件，企业应按照特殊会计准则进行特殊情况下的会计处理。

3. 会计分期假设

企业应当划分会计期间，分期结算账目和编制财务会计报告。会计期间分为年度和中期。中期是指短于一个完整的会计年度的报告期间。会计分期是指企业在持续经营期间内，人为地将其经营活动等距离地划分为一定期间，定期确认收入、费用和利润，资产、负债和所有者权益，以便结算账目、编制财务报表及对会计信息进行比较和分析。

4. 货币计量假设

企业会计应当以货币为基本计量单位。货币作为价值尺度，具有将不同种类、不同计量单位的物品加总在一起的特殊功能。因此，只有采纳统一的货币进行计量，才能够将各种经济活动综合地反映出来，否则，不同属性项目之间的加总就会因计量单位不统一而毫无意义。货币计量假设需要说明两个方面的问题：一是不同货币之间的相互换算及由此产生的记账本位币；二是货币的币值稳定与否以及公允价值、物价变动等相关问题。

（二）会计基础

🙎 名师点拨 1-4

按照我国会计准则的要求，企业应当以权责发生制为基础进行会计确认、计量和报告。此处涉及会计理论中的几个较为重要的概念，下面分别予以解释。

会计确认与会计计量之间的关系是怎样的？

1. 会计确认

会计确认是指会计数据进入会计系统时确定如何进行记录的过程。即将某一会计事项作为资产、负债、所有者权益、收入、费用或利润等会计要素正式加以记录和列入财务报表的过程。会计确认是要明确某一经济业务涉及哪个会计要素的问题，其确认标准包括可定义性、可计量性、相关性和可靠性。

2. 会计计量

会计计量是指在一定的计量尺度下，运用特定的计量单位，选择合理的计量属性，确定应予记录的经济事项金额的过程。会计计量的特征是以数量（主要是以货币单位表示的价值量）关系来确定物品或事项之间的内在联系，或将数额分配于具体事项。作为财务会计的一个重要环节，会计计量的内容包括资产、负债、所有者权益、收入、费用和利润的全部会计要素，并以资产计价和企业盈亏的确定为核心。

3. 会计报告

会计报告即财务会计报告，是指单位会计部门根据经过审核的会计账簿记录和有关资料，编制并对外提供的反映单位某一特定日期财务状况和某一会计期间经营成果、现金流量及所有者权益等会计信息的总结性书面文件。前已述及，这样的文件是财务会计报告使用者进行决策的必要依据。

名师点拨1-5

权责发生制与收付实现制之间的关系是怎样的？

4. 权责发生制

权责发生制也称应计基础、应计制原则，是指以权利和责任的发生来决定收入和费用归属期的一项原则。这一原则要求以实质收到现金的权利或支付现金的责任发生与否为标志，来确认本期收入、费用及债权、债务。与权责发生制对应的原则或者说基础是收付实现制。收付实现制又称现金制或实收实付制，是以现金收到或付出为标准，来记录收入的实现和费用的发生。按照收付实现制，现金收支行为在其发生的期间全部记作收入和费用，而不考虑与现金收支行为相连的经济业务实质上是否发生。

我国会计准则明确规定，企业对经济业务进行处理时采用权责发生制，但是在某些方面，甚至一些重要的方面也采用收付实现制。具体来说，财务会计报表中的现金流量表就是以收付实现制为基础编制的。

名师点拨1-6

何为会计信息的质量要求？其包括哪些具体内容？

（三）会计信息的质量要求

会计信息的质量要求是对企业财务会计报告中所提供会计信息质量的基本要求，是使财务会计报告中所提供的会计信息对会计信息使用者决策有用应具备的基本特征。

会计信息的质量要求是与前述财务会计报告的目标紧密相连的。简言之，财务会计报告的目标是决策有用论，既然是决策所需，就必然会对会计信息所应具有的质量提出客观要求。那么，什么是会计信息的质量要求？这样的质量标准怎样体现？我国会计准则中关于会计信息质量方面的规范对此进行了解释。具体来说，若按照下述原则处理会计业务，就具有了会计信息的质量特征，即满足了会计信息的质量要求。

1. 可靠性

可靠性是指企业应当以实际发生的交易或者事项为依据进行会计确认、计量和报告，如实反映符合确认和计量要求的各项会计要素及其他相关信息，保证会计信息真实可靠、内容完整。

2. 相关性

相关性是指企业提供的会计信息应当与财务会计报告使用者的经济决策需要相关，

有助于财务会计报告使用者对企业过去、现在或者未来的情况做出评价或者预测。

3. 可理解性

可理解性是指企业提供的会计信息应当清晰明了，便于财务会计报告使用者理解和使用。

4. 可比性

企业提供的会计信息应当具有可比性。**可比性**是指同一企业不同时期发生的相同或者相似的交易或者事项，应当采用一致的会计政策，不得随意变更。确需变更的，应当在附注中说明。不同企业发生的相同或者相似的交易或者事项，应当采用规定的会计政策，确保会计信息口径一致、相互可比。

5. 实质重于形式

实质重于形式是指企业应当按照交易或者事项的经济实质进行会计确认、计量和报告，不应仅以交易或者事项的法律形式为依据。

6. 重要性

重要性是指企业提供的会计信息应当反映与企业财务状况、经营成果和现金流量等有关的所有重要交易或者事项。

7. 谨慎性

谨慎性是指企业对交易或者事项进行会计确认、计量和报告应当保持应有的谨慎，不应高估资产或者收益、低估负债或者费用。

8. 及时性

及时性是指企业对于已经发生的交易或者事项，应当及时进行会计确认、计量和报告，不得提前或者延后。

名师点拨 1-7

二、会计要素、会计计量属性与财务会计报告

（一）会计要素

会计要素，是对会计对象所做的基本分类，是会计核算对象的具体化，是用于反映会计主体财务状况和经营成果的基本单位。具体来说，会计要素专指会计对象是由哪些部分所构成的，也指对会计对象按经济性质所做的基本分类。应当说，会计要素

会计要素的定义和基本内容是怎样的？

是构成会计对象具体内容的主要因素，也是构成财务会计报表的基本要素。会计要素包括资产、负债、所有者权益、收入、费用和利润。

1. 资产

资产是指企业过去的交易或事项形成的、由企业拥有或者控制的、预期会给企业带来经济利益的资源。进行下面几点解释：

（1）企业过去的交易或事项包括购买、生产、建造行为或者其他交易或事项，预期在未来发生的交易或事项不形成资产。

（2）由企业拥有或者控制，是指企业享有某项资源的所有权，或者虽然不享有某项资源的所有权，但该资源能被企业控制。

（3）预期会给企业带来经济利益，是指直接或者间接导致现金和现金等价物流入企业的潜力。

满足上述条件之后，再同时满足以下条件，就可以作为会计要素的资产列入资产负债表：

（1）与该资源有关的经济利益很可能流入企业；

（2）该资源的成本或者价值能够可靠地计量。

2. 负债

负债是指企业过去的交易或事项形成的、预期会导致经济利益流出企业的现时义务。与资产相同，现时义务是指企业在现行条件下已承担的义务。未来发生的交易或事项形成的义务不属于现时义务，不应当确认为负债。若完全满足计入资产负债表的负债，尚需同时满足以下条件：①与该义务有关的经济利益很可能流出企业；②未来流出的经济利益的金额能够可靠地计量。

3. 所有者权益

所有者权益又称为股东权益，是指企业资产扣除负债后由所有者享有的剩余权益。所有者权益的来源包括所有者投入的资本、直接计入所有者权益的利得和损失、留存收益等。此处所指直接计入所有者权益的利得和损失，是指不应计入当期损益、会导致所有者权益发生增减变动的、与所有者投入资本或者向所有者分配利润无关的利得或损失，也就是会计业务处理中提及的"其他综合收益"。其中，"利得"是指由企业非日常活动所形成的、会导致所有者权益增加的、与所有者投入资本无关的经济利益的流入；"损失"则是指由企业非日常活动所形成的、会导致所有者权益减少的、与向所有者分配利润无关的经济利益的流出。

4. 收入

收入是指企业在日常活动中形成的、会导致所有者权益增加的、与所有者投入资本无关的经济利益的总流入。我们需要明确的是，收入只有在经济利益很可能流入，从而导致企业资产增加或者负债减少，且经济利益的流入额能够可靠计量时才能予以确认，才能列入利润表；否则，就不满足列入利润表的条件。

5. 费用

费用是指企业在日常活动中发生的、会导致所有者权益减少的、与向所有者分配利润无关的经济利益的总流出。此处需要指出：

（1）费用只有在经济利益很可能流出，从而导致企业资产减少或者负债增加，且经济利益的流出额能够可靠计量时才能予以确认。

（2）企业为生产产品、提供劳务等发生的可归属于产品成本、劳务成本等的费用，应当在履行了应承担的义务之后，在确认产品销售收入、劳务收入等时，将已销售产品、已提供劳务的成本等计入当期损益。

（3）企业发生的支出不产生经济利益的，或者即使能够产生经济利益但不符合或者不再符合资产确认条件的，应当在发生时确认为费用，计入当期损益。

（4）企业发生的交易或者事项导致其承担了一项负债而又不确认为一项资产的，应当在发生时确认为费用，计入当期损益。

6. 利润

利润是指企业在一定会计期间的经营成果，包括收入减去费用后的净额、直接计入当期利润的利得和损失等。应予指出：直接计入当期利润的利得和损失，是指应当计入当期损益、会导致所有者权益发生增减变动的、与所有者投入资本或者向所有者分配利润无关的利得或损失，即在业务处理中经常会涉及的"营业外收入"和"营业外支出"。

（二）会计计量属性

👤 名师点拨 1-8

会计计量属性是指会计要素的数量特征或外在表现形式，反映了会计要素金额的确定基础，主要包括历史成本、重置成本、可变现净值、现值和公允价值等。本节在前面部分已经阐述了会计计量的相关概念，此处主要说明与各会计要素计量相关的计量属性。

何为会计计量属性？
包括哪些具体内容？

1. 历史成本

在**历史成本**计量下，资产按照购置时支付的现金或者现金等价物的金额，或者按照购置资产时所付出的对价的公允价值计量。负债按照因承担现时义务而实际收到的款项或者资产的金额，或者承担现时义务的合同金额，或者按照日常活动中为偿还负债预期需要支付的现金或者现金等价物的金额计量。

2. 重置成本

在**重置成本**计量下，资产按照现在购买相同或者相似资产所需支付的现金或者现金等价物的金额计量；负债按照现在偿付该项债务所需支付的现金或者现金等价物的金额计量。

3. 可变现净值

在**可变现净值**计量下，资产按照其正常对外销售所能收到的现金或者现金等价物的金额扣减该资产至完工时估计将要发生的成本、销售费用以及相关税费后的金额计量。

4. 现值

在**现值**计量下，资产按照预计从其持续使用和最终处理中所产生的未来净现金流入量的折现金额计量；负债按照预计期限内需要偿还的未来净现金流出量的折现金额计量。

5. 公允价值

在**公允价值**计量下，资产和负债按照在公平交易中熟悉情况的交易双方自愿进行资产交换或者债务清偿的金额计量。

企业在对会计要素进行计量时，一般应当采用历史成本，采用重置成本、可变现净值、现值、公允价值计量的，应当保证所确定的会计要素金额能够取得并可靠计量。

（三）财务会计报告

财务会计报告是指企业对外提供的反映企业某一特定日期的财务状况和某一会计期间的经营成果、现金流量等会计信息的文件。财务会计报告包括财务报表及其附注和其他应当在财务会计报告中披露的相关信息和资料。

财务报表至少应当包括资产负债表、利润表、现金流量表等报表及其附注。

（1）资产负债表是指反映企业在某一特定日期财务状况的财务报表。

（2）利润表是指反映企业在一定会计期间经营成果的财务报表。

（3）现金流量表是指反映企业在一定会计期间现金和现金等价物流入和流出的财务报表。

（4）财务报表附注是指对在会计报表中列示项目所做的进一步说明，以及对未能在这些报表中列示的项目的说明等。

三、与会计工作相关的法律法规

我国与会计工作相关的法律法规层次较多，内容交叉纵横。此处按照法律、行政规范与行为规范三个层次进行说明。

（一）法律

我国的会计法律首先是《会计法》。在这部法律中，以总则、会计核算、公司和企业会计核算的特别规定、会计监督、会计机构和会计人员、法律责任、附则几个部分，对会计工作、会计人员进行了较为全面、具体的规定。《会计法》是会计法律制度中层次最高的法律规范，是制定其他会计规范的依据，也是指导会计工作的最高规则；它对于整个会计职业的指导和解释有着重要的作用，是规范会计行为，保证会计资料真实完整，加强经济管理和财务管理，提高经济效益，维护社会主义市场经济秩序的一部重要法律；在规范会计工作、发挥会计工作的基本职能等诸多方面都起到了至关重要的作用。

会计工作的其他法律主要包括《中华人民共和国注册会计师法》《中华人民共和国审计法》《中华人民共和国预算法》等。这些"国字号"的法律都在某些方面对会计工作进行了规范。

（二）行政法规

此处所说的与会计工作相关的行政法规主要是指低于上述"国字号"法律效力的会计工作行政规范，如《总会计师条例》《企业财务会计报告条例》《会计工作基础规范》等。还有一些多为在《会计法》指导下的行政规范，如《财政部门实施会计监督

👤 名师点拨 1-9

我国与会计工作相关的法律法规主要有哪些？包括哪些层次的内容？

📕 法规速查 1-2

中华人民共和国会计法

办法》《代理记账管理办法》及《会计档案管理办法》等。所有这些会计规范，都在制约和指导会计工作方面发挥着一定的作用。

（三）行为规范

对于具有很强实际操作性的会计工作，其行为规范主要是我国的会计准则与统一会计制度。此处主要介绍我国的企业会计准则体系。

我国的《企业会计准则——基本准则》由财政部制定，于 2006 年 2 月 15 日财政部令第 33 号首次发布，自 2007 年 1 月 1 日起施行；在此之后，于 2014 年等诸年，又连续发布了一些新的具体准则，也对一系列的准则进行过修订。我国企业会计准则体系包括基本准则、具体准则和应用指南。

（1）基本准则包括总则、会计信息质量要求、财务会计报表要素、会计计量属性、财务会计报告等内容。

（2）具体准则是在基本准则的指导下，处理会计具体业务标准的规范，其具体内容可分为一般业务准则、特殊行业和特殊业务准则、财务会计报告准则三大类。

① 一般业务准则用来规范企业普遍适用的一般经济业务的确认、计量要求，如存货、固定资产、无形资产、职工薪酬、所得税、公允价值等。

② 特殊行业和特殊业务准则是对特殊行业的特定业务的会计问题做出的处理规范，如生物资产、持有待售资产、金融资产转移、套期会计、保险合同、企业合并、合营安排等。

③ 财务会计报告准则主要规范各类企业通用的报告类准则，如财务报表列报、现金流量表、合并财务报表、中期财务报告、分部报告、金融工具列报、其他企业的权益披露等。

（3）应用指南从不同角度对企业具体准则进行强化，解决实务操作，包括具体准则解释部分、会计科目和财务报表部分。

上述各准则、指南等对企业会计的业务行为有较大范围的覆盖，对企业会计工作予以全面规范，在全国的会计工作体系中发挥了巨大的作用。

本书的内容主要围绕企业会计准则体系撰写。

第三节 会计职业的社会作用及未来展望

本节重难点 1-3

一、会计职业的现状描述

（一）会计职业及其构成

一般认为，会计职业是泛指社会上由会计专业技术人员从事的专门工作的总称。就我国现阶段的情况来看，本书所说的会计职业主要体现在四个基本方向，即企业会计、非营利组织会计、政府财政预算与行政单位会计、注册会计师。

每一位接触会计知识的人员，尤其是学习会计知识的学生应该很好地了解会计职业的多种方向的情况，并根据自身情况制定合理的目标，做好与会计专业知识相关职业的职业生涯规划，以便在未来的工作岗位上更好地发展。

1. 企业会计

企业会计是会计最重要的分支，是以企业为主体，以其经营资金运动为对象，旨在提高企业经济效益的一种管理活动。与政府及非营利组织不同，企业的创立和存在，以获取利润为基本目的，因此，作为企业管理重要组成部分的企业会计，必然要为企业实现其获取利润的目的服务。企业会计一般分为四个方面：财务会计、成本和管理会计、财务管理、内部审计。

2. 非营利组织会计

非营利组织是不以营利为目的、主要开展各种志愿性的公益或互益活动的非政府的社会组织。由此，非营利组织就有了非营利性、非政府性、志愿公益性或互益性的含义，其具体表现形式就是为数众多的公立学校、医院、民间团体等。这样，非营利组织会计就是用于确认、计量、记录和报告各类非营利组织财务收支活动及其受托责任履行情况的一种会计类型。

3. 政府财政预算与行政单位会计

政府财政预算会计，又称总预算会计，是指各级政府财政部门核算、反映、监督政府预算执行和各项财政性资金活动的专业会计。**行政单位会计**是指各级行政权力机关、行政机关、审判机关和检察机关以及党派、政协机关核算和监督国家预算资金的取得、使用及结果的一种非营利组织会计。

4. 注册会计师

注册会计师，是指取得注册会计师证书并在会计师事务所执业的人员，是从事社会审计、中介审计、独立审计的专业人士。注册会计师和会计师事务所依法独立、公正地执行业务，受法律保护。注册会计师协会是由注册会计师组成的社会团体。在我国，中国注册会计师协会是注册会计师的全国组织，省、自治区和直辖市注册会计师协会是注册会计师的地方组织。

（二）会计职业在社会经济中的地位和作用

社会上专门从事管理工作的职业类型很多，然而，会计职业在社会上有其特有的地位和作用。其实，这也与会计职业的专业特征紧密相关。会计职业就是与货币资金打交道的职业，而货币资金本身的特征即不受某一种类型的资产和业务的约束，能够把各行各业以价值的形式综合在一起。因此，货币资金，特别是社会资金的运转，也就成为以各行各业的会计工作为表现的专业会计数据处理工作，成为社会上各行各业、各种管理机构等关注的焦点问题。就此而论，我们说社会资金运转是社会上各行各业最为关注的事项，会计职业在整体的社会资金运动过程中占有重要的地位、发挥着重要的作用。

名师点拨 1-10

掌握会计专业知识有什么重要意义？

二、会计知识在社会经济中的作用

会计知识不仅是会计专业人员必须具有的专业知识，还是与社会价值运动管理相关的金融、证券、财政、税务、审计、物价、工商管理，以及负有管理职能的各种机构中的人员必须掌握的专业基础知识。上述各个专业很多的具体工作都是通过会计工作来贯彻执行的，追根溯源，这又归因于货币资金对各行各业的统一计量工作的重要作用。据此而论，我们可以将会计知识在管理领域的作用比作大学理工科专业各课程中的数学，也就是说，如果没有对此学科

（会计）的扎实掌握，就难以对庞大的业务运行体系进行整体管理。

三、会计工作的未来展望

随着社会分工的整合与划分，尤其是信息科学的发展导致的电子数据环境的变化，原来的各种信息取得与处理工作都发生了巨大的变化，会计工作在这方面的变化尤为突出。

手工会计向会计电算化的转变，使会计工作几乎摆脱了繁重的数字计算、验证及登记工作，大大减小了会计工作的强度；从会计电算化等再向"企业资源计划"（enterprise resource planning，ERP）的发展，又使现在管理系统包括会计系统中的管理工作结合了信息技术与先进的管理思想，从而塑造了现代企业管理的运行模式。不仅如此，我国企业现在正在加速建设的财务共享服务中心，财务共享服务中心将基础的财务记账、核算管理等职能集中到共享中心进行统一管理，将共性的财务工作从各分公司财务部门中分离出来，从而实现了整个集团范围内财务核算业务流程的统一化和标准化的快速拓展。另外，采用分布式数据存储、点对点传输、共识机制、加密算法等计算机技术的"区块链技术"，也在改换着会计工作的传统面貌，甚至被誉为可以在很大程度上制止会计造假的"灵丹妙药"。

上述所有内容，都对会计知识及其传播方式提出了很大的挑战。这样的变化又影响着以会计基础账户为数据基础的各种管理活动，如金融、证券、财税、审计等，促使这些重要的管理活动发生变化。着眼于这样的变化，未来的相关工作者，应学习好会计学这门基础课程，与会计领域的发展与时俱进，以胜任相关管理工作。

本章小结

本章阐述的内容为会计的基本描述与基础理论，以及对会计工作实际情况的说明。从对会计的总体描述来看，会计定义由会计主体、会计对象、会计方法、会计工作要达到的目的等内容构成。会计的职能与作用是相互联系的，即会计有助于决策，有助于企业加强经营管理、提高经济效益，有助于考核责任履行情况的作用，是会计的核算与监督职能得以发挥而形成的结果。企业财务会计报告的目标是决策有用论，财务会计报告使用者主要是投资者、债权人、政府及其有关部门和社会公众等。本章阐述的会计基础理论主要为会计基本假设、会计工作基础和会计信息的质量要求；企业的会计要素主要是资产、负债、所有者权益、收入、费用和利润。会计的计量属性有历史成本、重置成本、可变现净值、现值和公允价值等；财务会计报告包括资产负债表、利润表、现金流量表等。会计规范是一个多层次的法律法规体系，有待于我们在以后的学习与实践中深刻理解。本章最后还对会计职业的现状、会计知识在社会经济中的作用，以及会计工作的未来展望进行了介绍和说明。

本章知识框架

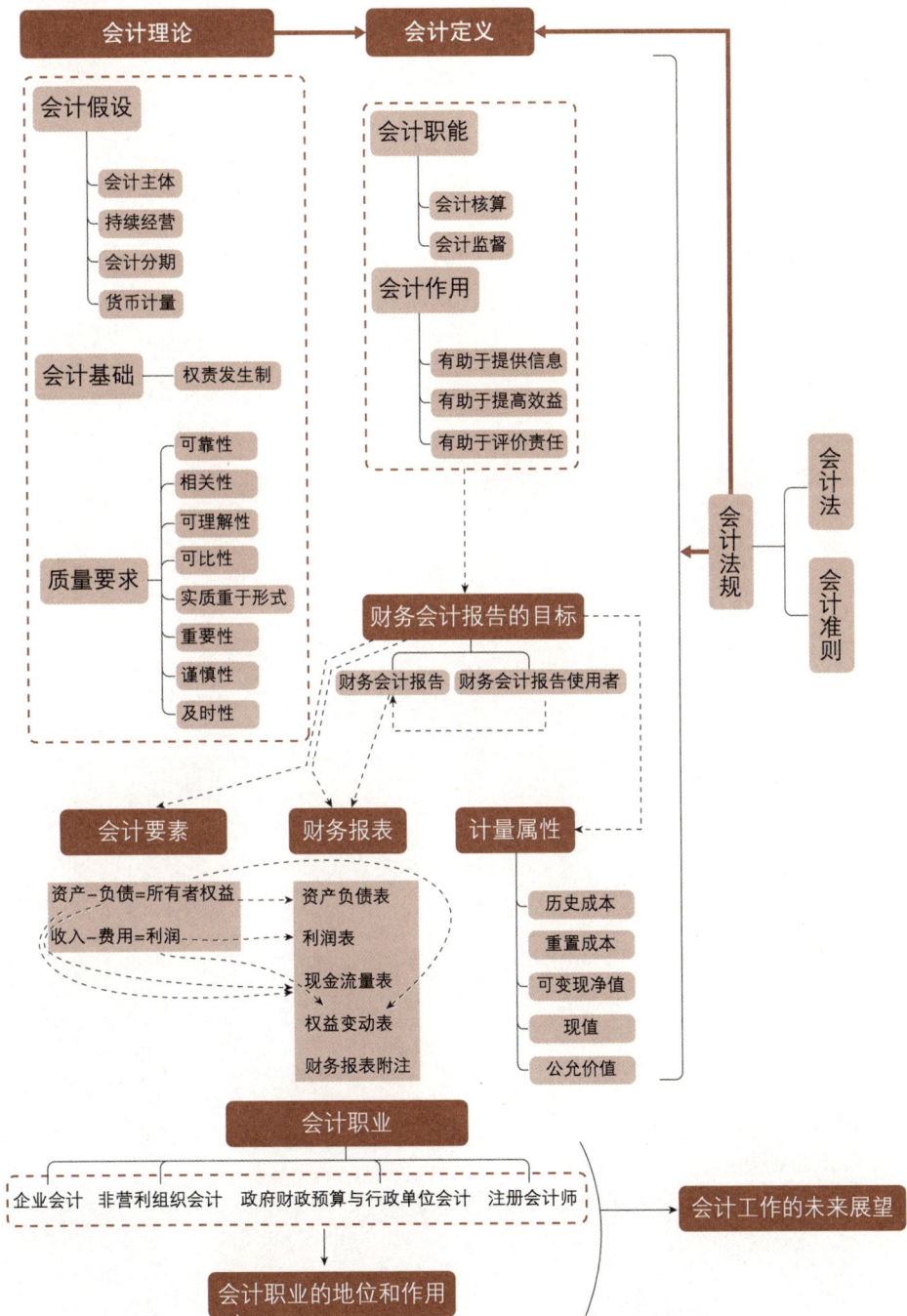

第二章

会计结构与业务循环

本章 PPT

📖 导言

　　本章的内容以第一章的会计要素为起点，对资产负债表、利润表中的不同会计要素，各会计要素之间的关系，即会计等式，进行展开说明。 以此为基础，本章对会计科目的组成，以及建立在会计科目划分基础上的复式记账进行了说明；并说明了企业资金运动的过程与结果，阐述在此过程中会计处理对象的各种表现形态。 以上述两部分内容为基础，对财务会计工作中的证、账、表及其运用过程进行了较为透彻的解释，并对不同企业的会计信息披露进行了初步说明。

📈 本章学习要点

1. 掌握会计要素与复式记账方法。
2. 了解企业资金循环与整个社会经济的运行。
3. 掌握会计对企业经济活动的核算与监督。

第一节　会计等式与复式记账

本节重难点 2-1

名师点拨 2-1

会计等式的经济含义是什么？

一、会计等式的形成与表现

会计等式，又称会计要素关系等，是指在会计核算中利用数学公式反映各个会计要素之间的经济关系，即数量关系的数学表达。

（一）资产负债表的会计等式及其重要意义

本书在上一章对会计要素进行了说明，其中，反映资产负债表内容的会计要素是资产、负债和所有者权益。这三个会计要素构成了**会计最基本的等式**：

资产 = 负债 + 所有者权益

上述资产负债表的会计等式，又称会计方程式、静态会计公式、会计恒等式，是整个会计体系中最基本的等式。

对上述会计等式的具体解释为：任何企业从事生产经营活动，都必须要有一定数量的资产。每一项资产都可以进行两个方面的分析：一方面，资产是经济资源的一种实际存在或表现形式，或为机器设备，或为现金、银行存款等；另一方面，这些资产都是由一定的渠道进入企业的，或投资者投入，或债权人借入等。也就是说，企业中任何资产都有其相应的权益要求，谁提供了资产，谁就对资产拥有索偿权。进一步分析，上述的索偿权依照不同的投入性质在会计上又有不同的称呼，投资者投入的、不需要按时还本付息的部分是所有者权益，而从债权人处取得的、需要归还的款项为负债。

会计等式在整个框架体系中非常重要：它揭示了三个会计要素在资产负债表中静态相等的相互关系，是复式记账、试算平衡和编制资产负债表的理论依据。

（二）利润表的会计等式及其重要意义

利润表中的会计等式，也称为动态的会计等式，就是我们一般解释的利润的确定公式：

$$收入 - 费用 = 利润$$

利润表的会计等式揭示了在某一特定期间内企业收入、费用、利润之间的相互关系，即利润是实现的收入减去相关费用以后的差额。更具体一点：收入大于费用时为利润，收入小于费用时为亏损；利润会随着收入的变化呈正相关变化，随着费用的变化呈负相关变化。

利润表的会计等式表述了收入与费用之间的关系，而利润是两个会计要素相减后的差额，这就动态地说明了收入与费用之间关系的特殊之处，构成了企业利润表所需的数据架构。

（三）现金流量表中的平衡关系分析

本书在后面部分会介绍现金流量表中经营活动现金净流量与净利润之间的等式计算过程，这样的平衡关系解释了现金流量表与利润表之间的内在联系。现金流量表与资产负债表之间也存在着相互之间的对应关系，即资产负债表中期初、期末货币资产的差额等于现金流量表中最后的第五、六行的"现金及现金等价物净增加额"部分，即

$$\frac{本期现金及现金}{等价物净增加额} + \frac{期初现金及现金}{等价物余额} = \frac{期末现金及现金}{等价物余额}$$

了解这样的平衡关系也很重要，它能够清晰地揭示本期货币资金增减变动的来龙去脉，从而给财务会计报告使用者提供资产负债表、利润表没有反映出来的关于货币资金运用状况的重要信息。另外，与资产负债表静态相等关系不同，与利润表动态差额关系基本一致，现金流量表中各会计要素之间的关系也是动态的差额关系。现金流量表的内容将在后面的章节中介绍。

二、会计科目与会计账户

（一）会计科目

科目，最基本的含义是按事物性质对学术或其他事项进行划分所形成的类别，通常指按不同性质划分的学术等的类型，如在学校教学中所用的课程名目。

会计科目，是指按照经济业务的内容和经济管理的要求，对会计要素的具体内容进行再分类而划分的下一级细分类别。

1. 会计科目按详细程度及其统驭关系分类

会计科目按其所提供信息的详细程度及其统驭关系的不同，分为一级总分类科目和下一级次的明细分类科目。前者是对会计要素具体内容进行总括分类，提供总括信息的会计科目，如"应收账款""原材料"等；后者是对总分类科目做进一步分类，提供更详细、更具体的会计信息的细分科目，如"应收账款"科目按债务人名称设置明细科目，反映应收账款的具体对象。

2. 会计科目按会计要素分类

前已述及，会计要素是会计处理的内容，即会计对象最简单的分类，形成的是财务会计报表的框架；只有在会计要素基础上进行再次划分，才能形成在会计要素基础上的会计科目体系。从最简单的角度对会计科目按照不同会计要素的划分进行如下说明：

（1）资产负债表科目分类，即按照资产、负债和所有者权益三个要素进行的科目划分。

① 资产项目首先从大类上划分为流动资产类科目和非流动资产类科目；其次将流动资产类科目进一步划分为货币资金类科目、应收款项类科目、存货类科目等，将非流动资产类科目划分为投资类科目和固定资产类科目等。

② 负债类科目首先从大类上划分为流动负债类科目和非流动负债类科目；进一步划分时将流动负债类科目按照不同的偿还方向分为短期借款、应付款项、应付职工薪酬和应交税费等，将非流动负债类科目划分为长期借款、应付债券和预计负债等。

③ 所有者权益类科目直接划分为"本钱"类的实收资本（或股本）和资本公积、"留利"类的盈余公积和未分配利润，以及持有期间升值（或在一定程度内减值）的其他综合收益，还有公司股权回购形成的库存股。

（2）利润表科目分类，即按照收入、费用两个要素划分的成本类科目与损益类科目。

① 成本类科目分为用于计算制造成本的生产成本与制造费用，以及研发支出。

② 损益类科目是涵盖收入、费用的营业收入、期间费用、投资收益、营业外收支、所得税费用等的科目类别。

（二）会计科目表

按照上述两类报表的科目划分，会计科目设置的具体情况见表2-1。

表2-1　　　　　　　　　　　一般企业会计科目表（部分）

序号[1]	会计科目名称	序号	会计科目名称	序号	会计科目名称
资产类科目		34	其他权益工具投资减值准备	19	递延所得税负债
1	库存现金	35	投资性房地产	20	递延收益
2	银行存款	36	固定资产	**所有者权益类科目**	
3	其他货币资金	37	累计折旧	1	实收资本（或股本）
4	交易性金融资产[2]	38	固定资产减值准备	2	资本公积
5	衍生金融资产	39	在建工程	3	库存股
6	应收票据	40	工程物资	4	其他综合收益
7	应收账款	41	固定资产清理	5	盈余公积
8	预付账款	42	无形资产	6	本年利润
9	应收股利	43	累计摊销	7	利润分配
10	应收利息	44	无形资产减值准备	**成本类科目**	
11	其他应收款	45	商誉	1	生产成本
12	坏账准备	46	长期待摊费用	2	制造费用
13	材料采购	47	递延所得税资产	3	研发支出
14	在途物资	48	待处理财产损溢	**损益类科目**	
15	原材料	**负债类科目**		1	主营业务收入
16	材料成本差异	1	短期借款	2	其他业务收入
17	库存商品	2	交易性金融负债	3	投资收益
18	发出商品	3	衍生金融负债	4	净敞口套期损益
19	商品进销差价	4	应付票据	5	公允价值变动损益
20	委托加工物资	5	应付账款	6	资产处置收益
21	包装物及低值易耗品	6	预收账款	7	营业外收入
22	合同资产	7	合同负债	8	主营业务成本
23	持有待售资产	8	应付职工薪酬	9	其他业务成本
24	存货跌价准备	9	应交税费	10	税金及附加
25	债权投资[3]	10	应付股利	11	销售费用
26	债权投资减值准备	11	应付利息	12	管理费用
27	其他债权投资[4]	12	其他应付款	13	财务费用
28	其他债权投资减值准备	13	持有待售负债	14	资产减值损失
29	长期应收款	14	预计负债	15	信用减值损失
30	未实现融资收益	15	长期借款	16	营业外支出
31	长期股权投资	16	应付债券	17	所得税费用
32	长期股权投资减值准备	17	长期应付款	18	以前年度损益调整
33	其他权益工具投资[4]	18	未确认融资费用		

　　① 表内的顺序号只是为了说明问题的排列，不是企业在实际报出财务报表时的顺序号。

　　② 在我国现阶段尚未执行新金融工具准则和新收入准则的企业将其解释为"以公允价值计量且其变动计入当期损益的金融资产"。本表采用的是已经执行新金融工具准则和新收入准则的企业报表格式。

　　③ 在我国现阶段尚未执行新金融工具准则和新收入准则的企业仍将其解释为"持有至到期投资"。

　　④ 在我国现阶段尚未执行新金融工具准则和新收入准则的企业仍将"其他债权投资""其他权益工具投资"这两种投资解释为"可供出售金融资产"，或者是"以公允价值计量且其变动计入其他综合收益的金融资产"。

名师点拨2-2

会计科目和会计账户之间的关系是怎样的？在实际业务中有哪些具体表现？（音频）

（三）会计账户及其结构

会计账户是根据会计科目设置的，具有一定的格式和结构，用来全面、系统、连续地记录经济业务，反映会计要素增减变动及其结果的工具。会计科目主要是明确会计账户的名称，而会计账户则是将会计科目要记录的内容以一定的格式具体化，除此之外，二者在其他方面基本上是一致的。例如，按照账户性质、核算内容的不同，账户可分为资产账户、负债账户、收入账户等；按照账户反映内容的详细程度，账户可分为总分类账户（简称总账）、明细分类账户（简称明细账）等。

我们可将**会计科目与会计账户之间的关系**说明如下：会计科目是账户的名称，即账户是按照会计科目设置的、记录每一会计要素变化的工具。由此，每一个科目都有一个固定的账户，而每个账户有增加、减少、结余三个方面的内容，或者是期初余额、本期增加额、本期减少额、期末余额，这也称为账户结构。

账户作为记录和反映经济业务活动的一种形式，其基本功能是对各项经济业务所引起的企业资产、负债、收入、费用等的变动数额分门别类和有条不紊地进行归集、汇总。要使账户发挥功能，不仅要确定其名称和分类，还要使其具备相应的结构。所有由经济业务的发生所引起的企业资产、负债、所有者权益等的变动，从数量上看，不外乎"增加"和"减少"两种情况。因此，每个账户起码要划分出两个方位，即一方登记增加额，另一方登记减少额，这是一切账户的基本结构。为了便于说明问题，账户的基本结构可简化为左、右两方，即呈现为"T"型账户。"T"型账户及其结构见图2-1。

资产（或费用）类账户		负债、权益（或收入）类账户	
期初余额 本期增加额	本期减少额	本期减少额	期初余额 本期增加额
期末余额			期末余额

图2-1　"T"型账户及其结构

通过上面两个"T"型账户的比较，我们可以看到，两种不同类型的账户在余额和增加额、减少额的记录方面有不同的表示方式。可以说，这样的不同表示方式（由不同账户方向表达），恰恰是会计方法与其他获取信息业务（如统计）在方法上的不同之处。

三、复式记账、借贷记账法的要求与运用

（一）复式记账

复式记账，是单式记账的对称，指对每一笔经济业务都要以相等的金额，同时在两个或两个以上相互联系的账户中进行登记。以此为基础，复式记账的方法是以资产与负债、所有者权益的平衡对应关系作为记账基础，对于每一笔经济业务，都以相等的金额在两个或两个以上相互联系的账户中进行登记，以系统地反映资金运动变化结果的一种记账方法。复式记账曾有借贷记账、增减记账、收付记账三种方法，现阶段规定使用的只有借贷记账法。

（二）借贷记账法

借贷记账法是以"借""贷"作为记账符号，对每项经济业务都以相等的金额在两个或两个以上有关账户中进行记录的一种复式记账法。它是以"资产 = 负债 + 所有者权益"为理论依据，以"借"和"贷"作为记账符号，以"有借必有贷，借贷必相等"为记账规则的一种复式记账法。"借"和"贷"作为记账符号，都具有增加和减少的双重含义。"借"和"贷"何时为增加、何时为减少，必须结合账户的具体性质才能准确说明。资产类、费用类账户是"'借'增'贷'减"，负债类、所有者权益类、收入类账户是"'借'减'贷'增"。由此可知，"借"和"贷"这两个记账符号对会计等式两方的会计要素规定了增减相反的含义。

按照上述"T"型账户及其结构，我们对图 2 - 1 进行简单的修改，以说明在借贷记账法下"T"型账户及其结构的表述方式，见图 2 - 2。

借方 资产、费用类账户 贷方		借方 负债、权益、收入类账户 贷方	
期初余额 本期增加额	本期减少额	本期减少额	期初余额 本期增加额
期末余额			期末余额

图 2 - 2 借贷记账法下的"T"型账户及其结构

虽然无论何种账户都是借方在左、贷方在右，资产、费用类账户是"借增贷减"，负债、权益和收入类账户则是"贷增借减"。这种在账户方向上的结构设置，是进行会计工作的重要理论依据，是会计工作"平账"的前提条件。

（三）会计分录及其账户登记

此处所说的**会计分录**，是表明某项经济业务的应借、应贷账户的名称及其金额的记录。按照我国会计工作规范的要求，会计分录是表现在会计记账凭证上的、登记会计账簿时的会计处理依据。也就是说，会计工作规范要求先编制会计凭证的记账凭证，再登记账户。

例如，某企业将 1 000 元的现金存入银行，可编制以下会计分录：

借：银行存款　　　　　　　　　　　　　　　　　　　　　　　1 000

　　贷：库存现金　　　　　　　　　　　　　　　　　　　　　　1 000

登记账户后的情况见图 2 - 3。

借方	现金	贷方	借方	银行存款	贷方
	1 000 ——————————————————→ 1 000				

图 2 - 3　借贷记账法下的账户登记

利用账户之间的这种关系，在会计期末就可以将所有登记的内容按照借方、贷方登记的数额进行加总。如果二者加总后的数额相等，一般就表示账户登记的过程是正确的，即"账平了"；反之，如果二者加总后的数据不相等，就可以肯定编制的会计凭证或账户记录存在错误，需要对登记的账户数据进行检查。这就是所谓的会计的"**试算平衡**"。

👤 **名师点拨2-3**

[二维码]

会计分录、借贷记账法、试算平衡三者之间的关系是怎样的？

（四）会计处理的要求及借贷记账法的平行登记

此处以举例的方式说明借贷记账法的应用过程。

【例2-1】 某企业刚刚建立，陆续发生了下述的各项业务。

要求：随着经济业务的发生逐笔编制会计分录，登记账户并试算平衡。

解析：（1）企业收到银行存款 10 000 元，为所有者投资。会计分录如下：

借：银行存款　　　　　　　　　　　　　　　　　　　　　　10 000

　　贷：实收资本（或股本）　　　　　　　　　　　　　　　　10 000

资产负债表的借贷双方是平衡关系，即资产和所有者权益同时增加，见表 2 - 2。

表2-2 资产和所有者权益同时增加 单位：元

资产	数额	负债与所有者权益	数额
银行存款	10 000	实收资本	10 000
合计	10 000	合计	10 000

$$资产 \qquad = \qquad 负债 \quad + \quad 所有者权益$$

（2）企业又从某金融机构借入短期借款5 000元。会计分录如下：

借：银行存款   5 000

    贷：短期借款   5 000

资产负债表的借贷双方是平衡关系，即资产和负债同时增加，见表2-3。

表2-3 资产和负债同时增加 单位：元

资产	数额	负债与所有者权益	数额
银行存款	15 000	实收资本 短期借款	10 000 5 000
合计	15 000	合计	15 000

$$资产 \qquad = \qquad 负债 \quad + \quad 所有者权益$$

（3）企业用银行存款购买原材料2 000元（此处不考虑增值税）。会计分录如下：

借：原材料   2 000

    贷：银行存款   2 000

资产负债表的借贷双方仍是平衡关系，即资产内部不同项目有增有减，见表2-4。

表2-4 资产内部不同项目有增有减 单位：元

资产	数额	负债与所有者权益	数额
银行存款 原材料	13 000 2 000	实收资本 短期借款	10 000 5 000
合计	15 000	合计	15 000

$$资产 \qquad = \qquad 负债 \quad + \quad 所有者权益$$

（4）企业用银行存款归还金融机构的借款3 000元。会计分录如下：

借：短期借款   3 000

    贷：银行存款   3 000

资产负债表的借贷双方还是平衡关系，即资产和负债同时减少，见表2-5。

表2-5   资产和负债同时减少   单位：元

资产	数额	负债与所有者权益	数额
银行存款	10 000	实收资本	10 000
原材料	2 000	短期借款	2 000
合计	12 000	合计	12 000

资产   ＝   负债 ＋ 所有者权益

（5）作为企业债权人的金融机构将借给企业的未归还款项转为持有企业的股份2 000元。会计分录如下：

借：短期借款   2 000
    贷：实收资本   2 000

资产负债表的借贷双方总是平衡关系，即所有者权益与负债的转换，所有者权益与负债有增有减，见表2-6。

表2-6   所有者权益与负债有增有减   单位：元

资产	数额	负债与所有者权益	数额
银行存款	10 000	实收资本	12 000
原材料	2 000		
合计	12 000	合计	12 000

资产   ＝   负债 ＋ 所有者权益

上述几种业务的登记要求反映了企业各类经济业务发生时的会计处理，它们都不会改变会计数据"借方＝贷方"等式的平衡关系，因此，建立在会计等式基础上的复式记账和平行登记是会计业务处理的最基本依据。掌握这样的内容也是理解会计学的最基本要求。

第二节　会计工作对象与会计工作内容

本节重难点 2-2

名师点拨 2-4

会计工作对象有几个环节？各自的工作内容是怎样的？

一、会计工作对象

（一）企业的资金运动

会计界一致的看法是，**会计工作对象**，即会计客体，是企业的资金运动。

企业的资金是由企业所有者等预先取得或垫支的，用于创造新的价值并增加社会剩余产品价值的部分，主要是以流通中的货币所表现的钱财、物资和其他资源等的价值。

企业的资金运动，是指从投入资本开始，资金不断地变换自身的表现形态的过程。比如，从货币形态转换为原材料和劳动力价值，再转换为正在制造中的半成品，再到可供出售的产成品，再经过销售阶段，又回到货币形态的整个运转过程，还包括为完成资金周转过程的大量辅助工作的花费。这样的过程也称为资金的循环。

（二）资金的循环、周转的过程与内容

企业资金周而复始不断重复的循环，称为资金的周转。资金的循环、周转体现了资金运动的形态变化，见图 2-4。

从生产企业来看，资金的运动过程包括：

（1）资金筹集，即企业从各种渠道筹集资金，这是资金运动的起点。

（2）资金投放，即企业将筹集来的资金投放于经营资产上，主要包括：通过购买、建造等过程形成固定资产；购买生产用原材料；支付职工薪酬等。还可能形成短期或长期的对外投资。

（3）资金耗费，即产品生产阶段，直至将产品制造成功。

（4）资金收回，即在销售过程中，企业将生产出来的产品发送给有关单位，并且

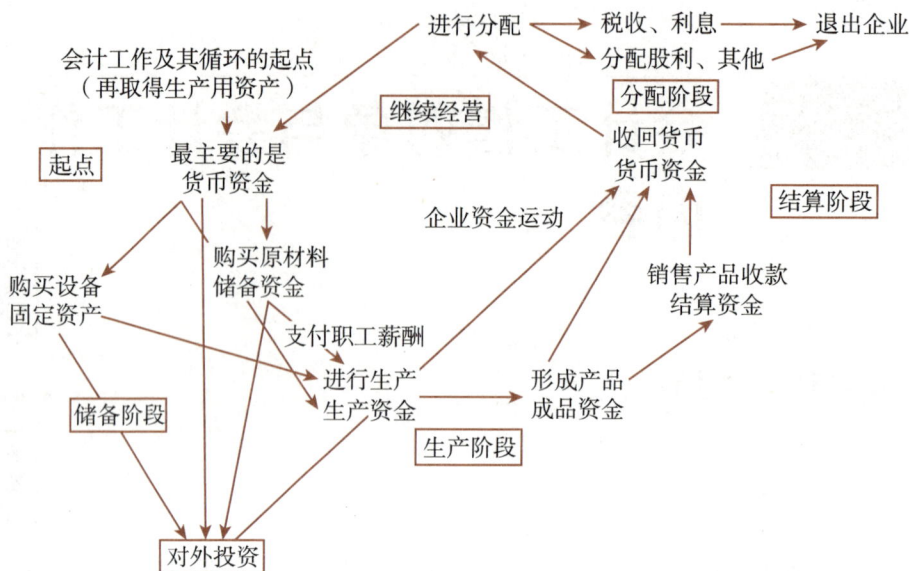

图2-4　企业资金的循环与周转

按照产品的价格直接或者是等待一个结算期后收回销售货款。

（5）资金分配，即企业取得营业收入，经弥补生产耗费，缴纳流转税、所得税后形成净利润，再经提取公积金、股利分配等，转入下一个循环和周转的过程。

在这样的过程中，每一项经济业务都要取得其发生与结果的凭据，即会计原始凭证。企业的会计人员对原始凭证进行会计审核之后，判断是应该记入两个以上账户的借方或贷方，并用会计语言进行指示和表述，即编制出包括会计分录在内的记账凭证，这是这一重要的会计工作的最后步骤。

二、会计工作内容

根据图2-4，我们可将一般制造业企业资金运动过程划分为资金筹措阶段、经营准备阶段、产品生产阶段、对外销售阶段、收入分配阶段。

（一）资金筹措阶段

这一阶段的工作内容是企业宣告成立时所做的主要工作，要处理的事项是取得资金、财物，为经营准备打好基础。会计工作的主要内容是进行实收资本（或股本）的记录与保管，取得企业成立的相关文件，取得股东、债权人交付款项等的外部原始凭证，登记企业最早的账户记录。

（二）经营准备阶段

这一阶段对于企业的未来经营效果至关重要，要处理的事项主要是购置固定资产、购买生产用原材料、招募职工等，以全面做好产品生产的前期工作。会计工作在这段时间也非常重要，需要建立各种财产（如固定资产、无形资产、存货等）的专门账户，制定内部管理制度和控制制度，设置各产品生产的成本账户，以及企业为管理而发生各种费用的相关账户。在上述工作的基础上，取得与购买、支付等业务相关的外部原始凭证，设立、运用企业内部的原始凭证，全面开始企业的会计工作。

（三）产品生产阶段

在这一阶段，企业已经正式运营，要处理的事项主要是领用原料及主要材料、辅助材料，支付职工薪酬，计提固定资产折旧和无形资产折耗，产成品质量检查与入库，等等。会计工作也就主要表现为与上述成本计算相关的业务内容。需要填制和取得的原始凭证多为公司内部的原始凭证，如外购材料入库单、领料单、工薪计算与发放单据、折旧折耗分配单、产成品质量检验单、产成品入库单、产成品出库单等。企业自此进入产品制造成本汇集与分配阶段的会计工作环节。

（四）对外销售阶段

这一阶段是企业经营的最重要阶段，要处理的事项主要是按照客户的要求填制产成品出库单、发货单、配送运输单，按照预先规定回款期收回应收账款，等等。会计工作主要表现为记录客户货物的发送情况与货款的回收情况，以及在此过程中的流转税缴纳、与客户发生的退货与折让事项，等等。需要填制和取得的外来原始凭证多是增值税专用发票及与银行进行结算的单据，还有相关的内部转账，如发出商品、结转成本等转账业务。

（五）收入分配阶段

这一阶段是企业会计业务处理工作较为集中的阶段，要处理的事项（此处以年终的处理事项为例进行说明）包括：进行成本核算，计算出每一类（批、件）的产品成本；将计算出的成本数据与其销售取得的营业收入相配比，计算与结转销售费用、管理费用、财务费用三大期间费用，结出营业利润；计算与缴纳企业应缴纳的所得税等，按照国家的相关法规计提盈余公积，进行面向股东的利润分配；等等。会计工作在此阶段须取得的原始凭证既有较多的外部原始凭证，如完税凭证、分配股利证明；又有较多的内部原始凭证，如期末费用的结转凭证、其他各种账户结清的凭证等。

在电子信息系统技术完善的企业，很多取得凭证，乃至生成原始凭证、记账凭证的业务已经可以由计算机自动完成；大部分会计电算化较为完善的企业，也多由会计人员在计算机系统填制会计凭证后，由计算机自动登记账簿（电子账簿），直至编制出财务报表。

第三节　会计对企业经济活动的核算与监督

本节重难点 2-3

名师点拨 2-5

会计凭证及其取得与运用的基本要求是什么？

一、会计凭证及其取得与运用

此处的会计凭证包括我们一般所说的原始凭证与记账凭证两种类型。应该说，原始凭证是企业资金运动最原始的表现，是企业所有管理部门都应遵循的指令；而记账凭证则是会计人员使用会计语言对企业资金运动的描述，是登记账簿、编制财务报表的依据。

（一）原始凭证的概念、分类与内容

1. 原始凭证的概念

原始凭证又称原始单据，是企业在经济业务发生或完成时取得或填制的，用以记录或证明经济业务发生或完成情况的文字凭据。它不仅能用来记录经济业务的发生或完成情况，还可以明确经济责任，是进行会计核算工作的原始资料和重要依据，是会计资料中最具法律效力的一种文件。

名师点拨 2-6

原始凭证的具体格式是怎样的？

2. 原始凭证的分类

原始凭证产生的原因是多样的，表现形式也是多样的，因而有多种分类方法，但是，主要有以下两种分类方法：

（1）按照来源的不同，原始凭证分为外来原始凭证与自制原始凭证。外来原始凭证是指在同外单位发生经济往来事项时，从外单位取得的凭证，如发票、车票、银行收付款通知单、增值税专用发票等；自制原始凭证是指在经济业务事项发生或完成时，由本单位内部经办部门或人员填制的凭证，如收料单、领料单等。

（2）按照填制手续及内容的不同，原始凭证分为一次凭证、累计凭证和汇总凭证。一次凭证的填制手续是一次完成的，如各种外来原始凭证和自制原始凭证中的领料单等都是一次凭证；累计凭证是指在一定时期内（一般以一个月为限）连续发生的同类经济业务的自制原始凭证，如限额领料单；汇总凭证是指根据一定时期内反映相同经济业务的多张原始凭证，汇总编制而成的自制原始凭证，如"工资汇总表""现金收入汇总表""发料凭证汇总表"等。

3. 原始凭证的基本内容与格式

原始凭证的基本内容通常称为凭证要素，主要有：原始凭证的名称，凭证的编号，填制凭证的日期，接受凭证单位名称（抬头人）与填制单位名称，经济业务简要内容，金额（单价、数量），有关人员（部门负责人、经办人员）的签名、盖章。很多外来原始凭证有其统一格式。例如，由各专业银行统一印制的运单、各交通方式发售的客票等，还有商品购销活动所取得的由各地方税务主管部门统一印制的增值税专用发票，以及当前颇有争议的电子发票等。

（二）原始凭证的开具与审核

对于会计工作来说，原始凭证的开具、填列要求是很重要的。客观地说，很大一部分的原始凭证是由相关单位或本单位有关业务人员填制的，但是所有原始凭证都必须经过财会人员审核，也就是说，原始凭证只有经过审核，才能登记入账。因此，原始凭证无论由谁开具，只要涉及货币资金收付业务或者是需要进行价值计量的事项，都必须通过会计工作的处理，才能正式发挥效力。

为了保证原始凭证能够准确、及时地反映各项经济业务活动的真实情况，提高会计核算的质量，并具备真正的法律效力，我国的《会计基础工作规范》对原始凭证有着非常严格且具体的专门要求。

从总的要求来看，各单位办理需要进行会计处理的经济业务时，必须取得或者填制原始凭证，并及时送交会计机构。从实际工作看，我国现行规范对原始凭证的基本要求为：

（1）原始凭证的内容必须具备凭证的名称，填制凭证的日期，填制凭证单位名称或填制人姓名，经办人员的签名或盖章，接受凭证单位名称，经济业务内容，数量、单价和金额。

（2）从外单位取得的原始凭证，必须盖有填制单位的公章；从个人取得的原始凭证，必须有填制人员的签名或者盖章。自制原始凭证必须有经办单位领导人或者其指定的人员签名或盖章。对外开出的原始凭证，必须加盖本单位公章。

（3）凡填有大写和小写金额的原始凭证，大写与小写金额必须相符。购买实物的原始凭证，必须有验收证明。支付款项的原始凭证，必须有收款单位和收款人的收款证明。

（4）一式几联的原始凭证，应当注明各联的用途，只能以一联作为报销凭证。一式几联的发票和收据，必须用双面复写纸（发票和收据本身具备复写纸功能的除外）套写，并连续编号。作废时应当加盖"作废"戳记，连同存根一起保存，不得撕毁。

（5）发生销货退回的，除填制退货发票外，还必须有退货验收证明。退款时，必须取得对方的收款收据或者汇款银行的凭证，不得以退货发票代替收据。

（6）职工公出借款凭据，必须附在记账凭证之后。收回借款时，应当另开收据或者退还借据副本，不得退还原借款收据。

（7）经上级有关部门批准的经济业务，应当将批准文件作为原始凭证附件。如果批准文件需要单独归档的，应当在凭证上注明批准机关名称、日期和文件字号。

👤 名师点拨 2-7

作为原始凭证的电子凭证应该包括哪些具体内容？

📖 法规速查 2-1

关于规范电子会计凭证报销入账归档的通知

另外，原始凭证不得涂改、挖补。发现原始凭证有错误的，应当由开出单位重开或者更正，更正处应当加盖开出单位的公章。

以上所述规范主要着眼于手工会计业务，实际上有两个层面的指导作用：一是对于开具原始凭证的人员，无论是会计部门的工作人员还是其他部门的工作人员，无论是单位还是个人，在开具原始凭证时都必须遵守；二是会计人员在进行原始凭证入账前的审核时，必须按照上述内容完成对原始凭证的审核。

（三）记账凭证的概念、分类与内容

1. 记账凭证的概念解释

记账凭证，又称记账凭单或分录凭单，是指财会部门根据审核无误的原始凭证或原始凭证汇总表编制、记载经济业务的简要内容，确认会计分录，作为记账直接依据的一种会计凭证。记账凭证的主要作用在于对原始凭证进行分类、整理，按照复式记账的要求，运用会计科目，编制会计分录，据以登记账簿。

这是会计人员自己编制的会计凭证，也是登记账簿的直接依据。

2. 对记账凭证分类的再认识

在以手工记账为主要方式的会计工作时期，对记账凭证进行分类也是充分认识并利用记账凭证的一个重要环节。那时的记账凭证分类最常见的是"收款凭证""付款凭证""转账凭证"等，也有进一步的"现金收付款凭证""银行存款收付款凭证""专用基金收付款凭证"等。但从现在来看，计算机会计信息系统的发展，已使上述记账凭证的分类完全失去了原有的作用，以致会计记账凭证几乎就成了单一的综合记账凭证状态。着眼于此点，本书就只介绍原有概念基础上的单一、通用记账凭证。关于这类事项，计算机会计的同事曾说过：将电子形式的记账凭证再打印为纸质，完全是为了满足对会计业务进行管理的要求。可以想象，若外来原始凭证完全电子化，或者说真正实现"会计工作无纸化"，除了分类的标识之外，记账凭证的用途何在，这一点也确实需要学界认真考虑。

3. 记账凭证的构成内容

虽然在会计电算化的发展过程中会形成某类事物一定程度的变化，但是即使在变化过程中，也有一些内容会保持其原有形态，记账凭证的内容就是如此。具体来说，由于记账凭证是登记账簿的依据，为了保证账簿记录的准确性，记账凭证必须具备下列基本内容：记账凭证名称；填制单位的名称；凭证的填制日期及编号；经济业务的内容摘要；应借、应贷账户名称及金额；所附原始凭证张数；制证、复核、记账、会计主管等有关人员的签章，收付款凭证还要有出纳人员的签章。

（四）记账凭证的开具与审核

记账凭证，既有由计算机根据所执行的会计业务直接开具的，也有由会计人员根据外来原始凭证的处理要求亲自开具的。可是，与上述原始凭证不同，无论记账凭证怎样开具，在会计电算化程序下的记账、过账工作都由计算机来执行。

👤 名师点拨 2-8

记账凭证包括哪些基本内容？应如何开具与审核？

我国《会计基础工作规范》对会计记账凭证工作的总要求是：会计机构、会计人员要根据审核无误的原始凭证填制记账凭证；记账凭证可以分为收款凭证、付款凭证和转账凭证，也可以使用通用记账凭证。我国《会计基础工作规范》对记账凭证的基本要求如下：

（1）记账凭证的内容必须具备：填制凭证的日期，凭证编号，经济业务摘要，会计科目，金额，所附原始凭证张数，填制凭证人员、稽核人员、记账人员、会计机构负责人、会计主管人员签名或盖章。收款和付款记账凭证还应由出纳人员签名或盖章。以自制原始凭证或者原始凭证汇总表代替记账凭证的，也必须具备记账凭证应有的项目。

（2）填制记账凭证时，应当对记账凭证进行连续编号。一笔经济业务需要填制两张以上记账凭证的，可以采用分数编号法编号。

（3）记账凭证可以根据每一张原始凭证填制，或者根据若干张同类原始凭证汇总填制，也可以根据原始凭证汇总表填制，但不得将不同内容和类别的原始凭证汇总填制在一张记账凭证上。

（4）除结账和更正错误的记账凭证可以不附原始凭证外，其他记账凭证必须附有原始凭证。如果一张原始凭证涉及几张记账凭证，可以把原始凭证附在一张主要的记账凭证后面，并在其他记账凭证上注明附有该原始凭证的记账凭证的编号或者附原始凭证复印件。一张原始凭证所列支出需要几个单位共同负担的，应当将其他单位负担的部分，开给对方原始凭证分割单，进行结算。原始凭证分割单必须具备原始凭证的基本内容：凭证名称、填制凭证日期、填制凭证单位名称或者填制人姓名、经办人的签名或者盖章、接受凭证单位名称、经济业务内容、数量、单价、金额和费用分摊情况等。

（5）如果在填制记账凭证时发生错误，应当重新填制。已经登记入账的记账凭证，在当年内发现填写错误时，可以用红字填写一张与原内容相同的记账凭证，在摘要栏注明"注销某月某日某号凭证"字样，同时再用蓝字重新填制一张正确的记账凭证，注明"订正某月某日某号凭证"字样。如果会计科目没有错误，只是金额错误，也可以将正确数字与错误数字之间的差额，另编一张调整的记账凭证，调增金额用蓝字，调减金额用红字。发现以前年度记账凭证有错误的，应当用蓝字填制一张更正的记账凭证。

（6）记账凭证填制完经济业务事项后，如有空行，应当自"金额"栏最后一笔金额数字下的空行处至合计数上的空行处划线注销。

（7）在采用手工方式填制会计凭证时，字迹必须清晰、工整，并符合一定的书写要求。

（8）实行会计电算化的单位，对于机制记账凭证，要认真审核，做到会计科目使用正确、数字准确无误。打印出的机制记账凭证需要制单人员、审核人员、记账人员及会计机构负责人、会计主管人员签名或者加盖印章。

（9）各单位会计凭证的传递程序应当科学、合理，具体办法由各单位根据会计业务需要自行规定。

与上述原始凭证的开具与审核的不同之处是：有关原始凭证的内容既涉及会计人员，又关系众多的非会计人员的工作，对会计人员的要求主要是在原始凭证审核方面；而记账凭证就是针对会计人员而言的，是对会计人员填制、审核记账凭证的具体要求；当然，这也是审计人员等开展各项工作的审核依据。

（五）会计凭证的保管要求

由上述会计凭证的取得与审核要求可知，会计凭证是企业最重要的经济档案，有明确责任、记载经济活动过程的功能。我国《会计基础工作规范》对会计机构、会计人员要妥善保管会计凭证也提出了具体的要求，主要内容为：

（1）会计凭证登记完毕后，应当按照分类和编号顺序保管，不得散乱丢失。

（2）记账凭证应当连同所附的原始凭证或者原始凭证汇总表，按照编号顺序，折叠整齐，按期装订成册，并加具封面，注明单位名称、年度、月份和起讫日期、凭证种类、起讫号码，由装订人在装订线封签外签名或者盖章。对于数量过多的原始凭证，如较大数量的领料单等，可以单独装订保管，在封面上注明记账凭证日期、编号、种类，同时在记账凭证上注明"附件另订"和原始凭证名称及编号。各种经济合同、存出保证金收据以及涉外文件等重要原始凭证，应当另编目录，单独登记保管，并在有关记账凭证和原始凭证上相互注明日期和编号。

（3）原始凭证不得外借，其他单位如因特殊原因需要使用原始凭证时，经本单位会计机构负责人、会计主管人员批准，可以复制。向外单位提供的原始凭证复制件，应当在专设的登记簿上登记，并由提供人员和收取人员共同签名或者盖章。

（4）从外单位取得的原始凭证如有遗失，应当取得原开出单位盖有公章的证明，并注明原来凭证的号码、金额和内容等，由经办单位会计机构负责人、会计主管人员和单位领导人批准后，才能代作原始凭证。如果确实无法取得证明的，如火车票、轮船票、飞机票等凭证，由当事人写明详细情况，由经办单位会计机构负责人、会计主管人员和单位领导人批准后，代作原始凭证。

还需要说明的是：会计资料档案也包括会计账簿、财务报表等，但最有保管需要的还是会计凭证，在全面实施会计信息系统操作后更是这样。

（六）原始凭证、记账凭证体系的设置与运用探讨

此处主要说明多联式原始凭证的格式、内容和作用，以及会计电算化环境下记账

凭证的编制环节及其在会计核算体系中的作用。

在一般的企业中，各个重要的控制环节均为计算机的"人机结合点"。而在这样的关键控制部位，多是一式多联原始凭证的汇集中心。

比如，百货商场的电子收银台的工作过程如下：顾客在挑选某种商品之后，柜台的服务员会开具一式三联的纸质原始凭证交给顾客；顾客自留第一联，作为购买凭证；收银台将三联盖章后留下第二联作为收款依据，并将机打收据交给顾客；顾客将经过计算机收银台盖章的纸质原始凭证第三联和机打收据交给柜台后，拿走选中的商品。此时，交易看似结束了，而实际上是暂时告一段落。在当日结束营业、下班之前，收银台要以机打收据核对收到的顾客交来的第二联，以核对实际收到的款项与应收款项是否一致；柜台则将早晨（或前一天晚上）实存商品数，加上今天进货增加数，再减去顾客付款后，与收银台返回的纸质原始凭证的第三联进行核对，以判断柜台商品数量是否正确无误。除此之外，收银台将收到的第二联作为原始凭证，填制记账凭证（在这个环节，记账凭证由计算机信息系统直接生成），即编制以下会计分录：

借：库存现金　　　　　　　　×××（实际依据为机打收据）

　　贷：主营业务收入——××商品　　×××（实际依据为柜台纸质

　　　　　　　　　　　　　　　　　　　　原始凭证第二联，即出货单）

与此业务相对应，商品仓库和柜台以收到的收银台的第三联，连同仓库的出库单为原始凭证，填制记账凭证（在这个环节，记账凭证也是由计算机信息系统直接生成），即编制以下会计分录：

借：主营业务成本——××商品　　×××（实际依据为柜台纸质

　　　　　　　　　　　　　　　　　　　原始凭证第三联）

　　贷：库存商品——××商品　　　×××（实际依据为仓库出库单，

　　　　　　　　　　　　　　　　而出库单则与其上游管理环节相联系）

不仅如此，在会计期末结账时，稽核人员（或者是企业的内部审计人员）还要组织对纸质原始凭证的第二联与第三联之间的相互核对，以核实企业是否存在"已出货、款未收"，或者"未出货、款已收"等情况。

我们应当清楚的是：管理水平高的工商企业在每一个重要管理环节都有上述的管理制度，在这样的管理制度中，一式多联的原始单据在此发挥着重要作用。而进行多凭证汇集、担负管理重任的，就是企业的会计人员。另外，在计算机会计系统中，有一些记账凭证可以根据业务的状况自动生成，而有一些记账凭证仍需在计算机上填列。但无论怎样，仍必然熟知记账凭证需填列的内容。我们说，在计算机上的操作确实可以在很大程度上简化原来的手工操作要求，因此，在记账凭证的填列要求方面，能够满足记账凭证的内容要求在很大程度上已取决于会计工作软件的设计与改善。

二、会计账簿及其设置与登记

（一）会计账簿的概念

会计账簿是指由一定格式的账页组成，主要以会计凭证的记账凭证为依据，全面、系统、连续地记录各项经济业务的簿籍。企业通过会计账簿的设置，可以建立起账证、账账、账表之间的钩稽关系，可以检查、校正会计信息；企业将会计凭证中反映的经济内容过入相应账簿，可以全面反映其自身在一定时期内所发生的各项资金运动，储存所需要的会计信息；企业通过账簿的设置和登记，可以分门别类地反映企业信息，提供一定时期企业的财务状况、经营成果和现金流量等有关的会计信息，反映企业管理层受托责任履行情况，从而有助于财务会计报告使用者做出经济决策。

（二）会计账簿与会计账户之间的关系

我们在前文解释过会计科目与会计账户之间的关系，此处也简单说明一下会计账户与会计账簿之间的关系。二者之间的关系是十分密切的。账户是根据会计科目开设、存在于账簿之中的一个抽象概念。换句话说，账簿中的每一账页就是账户的存在形式和载体，没有账簿，账户就无法存在。反过来看，账簿又只是一个外在形式，而账户才是它的真实内容，账簿序时、分类地记载经济业务，是在个别账户中完成的；账簿是由若干账页组成的一个整体，开设在各账页上的账户则是这个整体中的个别部分。

👤 名师点拨 2-9

会计账簿与会计账户之间的关系是怎样的？

将上述内容进行综合后可知，账户是登记经济业务的户头，是其内在的真实内容；账簿是一个表现账户登记内容的册子，是其外在形式；二者间是形式和内容的关系。

（三）会计账簿设置与登记的要求

我国现阶段仍存在手工处理的会计业务，因此，此处分别以会计账簿设置与登记的共性要求、会计电算化及手工处理对会计账簿设置与登记的特殊要求来说明问题。

1. 会计账簿设置与登记的共性要求

此处的共性要求是指，不论企业采用的是手工记账还是计算机信息系统处理（会计电算化条件下）会计业务，都必须遵循的行为规范。

（1）各单位应当按照国家统一会计制度的规定和会计业务的需要设置会计账簿。会计账簿包括总账、明细账、日记账和其他辅助性账簿。

（2）启用会计账簿时，应当在账簿适当的位置写明单位名称和账簿名称，以及启用日期、账簿页数、记账人员和会计机构负责人、会计主管人员姓名，并加盖名章和单位公章或电子印记。记账人员或者会计机构负责人、会计主管人员调动工作时，应当注明交接日期、接办人员或者监交人员的姓名，并由交接双方人员签名或者盖章。

（3）凡需要结出余额的账户，结出余额后，应当在"借或贷"等栏内写明"借"或者"贷"等字样。没有余额的账户，应当在"借或贷"等栏内写"平"字，并在余额栏内用"0"表示。

（4）每一账页登记完毕结转下页时，应当结出本页合计数及余额，写在本页最后一行和下页第一行有关栏内，并在摘要栏内注明"过次页"和"承前页"字样；也可以将本页合计数及金额只写在下页第一行有关栏内，并在摘要栏内注明"承前页"字样。

（5）各单位应定期对会计账簿记录的有关数字与库存实物、货币资金、有价证券、往来单位或者个人等核对，保证账证相符、账账相符、账实相符。对账工作每年至少进行一次。

①账证核对。核对会计账簿记录与原始凭证、记账凭证的时间、凭证字号、内容、金额是否一致，记账方向是否相符。

②账账核对。核对不同会计账簿之间的账簿记录是否相符，包括：总账有关账户的余额核对，总账与明细账核对，总账与日记账核对，会计部门的财产物资明细账与财产物资保管和使用部门的有关明细账核对，等等。

③账实核对。核对会计账簿记录与财产等实有数额是否相符，包括：现金日记账账面余额与现金实际库存数相核对；银行存款日记账账面余额定期与银行对账单相核对；各种财物明细账账面余额与财物实存数额核对；各种应收、应付款明细账账面余额与有关债务、债权单位或者个人核对；等等。

（6）各单位应当按照规定定期结账。

①结账前，必须将本期内所发生的各项经济业务全部登记入账。

②结账时，应当结出每个账户的期末余额。需要结出当月发生额的，应当在摘要栏内注明"本月合计"字样，并在下面通栏划单红线。需要结出本年累计发生额的，应当在摘要栏内注明"本年累计"字样，并在下面通栏划单红线；12月末的"本年累计"就是全年累计发生额。全年累计发生额下面应当通栏划双红线。年度终了结账时，所有总账账户都应当结出全年发生额和年末余额。

③ 年度终了，要把各账户的余额结转到下一会计年度，并在摘要栏注明"结转下年"字样；在下一会计年度新建有关会计账簿的第一行余额栏内填写上年结转的余额，并在摘要栏注明"上年结转"字样。

2. 会计电算化对会计账簿设置与登记的特殊要求

此处的特殊要求是指企业采用会计电算化进行会计处理时的特殊要求，这是上述共性要求的必要补充。

（1）实行会计电算化的单位，打印的会计账簿必须连续编号，经审核无误后装订成册，并由记账人员和会计机构负责人、会计主管人员签名或者盖章。

（2）实行会计电算化的单位，总账和明细账应当定期打印。发生收款和付款业务的，在输入收款凭证和付款凭证的当天必须打印出现金日记账和银行存款日记账，并与库存现金核对无误。

3. 手工处理对会计账簿设置与登记的特殊要求

此处的特殊要求是指企业采用手工操作进行会计处理时的特殊要求，这也是上述共性要求的必要补充。

（1）现金日记账和银行存款日记账必须采用订本式账簿。不得用银行对账单或者其他方法代替日记账。

（2）启用订本式账簿，应当从第一页到最后一页顺序编定页数，不得跳页、缺号。使用活页式账页，应当按账户顺序编号，并须定期装订成册。装订后再按实际使用的账页顺序编定页码。另加目录，记明每个账户的名称和页次。

（3）会计人员应当根据审核无误的会计凭证登记会计账簿。登记账簿的基本要求如下：

① 登记会计账簿时，应当将会计凭证日期、编号、业务内容摘要、金额和其他有关资料逐项记入账内，做到数字准确、摘要清楚、登记及时、字迹工整。

② 登记完毕后，要在记账凭证上签名或者盖章，并注明已经登账的符号，表示已经记账。

③ 账簿中书写的文字和数字上面要留有适当空格，不要写满格，一般应占格距的 $1/2$。

④ 登记账簿要用蓝黑墨水或者碳素墨水书写，不得使用圆珠笔（银行的复写账簿除外）或者铅笔书写。

（4）下列情况，可以用红色墨水记账：

① 按照红字冲账的记账凭证，冲销错误记录。

② 在不设借、贷等栏的多栏式账页中，登记减少数。

③ 在三栏式账户的余额栏前，如未印明余额方向的，在余额栏内登记负数余额。

④ 根据国家统一会计制度的规定可以用红字登记的其他会计记录。

（5）各种账簿按页次顺序连续登记，不得跳行、隔页。如果发生跳行、隔页，应当将空行、空页划线注销，或者注明"此行空白""此页空白"，并由记账人员签名或者盖章。

（6）现金日记账和银行存款日记账必须逐日结出余额。

（7）账簿记录发生错误，不准涂改、挖补、刮擦或者用药水消除字迹，不准重新抄写，必须按照下列方法进行更正：

① 登记账簿时发生错误，应当将错误的文字或者数字划红线注销，但必须使原有字迹仍可辨认，然后在划线文字或者数字的上方填写正确的文字或者数字，并由记账人员在更正处盖章。对于错误的数字，应当全部划红线更正，不得只更正其中的错误数字；对于文字错误，可只划去错误的部分。

② 由于记账凭证错误而使账簿记录发生错误的，应当按更正的记账凭证登记账簿。

三、财务会计报告的编制与附注内容

（一）财务会计报告的初步说明

财务会计报告是由单位会计部门根据经过审核的会计账簿记录和有关资料编制而成，其目标是向财务会计报告使用者提供与企业财务状况、经营成果和现金流量等有关的会计信息，反映企业管理层受托责任履行情况，有助于财务会计报告使用者做出经济决策。

毋庸讳言，本书此处所述财务会计报告在会计学及其他管理领域被称呼得颇为"随意"，基本上与财务报表（告）、会计报表（告）等混同使用。此处对财务会计报告的解释只是初步说明。

（二）我国财经法规对财务会计报告规范的要求

（1）财务会计报告包括财务报表及其附注和其他应当在财务会计报告中披露的相关信息和资料。财务报表包括会计报表主表、会计报表附表和会计报表附注。

（2）各单位必须按照国家统一会计制度的规定，定期编制财务会计报告。或者说，各单位对外报送的财务会计报告应当根据国家统一会计制度规定的格式和要求编制。

各单位应当按照国家统一会计制度的规定认真编写会计报表附注及其说明，做到项目齐全、内容完整。但是，单位内部使用的财务会计报告，其格式和要求由各单位自行规定。

（3）财务报表应当根据登记完整、核对无误的会计账簿记录和其他有关资料编制，做到数字真实、计算准确、内容完整、说明清楚。任何人不得篡改或者授意、指使、强令他人篡改财务会计报表的有关数字。

（4）财务报表之间、报表各项目之间，凡有对应关系的数字，应当相互一致。本期财务报表与上期报表之间有关的数字应当相互衔接。不同会计年度财务报表中各项目的内容和核算方法有变更的，应当在年度财务会计报表中加以说明。

（5）各单位应当按照国家规定的期限对外报送财务会计报告。对外报送的财务会计报告，应当依次编写页码，加具封面，装订成册，加盖公章。封面上应当注明：单位名称，单位地址，财务报告所属年度、季度、月度，送出日期，并由单位领导人、总会计师、会计机构负责人、会计主管人员签名或者盖章。单位领导人对财务报告的合法性、真实性负法律责任。

（6）根据法律和国家有关规定应当对财务会计报告进行审计的，财务会计报告编制单位应当先行委托注册会计师进行审计，并将注册会计师出具的审计报告随同财务会计报告按照规定的期限报送有关部门。

（7）如果发现对外报送的财务会计报告有错误，应当及时办理更正手续。除更正本单位留存的财务会计报告外，还应同时通知接受财务会计报告的单位进行更正。错误较多的，应当重新编报。

（三）财务会计报告的编制过程

财务会计报告的编制过程，曾被解释为会计核算形式或者财务处理程序，是指会计机构组织会计核算时，会计凭证组织、会计账簿组织、记账程序和方法相互结合的方式。此处的会计凭证组织，是指会计工作设置哪些原始凭证和记账凭证，能将会计工作从基础上很好地组织起来；会计账簿组织，是指需要设置哪些账簿，以及各账簿的种类、格式、内部关系等，能使其与会计凭证组织很好地结合，顺利地将大量的凭证归总，直至编制出财务报表。记账程序则是指从填制、整理、传递会计凭证到登记账簿、编制会计报表整个过程的工作步骤和方法。

将上面的内容按照会计工作的进程进行归纳：①根据原始凭证或原始凭证汇总表填制记账凭证。②根据收付记账凭证登记现金日记账和银行存款日记账。③根据记账凭证登记明细分类账。④根据记账凭证汇总、编制科目汇总表（或汇总记账凭证）。⑤根据科目汇总表（或汇总记账凭证）登记总账。⑥会计期末，根据总分类账和明细分类账编制资产负债表、利润表、现金流量表和所有者权益变动表。如果企业的规模小、业务量不多，可以不设置明细分类账，直接将业务逐笔登记总分类账。

在手工记账的情况下，上述的会计核算形式是整个会计学（或者是会计学基础）中非常重要的内容，非此难以掌握会计处理过程的前后顺序和各环节、步骤之间的相互衔接。但是，自会计电算化大范围实施以来，一般都是由会计人员将会计凭证工作安排好，而后的账簿登记、结账、过账等业务均由会计电算化取代。

四、反映企业集团整体活动状况的合并财务报表

我国社会经济的发展已使企业集团这种组织形式大量出现。比如，在我国的资本市场中，几千个上市公司绝大多数都是企业集团，它们都以合并财务报表的方式对外披露公司的财务会计报告；具体来说，应当是母公司（上市公司）以企业集团的合并财务报表为主要内容（包括母公司的若干个子公司）的财务会计报告。这就使得财务会计报告使用者的视角直接面对企业集团，因而需要对合并财务报表有一定程度的了解。

企业集团是一种超越于个别企业之上的利益与风险共同体。合并财务报表作为集团企业按规定编制的正式财务报表，是反映企业集团整体财务状况、经营成果和现金流量信息的源泉，也是投资者判断企业集团投资价值的重要依据之一。由于这种情况普遍存在，母公司、子公司虽均是独立核算、有各自独立的财务与经营体系的法律主体，却要在会计处理上进行较多的结合，如较为复杂的对外投资和接受投资、相互之间的调整与冲销等。

本书在后面的财务报表部分，对企业集团的合并财务报表进行了解释性说明。

五、企业财务会计报告的披露与会计信息的全社会运用

随着我国股票市场的不断发展，股市的国际化、规范化程度日益提高，我国股市的信息披露从无到有，已经初步形成了一套信息披露制度和在制度规范下的工作体系，这在维护股市秩序、保护广大投资者利益方面起到了积极作用。

此处提及的上市公司会计信息披露，就是上市公司按照相关法律法规的要求，将公司的财务状况和经营成果以及其他有关资料或情况向证券监管部门报告，并向社会公众公告的一种行为。我国的各经济管理机构要求，上市公司在进行信息披露时必须

真实、准确、完整，不得有虚假记载、误导性陈述或重大遗漏，否则，虚假财务信息就会对资本市场造成恶劣的影响，给资本市场的投资者和整个社会资金的运行带来损失。然而，我们现在看到的是，上市公司的会计信息披露依然存在不少问题，会计信息披露所涉及的违规、违法事件仍时有发生。比如，上市公司出于骗取上市资格或者其他目的，突击"组装"或修饰某一期间的财务报表，这一做法一时能实现造假上市、哄抬股价等目的。由此可知，深入揭示会计信息披露存在的问题，寻找治理会计信息披露问题的对策，以提高上市公司会计信息质量，是需要我们认真探讨的一个问题。

上市公司的会计信息披露在我国现阶段社会经济运行过程中发挥着主导作用，即上市公司会计信息披露是证券市场赖以建立和发展的基石，是证券法律制度的核心，也是证券投资者权益的有力保障。我国证券市场发展较晚，会计信息披露的历史仅有二十余年，这就需要我们正确认识和理解上市公司的会计信息披露。也正是着眼于这一点，本书在写作过程中非常注重我国资本市场的会计信息取得与利用的展示和分析，以此为基本出发点挖掘我国企业会计信息的形成途径和披露方式。

本章小结

本章所述即会计学原理的基本内容。资产负债表的平衡等式以及在此之后的利润表的会计等式、现金流量表的会计等式，在整体的会计学理论中占有很重要的地位，是会计实务开展的基础。按照会计要素进一步划分而形成的会计科目的具体情况，会计科目与会计账户的关系，会计账户的结构，以及账户结构按照不同性质划分、登记而形成的结果，也是学习会计学需要熟练掌握的重要内容。对复式记账、借贷记账法及各种业务的会计分录的解释在本书中会一直延伸到财务报表的编制，需要认真掌握。从会计对象的角度分析资金的循环和周转的过程，各类资产的构成，以及在各个阶段的会计工作内容，对后面各章节的会计处理的学习是很重要的。初学者必须扎实掌握以上述内容为基础的会计凭证体系的系统知识，否则，就难以做好原始凭证的审核（含编制）和记账凭证的编制工作。会计账簿的设置与登记是会计工作的必要环节，无论是否亲自登记，都要对此有较为深刻的了解。最后，财务报表是怎样形成的、怎样在社会经济中发挥作用、上市公司的财务会计报告在各方面有何特殊表现、怎样进行上市公司的会计信息披露等内容，也是需要我们知道的会计工作的内容。

本章知识框架

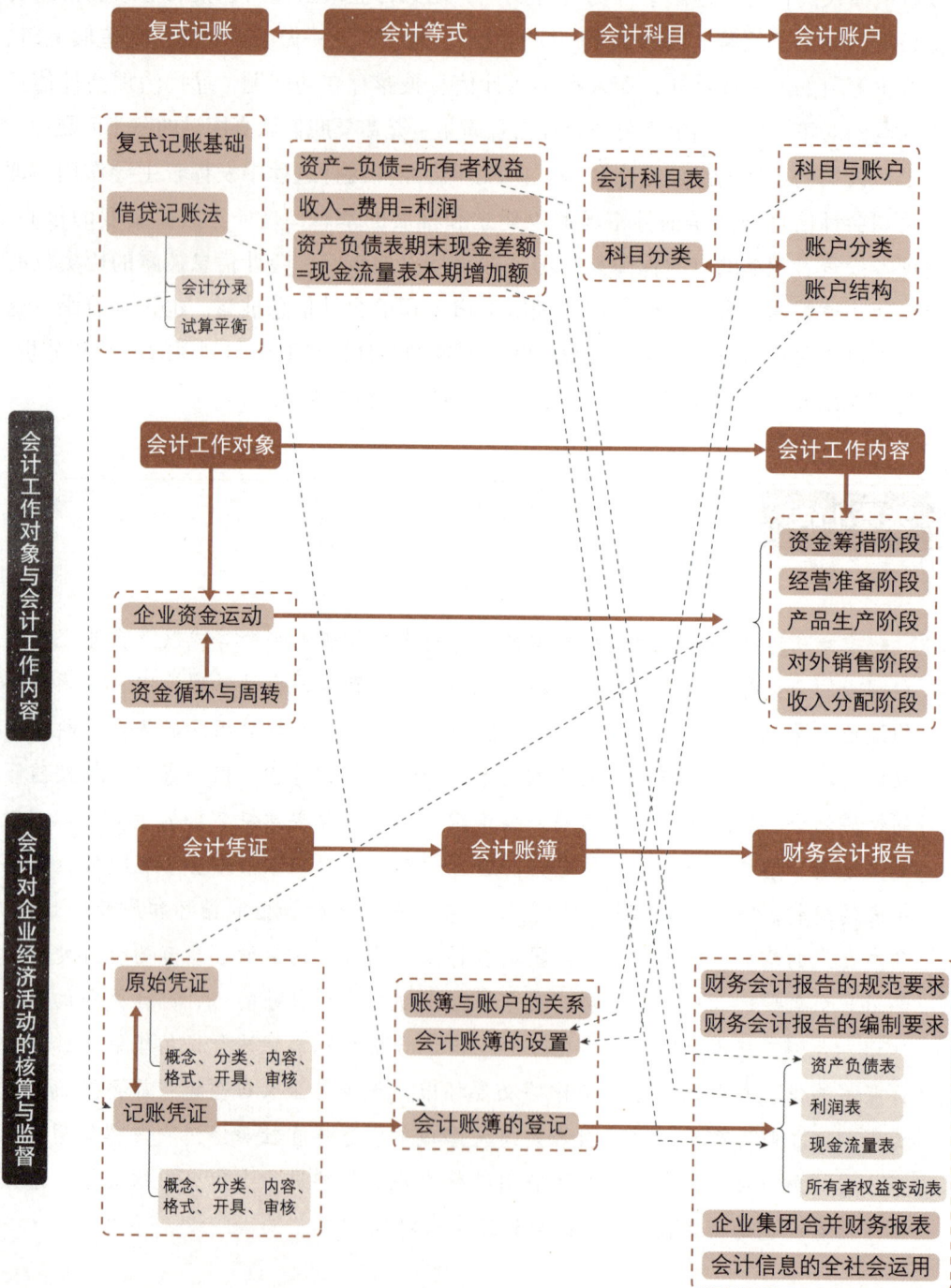

第三章

流动资产

本章 PPT

导言

　　本章的内容包括流动金融资产的货币资金、交易性金融资产与应收款项三个部分及存货这一重要内容。 通过本章的学习，同学们应对流动资产这类具体、烦琐甚至有些交叉、复杂的业务处理有全面、深刻的认识，打好财务会计的基础，为以后会计实际业务的学习开创一个良好的局面。

本章学习要点

1. 了解流动资产的构成与会计处理要求。
2. 掌握货币资金的会计处理与控制、管理。
3. 掌握交易性金融资产的会计处理。
4. 掌握应收款项的会计处理与坏账准备的计提。
5. 掌握存货的科目体系、会计处理要求与信息披露。

本节重难点 3-1

第一节　流动资产概述

名师点拨 3-1

流动资产一般是怎样分类的？包括哪些类型？（音频）

法规速查 3-1

企业会计准则第30号——财务报表列报

法规速查 3-2

企业会计准则第31号——现金流量表

一、流动资产的特征与分类

我国会计准则中关于财务报表列报的要求是：资产和负债应当分别流动资产和非流动资产、流动负债和非流动负债进行列示。

《企业会计准则第 30 号——财务报表列报》第 17 条对**流动资产**进行了界定，即资产满足下列条件之一的，应当归类为流动资产：

（1）预计在一个正常营业周期中变现、出售或耗用；

（2）主要为交易目的而持有；

（3）预计自资产负债表日起一年内变现；

（4）自资产负债表日起一年内，交换其他资产或清偿负债的能力不受限制的现金或现金等价物。

流动资产以外的资产应当归类为非流动资产，并应按其性质分类列示；被划分为持有待售的非流动资产应当归类为流动资产。

会计准则还对营业周期进行了解释：正常营业周期，是指企业从购买用于加工的资产起至实现现金或现金等价物的期间。正常营业周期通常短于一年。因生产周期较长等导致正常营业周期长于一年的，尽管相关资产往往超过一年才变现、出售或耗用，仍应当划分为流动资产。正常营业周期不能确定的，应当以一年（12 个月）作为正常营业周期。

按照我国现阶段资产负债表的格式，**流动资产一般分类**为：货币资金；以公允价值计量且其变动计入当期损益的金融资产；企业的应收款项，包括应收票据、应收账款、预收款项、应收利息、应收股利、其他应收款；存货；持有待售资产；一年内到期的非流动资产和其他流动资产。由于资产负债表资产部分各项目的顺序是按照资产的变现能力设定的，即变现能力强的资产排在最上面，而后次之，因此流动资产的前面部分多是金融资产。

二、金融资产的构成与表现

■法规速查 3-3

我国会计准则中的
金融资产及其分类

按照我国《企业会计准则第 22 号——金融工具确认和计量》的解释：金融工具，是指形成一方的金融资产并形成其他方的金融负债或权益工具的合同。因此，金融资产、金融负债或权益工具的合同，是金融工具的构成要素。

企业会计准则对金融资产的解释是：**金融资产**，是指企业持有的现金、其他方的权益工具以及符合下列条件之一的资产：

（1）从其他方收取现金或其他金融资产的合同权利；

（2）在潜在有利条件下，与其他方交换金融资产或金融负债的合同权利；

（3）将来须用或可用企业自身权益工具进行结算的非衍生工具合同，且企业根据该合同将收到可变数量的自身权益工具；

（4）将来须用或可用企业自身权益工具进行结算的衍生工具合同，但以固定数量的自身权益工具交换固定金额的现金或其他金融资产的衍生工具合同除外。

除前已说明的归属于流动资产的金融资产之外，上述条文的内容在我国现阶段资产负债表中的表现，还包括资产负债表中非流动资产部分的债权投资、其他债权投资、其他权益工具投资、长期应收款，以及在未来将以货币资金形式收回的对外投资等。

我们对归属于流动资产部分的金融资产进行再分析可知：首先，"企业持有的现金"即资产负债表中的货币资金；其次，"以公允价值计量且其变动计入当期损益的金融资产"即交易性金融资产，其亦满足金融资产的要求；最后，在全部的应收款项中，将来要以货币资金方式收回的应收款项，也应当分类为归属于流动资产的金融资产。而在这些流动资产之外的存货，以及预付账款（原因为预付账款在未来收回的应是企业的采购物资或相关劳务，此处不将其考虑为金融资产）、一年内到期的非流动资产和其他流动资产中非以货币资金方式收回的部分，则为非金融资产的流动资产。

会计准则在计价方面的要求为：企业应当根据其管理金融资产的业务模式和金融资产的合同现金流量特征，将金融资产划分为以下三类：

（1）以摊余成本计量的金融资产；

（2）以公允价值计量且其变动计入其他综合收益的金融资产；

（3）以公允价值计量且其变动计入当期损益的金融资产。

三、存货及其在不同行业中的地位与作用

按照我国《企业会计准则第1号——存货》的解释：存货，是指企业在日常活动中持有以备出售的产成品或商品、处在生产过程中的在产品、在生产过程或提供劳务过程中耗用的材料和物料等。

此处要说明的是：在制造业、商品流通业等行业中，存货是保证企业生产经营过程顺利进行的必要条件，即为了保障生产经营过程连续不断地进行，企业要不断地购入、耗用或销售存货。因此，存货是制造业、商品流通业等行业企业最重要的流动资产，其价值在企业流动资产中占有很大的比重。

按照经济学的一般理论，存货在生产经营过程中属于"劳动对象"的范畴，而固定资产等长期资产被指为"劳动工具"。但是，会计处理的原则与之有别，即会计处理主要是依据使用的时间、价值、易损耗的程度对流动资产与非流动资产进行划分。由此，应属于劳动工具的低值易耗品、包装物以及其他周转材料等也被视为存货而归为流动资产。

四、流动资产在财务报表中的披露要求

上述各种流动资产有多种分类且数量较多，依据不同企业的具体情况可选用多种会计确认、计量的方法。因此，对于流动资产的不同种类来说，进行财务报表上的综合、归纳列示是必要的；而在财务报表附注中的分类解释和前后会计期间的比较说明则作为补充说明。这种补充说明一般是以附注表格的形式存在，对于一些重要项目而言（如金融企业的货币资金、制造业或流通业的存货），其附注资料往往会包含较为深刻的经济含义。

各国一般都是在这样的资产项目准则中对各个资产项目在财务报表中的信息披露给予专门要求，这也是我们在学习本章时要特别注意的一点。

第二节 流动金融资产——货币资金

本节重难点 3-2

一、货币资金的分类与科目设置

在企业资产负债表中，货币资金项目由三个具体的项目构成，即"库存现金""银行存款"和"其他货币资金"。在企业的日常会计处理中，也是按照上述三个货币资金项目的实际发生情况分别设置科目，进行确认和计量。依据这三个货币资金科目设置的账户都属于对实际资产进行账务处理的账户，即资产账户。借方记录货币资金的取得额，贷方记录货币资金的支付额，期末余额在借方，表示企业在会计期末实际结存的各类货币资金。

法规速查 3-4

我国会计准则中的金融资产及其计价要求

一般情况下，这三个科目都会根据实际情况设置明细科目。具体来说，"**库存现金**"科目应根据企业实际的现金种类，如人民币、美元、欧元、港币等，设置其明细账，分别记录和分析在企业金库（保险柜）内存储的各种货币数额。"**银行存款**"科目根据企业在银行设置的基本存款、一般存款、专用存款、临时存款等设置明细账，分别记录企业在不同开户银行存储的各种货币数额。相对而言，"**其他货币资金**"科目是库存现金、银行存款账户的补充，用以对企业外埠存款、即期支付票据占用款项、远期汇票占用款项、信用证占用款项，以及网银占用款项等设置明细账，分别记录从企业银行存款账户支付，但尚未向收取货币资金单位支付款项的数额。

名师点拨 3-2

货币资金是怎样进行分类的？各自的具体内容是什么？（音频）

二、货币资金增加、减少的会计处理

货币资金增加、减少的会计处理有其共性，即无论哪种货币资金，都在取得时记录在账户的借方，在支付时记录在账户的贷方，期末余额在借方；即使是货币资金的内部转移，如将现金存入银行，将银行存款转为待结算的票据等也是这样。但是，相对于各具体的货币资金而言，它们在内容构成、处理要求上各有不同。

（一）库存现金

企业进行库存现金的会计处理，应当同时设置现金总账和现金日记账，分别进行库存现金的总分类核算和明细分类核算。具体来说，根据现金取得和支付的原始凭证，在现金日记账中逐日、逐笔登记现金业务；每个工作日结束时，计算每日取得和支付的现金数额，并计算当日的现金余额，与实际的库存现金核对，保证账款相符；每到月末，计算出全月的现金取得与支付额，结出应记录在资产负债表中的库存现金数额，与总分类账记录的数额相互核对，保证账账相符。

【例 3 - 1】　A 公司库存现金的昨日余额为 13 000 元，当日收到本单位职工归还以前年度借款 5 000 元；又用现金支付清洁工劳务费用 200 元，增值税税率为 3%。A 公司的开户银行给 A 公司核定的现金限额为 15 000 元；公司的出纳员将高于限额的部分存入银行。

要求：进行上述日常业务的会计处理。

解析：（1）收到现金 5 000 元，系本单位职工归还以前年度借款的会计分录：

借：库存现金　　　　　　　　　　　　　　　　　　　　5 000
　　贷：其他应收款——×××　　　　　　　　　　　　　　　　5 000

（2）支付清洁工劳务费用的会计分录，其中的应交增值税额为 5.83 元 [200/(1 + 3%)]。

借：管理费用　　　　　　　　　　　　　　　　　　　194.17
　　应交税费——应交增值税（进项税额）　　　　　　　　5.83
　　贷：库存现金　　　　　　　　　　　　　　　　　　　　200

（3）当日应有结存的现金 17 800 元。经对结存现金进行清点核对后，出纳员将多于现金限额的 2 800 元存入银行。会计分录如下：

借：银行存款　　　　　　　　　　　　　　　　　　　2 800
　　贷：库存现金　　　　　　　　　　　　　　　　　　　　2 800

出纳员应每日对保险柜内存储的现金进行清点核对，以确保库存现金的账款相符；在月末，还要进行现金日记账与现金总账的账账核对，以保证库存现金数额的账账相符。

（二）银行存款

银行存款与库存现金会计处理要求的相同之处为：银行存款的会计处理也必须设

置银行存款日记账和银行存款总账，以保证日记账与总账数额的账账相符。而**银行存款与库存现金会计处理要求的不同之处**为：银行存款只有记录的数据，没有像库存现金那样的实物形态，因此每到会计期末，企业都要将记录的本企业的银行存款日记账，逐笔与开户银行转来的银行对账单进行核对，以保证银行存款的会计记录额与开户银行的存储额一致。

银行存款的日常收付业务经常以同城即期结算方式的支票、银行卡，以及汇兑、信用证等方式收取或支付；也有同城或异地的除上述支票结算方式外的远期汇票，即银行承兑汇票和商业承兑汇票；另外，近期占银行结算比重很大的网银，即网上银行，在日常结算中发挥越来越大的作用。所有这些，构成了现阶段较为庞杂的银行存款取得、支付的业务体系。

【例 3 - 2】A 公司在设立之时收到业主交付的出资额 200 000 元；从开户银行借入款项 80 000 元；用银行存款支付 81 900 元购买商品，增值税专用发票上记录了 72 478 元的购物价款、9 422 元的增值税进项税额；此外，还用银行存款支付了租用为期半年的办公场所含税费用 36 000 元，增值税税率为 9%。月末，开出支票 6 800 元，购买办公设备，增值税税率为 13%；收到客户甲给付购货款的支票 11 700 元，交给银行。与此同时，接到了客户乙的首张订单，对方发短信告诉已通过银行卡支付了款项 23 400 元购买 A 公司的商品。除此之外，开户银行还按照 A 公司与电力公司的托收无承付协定支付电费 5 000 元。下月初，A 公司收到了开户银行的银行对账单，见表 3 -1。

表 3 - 1 　　　　　　　　　　　　××银行账户对账单　　　　　　　　　　　　单位：元

打印日期 202×-09-01　　　　开设日期 202×-08-01　　　　截止日期 202×-08-31

交易日期	交易摘要	借方（支出）	贷方（收入）	余额	网点号/柜员号
202×-08-06	交付出资款		200 000	200 000	略
202×-08-12	取得银行借款		80 000	280 000	
202×-08-18	购买 A 商品	81 900		198 100	
202×-08-30	支付租赁费	36 000		162 100	
202×-08-31	收到预购货款		23 400	185 500	
202×-08-31	支付电费	5 000		180 500	
月末合计		122 900	303400	180 500	

第　页　　　　　　　　　　　　　　　　共　页

要求：根据上述业务，编制此业务过程全部的会计分录以及期末未达账项的处理业务。

解析：（1）8月6日，取得投资时的会计分录：

借：银行存款　　　　　　　　　　　　　　　　　　　200 000

　　贷：实收资本——大股东　　　　　　　　　　　　　　　200 000

（2）8月12日，取得银行借款时的会计分录：

借：银行存款　　　　　　　　　　　　　　　　　　　80 000

　　贷：短期借款　　　　　　　　　　　　　　　　　　　80 000

（3）8月18日，购买A商品时的会计分录：

借：库存商品——A　　　　　　　　　　　　　　　　72 478

　　应交税费——应交增值税（进项税额）　　　　　　9 422

　　贷：银行存款　　　　　　　　　　　　　　　　　　　81 900

（4）8月30日，预付场地费时的会计分录：

借：其他应收款（待摊费用）　　　　　　　　　　　33 028

　　应交税费——应交增值税（进项税额）　　　　　　2 972

　　贷：银行存款　　　　　　　　　　　　　　　　　　　36 000

（5）8月31日，购买办公设备的会计分录：

借：固定资产　　　　　　　　　　　　　　　　　　　6 018

　　应交税费——应交增值税（进项税额）　　　　　　782

　　贷：银行存款　　　　　　　　　　　　　　　　　　　6 800

（6）8月31日，收到购货款项的会计分录：

借：银行存款　　　　　　　　　　　　　　　　　　　11 700

　　贷：预收账款　　　　　　　　　　　　　　　　　　　11 700

A公司按照上述业务登记银行存款日记账，见表3-2。

表3-2　　　　　　　　　　　　　　银行存款日记账　　　　　　　　　　单位：元

202×年		凭证号数	摘要	借方	贷方	余额
月	日					
8	6	银收1	业主投资款	200 000		200 000
8	12	银收2	取得银行借款	80 000		280 000
8	18	银付1	购买A商品		81 900	198 100
8	30	银付2	预付场地费		36 000	162 100
8	31	银付3	购买办公设备		6 800	15 5300
8	31	银收3	收到预购货款	11 700		167 000
8	31	合计	本月合计	291 700	124 700	167 000

第　页　　　　　　　　　　　　　　共　页

需要说明的是：银行对账单中的收到预购货款、支付电费，以及企业银行日记账中的购买办公设备、收到预购货款，因为尚在结算需要的时日中，因此称为企业银行存款中的未达账项。其中，银行对账单中已记录、企业尚未记录的项目，按照取得和支付的不同，分别为银行已收、企业未收（如银行对账单中的收到预购货款）和银行已付、企业未付（如银行对账单中的支付电费）；企业日记账中类似事项则被称为企业已付、银行未付（如企业银行日记账中的购买办公设备）和企业已收、银行未收（如企业银行日记账中的预收购货款）。

这样，企业在会计期末，就需要编制银行存款月调节表，以查明和记录企业的未达账项，保护企业财产，并同时计算企业实际可利用的银行存款数额。此处应提及的是：银行对账单的登记方向恰与企业银行存款账户登记的方向相反，即企业银行存款账借方为收、贷方为付；而银行则是贷方为收，借方为付；因此在进行银行对账单的核对时应注意双方数额的交错登记情况。企业根据银行对账单和银行存款日记账编制的银行存款余额调节表见表 3－3。

表 3－3　　　　　　　　　A 公司银行存款余额调节表　　　　　　　　　单位：元

项目	金额	项目	金额
银行对账单余额	180 500	企业银行存款日记账余额	167 000
加：企业已收、银行未收	11 700	加：银行已收、企业未收	23 400
减：企业已付、银行未付	6 800	减：银行已付、企业未付	5 000
调节后余额	185 400	调节后余额	185 400

表中最后一行的调节后数额，为企业在银行中可实际动用的货币资金数额。

（三）其他货币资金

货币资金中的其他货币资金，指的是企业的非库存现金、银行开户行中存款数额的那部分货币资金，具体表现为外埠存款、银行汇票存款、信用证存款和在途货币资金等即期支付的各类货币资金。而远期票据的银行承兑汇票和商业承兑汇票，由专设的应收票据（未来将收取现金）、应付票据（未来将支付现金）进行处理，不属于其他货币资金。

【例 3－3】 A 公司为其采购人员专设了银行卡，从银行存款转入 10 000 元待用。公司对外销售甲商品 30 000 元，取得的含税收入为 33 900 元，购货方按此金额支付一张银行承兑汇票，一个月后收到该票据款项。此外，公司还于期末前 20 天签订了一份购买乙商品的合同，需支付含税价款45 200元，公司按照销货方的要求向开证银行按照购买价格全额交付信用证保证金。15天后，公司收到了对方发来的货物并验收无误，通知开证银行支付货款。

要求：做出上述业务的会计分录。

解析：（1）支付银行卡款项的会计分录：

借：其他货币资金——银行卡　　　　　　　　　　　　　　　10 000
　　贷：银行存款　　　　　　　　　　　　　　　　　　　　　　10 000

（2）取得销售甲商品的银行承兑汇票时的会计分录：

借：应收票据——银行承兑汇票　　　　　　　　　　　　　　33 900
　　贷：主营业务收入——甲商品　　　　　　　　　　　　　　　30 000
　　　　应交税费——应交增值税（销项税额）　　　　　　　　　3 900

（3）收到银行承兑汇票款项时的会计分录：

借：银行存款　　　　　　　　　　　　　　　　　　　　　　33 900
　　贷：应收票据——银行承兑汇票　　　　　　　　　　　　　　33 900

（4）发出款项，建立信用证的会计分录。

借：其他货币资金——信用证存款　　　　　　　　　　　　　45 200
　　贷：银行存款　　　　　　　　　　　　　　　　　　　　　　45 200

（5）收到购买的乙商品时的会计分录：

借：库存商品——乙商品　　　　　　　　　　　　　　　　　40 000
　　应交税费——增值税（进项税额）　　　　　　　　　　　　5 200
　　贷：其他货币资金——信用证存款　　　　　　　　　　　　　45 200

在会计期末，应该对企业现有的各卡、证项目占用的其他货币资金，按照前述的银行存款余额调节表的基本思路，进行严格的逐项清点检查，以确保企业财产的安全、完整。

三、货币资金的控制与管理

除上面的会计处理中介绍的货币资金的"日清月结"，以及对未达账项编制银行存款余额调节表之外，货币资金的控制与管理还表现在下述几个方面。

法规速查 3-5

中华人民共和国现金管理暂行条例

（一）严格控制库存现金的使用范围

这是我国财经法规一直强调的关于货币资金管理的重要内容。具体来说，我国 1988 年颁布的《中华人民共和国现金管理暂行条例》就指出现金的适用范围只在工资支出与购买闲散物资等几个涉及金额较少的方面。从结算金额上看，即使可将现金用于交易结算，也是限制在 1 000 元的额度以下。从现在的情况来看，随着网银结算的进一步普及，有较多的企业、部门已经提出了"企业无现金"的货币资金管理方式。近年来，随着联合国环境规划署作为理事单位的"无现金联盟"的组成及其运作，这样的货币资金管理方式还有进一步增强的趋势。

（二）严格执行以网银为主要形式的程序管理

网银，即网上银行，是指银行在互联网上建立站点，通过互联网向客户提供信息查询、对账、网上支付、资金转账、信贷、投资理财等金融服务的总称。网上银行利用现有的计算机和互联网技术进行金融创新而发展，其业务范围广泛，几乎可以提供所有的银行与金融服务，如一般传统商业银行业务（存款、贷款、结算、贴现等）、投资银行业务、证券经济业务、信托业务、财务顾问业务、买卖外汇业务、广告业务、国际银行贷款业务等。总的来看，网银将在国际范围内的货币资金管理方面发挥更大的作用。我国目前已经有一些金融机构、高新技术企业等涉足网上银行领域。因此，着眼于网银的未来发展趋势，我们应该及早考虑管理措施，以保证其顺利、健康发展。一般认为，网银的管理基础，一是网上技术安全保证，即客户身份确认、交易信息机密性和完整性问题；二是经营机制上的保证，即政府和主管部门通过建立与之相配合的监管机制与业务规则来规范企业资金的运用，以求将在手工方式下健全的管理理念贯彻到网银业务中。

（三）按照其他货币资金的具体项目落实管理责任制

随着与网银有关的结算方式的推广和普及，原有意义上的"其他货币资金"已发生了较大的变化。比如，"同城""异地"结算的概念已近乎消失，外埠存款等已无用武之地；随着银行卡功能的不断强大，同城、异地的汇票等也基本上退出了资金交易；而出现较多的则是各种卡，乃至人体功能辨别在直接管理中的应用。就此而论，现在的货币资金管理确实应该在稳固的基础上进行创新，当前需要做的事情应是将货币资金管理的任务作为各项责任，落实到在各层次、各角度掌管货币资金的管理人员身上，以求将这项重要工作做好。

四、货币资金的信息披露与解读

货币资金在财务报表中的信息披露，应当是我国《企业会计准则第 37 号——金融工具列报》中的重要内容之一。从当前我国上市公司会计信息披露的情况来看，这方面的工作主要是说明企业货币资金的构成内容，以及解释当前货币资金可能存在的风险。

（一）较为简单的货币资金信息披露举例

下面是我国某上市公司 202×年度报告中关于货币资金部分的披露。该公司财务报表附注中的货币资金附注见表 3-4。

表 3-4　　　　　　　　　　××公司财务报表附注中的货币资金附注　　　　　　　单位：元

项目	期末余额	期初余额
库存现金	2 545 305.72	327 894.96
银行存款	1 223 224 629.43	2 465 963 903.56
其他货币资金	329 182 014.68	190 048 048.87
合计	1 554 951 949.83	2 656 339 847.39
其中：存放境外款项总额	14 023 681.87	9 648 376.03

另外，还有以下的文字说明：

货币资金附注解释：年末银行存款中包含定期存款 3 063 000.00 元（年初为 324 987 302.81 元），验资专户资金 0 元（年初为 100 000 000 元）；其他货币资金中包括汇票及保函保证金 327 182 014.68 元、劳务工资保证金 2 000 000 元。这些资金均未作为现金及现金等价物列示。

货币资金信息披露解读如下：

在上述数据与文字说明后，财务报表使用者需要进行下述分析：①计算货币资金在全部资产及流动资产中的比重；②将不同年份的货币资金的数额与结构进行比较，分析其变动状况是否合理；③将货币资金的数额与结构与同一行业的企业进行比较，分析其变动状况是否合理；等等。

（二）复杂的货币资金信息披露举例

下面是我国某上市公司以前年度报告中关于货币资金部分的披露。该公司财务报表附注中的货币资金附注见表3-5。

表3-5 　　　　　　　　　××公司财务报表附注中的货币资金附注 　　　　　　　　单位：元

项目	202×年期末余额	202×年期初余额
库存现金	383 680.31	237 349.18
银行存款	69 823 675.93	20 220 283.53
其他货币资金	58 663 956.26	30 726 250.07
合 计	128 871 312.50	51 183 882.78

该报表附注的进一步披露见表3-6。

表3-6 　　　　　　　　　××公司财务报表中外币货币资金附注 　　　　　　　　单位：元

项目	202×年期末余额			202×年期初余额		
	原币	汇率	本位币	原币	汇率	本位币
库存现金						
人民币	308 891.75		308 891.75	183 211.35		183 211.35
美元	4 122.00	7.304 6	30 109.56	2 829.40	7.808 7	22 093.94
港币	6 043.20	0.933 8	5 658.73	519.29	1.004 7	521.73
欧元	3 658.07	10.669	39 020.27	3 070.39	10.266 5	31 522.16
小计			383 680.31			237 349.18
银行存款						
人民币	61 247 108.43		61 247 108.43	19 449 916.54		19 449 916.54
美元	1 069 780.28	7.304 6	7 814 317.03	75 505.99	7.808 7	589 603.62
港币	206 198.16	0.936 38	193 079.83	161 116.27	1.004 7	161 873.52
欧元	53 358.58	10.666 9	569 170.64	1 839.95	10.266 5	18 889.85
小计			69 823 675.93			20 220 283.53
其他货币资金						
人民币	57 399 799.49		57 399 799.49	28 682 400.02		28 682 400.02
美元	30 508.91	7.304 6	222 855.38	238 074.59	7.808 7	1 859 053.05
欧元	97 619.87	10.666 9	1 041 301.39	18 000.00	10.266 5	184 797.00
小计			58 663 956.26			30 726 250.07
合计	128 871 312.50			51 183 882.78		

除上述外币及其换算之外，还有以下的文字说明：

货币资金附注解释：①其他货币资金全部为本公司开具银行承兑汇票保证金存款和开具信用证保证金存款。②截至202×年12月31日，除上述其他货币资金外无抵押或冻结等对使用有限制或存放在境外有潜在回收风险的款项。③期末较期初大幅增加，是期末销售回款及短期借款的增加所致。

货币资金信息披露解读如下：

虽然这里的文字说明字数不多，我们却可通过这样的解释（要考虑结合下面所说的银行结算方式的具体要求来分析问题）看到：该公司在发出货币资金购买物资等时，多被要求使用银行承兑汇票保证金存款和开具信用证保证金存款，以至于使这样的保证金存款数额达到了企业全部其他货币资金的数额，即58 663 956.26元。这也可以说，该公司可动用的实际货币资金数额只是库存现金和银行存款的合计数70 207 356.24元。我们由此做出的推论可能会是：该企业与上游企业之间、与银行之间可能会存在不协调之处，以至于在货币资金的使用过程中付出的代价较大。

请思考

1. 对库存现金的会计处理要求应当关注的问题主要有哪些？

2. 对银行存款的会计处理要求应当关注的问题主要有哪些？

3. 对其他货币资金的会计处理要求应当关注的问题主要有哪些？

思维导引 3-1

边学边练

甲公司在设立之时发生了下述经济业务：

（1）收到业主交付的出资额100 000元，从开户银行借入款项40 000元；

（2）用银行存款支付33 900元购买商品，增值税专用发票上记录了30 000元的购物价款、3 900元增值税进项税额；

（3）用银行存款支付租期为半年的办公场所费用18 000元，增值税税率为9%；

（4）从银行取回经营活动用现金2 000元以备支用，并用银行存款在公司的采购人员的专业购物卡上增加了5 000元。

答案 3-1

要求： 根据上述情况，进行甲公司关于货币资金业务的会计处理。

第三节 流动金融资产——交易性金融资产

本节重难点 3-3

一、交易性金融资产及公允价值计价

交易性金融资产，即资产负债表中的"以公允价值计量且其变动计入当期损益的金融资产"。如本章前文所述，金融资产是金融工具的构成内容，其能够形成另一企业的金融负债或权益工具的合同。金融资产主要表现为一个企业以货币资金从资本市场上取得的，且需要再转换为货币资金的股票、债券、基金、权证等。由此而言，**交易性金融资产**就是指企业为了进行以短期获利为目的的交易，而从资本市场购入的股票、债券、基金、权证和直接指定为以公允价值计量且其变动计入当期损益的金融资产。这样的交易性金融资产，同时也表现为其他企业的金融负债或权益工具。

按照我国《企业会计准则第 39 号——公允价值计量》的解释，公允价值是指市场参与者在计量日发生的有序交易中，出售一项资产所能收到或者转移一项负债所需支付的价格。由于资本市场（此处主要指我国的上海证券交易市场与深圳证券交易市场）是由多方参与者共同参与的有序市场，此公允价值能够可靠、持续地取得，因此，我国《企业会计准则第 22 号——金融工具确认和计量》要求对交易性金融资产按照公允价值计量；再由于购买金融资产交易目的明确，就是为了出售，因此，若企业在持有该项金融资产期间发生了公允价值变动，就作为"公允价值变动损益"计入当期损益。由此可知，本书中所述的"交易性金融资产"，即资产负债表项目中的"以公允价值计量且其变动计入当期损益的金融资产"。

名师点拨 3-3

何为金融资产？何为交易性金融资产？怎样进行交易性金融资产的计价？

法规速查 3-6

我国会计准则中的金融资产及其计价要求（1）

二、交易性金融资产的会计处理要求

进行交易性金融资产的会计处理，企业应该设置"交易性金融资产"科目。本科

目应当按照交易性金融资产的类别和品种，分别设置"成本""公允价值变动"进行明细核算。

企业取得交易性金融资产时，按交易性金融资产的公允价值，借记"交易性金融资产（成本）"科目，按发生的交易费用，借记"投资收益"科目，按实际支付的金额，贷记"银行存款"等科目。

在持有交易性金融资产期间收到被投资单位宣告发放的现金股利或债券利息，借记"银行存款"科目，贷记"投资收益"科目。对于收到的属于取得交易性金融资产支付价款中包含的已宣告发放的现金股利或债券利息，借记"银行存款"科目，贷记在发生时记录在借方的"应收股利"等科目。

在资产负债表日，交易性金融资产的公允价值高于其账面余额的差额，借记"交易性金融资产（公允价值变动）"科目，贷记"公允价值变动损益"；公允价值低于其账面余额的差额，做相反的会计分录。在出售交易性金融资产时，应按实际收到的金额，借记"银行存款"等科目，按该项交易性金融资产的成本，贷记"交易性金融资产（成本）"科目；按该项交易性金融资产的公允价值变动，贷记或借记"交易性金融资产（公允价值变动）"科目；按其差额，贷记或借记"投资收益"科目。同时，按该项交易性金融资产的公允价值变动，借记或贷记"公允价值变动损益"科目，贷记或借记"投资收益"科目。本科目期末借方余额反映企业交易性金融资产的公允价值。

【例3-4】某公司支付12万元银行存款购买一批股票，其中的1万元是交易费用（可抵扣的增值税税率为6%），1万元是已宣告但尚未支付的股利。在此之后的一周，该公司收到了支付的股利并存入银行。在资产负债表日，该批股票的公允价值上升至13万元；而在公司售出该批股票时，股票的公允价值又上升至15万元。

要求：做出该批股票交易的全部会计分录。

解析：（1）购买股票时的会计分录：

借：交易性金融资产——成本	100 000	
投资收益——交易费	9 434	
应交税费——应交增值税（进项税额）	566	
应收股利	10 000	
贷：银行存款		120 000

（2）公司收到发放的已宣告股利的会计分录：

借：银行存款	10 000

　　　　贷：应收股利　　　　　　　　　　　　　　　　　　　　10 000

（3）在资产负债表日，该批股票的公允价值为13万元的会计分录：

借：交易性金融资产——公允价值变动　　　　　　　　　　30 000

　　　贷：公允价值变动损益——××股票　　　　　　　　　　30 000

（4）该公司将该批股票出售，共得到15万元的会计分录：

借：银行存款　　　　　　　　　　　　　　　　　　　　　150 000

　　　贷：交易性金融资产——成本　　　　　　　　　　　　　100 000

　　　　交易性金融资产——公允价值变动　　　　　　　　　　30 000

　　　　投资收益　　　　　　　　　　　　　　　　　　　　20 000

同时：

借：公允价值变动损益——××股票　　　　　　　　　　　30 000

　　　贷：投资收益　　　　　　　　　　　　　　　　　　　　30 000

这样，本次获得的交易性金融资产的投资收益为4万元。

三、交易性金融资产的信息披露与解读

　　在资产负债表日，企业应当在财务报表附注中披露交易性金融资产的具体内容。

　　需要说明的是：一般工商企业的交易性金融资产应视企业货币资金的数额及其使用状况来决定，即企业可以将暂时"富余"的货币资金进行短期交易，从而既保证货币资金的正常使用，又能使暂时闲置的货币资金发挥作用。按照这样的要求，我国资本市场中较多的工商企业由于货币资金数额不够充裕而没有关于交易性金融资产的记录和披露。相对而言，金融企业则有较多的交易性金融资产的内容。因此，此处以我国某商业银行201×年年度报告中关于交易性金融资产部分的披露为例。该银行财务报表附注中的交易性金融资产附注见表3-7。

表3-7　　　　　　　　　　××银行财务报表附注中的交易性金融资产附注　　　　　　单位：元

报表项目：以公允价值计量且其变动计入当期损益的金融资产

项目	本年12月31日	上一年12月31日
债务工具		
政府债券	1	1 167 923
政策性金融债券	1 088 312	4 037 613
同业存单	6 487 093	1 091 756

续表

项目	本年 12 月 31 日	上一年 12 月 31 日
企业债券	467 303	455 917
资产管理计划	2 358	42 946
权益工具		
基金投资	206 734	181 376
股票投资	21 509	60 360
指定为以公允价值计量且其变动计入当期损益的金融资产		
权益工具	3 000	2 000
合计	8 276 310	7 039 891

交易性金融资产信息披露解读如下：

以上表格中的交易性金融资产共分为三个类别，即债务工具、权益工具、指定为以公允价值计量且其变动计入当期损益的金融资产；各类金融资产的期末余额均应按照该项金融资产的公允价值列示，而在商业银行的实际账户记录中，则有各类别金融资产的交易及其公允价值变动情况的具体数据资料。

请思考

对交易性金融资产的会计处理要求应当关注哪些问题？

🔎思维导引 3-2

边学边练

甲公司本期支付 900 000 元银行存款购买一批股票，作为交易性金融资产，其中的 3 000 元是交易费用。在资产负债表日，该批股票的公允价值上升至 100 000 元；而在公司将该批股票售出、收回银行存款时，股票的公允价值又上升至 110 000 元。

要求：做出甲公司买入、转让该批股票的全部会计分录。

🔎答案 3-2

第四节　流动金融资产——应收款项

本节重难点 3-4

法规速查 3-7

我国会计准则中的金融资产及其计价要求（2）

名师点拨 3-4

何为应收款项？包括哪些类别？处理什么内容？
（音频）

一、应收款项的分类与科目设置

在我国《企业会计准则第 22 号——金融工具确认和计量》中，有关金融资产分类的第一项"从其他方收取现金或其他金融资产的合同权利"的具体内容，即企业的**应收款项**。其主要构成为应收票据、应收账款、预付账款、应收股利、应收利息和其他应收款。

应收款项之所以有较多的分类，主要是出于对收取款项的不同性质的考虑。具体来说，应收票据与应收账款之间的相同之处包括：二者都是企业在赊销的方式下发生的业务，它们的对应账户是企业的营业收入，含主营业务收入和其他业务收入。应收票据与应收账款之间的区别在于：二者的赊销一个表示商业汇票赊销（应收票据），而另一个表示信誉赊销（应收账款）。更进一步，应收票据与应收账款的特殊关系则在于二者之间可以在一定的条件下相互转换，即以应收票据结转应收账款，应收票据到期但出票方无力支付时转为应收账款。另外，商业汇票多有带息票据和不带息票据，本书主要介绍我国现阶段的不带息票据。

预付账款是企业在对外采购的特殊情况下形成的债权，即购货方先支付一部分货款，待销货方实际提供所采购的物资或劳务时，再将其他款项补齐的结算事项。严格来说，预付账款虽然也是企业的债权，但不见得就是企业的金融资产。

应收股利和应收利息，是企业对外投资在结算时应取得的收益形成的债权。前者是股权投资应取得的收益，后者则是债权投资应取得的收益。

企业全部债权中无法归为上面各种类型的剩余部分，在会计处理中就归为其他应收款。具体内容包括企业非上述内容的借款，以及与内部职工之间的款项往来形成的债权等。

二、应收票据、应收账款

（一）应收票据和应收账款共有业务

前面说过，应收票据有银行承兑汇票与商业承兑汇票之分。二者的区别在于承兑人不同：银行承兑汇票的承兑人是承兑汇票的银行，而商业承兑汇票的承兑人是出票人自身。自身为出票人的购买商在支付能力方面会由于种种原因而弱于商业银行，因此，银行承兑汇票更容易被接受，持有票据的一方一般都能按照票据期限收回货款，而商业承兑汇票则更容易出现出票人在汇票到期时无力付款的情况。

根据前文所述应收票据与应收账款二者之间的相同性可知，二者在企业赊销商品、按期取得货款时的会计处理是一致的；在以应收票据结转应收账款（信誉结算转为票据结算），应收票据转为应收账款（无力支付）时的会计处理也有其一致性。采用"T"型账户表示的应收票据和应收账款的会计处理见图3-1。

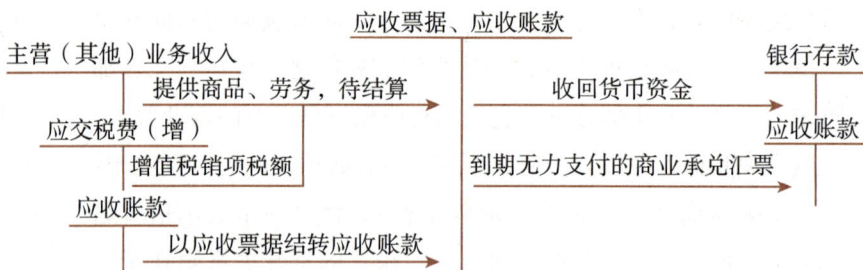

图3-1　采用"T"型账户表示的应收票据和应收账款的会计处理

但是，若出现出票人在票据到期日无力支付货款的情况，由于两种票据之间有区别，因此会有不同的会计处理要求。

【例3-5】A公司本期赊销一批甲商品给S公司，增值税专用发票上的营业收入额为40 000元、增值税销项税额为5 200元。S公司就此笔采购业务支付给A公司商业汇票一张，汇票的到期日是交易日的两个月之后。

此题目所设条件之一：S公司交与A公司的商业汇票是银行承兑汇票，在向开户银行办理承兑手续时缴纳了25元承兑手续费。S公司在票据到期时如期支付了票据款项。或者是，S公司交给A公司的商业汇票是商业承兑汇票，S公司在票据到期时如期支付了票据款项。

所设条件之二：S公司交与A公司的商业汇票是银行承兑汇票，在向开户银行办理承兑手续时，缴纳了 25 元的承兑手续费。S 公司在票据到期时因经营遇到了困难，一时无力支付票据款项。或者是，S 公司交给 A 公司的商业汇票是商业承兑汇票，S 公司在票据到期时因经营困难而无力支付票据款项。

要求： 做出上述业务 A 公司和 S 公司的全部会计分录。

解析：

1. A 公司的会计处理

（1）银行承兑汇票情况下的会计分录：

借：应收票据——银行承兑汇票　　　　　　　　　　　45 200
　　贷：主营业务收入——甲商品　　　　　　　　　　　　40 000
　　　　应交税费——应交增值税（销项税额）　　　　　　5 200

收到 S 公司或者 S 公司的承兑银行支付的票据款项时的会计分录：

借：银行存款　　　　　　　　　　　　　　　　　　　45 200
　　贷：应收票据——银行承兑汇票　　　　　　　　　　45 200

（2）商业承兑汇票情况下的会计分录：

借：应收票据——商业承兑汇票　　　　　　　　　　　45 200
　　贷：主营业务收入——甲商品　　　　　　　　　　　　40 000
　　　　应交税费——应交增值税（销项税额）　　　　　　5 200

收到对方支付的票据款项时的会计分录：

借：银行存款　　　　　　　　　　　　　　　　　　　45 200
　　贷：应收票据——商业承兑汇票　　　　　　　　　　45 200

若 S 公司无力付款，则为下述会计分录：

借：应收账款——S 公司　　　　　　　　　　　　　　45 200
　　贷：应收票据——商业承兑汇票　　　　　　　　　　45 200

2. S 公司的会计处理

（1）银行承兑汇票情况下的会计分录：

首先是支付银行承兑汇票手续费的会计分录：

借：财务费用　　　　　　　　　　　　　　　　　　　　　25
　　贷：银行存款　　　　　　　　　　　　　　　　　　　　25

开出银行承兑汇票、赊购商品的会计分录：

借：物资采购——甲商品　　　　　　　　　　　　　　40 000
　　应交税费——应交增值税（进项税额）　　　　　　　5 200
　　贷：应付票据——银行承兑汇票　　　　　　　　　　45 200

（2）赊购商品、交付商业承兑汇票时的会计分录：

借：物资采购——甲商品   40 000

　　应交税费——应交增值税（进项税额）   5 200

　　　贷：应付票据——商业承兑汇票   45 200

（3）在票据到期时 A 公司如期支付货款的会计分录：

借：应付票据——银行（或商业）承兑汇票   45 200

　　　贷：银行存款   45 200

（4）S 公司到期未归还票据款项的会计分录。

① 在银行承兑汇票的情况下，现行财经法规规定应按照每日万分之五的比率加收罚金（此处略）。S 公司应按照银行的处理做如下会计分录：

借：应付票据——银行承兑汇票   45 200

　　　贷：短期借款——承兑银行   45 200

② 商业承兑汇票的情况下的会计分录：

借：应付票据——商业承兑汇票   45 200

　　　贷：应付账款——A 公司   45 200

（二）应收票据的到期处理与背书、贴现

商业票据是延期支付的金融工具，因此又称为"期票"。这样，收款方虽然收取了票据，但并不能满足其对外支付的要求。由于商业汇票延期支付的特点，从而产生了与之相关的"背书"和"贴现"的相关业务。

背书是指收款人以转让票据权利为目的在汇票的背面签章并做必要的记载的一种票据行为。商业汇票持票人将票据权利转让给他人或者将一定的票据权利授予他人行使时就必须以背书的形式来进行。

贴现则是指远期汇票经承兑后，汇票持有人在汇票尚未到期时在贴现市场上转让，受让人扣除贴现息后将票款付给出让人的行为。汇票持有人一般都是收到汇票的企业或个人，受让人则多为银行等金融机构，因此，贴现多表现为商业银行以扣除贴现息后的金额购买企业未到期票据的业务。

上述银行承兑汇票与商业承兑汇票之间有关背书、贴现之间的不同，也是财务报表使用者的关注之处。具体来说，在会计信息披露时，已背书、贴现的商业承兑汇票被作为"或有负债"看待并处理，就是由此而形成的。

【例 3-6】 假设【例 3-5】中的 A 公司在收到银行承兑汇票的一个月后需要向 T

公司采购物资时，也遇到了财务上的困难。由于 A 公司需支付的采购数额恰好为 45 200 元，因此就与供应商联系，采用下述两种方式以未到期的商业汇票完成了采购业务。

方式之一：以背书转让票据的方式将未到期的票据转让给供应商。

方式之二：到自己的开户银行将未到期的商业汇票进行贴现，将不足的部分用银行存款支付。开户银行按照票据的到期值及年利率 6.8% 的比率受让了该票据。

要求： 做出以上两种方式的全部会计分录。

解析：

1. 方式一的会计处理

（1）进行背书转让时的会计分录：

借：物资采购   45 200

  贷：应收票据——银行承兑汇票   45 200

（2）在票据到期一个月后：

在票据到期时，S 公司的票款将转给 T 公司，A 公司不用再进行会计处理。

2. 方式二的会计处理

（1）进行票据贴现相关数额的计算。

计算贴现数额有三个步骤：

第一步，计算票据的到期值。不带息的票据的到期值即票据面值；带息票据的到期值的计算公式为

$$票据到期值 = 票据面值 \times (1 + 年利率 \times 到期天数 / 360)$$

本例的票据是不带息票据，所以到期值为票据面值 45 200 元。

第二步，计算贴现息。计算公式为

$$贴现息 = 票据到期值 \times 贴现率 \times 贴现天数 / 360$$

带入本例的数据，则有

$$贴现息 = 45\ 200 \times 6.8\% \times 30 / 360 = 256.13（元）$$

第三步，计算贴现额。计算公式为

$$贴现额 = 票据到期值 - 贴现息$$

带入本例的数据，则有

$$贴现额 = 45\ 200 - 256.13 = 44\ 943.87（元）$$

（2）取得银行贴现额时的会计分录：

借：银行存款   44 943.87

  财务费用   256.13

$$\qquad\qquad 贷：应收票据——银行承兑汇票 \qquad\qquad\qquad\qquad 45\ 200$$

（3）购买物资时的会计分录：

借：物资采购 　　　　　　　　　　　　　　　　　　　　40 000

　　应交税费——应交增值税（进项税额）　　　　　　　5 200

　　贷：银行存款 　　　　　　　　　　　　　　　　　　45 200

需要做补充说明的是：如果在票据到期时，S公司无力付款，A公司的会计处理不变，S公司需按其开户银行的要求转为短期借款，并缴纳罚息；如果此例的商业汇票不是银行承兑汇票，而是商业承兑汇票，在票据到期时S公司无力付款，将由S公司与T公司协商在此之后的应收账款、应付账款账户的处理条件与方式。

三、其他应收款项

此处所说的其他应收款项，即企业资产负债表中的预付账款、应收股利、应收利息和其他应收款。

（一）预付账款

"预付账款"科目核算企业按照购货合同规定预付给供应单位的款项。在工商企业中，如果预付款项的情况不多，就不设置本科目，将预付的款项直接记入负债项目"应付账款"科目的借方。这也就有了进行会计处理时"应付含预付"的说法。

【例3-7】 B公司向T公司采购该公司产品一批，含税总价格为33 900元，增值税税率为13%；T公司要求B公司先支付价款的60%，剩余款项在产品交货时结算。

要求：做出B公司预交货款及到期取得物资应做的会计分录。

解析：（1）向T公司支付预付款项时的会计分录：

借：预付账款——T公司 　　　　　　　　　　　　　　20 340

　　贷：银行存款 　　　　　　　　　　　　　　　　　　20 340

（2）T公司产品制作完工交货，B公司按照价款支付剩余货款并结转采购的会计分录：

借：物资采购 　　　　　　　　　　　　　　　　　　　30 000

　　应交税费——应交增值税（进项税额）　　　　　　　3 900

　　贷：预付账款——T公司 　　　　　　　　　　　　　20 340

　　　　银行存款 　　　　　　　　　　　　　　　　　　13 560

（二）应收股利、应收利息

应收股利与应收利息都是企业因对外投资应当收取的投资收益。"应收股利"科目核算企业对外进行股权投资，包括交易性金融资产、其他权益工具投资、长期股权投资等应收取的现金股利和其他单位分配的利润。"应收利息"科目则核算企业发放贷款、债权投资、其他债权投资的非股权部分、存放中央银行款项等应收取的利息。

【例3-8】 A公司在会计期末，收到其控股的被投资单位发放的现金股利50 000元。同时也收到了持有25%股份、有重大影响投资单位关于税后利润和发放现金股利的通知。该单位本年实现了税后利润100 000元，按税后利润的60%发放现金股利。除此之外，A公司还收到对外债券投资应分得的利息8 000元。

要求：做出A公司的会计处理。

解析：（1）收到控股被投资单位发放现金股利时的会计分录：

借：应收股利　　　　　　　　　　　　　　　　　　　　50 000
　　贷：投资收益　　　　　　　　　　　　　　　　　　　　　50 000
借：银行存款　　　　　　　　　　　　　　　　　　　　50 000
　　贷：应收股利　　　　　　　　　　　　　　　　　　　　　50 000

（2）收到有重大影响投资单位关于税后利润和发放现金股利通知时的会计分录：

应当记录的投资收益数额 = 100 000 × 25% = 25 000（元）

借：长期股权投资——损益调整　　　　　　　　　　　　25 000
　　贷：投资收益　　　　　　　　　　　　　　　　　　　　　25 000
借：应收股利　　　　　　　　　　　　　　　　　　　　15 000
　　贷：长期股权投资——损益调整　　　　　　　　　　　　　15 000
借：银行存款　　　　　　　　　　　　　　　　　　　　15 000
　　贷：应收股利　　　　　　　　　　　　　　　　　　　　　15 000

（3）收到债券投资单位发放利息的通知及收到款项时的会计分录：

借：应收利息　　　　　　　　　　　　　　　　　　　　8 000
　　贷：投资收益　　　　　　　　　　　　　　　　　　　　　8 000
借：银行存款　　　　　　　　　　　　　　　　　　　　8 000
　　贷：应收利息　　　　　　　　　　　　　　　　　　　　　8 000

（三）其他应收款

其他应收款是企业应收款项除上述各项内容之外的事项的汇总性项目，应当按照其对应项目的对方单位或个人（含本企业的个人）进行明细核算。

在发生无法记录于前述各项应收款项的其他应收款项目时，借记"其他应收款"科目，贷记各类财产（主要是货币资金）账户；收回该项目时则做相反的会计分录。

四、坏账准备的计提与处理

（一）坏账准备的会计处理要求

坏账准备是资产减值损失在应收款项方面的体现，"坏账准备"科目属于企业应收款项的备抵科目。需要说明的是，由于前面述及的应收票据在票据到期不能支付而进行转移，不能处理的应收票据（此处指商业承兑汇票）即时转为了应收账款，因此，在全部应收项目中，应收票据不需要计提坏账准备。除此之外的应收款项的其他项目都需要进行坏账准备的计提与相关会计处理。

我国企业对坏账准备会计处理的一般要求如下：

（1）在资产负债表日，企业根据《企业会计准则第22号——金融工具确认和计量》确定应收款项发生减值的，按应计提的坏账准备金额，借记"信用减值损失"科目，贷记"坏账准备"科目。本期应计提的坏账准备大于其账面余额的，应按其差额补提；本期应计提的金额小于其账面余额的，做相反的会计分录。

（2）对于确实无法收回的应收款项，按管理权限报经批准后作为坏账损失，转销应收款项，借记"坏账准备"科目，贷记"应收账款""预付账款"等科目。

（3）已确认并转销的应收款项以后又收回的，应按实际收回的金额，借记"应收账款""预付账款"等科目，贷记"坏账准备"科目；同时，借记"银行存款"科目，贷记"应收账款"等科目。已确认并转销的应收款项以后又收回的，企业也可以按照实际收回的金额，借记"银行存款"科目，贷记"坏账准备"科目。

（二）坏账准备的会计处理方法

从国际会计惯例来看，坏账准备的计提方法有四种：余额百分比法、账龄分析法、销货百分比法和个别认定法。

（1）余额百分比法。这是按照期末应收款项余额的一定百分比估计坏账损失的方法。坏账百分比由企业根据以往的资料或经验自行确定。

（2）账龄分析法。这是根据应收款项账龄的长短来估计坏账损失的方法。一般做法是将企业的应收款项按账龄长短进行分组，分别确定不同的计提百分比估算坏账损失，使坏账损失的计算结果更符合客观情况。

（3）销货百分比法。这是根据企业销售总额的一定比例估计坏账损失的方法。在实际工作中，企业也可以按赊销百分比估计坏账损失。

（4）个别认定法。这是针对每项应收款项的实际情况分别估计坏账损失的方法。这需要企业根据每一应收款项进行个别认定，并对已认定的结果计提坏账准备。

从坏账准备计入账中的方法来看，有直接转销法和备抵法两种。直接转销法是在实际发生坏账时确认坏账损失并计入当期损益的方法。这一方法是在发生坏账时，借记"信用减值损失"科目，贷记"应收账款"等科目。备抵法则是按期估计坏账并作为坏账损失计入当期信用减值损失，形成坏账准备，当某一应收款项全部或部分被确认为坏账时，将其金额冲减坏账准备并相应转销应收款项的方法。我国企业会计准则采用的是备抵法，"坏账准备"科目就是这种方法的表现。

【例3-9】 A公司在第一年年末首次对应收账款计提坏账准备。全部单项金额均非重大的应收账款的余额为250 000元，以前年度实际的损失率为4%。在第二年，A公司实际发生的坏账损失数额为11 500元，即N公司的6 000元和M公司的5 500元；公司将坏账损失率调整为5%。第二年的应收账款总额为200 000元。在第三年，第二年已核销的坏账N公司的应收账款6 000元又可收回，并实际收回。

要求：做出A公司的会计处理。

解析：（1）当年计提坏账准备的会计分录：

应计提坏账准备数额 = 250 000 × 4% = 10 000（元）

借：信用减值损失	10 000
贷：坏账准备	10 000

（2）第二年坏账实际发生时的会计分录：

借：坏账准备	11 500
贷：应收账款——N公司	6 000
——M公司	5 500

（3）第二年年末计提坏账准备时的会计分录：

应计提坏账准备数额 = 200 000 × 5% + 11 500 - 10 000 = 11 500（元）

借：信用减值损失	11 500
贷：坏账准备	11 500

（4）第三年，已核销坏账的N公司应收账款6 000元又可收回并实际收回的会计分录：

借：应收账款——N公司　　　　　　　　　　　　　　　　　　　6 000
　　贷：坏账准备　　　　　　　　　　　　　　　　　　　　　　　　　6 000
借：银行存款　　　　　　　　　　　　　　　　　　　　　　　　6 000
　　贷：应收账款　　　　　　　　　　　　　　　　　　　　　　　　　6 000

五、应收款项的信息披露与解读

在会计期末资产负债表的附注中，应收款项的信息披露是按照各个科目的期末余额进行的。由于应收票据不需要计提坏账准备，所以有其自身的披露方式，而应收款项的其他类别，在信息披露时其格式与内容的排列要求是一样的。

（一）应收票据的信息披露

应收票据的信息披露要按照企业商业承兑汇票和银行承兑汇票分别列示。××公司财务报表附注中的应收票据附注、已贴现未到期票据附注分别见表3-8、表3-9。

表3-8　　　　　　　　　　××公司财务报表附注中的应收票据附注　　　　　　　单位：元

项目	期末余额	期初余额
银行承兑汇票	218 787.65	74 147.00
商业承兑汇票	6 300.00	
合计	225 087.65	74 147.00

表3-9　　　　　　　　　××公司财务报表附注中的已贴现未到期票据附注　　　　　单位：元

项目	期末终止确认金额	期末未终止确认金额
银行承兑汇票	110 085.65	
合计	110 085.65	

由于表3-9中的已贴现且在资产负债表日未到期票据全部是银行承兑汇票，因此，表中企业的已贴现汇票不构成或有负债。

（二）应收账款的信息披露

应收账款在某些企业中所占的比重较大，所以企业应收账款的信息披露一般较为复杂，需要报表使用者关注和分析。

财务报表附注中关于应收账款的信息披露一般包括应收账款分类，按账龄分析法计提坏账准备，本期计提、收回或转回的坏账准备，按欠款方归集的期末余额前五名的应收账款。××公司财务报表附注中的应收账款分类附注、按账龄分析法计提坏账准备附注、本期收回或转回的坏账附注、按欠款方归集的期末余额前五名的应收账款附注分别见表3-10～表3-13。

表3-10　　　　　　××公司财务报表附注中的应收账款分类附注　　　　　单位：万元

类别	期末余额					期初余额				
	账面余额		坏账准备		账面价值	账面余额		坏账准备		账面价值
	金额	比例	金额	比例		金额	比例	金额	比例	
按信用风险特征组合计提坏账准备的应收账款	141 320	100%	16 613.2	11.76%	124 706.8	125 758	100%	11 382	9.05%	114 376
合计	141 320	100%	16 613.2	11.76%	124 706.8	125 758	100%	11 382	9.05%	114 376

表3-11　　　　　××公司财务报表附注中的按账龄分析法计提坏账准备附注　　　　单位：万元

账龄	期末余额		
	应收账款	坏账准备	计提比例
1年以内小计	63 691	3 184	5%
1～2年	59 986	5 998	10%
2～3年	12 340	3 700	30%
3～4年	2 456	1 228	50%
4～5年	1 748	1 399	80%
5年以上	1 102	1 102	100%
合计	141 323	16 611	

确定该组合依据的说明：组合是以采用余额百分比法计提坏账准备的应收账款构成。

坏账准备的附注解释：

本期计提坏账准备金额52 306 979.78元；本期收回或转回坏账准备金额8 228 000.00元。其中，本期坏账准备收回或转回的原因见表3-12。

表3-12　　　　　××公司财务报表附注中的本期收回或转回的坏账附注　　　　单位：万元

单位名称	收回或转回金额	收回方式
××能源股份公司	8 228	债转股
合计	8 228	

期末余额前五名的应收账款附注见表3-13。

表3-13　　　　　××公司财务报表附注中的期末余额前五名的应收账款附注　　　　单位：万元

单位名称	款项性质	期末余额	账龄	占应收账款期末余额合计数的比例	坏账准备期末余额
××热电有限公司	购货款项	13 885	1年以内	19.33%	670
××机械设备有限公司	购货款项	6 950	1年以内	9.67%	347
×××物流有限公司	购货款项	6 948	2~3年	9.67%	2 085
××建设股份有限公司	工程款项	4 365	1年以内	6.08%	220
×××股份有限公司	工程款项	4 365	1~2年	6.08%	437
合计		71 833		50.83%	3 759

请思考

1. 应收票据和应收账款共有业务的会计处理应关注的问题主要有哪些？

2. 应收票据特有业务的会计处理应关注的问题主要有哪些？

3. 其他应收款项包括哪些内容？会计处理应关注的问题主要有哪些？

4. 坏账准备的计提与处理的会计处理应关注的问题主要有哪些？

5. 怎样理解和解释财务会计报告中有关应收款项的会计信息？

思维导引3-3

边学边练

甲公司在第一年年末首次对应收账款计提坏账准备。全部单项金额均非重大的应收账款的余额为150 000元，以前年度实际的损失率为3%。在第二年，甲公司实际发生的坏账损失数额为16 500元，即N公司的7 000元和M公司的9 500元；公司将坏账损失率调整为5%；第二年的应收账款总额为20万元。在第三年，第二年已核销的坏账N公司的应收账款7 000元又可收回，并实际收回。

答案3-3

要求：做出甲公司关于坏账准备计提与坏账费用处理的会计处理。

第五节　存货

本节重难点 3-5

一、存货的分类与科目体系设置

（一）存货及其确认条件

按照我国《企业会计准则第 1 号——存货》的解释：存货是指企业在日常活动中持有以备出售的产成品或商品、处在生产过程中的在产品、在生产过程或提供劳务过程中耗用的材料和物料等。准则还明确了**存货的确认条件**，即存货同时满足下列条件的，才能予以确认：

（1）该存货包含的经济利益很可能流入企业；

（2）该存货的成本能够可靠计量。

名师点拨 3-5

存货是什么？其在工商企业中的地位是怎样的？

（二）存货核算的会计科目体系

在资产负债表中，存货项目是一个复杂的由各种物品构成的体系。从存货购入的不同方式及其管理要求来看，反映存货的会计科目既有"材料采购""在途物资"，也有可直接记录于存货科目的"原材料""库存商品"等；从存货的表现形态及其所处的企业生产经营过程的具体环节来看，反映存货的会计科目不仅有"原材料""库存商品""包装物及低值易耗品""消耗性生物资产""周转材料"，还有"发出商品""委托加工物资"；从存货所处的不同行业管理及其不同的价值管理方式来看，还有"材料成本差异""商品进销差价""存货跌价准备"，以及在会计期末处于在产品价值形态的"生产成本"，可用来建造固定资产的"工程物资"等。无论从哪个方面来看，存货都是制造业、商品流通业等企业中最重要、最复杂的项目。

法规速查 3-8

企业会计准则第 1 号——存货

名师点拨 3-6

对不同类型的存货，应使用哪些会计科目进行不同方式的会计处理？

（三）存货科目在不同行业企业中的特殊表现

存货的不同形态及其管理方式，依不同的行业而有较大的区别，这也构成了存货科目体系及其所反映内容的较大差别。具体来说，我国的制造业企业的常用会计科目一般是"材料采购""原材料""材料成本差异""库存商品"（或"产成品"，主要是指完工入库的产成品）等；而在商品流通企业常用的则是"物资采购"、"库存商品"（主要指购入待售的各种商品）、"商品进销差价"、"在途物资"等有着专门商品色彩的会计科目。另外，制造业企业会有"生产成本"（包括被认为是在产品或自制半成品的账户的期末余额）、"制造费用"，而商品流通业（也包括金融业等其他没有制造过程行业的企业）则无此需要进行会计处理的内容。除此之外，各类企业在具有共性的各种会计科目中，如金融工具、对外投资、期间费用、利益分配等，则完全是一致的。

（四）制造业存货的实际表现形态及相关会计科目

从使用形态来看，制造业存货的分类、实物表现及其与会计科目的关系见表3-14。

表3-14   制造业存货的分类、实物表现及其与会计科目的关系

存货名称	一般的存放地点	管理特点	使用结果	会计科目
原料及主要材料	原料成品库	购入、领用频繁	构成产品的主体部分	原材料（下属的二级科目）
辅助材料	专设库房存放	多是易丢失、易被侵占物品	协助产品主体形成	原材料（下属的二级科目）
修理用备件	车间维修或专门的配件库	与设备、机器配套	保证生产设备正常运转	原材料（下属的二级科目）
燃料与动力	视具体情况，已在很大程度上形成了社会化管理	容易出现计量差错	保证生产设备正常运转	原材料（下属的二级科目）、其他应收款
周转材料——包装物	视与产品关系的具体情况而定	用于液态、粉状产品或特殊产品	易于产品销售或存放、包装工具	包装物（在用、在库、摊销）
周转材料——低值易耗品	视与设备关系的具体情况而定	刀具、工具用具、轧钢厂的轧辊等	属于易损耗、价值低的劳动工具	低值易耗品（在用、在库、摊销）
自制半成品和在产品	车间的存放点或视同原材料	中间产品或处于加工中的物品	生产调度，即在生产线中的协调	生产成本（期末余额）、自制半成品
产成品	原料成品库	发出、销售频繁	构成企业的主营业务收入	库存商品或发出商品

二、存货取得的计价与会计处理要求

（一）存货取得的会计科目设置

前已述及，存货取得时，依据不同的行业等会有不同的会计科目名称，进行会计处理的内容也会随着不同的行业有所差异，但总的来看都是支付款项，或者是以其他的方式形成债权，取得存货，计算应记录的增值税进项税额，或者是购买的存货的已经入库或者是在途的记录，或者是直接以实际成本计入"原材料"等科目。我们以材料采购的"T"型账户群、材料增加的"T"型账户群来说明存货取得时的科目设置情况，见图 3-2、图 3-3。

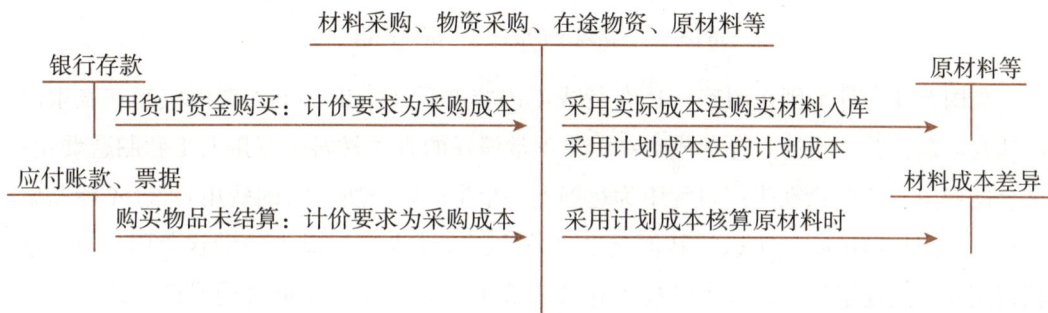

图 3-2 材料采购的"T"型账户群

（二）存货取得的计量要求

一般要求，存货应当按照成本计量。存货成本包括采购成本、加工成本和其他成本。

（1）存货的采购成本，包括购买价款、进口关税和其他税费、运输费、装卸费、保险费以及其他可归属于存货采购成本的费用。

（2）存货的加工成本，包括直接人工以及按照一定方法分配的制造费用。制造费用是指企业为生产产品和提供劳务而发生的各项间接费用。在同一生产过程中，同时生产两种或两种以上的产品，并且每种产品的加工成本不能直接区分的，其加工成本应当按照合理的方法在各种产品之间进行分配。

（3）存货的其他成本，是指除采购成本、加工成本以外的，使存货达到目前场所和状态所发生的其他支出。

名师点拨 3-7

企业可从哪些渠道获得存货？各自的计价标准是怎样的？

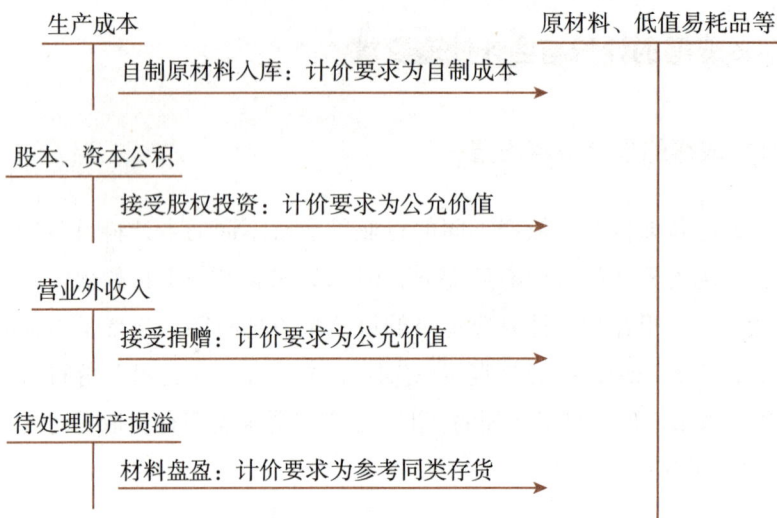

图 3-3　材料增加的"T"型账户群

我国企业会计准则在明确上述存货成本内容之后还指出，下列费用应当在发生时确认为当期损益，不计入存货成本：①非正常消耗的直接材料、直接人工和制造费用；②仓储费用（不包括在生产过程中为达到下一个生产阶段所必需的费用）；③不能归属于存货达到目前场所和状态的其他支出。另外，应计入存货成本的借款费用，按照借款费用准则的规定处理；投资者投入存货的成本，应当按照投资合同或协议约定的价值确定，但合同或协议约定价值不公允的除外；其他方式取得的存货，按照相关会计准则的要求进行计量。

（三）存货增加的会计处理说明

下面举例说明某制造业企业以不同方式获取原材料时的会计处理过程。

【例 3-10】 B 公司本月对外采购原材料，发生了下述业务：

（1）2 日，从供应商 Q 公司处购买生产用的主要材料，供应方开出的增值税专用发票上原材料为 5 万元，增值税税率为 13%；对方垫付的运输费为 2 000 元（含增值税），增值税税率为 9%。主要材料的重量为 10 千克，尚在运输途中；双方合同约定，货款在货物运到后 1 个月内支付。

（2）6 日，购买生产用的辅助材料，货已运到。供应方开出的增值税专用发票上原材料为 2 万元，增值税税率为 13%；对方垫付的运输费为 1 000 元，增值税税率为 9%。供货方曾经允诺，货款若即时支付，就不收运输费用。B 公司即时按照价款开出银行支票给供应方。

（3）8 日，购买生产用的维修备用件，采购员用银行卡支付的含税货款共 2 260元，增值税税额为 260 元。备件直接用于设备维修。

（4）10 日，购买的主要材料收到，入库前发生清选整理费用 300 元，适用的增值税税率为 3%，用现金支付。

（5）22 日，再次从另一供应商 R 公司处购买主要材料，增值税专用发票上原材料价款为 33 000 元，增值税税率为 13%，对方垫付的运输费为 1 500 元（含增值税），增值税税率为 9%。主要材料的重量为 5 千克，货物已验收合格入库；双方合同约定，在货物运到经验收后，B 公司即开立 1 月期的银行承兑汇票交给供货方。

（6）在月末的 28 日，B 公司的股东之一将一批重 3 千克的主要材料作为股权投资交给 B 公司，当时该主要材料的市场价格（不含税）为 5 500 元/千克。

要求：根据上述情况，对每批购入的原材料等采用实际成本计价，分别进行会计处理。

解析：

（1）2 日，购买生产用主要材料的会计分录：

借：材料采购——原料   51 834.86

应交税费——应交增值税（进项税额）   6 665.14

贷：应付账款   58 500.00

（2）6 日，购买生产用辅助材料的会计分录：

借：原材料——辅助材料   20 000

应交税费——应交增值税（进项税额）   2 600

贷：银行存款   22 600

（3）8 日，购买生产用维修备用件的会计分录：

借：制造费用——维修   2 000

应交税费——应交增值税（进项税额）   260

贷：其他货币资金   2 260

（4）10 日，购买的主要材料收到时支付清选整理费用的会计分录：

借：材料采购   291.26

应交税费——应交增值税（进项税额）   8.74

贷：库存现金   300.00

借：原材料——原料   52 126.12

贷：材料采购——原料   52 126.12

（5）22 日，从另一供应商处购买主要材料的会计分录：

借：原材料——原料　　　　　　　　　　　　　　　34 376. 15

　　应交税费——应交增值税（进项税额）　　　　　 4 413. 85

　　　贷：应付票据——银行承兑汇票　　　　　　　　　38 790. 00

（6）本月 28 日，接受股权投资收到主要材料的会计分录：

借：原材料——原料　　　　　　　　　　　　　　　16 500

　　应交税费——增值税（进项税额）　　　　　　　　 2 145

　　　贷：实收资本　　　　　　　　　　　　　　　　18 645

三、生产阶段的存货增值与会计处理要求

此处所述生产阶段的存货增值的主要内容包括：确定存货发出的方向；将为生产产品而发出的存货计入在产品成本；将发生的人工费用计入在产品成本；将在会计期末结转汇总的制造费用计入在产品成本；将本期完工的产成品结转库存商品。

（一）确定存货发出的方向

存货发出的方向即存货被领用后用到了哪里。一般来说，不同的存货会因其有专门用途而有不同的领用方向，而分配原则应是：为了做什么领用，使什么受益，就该计入什么科目。比如，领用原料及主要材料主要是生产产成品，应计入"生产成本"科目；领用辅助材料是为生产多种产品的车间、分厂管理所用，就要先计入"制造费用"，而后再分配到各种产品成本之中；若用于厂部的总体管理，则要视具体的使用方向分别计入"管理费用""销售费用"等；但若是用于固定资产的安装等，则要计入"在建工程"。

一般来说，制造业的存货发出方向"T"型账户群如图 3-4 所示。

（二）将为生产产品而发出的存货计入在产品成本

这里要分析的主要是采用什么样的方法将企业为产品生产领用的存货分配到企业产品的成本中去的问题。

我国企业会计准则对于存货发出的计量要求为：企业应当采用先进先出法、加权平均法或者个别计价法确定发出存货的实际成本。已售存货应当将其成本结转为当期损益，相应的存货跌价准备也应予以结转。对于性质和用途相似的存货，应当采用相

原材料、物资采购、库存商品等

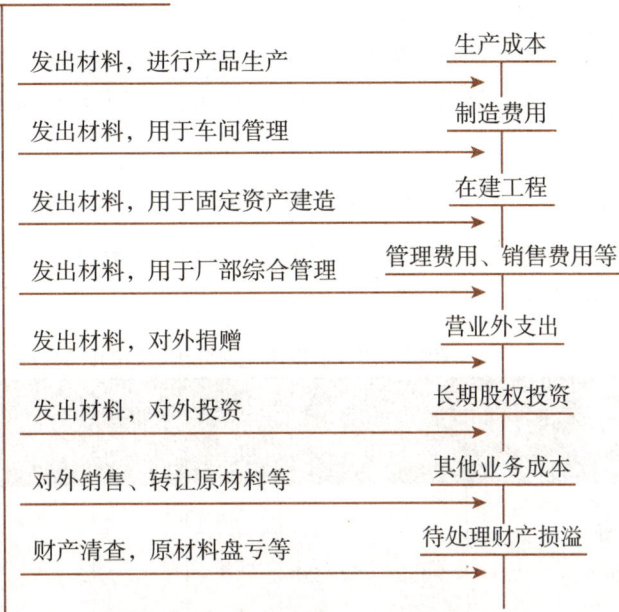

图 3 - 4　制造业的存货发出方向 "T" 型账户群

同的成本计算方法确定发出存货的成本。对于不能替代使用的存货、为特定项目专门购入或制造的存货以及提供劳务的成本，通常应当采用个别计价法确定发出存货的成本。

（三）发出存货的会计处理与计价方法的比较

由于存货是资产科目，因此，企业发出存货时意味着作为存货的资产的减少，应当计入存货账户的贷方。但是，若某存货在购入时有不同的价格，就会出现存货价格不一而需要进行调整的事项。

【例 3 - 11】　设【例 3 - 10】中购入的主要材料在期初有 3 千克，每千克购入时的成本为 4 500 元。本期第一次领用是在本月 5 日，领用 8 千克主要材料，用于产品生产；第二次领用是在本月 26 日，再领用原材料 6 千克。此外，车间管理和厂部管理部门各领用该种材料 5 000 元。另外，为了以下表格中数据计算方便，此处设本月 10 日入库的原材料的总价为 51 820 元；22 日入库的原材料总价为 34 365 元。

要求：（1）请采用三种方法分别计算领用主要材料的数额。

（2）编制领用原材料的全部会计分录（对于例中的主要材料，请按照上述三种方法计算结果中期末余额最大的一种编制会计分录）。

解析：

1. 进行存货发出计算方法的比较

（1）按照先进先出法计算发出的原材料。

先进先出法是指根据先入库先发出的原则，对于发出的存货以先入库存货的单价计算发出存货成本的方法。采用这种方法的具体做法是：先按存货期初余额的单价计算发出存货的成本，领发完毕后，再按第一批入库的存货的单价计算，依此从前向后类推，计算发出存货和结转存货的成本。采用先进先出法时的计算过程见表3-15。

表3-15　　　　　　　　　存货发出计价采用先进先出法时的计算过程

日期	摘要	收入			发出			结存		
		数量/千克	单价/元	金额/元	数量/千克	单价/元	金额/元	数量/千克	单价/元	金额/元
1	结存							3	4 500	13 500
10	购入	10	5 182	51 820				3 10	4 500 5 182	13 500 51 820
12	发出				3 5	4 500 5 182	13 500 25 910	5	5 182	25 910
22	购入	5	6 873	34 365				5 5	5 182 6 873	25 910 34 365
26	发出				5 1	5 182 6 873	25 910 6 873	4	6 873	27 492
31	总计	15		86 185	14		72 193	4	6 873	27 492

（2）加权平均发出计价方法。

加权平均法是利用过去若干个按照时间顺序排列起来的同一变量的观测值，以时间顺序数为权数，计算出观测值的加权算术平均数，以这一数字作为预测未来期间该变量预测值的一种趋势预测法。存货发出的加权平均法可根据本期期初结存存货的数量和金额与本期存入存货的数量和金额，在期末以此计算本期存货的加权平均单价，作为本期发出存货和期末结存存货的价格，顺序地或者一次性地计算本期发出存货的实际成本。

① 移动加权平均法，是指顺序地计算本期发出存货的实际成本的方法。采用移动加权平均法时的计算过程见表3-16。

表3-16 存货发出计价采用移动加权平均法时的计算过程

日期	摘要	收入			发出			结存		
		数量/千克	单价/元	金额/元	数量/千克	单价/元	金额/元	数量/千克	单价/元	金额/元
1	结存							3	4 500.00	13 500.00
10	购入	10	5 182	51 820				13	5 024.62	65 320.00
12	发出				8	5 024.62	40 196.96	5	5 024.62	25 123.10
22	购入	5	6 873	34 365				10	5 948.81	59 488.10
26	发出				6	5 948.81	35 692.86	4	5 948.81	23 795.24
31	总计	15		86 185	14		75 889.82	4	5 948.81	23 795.24

注：表中数据稍有差额系小数的四舍五入所致，可略。

② 全月一次加权法，是指一次性地计算本期发出存货的实际成本的方法。存货发出计价采用全月一次加权法时的计算过程见表3-17。

表3-17 存货发出计价采用全月一次加权平均法时的计算过程

日期	摘要	收入			发出			结存		
		数量/千克	单价/元	金额/元	数量/千克	单价/元	金额/元	数量/千克	单价/元	金额/元
1	结存							3	4 500.00	13 500.00
5	购入	10	5 182	51 820				13		
19	发出				8			5		
26	购入	5	6 873	34 365				10		
29	发出				6			4		
31	总计	15		86 185	14	5 538.06	77 532.76	4	5 538.06	22 152.24

注：表中数据稍有差额系小数的四舍五入所致，可略。

全月一次加权平均单价 = (13 500 + 86 185) ÷ (3 + 15) = 5 538.06（元/千克）

本期的发出成本 = 5 538.06 × 14 = 77 532.78（元）

本期的期末存货成本 = 5 538.06 × 4 = 22 152.24（元）

（3）进行三种方法的数额比较。

存货发出计价采用先进先出法时存货的期末结存数额为 27 492 元；

存货发出计价采用移动加权法时存货的期末结存数额为 23 795.24 元；

存货发出计价采用一次加权法时存货的期末结存数额为 22 152.24 元。

存货发出计价采用先进先出法时的期末余额最大，即 27 492 元。

2. 编制领用原材料的全部会计分录

根据上述的数额，设 B 公司采用全月一次加权法确定发出原材料的成本，本月发出原材料应做如下会计分录。

借：生产成本   77 532.76

    制造费用   5 000.00

    管理费用   5 000.00

    贷：原材料——原料   87 532.76

最后说明：个别计价法是指对库存和发出的每一特定存货或每一批特定存货的个别成本或每一批成本加以认定的一种方法。采用这一方法是假设存货的成本流转与实物流转相一致，按照各种存货，逐一辨认各批发出存货和期末存货所属的购进批别或生产批别，分别按其购入或生产时确定的单位成本作为计算各批发出存货和期末存货成本的方法。由于这种方法是把每种存货的实际成本作为计算发出存货成本和期末存货成本的基础，因此不再举例。

（四）将发生的人工费用计入在产品成本

制造业企业的职工工资和其他费用，是按照他们服务的对象进行分配的。简单地说，若是产品生产（生产车间）岗位上的职工，对其发放的工资就计入其所生产的产品的成本；若是从事综合管理的车间主任（分厂厂长）及服务于综合性岗位的职工，对其发放的工资先计入制造费用，待会计期末再按一定的比例转计入其管理或服务的所有生产产品的成本中；如果是公司的经理人员、高层管理与服务人员的工资，则计入管理费用。下面以应付职工薪酬的"T"型账户群说明工资费用计入生产成本、制造费用等的一般情况，见图 3-5。

【例 3-12】A 公司月末根据公司全体人员的考勤表、派工单、本岗位产品完成情况等统计资料计算的应付职工薪酬（只包括流动职工薪酬部分）如下：

应计入生产成本的数额：60 000 元

应计入制造费用的数额：15 000 元

应计入管理费用的数额：40 000 元

应计入销售费用的数额：20 000 元

应计入在建工程的数额：25 000 元

合计   160 000 元

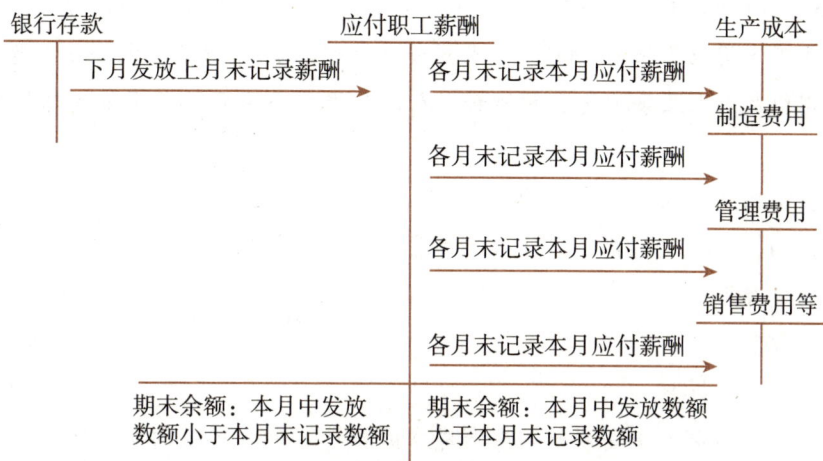

图 3-5 应付职工薪酬的"T"型账户群

要求：编制将上述职工薪酬计入产品费用和下个月份实际发放职工薪酬的会计分录。

解析：（1）月末由劳动人事部门进行工薪统计，计入产品成本与本期费用的会计分录：

借：生产成本	60 000
制造费用	15 000
管理费用	40 000
销售费用	20 000
在建工程	25 000
贷：应付职工薪酬	160 000

（2）下月上旬公司财务部门将职工工资发入各自工资卡中的会计分录：

借：应付职工薪酬	160 000
贷：银行存款	160 000

本例中计入生产成本部分的职工薪酬，应按照从事不同产品生产的职工情况计入各产品的成本，形成存货在生产过程的增值。

（五）在会计期末将结转汇总的制造费用计入在产品成本

在上述会计处理中，"制造费用"科目已经计入了因为无法直接计入所生产的产品成本的部分辅助材料、人工费用。除此之外，"制造费用"科目还要因同样原因，记录生产产品所需的应计入的机器设备等的折旧与维修费用等。

【例3-13】 设【例3-12】中的 A 公司本期计提的折旧费（维修费略）为 40 000
元，其中生产车间应负担 28 000 元，公司管理部门应负担 12 000 元。各生产车间计提
的折旧费用以及以上业务所发生的材料、人工费用作为生产过程存货的增值而转入生
产成本。

要求：编制 A 公司期末应做的会计分录。

解析：（1）计提资产折旧，计入各费用科目的会计分录：

借：制造费用　　　　　　　　　　　　　　　　　　　　　　28 000
　　管理费用　　　　　　　　　　　　　　　　　　　　　　12 000
　　贷：累计折旧　　　　　　　　　　　　　　　　　　　　　　　　40 000

（2）会计期末将制造费用转入生产成本的会计分录（记录的制造费用包括原材料
5 000 元、应付职工薪酬 15 000 元、资产折旧 28 000 元）：

借：生产成本　　　　　　　　　　　　　　　　　　　　　　48 000
　　贷：制造费用　　　　　　　　　　　　　　　　　　　　　　　　48 000

（六）将本期完工的产成品结转库存商品

在会计期末，制造业企业一般都将已经发生的生产费用全部结转至计算产品成本
的"生产成本"科目，并根据产成品的完工情况，将全部汇总的产品成本进行产成品
成本与在产品成本的划分。这样，依然留在"生产成本"科目，即"生产成本"科目
的期末余额就是广义存货中的在产品成本，本期结转入库的库存商品的成本则为广义
存货中的产成品成本。

可用存货价值增值的"T"型账户群来表现制造业企业的原料及主要材料（简称
"原材料"）等转化为产成品的存货增值过程，见图3-6。

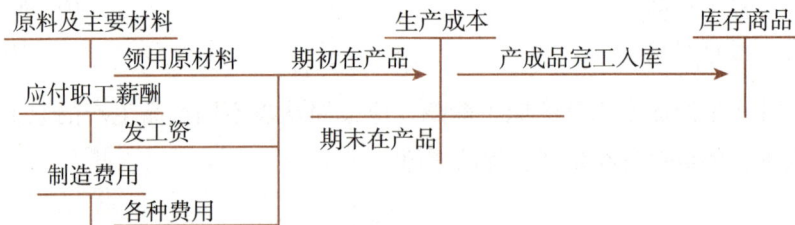

图3-6　存货价值增值的 "T" 型账户群

【例3-14】 设【例3-13】中 A 公司本期生产的产品中有 80% 已经完工，作为
产成品而由生产车间交给公司产成品库房；有 20% 仍在生产制造过程中。由于进行到
了最后工艺环节，A 公司产品的在产品成本按照完工产品成本计算。

要求：计算本期完工产品成本并编制会计分录。

解析：（1）计算本期完工产品也能够结转的成本。

完工产品成本 = （77 532.76 + 60 000 + 48 000）×80% = 148 426.21（元）

在产品成本 = （77 532.76 + 60 000 + 48 000）×20% = 37 106.55（元）

（2）会计期末结转在产品并将生产成本转为产成品成本。

借：库存商品　　　　　　　　　　　　　　　148 426.21

　　贷：生产成本　　　　　　　　　　　　　　　　148 426.21

综合以上相关例题可知：制造业企业的产品成本主要以上述的三项内容组成：①原材料转移过来的价值，即"料"，77 532.76 元；②企业生产职工的薪酬，即"工"，60 000 元；③按照一定比例（本例只有一种产品，全部转入）结转的制造费用，即"费"，48 000 元。这样，存货从原来的原材料逐步增值，从最初的 77 532.76 元，增值至由产成品成本 148 426.21 元和在产品成本 37 106.55 元体现的，合计为 185 532.76 元的存货成本。其产品生产经营过程也从原材料状态的储备阶段开始，逐步经历了在产品状态的生产阶段，进入产成品状态的销售阶段。

四、存货的其他表现及会计处理方式要求

存货的其他表现，主要包括制造业存货的计划成本法、商品流通企业的售价金额法，以及作为周转材料的低值易耗品与包装物的会计处理方法。

（一）制造业存货的计划成本法

👤 **名师点拨3-8**

为了加强对购入存货的价格与发出存货的消耗水平的考核和管理，制造业也有较大一部分企业按照计划成本对存货进行会计处理。

作为前述实际成本法的对应，计划成本法是指企业存货的取得、发出均按预先制定的计划成本计价，同时另设"材料成本差异"科目，用来登记实际成本和计划成本的差额，在会计期末再通过结转和分配差异

存货增加、减少的不同计价方式在会计处理上的表现分别是怎样的？

的方式将计划成本调整为实际成本的存货会计处理方法。一般认为，这种方法适用于存货品种繁多、收发频繁的企业，能够在加强存货管理方面发挥作用。

采用计划成本法的重要一环，是制定合理的计划成本。其评价的标准，一是计划成本要与实际成本的构成内容相一致，以考核物资采购部门的业绩；二是计划成本应尽可能接近实际成本，以使其充分发挥对实际成本的控制作用。在计划成本法的实施

过程中，关键的内容一是计划成本与实际成本之间成本价格差异额和差异率的确定，二是成本差异额的分配与将期末存货结存额的计划成本调整为实际成本。

【例3－15】 C公司采用计划成本法对材料采购业务逐笔计算并处理材料成本差异，该种原材料的计划成本为每件55元。期初库存原材料200件，每件成本50元，总计10 000元。本期共发生三次购入原材料业务：第一次买入600件，买价为35 000元，增值税为4 550元，购入材料已于本月5日入库，货款用银行支票支付。第二次买入500件，买价为24 000元，增值税为3 120元，购入材料已于本月26日入库，货款用为期一月的商业承兑汇票支付。第三次买入700件，买价为50 000元，增值税为6 500元，购入材料尚在运输途中，价款未付。

要求：按照上述数据编制出该企业采用计划成本法进行会计处理时的会计分录。

解析：（1）上述业务中第一次采购材料的会计分录：

借：材料采购　　　　　　　　　　　　　　　　　　　　35 000
　　应交税费——应交增值税（进项税额）　　　　　　　4 550
　　　贷：银行存款　　　　　　　　　　　　　　　　　　　　39 550

同时：

借：原材料　　　　　　　　　　　　　　　　　　　　　33 000
　　材料成本差异　　　　　　　　　　　　　　　　　　　2 000
　　　贷：材料采购　　　　　　　　　　　　　　　　　　　　35 000

（2）上述业务中第二次采购材料的会计分录：

借：材料采购　　　　　　　　　　　　　　　　　　　　24 000
　　应交税费——应交增值税（进项税额）　　　　　　　3 120
　　　贷：应付票据——商业承兑汇票　　　　　　　　　　　　27 120

同时：

借：原材料　　　　　　　　　　　　　　　　　　　　　27 500
　　　贷：材料采购　　　　　　　　　　　　　　　　　　　　24 000
　　　　　材料成本差异　　　　　　　　　　　　　　　　　　3 500

（3）上述业务中第三次采购材料的会计分录：

借：材料采购　　　　　　　　　　　　　　　　　　　　50 000
　　应交税费——应交增值税（进项税额）　　　　　　　6 500
　　　贷：应付账款　　　　　　　　　　　　　　　　　　　　56 500

在会计期末时，采购材料尚未到库，因此不结转材料成本，不计算材料成本差异；

材料采购的期末差额为在途材料。

【例3-16】 仍延续【例3-15】，设本期原材料发出情况如下：产品生产领用28 000元，生产车间管理领用16 000元，公司管理部门领用8 000元，销售机构领用6 000元。发出材料按照计划成本记录。

要求：（1）计算并记录C公司本期实际成本的材料领用情况，计入成本费用。

（2）计算和记录C公司实际成本的期末结存材料的数额。

解析：（1）计算按照计划成本记录的原材料本期发出与期末结存情况。

本期原材料发出的计划成本数额 = 28 000 + 16 000 + 8 000 + 6 000 = 58 000（元）

本期期末原材料结存的计划成本数额 = 11 000 + 33 000 + 27 500 - 58 000

= 13 500（元）

（2）计算本会计期间的材料成本差异率。

$$\text{本期材料成本差异率} = \frac{\text{月初结存材料的成本差异额} + \text{本期购入材料的成本差异额}}{\text{月初结存材料的计划成本} + \text{本期购入材料的计划成本}}$$

代入数值：

$$\text{本期材料成本差异率} = \frac{(50-55)\times200 + (35\,000 - 55\times600) + (24\,000 - 55\times500)}{55\times200 + 55\times600 + 55\times500} \times 100\%$$

$$= \frac{-1\,000 + 2\,000 - 3\,500}{11\,000 + 33\,000 + 27\,500} \times 100\%$$

$$= -3.5\%$$

由于本期的实际成本低于计划成本，完成了预计的材料采购价格控制目标；计算的材料成本差异率 -3.5%，为贷差。

（3）本期发出材料的会计分录：

借：生产成本   28 000

制造费用   16 000

管理费用   8 000

销售费用   6 000

贷：原材料   58 000

（4）本期发出原材料应负担材料成本差异的会计分录。

$$\text{本期发出材料应承担的材料成本差异} = \text{发出材料的计划成本额} \times \text{材料成本差异率}$$

生产成本应负担的材料成本差异 = 28 000 × (-3.5%) = -980（元）

制造费用应负担的材料成本差异 $= 16\,000 \times (-3.5\%) = -560$（元）

管理费用应负担的材料成本差异 $= 8\,000 \times (-3.5\%) = -280$（元）

销售费用应负担的材料成本差异 $= 6\,000 \times (-3.5\%) = -210$（元）

借：生产成本　　　　　　　　　　　　　　　　　　980

　　制造费用　　　　　　　　　　　　　　　　　　560

　　管理费用　　　　　　　　　　　　　　　　　　280

　　销售费用　　　　　　　　　　　　　　　　　　210

　　贷：材料成本差异　　　　　　　　　　　　　　　　　2 030

上面记录的原材料的计划成本发生数额减去此处抵减的材料成本差异额，即本期发出材料的实际成本。

（5）计算期末余额的实际成本。

期末原材料的计划成本 $= 11\,000 + 33\,000 + 27\,500 - 58\,000 = 13\,500$（元）

期末原材料的实际成本 $= 13\,500 \times (1 - 3.5\%) = 13\,027.50$（元）

（二）商品流通企业的售价金额法

从基本道理上看，商品流通企业的售价金额法与上述制造业企业原材料处理的计划成本法基本上是一样的。只不过是以商品零售企业的对外销售价格取代了原材料的计划价格，以商品进销差价取代了材料成本差异。

【例 3 - 17】　处于商品流通行业的 D 企业，期初库存商品销售价格为 68 000 元，采购成本为 52 000 元。本期新购入商品价格为 102 000 元（此处略去增值税），销售价格为 138 000 元，货款以银行支票支付。会计期末进行商品盘存，尚有库存商品的售价为 56 000 元。

要求：进行上述业务的会计处理。

解析：（1）购入商品时的会计分录：

借：库存商品　　　　　　　　　　　　　　　　　138 000

　　贷：银行存款　　　　　　　　　　　　　　　　102 000

　　　　商品进销差价　　　　　　　　　　　　　　 36 000

（2）计算期末库存商品的实际成本。

商品进销差价率 $= (16\,000 + 36\,000) / (68\,000 + 138\,000) \times 100\% = 25.2\%$

期末结存商品的实际成本 $= 56\,000 \times (1 - 25.2\%) = 41\,888$（元）

（三）低值易耗品与包装物的会计处理方法

从经济学的角度分类，低值易耗品与包装物应属于劳动工具；从会计处理的角度看，二者同属于企业作为流动资产存货中的周转材料。由于这样的物品易损耗，很多企业在领用这样的物资时，都是像原材料那样一次进行价值转销，即一次转销法；再利用记录实物账的方式来加强对已经结转价值的实物财产的保护。当然，也有企业对于一些使用时间长、价值高的物品进行类似固定资产的会计处理；更多的企业则是既为保护实物财产，又为简化会计处理而采用"五五摊销法"。此处只对五五摊销法进行举例说明。

【例3-18】E企业为进行科学实验而购买了1个中等型号的玻璃容器，其实际成本为5 000元。由于容器搬动频繁，易于损坏，公司决定对其按照五五摊销法进行会计处理。果不其然，在一年半之后的一次搬动中，该容器被彻底损坏。

要求：按照本例中所述情况，采用五五摊销法进行该容器购买、损坏时的会计处理。

解析：（1）购买容器时的会计分录：

借：低值易耗品——××容器在用	5 000	
贷：银行存款		5 000
借：管理费用——研究室	2 500	
贷：低值易耗品——××容器摊销		2 500

（2）该容器损坏时的会计分录：

借：管理费用——研究室	2 500	
低值易耗品——××容器摊销	2 500	
贷：低值易耗品——××容器在用		5 000

五、存货减值准备的计提与处理

（一）存货计提减值准备的会计处理要求

我国《企业会计准则第1号——存货》中规定：资产负债表日，存货应当按照成本与可变现净值孰低计量。存货成本高于其可变现净值的，应当计提存货跌价准备，计入当期损益。可变现净值，是指在日常活动中，以存货的估计售价减去至完工时将要发生的成本、估计的销售费用以及相关税费后的金额。

该准则还进一步解释：企业确定存货的可变现净值，应当以取得的确凿证据为基础，并且考虑持有存货的目的、资产负债表日后事项的影响等因素。用于生产而持有的材料等，用其生产的产成品的可变现净值高于成本的，则该材料仍然应当按成本计量；材料价格的下降表明产成品的可变现净值低于成本的，该材料应当按照可变现净值计量。企业应当按照单个存货项目计提存货跌价准备。对于数量繁多、单价较低的存货，可以按照存货类别计提存货跌价准备。与在同一地区生产和销售的产品系列相关、具有相同或类似最终用途或目的，且难以与其他项目分开计量的存货，可以合并计提存货跌价准备。另外，在资产负债表日，企业应当确定存货的可变现净值。以前减记存货价值的影响因素已经消失的，减记的金额应当予以恢复，并在原已计提的存货跌价准备的金额内转回，转回的金额计入当期损益。

（二）企业存货减值准备的计提和转回

在会计期末，企业资产若有减值迹象，就应测算企业存货的公允价值，并与其账面成本进行比较，以确定是否计提存货减值准备。从本质上看，存货减值准备科目是存货的备抵科目，在企业存货的公允价值低于账面成本时，其应作为一个备抵数额依附于存货项目存在。当然，在资产负债表中，存货项目的数额是扣除减值损失后的存货净额。

【例3-19】 甲公司今年的销售数量下降，且销售价格偏低，这表明公司资产有减值的迹象。经盘存，期末存货的账面数额为12万元，而存货按整体衡量的公允价值已低于账面成本，为10.5万元。该公司按照企业会计准则的要求计提了存货减值准备。第二年，公司所处的行业迎来了较好的发展时机，行业平均利润水平高于其他行业。此时公司存货的公允价值已达15万元。公司在第二年年末转回了上一年计提的存货减值准备。

要求： 进行上述业务的会计处理。

解析：（1）第一年年末记录存货减值数额的会计分录：

借：存货减值损失　　　　　　　　　　　　　　　　　　　　　　15 000
　　贷：存货跌价准备　　　　　　　　　　　　　　　　　　　　　　　　15 000

会计期末资产负债表中的存货项目对外披露的数额应为105 000元。

（2）第二年年末记录存货减值数额转回的会计分录：

借：存货跌价准备　　　　　　　　　　　　　　　　　　　　　　15 000

      贷：存货减值损失   15 000

    按照稳健原则的要求，存货项目在会计期末只是按照"成本与可变现净值（或市价）孰低"计价。因此，会计期末资产负债表中的存货项目对外披露的数额应仍为 120 000 元。

（三）企业存货减值准备的补提和冲转

    企业计提资产减值损失之后，若继续有资产减值的迹象，就要按照企业会计准则的要求进行持续的会计处理。

    【例 3-20】 接【例 3-19】，甲公司第一年期末存货的账面数额为 12 万元，确认的公允价值为 10.5 万元，计提减值准备 1.5 万元。假设第二年有两种情况：一是期末存货的账面成本为 15 万元，公允价值为 11 万元；二是期末存货的账面成本为 10 万元，公允价值为 9 万元。

    要求： 进行上述业务的会计处理。

    解析：（1）考虑第一种情况的会计分录，即补提：

    借：存货减值损失   25 000

        贷：存货跌价准备   25 000

    经补提后，存货跌价准备为 4 万元。

    （2）考虑第二种情况的会计分录，即冲转：

    借：存货跌价准备   5 000

        贷：存货减值损失   5 000

    经冲转后，存货跌价准备为 1 万元。

六、存货的信息披露与解读

（一）企业会计准则的披露要求

    《企业会计准则第 1 号——存货》中对存货的信息披露要求为：企业应当在附注中披露与存货有关的下列信息：①各类存货的期初和期末账面价值。②确定发出存货成本所采用的方法。③存货可变现净值的确定依据、存货跌价准备的计提方法、当期计提的存货跌价准备的金额、当期转回的存货跌价准备的金额，以及计提和转回的有关情况。④用于担保的存货账面价值。

（二）财务报表信息披露的格式与内容

对存货信息的披露一般包括存货的结存情况、存货减值准备的计提与转回情况和原因。××公司财务报表附注中的存货结存情况附注见表3－18，存货计提减值准备的计提与转回附注见表3－19。

表3－18　　　　　　　××公司财务报表附注中的存货结存情况附注　　　　　　单位：元

项目	202×－12－31			202×－01－01		
	金额	跌价准备	净值	金额	跌价准备	净值
原材料	62 579 988.49	2 476 788.42	60 103 200.07	78 002 140.46	—	78 002 140.46
材料成本差异	－170 725.83	—	－170 725.83	544 414.63		544 414.63
库存商品	101 433 113.46	7 934 592.12	93 498 521.34	56 726 235.54	11 896 567.32	44 829 668.22
委托加工物资	4 856 535.19		4 856 535.19	32 574 283.02		32 574 283.02
在产品	21 618 647.55	—	21 618 647.55	21 582 252.81		21 582 252.81
发出商品	79 470 611.32	4 202 729.07	75 267 882.25	71 120 822.37	—	71 120 822.37
合计	269 788 170.18	14 614 109.61	255 174 060.57	260 550 148.83	11 896 567.32	248 653 581.51

表3－19　　　　　××公司财务报表附注中的存货计提减值准备的计提与转回附注　　　　单位：元

项目	202×－12－31	本期计提	本期转回	本期转销	202×－01－01	本期转回金额占该项存货期末余额的比例
库存商品	11 896 567.32	621 807.46		4 583 782.66	7 934 592.12	—
原材料	—	2 518 771.34	—	41 982.92	2 476 788.42	—
发出商品	—	4 301 715.11		98 986.04	4 202 729.07	—
合计	11 896 567.32	7 442 293.91		4 724 751.62	14 614 109.61	—

存货附注解释：①截至202×年12月31日，公司存货不存在抵押、质押的情形。②截至202×年12月31日，公司存货不存在借款费用资本化的情况。

（三）对上述财务报表附注信息披露经济含义的解读

辨明财务报表附注信息的经济含义是很重要的。具体来说，类似表3－18、表3－19中的公司在存货中应有下述倾向：①产成品存货在本会计期间已有较大的积压，且在市场上一直处于不大景气的状况。②自本年开始原材料市场价格有下调的趋势。③以前年度计提的存货减值准备在本会计期间未见转回。上述几点，很有可能传递了本行业可能正在遇到一些经营方面障碍的信息。

请思考

1. 制造业企业以不同方式获取原材料时的会计处理过程是怎样的?

2. 制造业企业发出原材料等用于生产经营等的会计处理过程是怎样的?

3. 商品流通企业的售价金额法会计处理是怎样进行的?

4. 存货减值准备的计提与转回等的会计处理过程是怎样的?

5. 企业会计准则关于存货的披露有哪些要求? 你将怎样取得资料, 如何阅读与理解?

● 思维导引 3-4

边学边练

假设甲公司采用计划成本法对材料采购业务逐笔计算并处理材料成本差异, 该种原材料的计划成本为每件 80 元。期初库存原材料 300 件, 每件实际成本 75 元, 总计 22 500 元。本期共发生三次购入原材料业务: 第一次买入 700 件, 买价为 59 500 元, 增值税为 7 735 元, 购入材料已于本月 5 日入库, 货款用银行支票支付; 第二次买入 500 件, 买价为 44 000 元, 增值税为 5 720 元, 购入材料已于本月 26 日入库, 货款用为期一个月的银行承兑汇票支付, 发生承兑费用 257.40 元; 第三次买入 800 件, 买价为 72 000 元, 增值税为 12 240 元, 购入材料尚在运输途中, 价款未付。本月发出原材料共 1 900 件, 其中生产车间生产领用 1 000 件, 车间管理领用 200 件, 厂部销售产品领用 300 件, 其余为厂部综合管理领用。

● 答案 3-4

要求: 按照上述数据编制出该企业采用计划成本法进行会计处理时原材料购入、发出时的全部会计分录。

第六节 流动资产的其他内容

本节重难点 3-6

流动资产的其他内容, 主要包括合同资产、持有待售资产、一年内到期的非流动资产和其他流动资产, 以下进行简单说明。

一、合同资产

合同资产是企业按照《企业会计准则第 14 号——收入》的相关规定，根据本企业履行履约义务而在资产负债表中列示的资产项目。本项目应根据合同资产科目及其相关明细科目的期末余额分析填列，同一合同下的合同资产应当以净额列示，并根据其流动性在合同资产或其他非流动资产项目中填列，已计提减值准备的，还应减去合同资产减值准备科目中相关的期末余额后的金额填列。

由于同一合同下的合同资产和合同负债应当以净额列示，企业也可以设置"合同结算"科目（或其他类似科目），以核算同一合同下属于在某一时段内履行履约义务涉及与客户结算对价的合同资产或合同负债，并在此科目下设置"合同结算——价款结算"科目反映定期与客户进行结算的金额，设置"合同结算——收入结转"科目反映按履约进度结转的收入金额。资产负债表日，"合同结算"科目的期末余额在借方的，根据其流动性在合同资产或其他非流动资产项目中填列；期末余额在贷方的，根据其流动性在合同负债或其他非流动负债项目中填列。

二、持有待售资产

持有待售资产是我国最新企业会计准则与财务报表格式中增加的项目。增加的原因主要在于对持有待售的非流动资产、处置组和终止经营进行恰当的分类、计量和列报，有助于财务报表使用者评估资产处置的财务影响，判断未来现金流量的时间、金额和不确定性。按照要求，企业主要通过出售（包括具有商业实质的非货币性资产交换）而非持续使用一项非流动资产或处置组收回其账面价值的，应当将其划分为持有待售类别。具体来说，非流动资产或处置组划分为持有待售类别的，应当同时满足下列条件：①根据类似交易中出售此类资产或处置组的惯例，在当前状况下即可立即出售；②出售极有可能发生，即企业已经就一项出售计划做出决议且获得确定的购买承诺，预计出售将在一年内完成。有关规定要求企业相关权力机构或者监管部门批准后方可出售的，应当已经获得批准。

设置"持有待售资产"科目，进行持有待售的非流动资产和持有待售的处置组中的资产的会计处理。此科目按照资产类别进行明细核算，具体使用方式为：企业将相关非流动资产或处置组划分为持有待售类别时，借记"持有待售资产"科目，并同时结转已计提的累计折旧、累计摊销等；待售资产已计提减值准备的，还应同时结转已计提的减值准备。"持有待售资产"科目期末借方余额，反映企业持有待售的非流动资产和持有待售的处置组中资产的账面余额。由于资产处于"待售"状态，即将"离开"本企业，因此将未结转的余额视同流动资产列示在存货项目之下。

三、一年内到期的非流动资产

一年内到期的非流动资产是指反映企业将于一年内到期的非流动资产项目金额，包括一年内到期的持有至到期债权投资、长期待摊费用和一年内可收回的长期应收款。

设置"一年内到期的非流动资产"报表项目的目的是：持有至到期的债权投资等一般都在非流动资产部分显示，但是在长期资产里，不应当包括其最后一年，即上述的三项非流动资产项目在最后一年时，也就是不到一年就到期的时候，就会从长期资产转到流动资产。如实地说，这样的资产项目，没有会计分录，只是财务报表上的转变，将上面三项长期资产转为一年内到期的非流动资产。

四、其他流动资产

资产负债表上的其他流动资产，是指除货币资金、交易性金融资产、应收票据、应收账款、其他应收款、存货等流动资产以外的流动资产。一般企业"待处理流动资产——净损益"科目未处理转账，在会计期末就挂在"其他流动资产"项目中。另外，如果企业遇到一些确实不好归到那些常用的流动资产科目的项目，如待处理废旧物资等时，就可以将其列入其他流动资产项目。

请思考

流动资产的其他内容包括些什么？各自的会计处理要求是怎样的？

思维导引 3-5

本章小结

　　流动资产分为金融资产中的流动部分和存货。流动资产的金融工具主要有货币资金、交易性金融资产和应收款项三个部分。货币资金部分应按照库存现金、银行存款、其他货币资金分别进行各有特色的会计处理，并采取各种措施以保护货币资金的安全、完整及有效运用。交易性金融资产属于以公允价值计量且其变动计入当期损益的金融资产，其会计处理要充分反映公允价值变动的过程与结果。应收款项包括应收票据、应收账款、预付账款、应收股利、应收利息和其他应收款，其账务处理内容包括应收款项的形成、结转和期末坏账准备的计算等，还要注意可能出现的或有负债。存货的分类、计价及其构成内容是进行存货会计处理的基础，存货的购进、库存、发出以及期末减值的计算与处理则是存货会计处理中的主要内容。

本章知识框架

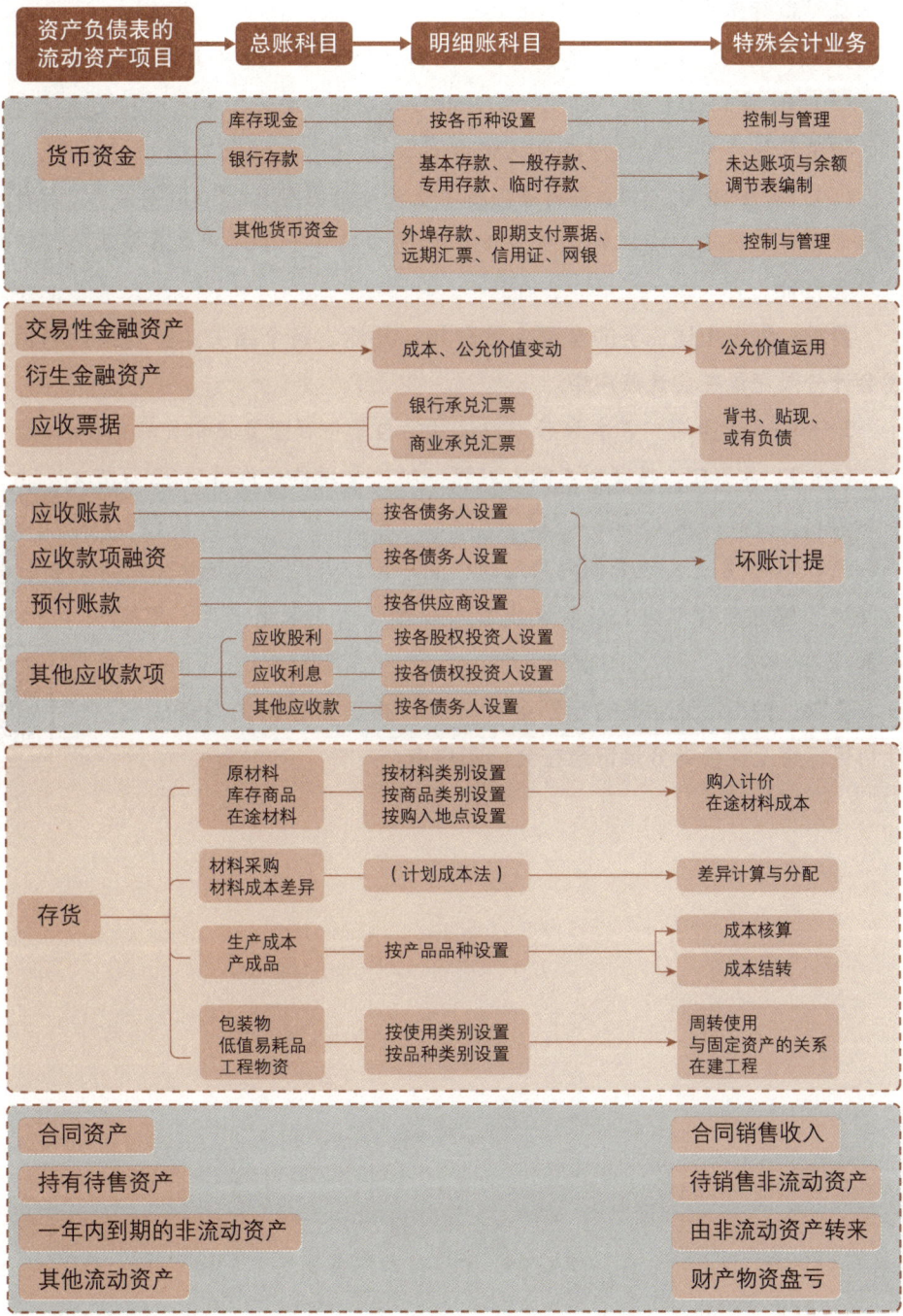

综合训练

1. 甲公司财务部门在经营期内发生的与货币资金相关的直接业务如下：

（1）甲公司在准备经营日，10月10日公司投资人投入货币资金120万元，款项存入公司银行账户。

（2）10月11日，从银行存款账户提取现金10万元准备日常支用。

（3）10月15日，用库存现金支付的办公用品等共计2 400元，增值税专用发票上的增值税税率为13%，增值税税额为312元。

（4）10月18日，本公司财务部员工去外地提供劳务，借用差旅费7 500元，用银行卡支付；25日，员工结束劳务返回后返回银行卡卡内款额6 600元，不足部分以现金支付。

要求： 做出上述业务的全部会计分录，并建立各个相关业务的会计科目，将上述会计分录记录在会计账户中。

2. 甲公司财务部门在本经营期内记录的与货币资金直接相关的业务还有：

（1）11月7日，经营期内购入鞋帽一批，含增值税价格为22.6万元，由于结算单据未到，货款尚未支付。

（2）11月8日，经营期内购入的服装一批，专用（不含增值税的）销售价格为77万元，增值税税率为13%；向发货单位签发商业承兑汇票，货款在本月28日支付。

📍答案3-5

要求： 做出上述业务的全部会计分录，并建立各相关业务的会计科目，将上述会计分录记录在会计账户中。

第四章

长期资产

本章 PPT

📖 导言

长期资产包括长期金融资产（债权投资、其他债权投资、其他权益工具投资）、长期股权投资、固定资产、其他长期资产（无形资产、投资性房地产和研发支出）四个部分的内容。通过本章的学习，同学们应对长期资产这类内容较多、会计处理方法复杂、需披露事项较多的情况有更为广泛的了解和认识。本章是本书的重点之一，掌握本章内容的难度也比较大，希望大家多下功夫，把这一章学好。

📈 本章学习要点

1. 了解长期资产的构成与处理要求。
2. 掌握长期金融资产的会计处理过程。
3. 掌握长期股权投资的会计处理与信息披露。
4. 掌握固定资产的会计处理过程。
5. 掌握其他长期资产的会计处理过程。

第一节　长期资产概述

本节重难点 4-1

名师点拨 4-1

我国长期资产的内容与作用是怎样的？会计处理对应的企业会计准则情况是怎样的？

一、长期资产的特征

企业的长期资产也是一个涉及多种资产类型，有着不同的管理要求、内容的复杂体系。

我国采用新金融准则和新收入准则的企业，其资产负债表的格式中长期资产项目有债权投资、其他债权投资、长期应收款、长期股权投资、其他权益工具投资、其他非流动金融资产、投资性房地产、固定资产、在建工程、生产性生物资产、油气资产、使用权资产、无形资产、开发支出、商誉、长期待摊费用、递延所得税资产和其他非流动资产，共 18 项之多。

从我国的企业会计准则来看，相应的会计准则专门规范属于长期资产范围的长期股权投资、投资性房地产、固定资产、生物资产、无形资产和石油天然气开采等，以及与此有关的财务报表列报、金融工具确认和计量、金融工具列报和在其他主体中权益的披露等。

本书在流动资产部分解释过会计准则对流动资产划分的标准，也曾说明过，非流动资产应按其性质分类列示，被划分为持有待售的非流动资产应当归类为流动资产等。

具体来说，将长期资产与其相对应的流动资产进行划分的依据在于企业的会计年度和不同的会计周期，即流动资产是指企业可以在一年内或者超过一年的一个营业周期内变现或者运用的资产，而非流动资产的长期资产则为企业在超过一年或者超过一年的一个营业周期之后变现或者运用的资产。但是，正如本书前面章节所提及的，企业在进行资产是否为"流动"的划分时并不完全根据以上依据，这主要体现在"超过一年或者超过一年的一个营业周期之后变现或者运用的资产"中的低值易耗品与周转用包装物等周转材料的划分上。反过来看，去掉上述两项周转材料之外的资产，即可完成资产是否"流动"的划分了。

还需说明的情况是：在流动资产部分有一项目为"一年内到期的非流动资产"，这样的内容是指企业非流动资产项目中在一年内到期的金额，包括一年内到期的债权投资、长期待摊费用和一年内可收回的长期应收款。通过进一步分析，我们可以认清这样要求的结果应是：编制资产负债表时将这样的项目的金额从长期资产中摘取出来，但并不改变长期资产科目的记录情况。

二、长期资产的分类

（一）按非流动资产的性质划分

按照我国会计准则要求的非流动资产的性质分类，我们一般可将长期资产划分为：

（1）长期金融资产，即资产负债表项目中的债权投资、其他债权投资、长期应收款、其他权益工具投资、其他非流动金融资产；

（2）有实物形态的长期资产，即投资性房地产、固定资产、在建工程、生产性生物资产、油气资产、使用权资产；

（3）无形与虚拟资产，即无形资产、开发支出、商誉、长期待摊费用、递延所得税资产。

（4）其他长期资产，即长期股权投资和其他非流动资产。

这样的分类有利于将长期资产按照相同的性质进行解释，以更好地理解其会计处理要求存在的共性，比如将各类有实物形态的长期资产进行比较，以形成可供比较的会计处理要求。

（二）按各会计科目在实际会计处理中的相互联系划分

我们还可以按照各会计科目在实际会计处理中的相互联系将长期资产划分为：

（1）与长期资产建造、计价、清理相关的科目，即"在建工程""固定资产""投资性房地产（按成本计价）""使用权资产""无形资产""开发支出""商誉""递延所得税资产"等；与这类资产相关的会计科目有"累计折旧""固定资产清理""累计摊销""未实现融资收益""未确认融资费用""资产减值准备"等。

（2）与对外投资与收回过程相关的科目，即"债权投资""其他债权投资""长期股权投资""其他权益工具投资""长期应收款""其他非流动金融资产""投资性房地产（按公允价值计价）"；与这类资产相关的会计科目有"投资收益""其他综合收益""公允价值变动损益"等。

（3）表现为特殊行业企业的资产，即生产性生物资产、油气资产等；与这类资产相关的会计科目也会有相关的折耗、摊销等。

第二节　长期金融资产

　　长期金融资产是流动金融资产的对应，一般包括债权投资、其他债权投资、其他权益工具投资和长期应收款。长期金融资产的共同特点：一是它们都是一种跨期资产，即等一段时间后再产生交易结果；二是资产到期时收回的均为货币资产，这是将它们划分为金融资产的关键之处。相对于本书其他部分内容，本节要说明的是债权投资和其他股权投资，对其他债权投资和长期应收款只进行一般介绍。

一、债权投资

（一）债权投资的定义与反映的内容

　　此处的**债权投资**是指到期日固定、回收金额固定或可确定，且企业有明确意图和能力持有至到期的非衍生金融资产。通常情况下，包括企业持有的、在活跃市场上有公开报价的国债、企业债券、金融债券等。

　　具体来说，我国资产负债表中的"债权投资"项目，反映资产负债表日企业以摊余成本计量的长期债权投资的期末账面价值。该项目应根据"债权投资"科目的相关明细科目期末余额，减去"债权投资减值准备"科目中相关减值准备的期末余额后的金额分析填列。自资产负债表日起一年内到期的长期债权投资的期末账面价值，在"一年内到期的非流动资产"项目反映。企业购入的以摊余成本计量的一年内到期的债权投资的期末账面价值，在"其他流动资产"项目反映。

（二）债权投资的会计处理要求

　　进行债权投资的会计处理时，应在债权投资总账科目下设置"面值""利息调整"和"应计利息"明细科目，以分别处理债权投资项目的折溢价、利息记录与收取等业务事项。

债权投资的实际会计处理应当按照取得投资、持有投资和收回投资三个环节进行确认和计量。需要注意的会计处理要求为：

（1）取得投资时，按取得该投资的公允价值与交易费用之和，记录投资成本，即投资成本包括发生的交易费用。

（2）若取得的投资是分期付息、到期还本，采用预提的方式记录应收利息，按摊余成本和实际利率计算确定利息收入的金额；反之，若取得的投资是到期一次还本付息，则应在持有期间内按摊余成本和实际利率计算确定应计利息和投资收益项目。

（3）出售债权投资时，应在记录收到的货币资金的同时，结转上述期初、期中事项处理的结果。

（4）在持有投资期间会计年度末，科目余额在借方，反映企业债权投资的摊余成本。

总的来看，对债权投资的会计处理强调按照实际利率法计算调整的摊余成本。

（三）对实际利率法与摊余成本的必要解释

📖 名师点拨 4-3

此处的 **实际利率法**，是指每期的利息费用按实际利率（而不是票面利率）乘以期初债券账面价值（而不是票面价值）计算，按实际利率计算的利息费用与按票面利率计算的应计利息的差额，即为本期应进行调整的利息。

摊余成本 则是指，用实际利率作计算利息的基础，以投资的成本减去应计利息后的金额。在分次付息、到期还本和到期一次还本付息的不同计算方式下，摊余成本的计算公式也略有不同。即在分次付息情况下："摊余成本 = 初始确认金额 − 已偿还的本金 ± 累计利息调整金额 − 已发生的减值损失"；而在到期一次还本付息情况下："摊余成本 = 初始确认金额 − 已偿还的本金 ± 累计利息调整金额 + 累计计提利息 − 已发生的减值损失"。

何为实际利率法？何为摊余成本？在实际会计处理中应如何运用？
（音频）

（四）债权投资会计处理的举例说明

【例 4 - 1】 E 公司在 20×1 年 1 月 1 日，从资本市场购入 F 公司三年期的公司债券。票据的面值为 1 000 元/张，票面年利率为 5%，按年支付利息，到期还本；这批票据共计 100 张，票面金额 10 万元。以下有三种情况：①E 公司按照票面值购买了这批债券。全部按照债券票面的约定，E 公司在第三年年末如期收回了这批债券的全部利息和本金。②E 公司按照 11 万元的价格购买了这批债券。其余事项全部按照债券票面的约定，E公司在第三年中取得了全部利息并在第三年年末收回了本金。③E公司按照9万元的价格购买了这批债券。该批债券改为三年后一次性还本付息，E公司在第三年年末如期取得了这批债券的全部利息和本金。

名师点拨4-4

怎样编制和运用实际利率摊余成本计算表？

要求：对上述三种情况进行会计处理。

解析：为了解释问题方便，以下采用以表格同时列示三种情况的方式，来比较说明对不同情况的不同会计处理要求。

1. 三种情况在购买债券时的会计处理

此处以表4-1来表示三种情况下购买债券的会计处理。

表4-1　　　　　　　　　　三种情况下购买债券的会计处理

项目	情况①	情况②	情况③
会计处理	借：债权投资 　——债券面值 　　　100 000 贷：银行存款　100 000	借：债权投资 　——债券面值 　　　100 000 　——利息调整 　　　10 000 贷：银行存款　110 000	借：债权投资——债券面值 　　　100 000 贷：债权投资 　——利息调整 　　　10 000 　银行存款　90 000
说明	按照面值记录，银行存款实际支付	手续费计入成本，溢价差额计入利息调整借方	手续费计入成本，折价差额计入利息调整贷方

2. 第一年年末按照实际利率法确定摊余成本

（1）实际利率和摊余成本的计算公式。

实际利率是指投资人要求的最低报酬率，也叫作"内含报酬率"，就是说现在耗费一定数额的货币资金投资的债券，数年后按照债券规定的计息方式收回的利息加本金按照复利计息方式计算应该不低于初始投出的货币数额。比如，三年期限债券的计算公式为

$$债券初始支付的货币价值 = 债券面值 \times 利率为 i、期限为 3 的复利现值系数 + 债券面值 \times 票面利率 \times 利率为 i、期限为 3 的年金现值系数$$

式中的 i 为实际利率，一般采用插值的方法，通过查表和检验的方法得出其实际值。

注：在实际工作中，实际利率的计算也可以根据下式计算得出，本书略。

$$实际利率 i = \sqrt[n]{\frac{债券到期价值}{债券的初始入账价值}} - 1$$

摊余成本的计算过程以下面的算式表示：

$$摊余成本 = 初始确认金额 - 已收回或偿还的金额 \pm 累计摊销额$$

（2）将上述算式带入情况①的数据。

$$100\ 000 = 100\ 000 \times DF_{i,3} + 100\ 000 \times 5\% \times ADF_{i,3}$$

查复利现值系数表和年金现值系表，$i=5\%$，即实际利率为 5%。

列表计算情况①各年末的实际利率摊余成本，见表 4-2。

表 4-2　　　　　　　　情况①的实际利率摊余成本计算表（一）　　　　　　　　单位：元

年份	期初摊余成本	实际利息收入	现金流入	期末摊余成本
第一年	100 000	5 000	5 000	100 000
第二年	100 000	5 000	5 000	100 000
第三年	100 000	5 000	5 000	100 000

实际利率摊余成本的计算也可以采用表 4-3 的形式。

表 4-3　　　　　　　　情况①的实际利率摊余成本计算表（二）　　　　　　　　单位：元

年份	实收利息（1）=面值 ×5%	投资收益（2）=期初（5）×5%	利息调整（3）=（2）-（1）	利息调整（4）=期初（4）-（3）	摊余成本（5）=期初（5）+（3）
第一年年初				0	100 000
第一年年末	5 000	5 000	0	0	100 000
第二年年末	5 000	5 000	0	0	100 000
第三年年末	5 000	5 000	0	0	100 000

注：实收利息（1）要求采用票面利率；投资收益（2）要求采用实际利率。

根据表 4-3、表 4-4 可知，二者计算结果一致。

会计分录将在对三种情况进行比较分析后做出。

（3）将上述算式带入情况②的数据，则有

$$110\ 000 = 100\ 000 \times DF_{i,3} + 100\ 000 \times 5\% \times ADF_{i,3}$$

查复利现值系数表和年金现值系表，$i=1.55\%$，即实际利率为 1.55%。

列表计算情况②各年末的实际利率摊余成本，见表 4-4。

表 4-4　　　　　　　　情况②的实际利率摊余成本计算表（一）　　　　　　　　单位：元

年份	期初摊余成本	实际利息收入	现金流入	期末摊余成本
第一年	110 000	1 705	5 000	106 705
第二年	106 705	1 654	5 000	103 359
第三年	103 359	1 641	5 000	100 000

实际利率摊余成本的计算也可以采用表 4-5 的形式。

表4-5　　　　　　　　　　情况②的实际利率摊余成本计算表（二）　　　　　　　单位：元

年份	实收利息（1）=面值×5%	投资收益（2）=期初（5）×1.55%	利息调整（借）（3）=（2）-（1）	利息调整（借）（4）=期初（4）-（3）	摊余成本（5）=期初（5）+（3）
第一年年初				-10 000	110 000
第一年年末	5 000	1 705	-3 295	-6 705	106 705
第二年年末	5 000	1 654	-3 346	-3 359	103 359
第三年年末	5 000	1 641	-3 359	0	100 000

注：实收利息（1）要求采用票面利率；投资收益（2）要求采用实际利率；表中的（4）最后一行的数字差异额为小数点四舍五入所致。

根据两张表格的情况可知，二者计算结果一致。

会计分录将在对三种情况进行比较分析后做出。

（4）将上述算式带入情况③的数据，则有

$$90\ 000 = 100\ 000 \times DF_{i,3} + 100\ 000 \times 5\% \times ADF_{i,3}$$

查复利现值系数表和年金现值系表，$i = 8.95\%$，即实际利率 $= 8.95\%$

列表计算情况③各年末的实际利率摊余成本，见表4-6。

表4-6　　　　　　　　　　情况③的实际利率摊余成本计算表（一）　　　　　　　单位：元

年份	期初摊余成本	实际利息收入	现金流入	期末摊余成本
第一年	90 000	8 055	5 000	93 055
第二年	93 055	8 328	5 000	96 383
第三年	96 383	8 617	5 000	100 000

实际利率摊余成本的计算也可以采用表4-7的形式。

表4-7　　　　　　　　　　情况③的实际利率摊余成本计算表（二）　　　　　　　单位：元

年份	实收利息（1）=面值×5%	投资收益（2）=期初（5）×8.95%	利息调整（贷）（3）=（2）-（1）	利息调整（贷）（4）=期初（4）-（3）	摊余成本（5）=期初（5）+（3）
第一年年初				10 000	90 000
第一年年末	5 000	8 055	3 055	6 945	93 055
第二年年末	5 000	8 328	3 328	3 617	96 383
第三年年末	5 000	8 617	3 617	0	100 000

注：实收利息（1）要求采用票面利率；投资收益（2）要求采用实际利率；利息调整（4）最后一行的数字差异额为小数点四舍五入所致。

3. 做出三种情况三年的相关比较会计分录。

此处以列表的形式，将三种情况下三年的会计分录进行列示和比较，持有债券的会计处理见表4-8，收回本金（本息）的会计处理见表4-9。

表4-8 三种情况下持有债券的会计处理

时间	情况①	情况②	情况③
第一年年末	结转收益，取得实付利息： 借：银行存款　5 000 　　贷：投资收益　5 000	结转收益，取得实付利息： 借：银行存款　5 000 　　贷：投资收益　5 000 借：投资收益　3 295 　　贷：债权投资 　　　　——利息调整 　　　　　　3 295	结转收益，记录应收利息： 借：应收利息　5 000 　　债权投资 　　——利息调整 　　　　3 055 　　贷：投资收益　8 055
第二年年末	结转收益，取得实付利息： 借：银行存款　5 000 　　贷：投资收益　5 000	结转收益，取得实付利息： 借：银行存款　5 000 　　贷：投资收益　5 000 借：投资收益　3 346 　　贷：债权投资 　　　　——利息调整 　　　　　　3 346	结转收益，记录应收利息 借：应收利息　5 000 　　债权投资 　　——利息调整 　　　　3 328 　　贷：投资收益　8 328
第三年年末	结转收益，取得实付利息： 借：银行存款　5 000 　　贷：投资收益　5 000	结转收益，取得实付利息： 借：银行存款　5 000 　　贷：投资收益　5 000 借：投资收益　3 359 　　贷：债权投资 　　　　——利息调整 　　　　　　3 359	结转收益，记录应收利息： 借：应收利息　5 000 　　债权投资 　　——利息调整 　　　　3 617 　　贷：投资收益 　　　　8 617

表4-9 三种情况下收回债券本金（本息）时的会计处理

情况①	情况②	情况③
借：银行存款　100 000 　　贷：债权投资 　　　　——债券面值 　　　　　　100 000	借：银行存款　　100 000 　　贷：债权投资 　　　　——债券面值　100 000	借：银行存款　　115 000 　　贷：债权投资 　　　　——债券面值　100 000 　　　　应收利息　　15 000

（五）债权投资会计期末的处理要求

在资产负债表日，债权投资若发生资产减值，按债权投资可变现净值低于摊余成本的差额，记录资产减值损失科目。已计提跌价准备的债权投资以后又得以恢复，应在原已计提的资产跌价准备金额内，恢复增加的金额；在投资到期转出时，若计提的减值准备尚未转回，亦应随同投资的处置而结转。

（六）债权投资的期末处理与信息披露

从我国上市公司的基本情况来看，在会计期末存在债权投资的企业并不多见。分析其原因，应该与企业的货币资金的持有状况相关。企业对债权投资附注的披露见表 4 – 10。

表 4 –10 债权投资附注 单位：千元 币种：人民币

项目	期初余额			期末余额		
	账面余额	减值准备	账面价值	账面余额	减值准备	账面价值
商业银行次级定期债券	50 000		50 000	50 000		50 000
建设银行理财产品	10 000		10 000			
合计	60 000		60 000	50 000		50 000

从上述表格的数据可以看出：该企业货币资金较为"富余"可用来对外进行去债权性投资。但严格来说，完整的债权投资的会计信息应当包括需继续持有期间，持有期间可获取的收益，以及创业投资风险状况等。

二、其他权益工具投资

其他权益工具投资通常是指企业初始确认时即被指定为可供出售的非衍生金融资产，没有划分为以公允价值计量且其变动计入当期损益的金融资产，以及按照摊余成本计价的非债权投资等金融资产。比如，企业在并未完全明确购入目的而从活跃资本市场上购入的有报价的股票、权证和基金等。我国近期修改的企业会计准则，将企业对外长期股权投资中的未控股、未取得重大影响，也不能采用公允价值计量方式的股权投资部分也纳入其他权益工具投资科目的核算范围内。

（一）其他权益工具投资与交易性金融资产之间的关系

我们将上述对其他权益工具投资的解释与交易性金融资产相比即可知，其他权益工具投资的构成内容除不能用公允价值计量的股权投资之外，主要是股票、基金、权证等，也需要存在活跃市场并有资产报价。可是，这类资产到底因何依据而划分为交易性金融资产或者是其他权益工具投资呢？对这个问题的回答是：这主要是由管理金融资产的业务模式所决定。比如，在资本市场购入金融资产时就有明显的出售意图，就应该将金融资产计为交易性金融资产；反之，购入金融资产就是为了进行长期持有或者是伺机行动，则应将购入的资产归为其他权益工具投资；再就是，其他权益工具投资还可以再分类为交易性金融资产，其转换的依据仍是由管理者的意图和金融资产的分类条件决定。

（二）其他权益工具投资会计处理要求

与其他长期资产会计处理的最大不同是，其他权益工具投资必须采用公允价值进行确认和计量。与同使用公允价值进行确认和计量的交易性金融资产相比，其他权益工具投资与交易性金融资产有下述的相同之处：一是二者都采用公允价值计价；二是二者都需设置"成本""公允价值变动"等二级明细科目进行账务处理。二者之间的区别也是明显的：一是二者的初始交易费用处理要求有别，其他权益工具投资的交易费用计入资产的初始成本，而交易性金融资产则是将这样的费用直接计入投资收益的借方；二是其他权益工具投资的公允价值在一定范围内变动计入"其他综合收益"科目，而交易性金融资产是计入"公允价值变动损益"科目；三是其他权益工具投资的公允价值减少超过一定限度，且在一定时期内难以转回时，应记入"资产减值损失"，在公允价值回升时再进行原有减少限度内的转回处理等，而交易性金融资产则只记录本期损益；四是其他权益工具投资可以重分类为采用成本或摊余成本计量的金融资产等，而交易性金融资产一般则不允许在初次确认后再进行重分类。

（三）其他权益工具投资会计处理举例说明

【例4-2】 某公司支付12万元购买一批股票，其中的1万元是交易费用（非含税），增值税税率为6%；1万元是已宣告但尚未支付的股利，直接收费金融服务的增值税税率为6%；公司将购入资产归类为其他权益工具投资。在此之后一周，该公司收到了支付的股利，存入银行。在资产负债表日，该批股票的公允价值上升到13万元；而在公司将该批股票售出时，股票的公允价值已达到15万元。

要求：请做出该批股票交易的全部会计分录。

解析：（1）公司购买股票时的会计分录：

借：其他权益工具投资——成本   110 000

应交税费——应交增值税（进项税额）   600

应收股利   10 000

贷：银行存款   120 600

（2）公司收到发放的已宣告股利的会计分录：

借：银行存款   9 400

应交税费——应交增值税（进项税额）   600

贷：应收股利   10 000

（3）在资产负债表日，该批股票的公允价值为13万元时的会计分录：

借：其他权益工具投资——公允价值变动   20 000

贷：其他综合收益   20 000

（4）该公司将该批股票出售，共得到15万元时的会计分录：

借：银行存款   150 000

贷：其他权益工具投资——成本   110 000

——公允价值变动   20 000

投资收益   20 000

同时：

借：其他综合收益   20 000

贷：投资收益   20 000

这样，本次获得的其他权益工具投资的投资收益为4万元。

【例4-3】 接**【例4-2】**，但在资产负债表日，该批股票的公允价值下降至9万元，而在短时期内难以返回；在第二年年末时，该批股票的公允价值回升至12万元；而在第三年年末回升到14万元。公司在第三年年末将该批股票售出。

要求：请做出该批股票交易的全部会计分录。

解析：（1）第一年年末时记录公允价值变动形成资产减值的会计分录：

借：资产减值损失   20 000

贷：其他权益工具投资——减值准备   20 000

（2）第二年年末时记录公允价值变动对资产影响的会计分录：

借：其他权益工具投资——减值准备   20 000

——公允价值变动   10 000

　　　　贷：资产减值损失　　　　　　　　　　　　　　　　　　20 000

　　　　　　其他综合收益　　　　　　　　　　　　　　　　　　10 000

（3）第三年年末时记录公允价值变动及售出金融资产的会计分录：

借：其他权益工具投资——公允价值变动　　　　　　　　　　20 000

　　　贷：其他综合收益　　　　　　　　　　　　　　　　　　20 000

借：银行存款　　　　　　　　　　　　　　　　　　　　　140 000

　　　贷：其他权益工具投资——成本　　　　　　　　　　　120 000

　　　　　其他综合收益　　　　　　　　　　　　　　　　　　20 000

借：其他综合收益　　　　　　　　　　　　　　　　　　　　30 000

　　　贷：投资收益　　　　　　　　　　　　　　　　　　　　30 000

（四）其他权益工具投资的信息披露

　　其他权益工具投资的信息披露在非金融企业不是普遍存在的，是由企业的资金状况决定的。具体来说，确有一些企业有较多的金融资产，但是大多数工商企业无此披露项目。下面介绍某企业关于其他权益工具投资的披露情况。

1. 其他权益工具投资情况

　　以某上市公司为例，其财务报表附注中的年度其他权益工具投资附注见表4-11。

表4-11　　　　　　××公司财务报表附注中的年度其他权益工具投资附注　　　　　单位：元

项目	20×2 年			20×1 年		
可供出售权益工具	账面余额	跌价准备	账面价值	账面余额	跌价准备	账面价值
——按公允价值计量	779 372 754. 38	—	779 372 754. 38	993 243 566. 22	—	993 243 566. 22
——按成本计量	548 641 589. 54	—	548 641 589. 54	145 569 161. 87	—	145 569 161. 87
合计	1 328 014 343. 92	—	1 328 014 343. 92	1 138 812 728. 09	—	1 138 812 728. 09

2. 年末按公允价值计量的其他权益工具投资

　　该上市公司年末按公允价值计量的其他权益工具投资的相关信息披露如下：

其他权益工具的成本　　　　　　　　　　　　　　　　　692 980 202. 69

累计计入其他综合收益的公允价值变动金额　　　　　　　　86 392 551. 69

年末余额　　　　　　　　　　　　　　　　　　　　　　779 372 754. 38

对上述信息披露可作如下解读：①从公司上述的披露可看出，金融市场近两年来没有下行的记录，一直处于稳定的状况；资产的增值状况已达 12.5%（86 392 551.69/692 980 202.69×100%）。②表中的倒数第 2 行，即"按成本计量"的其他权益工具投资，应属公司对外股权投资未实现控制、未形成重大影响的部分。

三、其他长期金融资产

按照我国已执行新会计准则的企业财务报表格式的要求，其他长期金融资产主要包括其他债权投资和长期应收款两个部分。

（一）其他债权投资

与前述的债权投资相比，其他债权投资项目反映资产负债表日企业分类为以公允价值计量且其变动计入其他综合收益的长期债权投资的期末账面价值。该项目应根据"其他债权投资"科目的相关明细科目期末余额分析填列。自资产负债表日起一年内到期的长期债权投资的期末账面价值，在"一年内到期的非流动资产"项目反映。企业购入的以公允价值计量且其变动计入其他综合收益的一年内到期的债权投资的期末账面价值，在"其他流动资产"项目反映。

由于其他债权投资在确认和计量要求的方面与其他权益工具投资的要求一致，因此，其他债权投资与其他权益工具投资除在会计期末计算公允价值时存在不同之外（类似于债权投资），在会计处理方面的要求基本上是一致的，此处略。

（二）长期应收款

长期应收款是指企业融资租赁产生的应收款项和采用递延方式分期收款、实质上具有融资性质的销售商品和提供劳务等经营活动产生的应收款项。长期应收款项可按债务人进行明细核算。本科目的期末借方余额，反映企业尚未收回的长期应收款。

出租人融资租赁产生的应收租赁款，在租赁期开始日，应按租赁开始日最低租赁收款额与初始直接费用之和，借记"长期应收款"科目；按融资租赁资产的公允价值（最低租赁收款额和未担保余值的现值之和），贷记"融资租赁资产"科目；长期应收款与融资租赁资产二者之间的账面差异额，贷记"未实现融资收益"科目。企业的未实现融资收益，应按照租赁合同的要求，分期计入租赁资产期间的本期损益，若有期末贷方余额，反映企业尚未转入当期收益的未实现融资收益。

请思考

1. 债权投资的会计处理过程分为几个环节？应该怎样进行会计处理？

2. 其他权益工具投资的会计处理过程分为几个环节？应该怎样进行会计处理？

3. 其他债权投资的会计处理过程分为几个环节？应该怎样进行会计处理？

4. 长期应收款的会计处理的基本过程是怎样的？

思维导引 4-1

边学边练

1. 甲公司本期支付 90 000 元银行存款购买一批股票，其中的 3 000 元是交易费用。由于购入时并没有明确购入股票是否可及时转让，因此归为其他权益工具投资。在资产负债表日，该批股票的公允价值上升至 100 000 元；而在第二年公司将该批股票售出时，股票的公允价值又上升至 110 000 元。

要求： 做出甲公司买入、转让该批股票的全部会计分录。

2. 甲公司在 202×年 1 月 1 日，从资本市场购入 F 公司三年期的公司债券。债券的面值为 1 000 元/张，票面年利率为 5%，按年支付利息，到期还本；这批债券共计 200 张，票面金额 200 000 元。设甲公司按照票面面值购买了这批债券。全部按照债券票面的约定，甲公司在第三年年末如期收回了这批债券的全部利息和本金。

答案 4-1

要求： 做出上述债权投资的全部会计处理。

第三节　长期股权投资

本节重难点 4-3

👤 名师点拨 4-5

怎样全面理解长期
股权投资的定义、
分类、特征的框架
结构？

📖 法规速查 4-2

企业会计准则第 2 号
——长期股权投资

一、长期股权投资的范围和特征

（一）长期股权投资的范围

按照我国《企业会计准则第 2 号——长期股权投资》的解释，长期股权投资是指投资方对被投资单位实施控制、重大影响的权益性投资，以及对其合营企业的权益性投资。据此可知，准则所规范的内容主要为三类，即投资方对被投资单位实施控制、投资方对被投资单位有重大影响、被投资单位是投资方的合营企业。下面对这三种情况进行说明。

1. 投资方对被投资单位实施控制

控制是指投资方拥有对被投资单位的权力，通过参与被投资单位的相关活动而享有可变回报，并且有能力运用对被投资方的权力影响其回报金额。一般来说，投资方持有被投资单位股份达到 50% 以上时，就足以对该股份公司形成控制。

2. 投资方对被投资单位有重大影响

这里的重大影响是指投资方对被投资单位的财务和经营政策有参与决策的权力，但并不能够控制或者与其他方一起共同控制这些政策的制定。投资方能够对被投资单位施加重大影响的，一般应拥有被投资单位 20% 以上股份。

3. 被投资单位是投资方的合营企业

合营企业是投资的一方和另一方按合同约定对某项经济活动所共有的控制，是指由投资各方与被投资单位共同投资建立的企业，该被投资单位的财务和经营政策必须由投资双方或若干方共同决定。合营企业的组织结构是不设股东会的，董事会是最高权力机构。

不满足上述条件的股权投资包括：交易性金融资产中的股权投资部分，其他权益工具投资中以公允价值计量的股权投资部分，以及其他权益工具投资中非以公允价值计量的股权投资部分。

（二）长期股权投资的特征

长期股权投资的特征，即长期股权投资与其他投资相比所具有的独特之处。一般来说，业界倾向于将长期股权投资的特征归纳为以下几点：

（1）长期股权投资一般没有持有的期限，即投资是长期的。具体来说，长期股权投资是通过长期持有被投资单位的股份，成为被投资单位的股东，来对被投资单位或实施控制，或施加重大影响，或改善和巩固经营关系。长期股权投资的这一特征，主要是将其与准备持有至到期的债权投资相比而具有的。

（2）长期股权投资以承担相应的风险而获取经济利益。长期股权投资的最终目标是获得较大的经济利益，这种经济利益可以通过分得利润或股利获取，也可以通过其他方式取得。比如，投资方与被投资单位通过投资性合营，形成产业链之间的紧密衔接，形成跨地域的紧密结合等。但需要指出，如果被投资单位经营状况不佳，或者进行破产清算，投资方作为股东，也需要承担相应的投资损失。长期股权投资这样的特征既是与上述债权投资之间的区别，又是与交易性金融资产等相比而具有的特殊之处。

（3）长期股权投资一般不能随时出售或任意抽回。这主要是与交易性金融资产中股权投资的转让获利相区别。也就是说，长期股权投资通常不能随时出售。投资方一旦成为被投资单位的股东，根据所持股份份额享有股东的权利并承担相应的义务，一般情况下也不能随意抽回投资。

（4）长期股权投资可以获得比债权投资更大的收益，但同时也需要承担更大的风险。债权投资一般都能获得社会上平均的甚至更高的收益水平，而且这种收益水平一般是较为稳定的。但是，长期股权投资相对于准备持有至到期的债权投资而言，若被投资单位经营不顺利，就要承担由此而产生的全部风险。这就是我们通常所说的，相对于持有至到期债权投资而言，长期股权投资的投资风险更大。

同是长期股权投资，根据具体的情况，在会计处理上会有不同的要求，也会形成不同的结果。长期股权投资的会计处理方法既有形成投资的初始计量之时的不同控制方式之分，后续计量时成本法与权益法之别，又有上述不同方式相互转化的特殊要求。

二、长期股权投资初始投资成本的计量

我国《企业会计准则第 2 号——长期股权投资》规范的范围只是投资方对被投资

单位实施控制、形成重大影响的情况。长期股权投资在初始计量时首先会有实现控制与否之分，即首先辨明投资方是实现了控制，还是没有实现控制，还是只有重大影响。

（一）投资方实施控制情况下长期股权投资的初始计量

此处所提及的计量要求主要是形成控制的情况。在投资方对被投资单位实施控制的情况下，我国企业会计准则要求的会计处理会因为同一控制下的企业合并与非同一控制下的企业合并的不同形式而有不同要求。

1. 同一控制情况下长期股权投资初始确认的会计处理要求

同一控制下的企业合并是指参与合并的企业在合并前后均受同一方或相同的多方最终控制且该控制并非暂时的。这样的企业合并实质上就是一种企业集团范围内的整合调配，因此，在进行长期股权投资的会计计量时，要求按照企业原有账面成本进行会计处理。

我国同一控制下的企业合并在具体投资方式上又有两种情况：一是合并方以支付现金、转让非现金资产或承担债务方式作为合并对价；二是合并方以发行权益性证券作为合并对价。无论采取哪种投资方式，合并方都应当在合并日按照被合并方所有者权益在最终控制合并财务报表中的账面价值的份额记录长期股权投资的初始投资成本。合并方在企业合并中取得的资产和负债，应当按照合并日被合并方的账面价值计量。长期股权投资初始投资成本与支付的现金、转让的非现金资产以及所承担债务账面价值之间的差额，应当调整资本公积；资本公积不足冲减的，调整留存收益。

2. 非同一控制情况下长期股权投资初始确认的会计处理要求

与上述同一控制下的企业合并相比较，若合并的各方在合并前后不属于同一方或相同的多方最终控制的，为非同一控制下的企业合并。这样的合并双方，在会计准则上被称为购买方与被购买方。

如同上述同一控制下的企业合并，非同一控制下的企业合并的投资方式也有以现金等实物资产和发行权益性证券作为合并对价两种方式。对这种合并方式的会计处理要求为，购买方在购买日对作为企业合并对价付出的资产、发生或承担的负债应当按照公允价值计量，公允价值与其账面价值的差额，计入当期损益；同样的道理，如果是以发行权益性证券作为合并对价，则应按照权益性证券的公允价值记录长期股权投资的初始成本。

3. 对合并过程中手续费等的处理要求

会计准则对此的要求是：无论是同一控制下的企业合并，还是非同一控制下的企业合并，合并方或购买方为企业合并发生的审计、法律服务、评估咨询等中介费用及其他相关管理费用，应当于发生时计入当期损益。

（二）投资方未实施控制情况下长期股权投资的初始计量

这里的未实施控制，即投资方对被投资单位有重大影响的联营企业和合营企业情况。我国会计准则对此的要求是，除企业合并形成的长期股权投资以外，其他方式取得的长期股权投资，应当按照下列规定确定其初始投资成本：

（1）以支付现金取得的长期股权投资，应当按照实际支付的购买价款作为初始投资成本。初始投资成本包括与取得长期股权投资直接相关的费用、税金及其他必要支出。

（2）以发行权益性证券取得的长期股权投资，应当按照发行权益性证券的公允价值作为初始投资成本。与发行权益性证券直接相关的费用，应当按照我国关于金融工具列报的有关规定处理。

（3）其他方式下形成的长期股权投资的初始成本，如通过非货币性资产交换、债务重组等方式形成的长期股权投资，按照形成投资时的相关事项的会计准则要求进行会计处理。

（三）长期股权投资初始成本的举例说明

此处仍通过比较的方式进行说明。

【例4－4】甲公司与乙公司合并，乙公司合并时的资产账面价值100万元，公允价值120万元；负债账面价值40万元，公允价值40万元；账面上的股东权益价值60万元。甲公司合并对价分别为60万元、80万元、40万元，取得乙公司的全部所有者权益。甲公司的股东权益为200万元，其中，股本120万元，资本公积10万元，盈余公积20万元，未分配利润50万元。

要求：（1）设上述合并事项是同一控制下的企业合并，合并后乙公司的法人地位消失，甲公司合并对价分别是60万元、80万元、40万元，分别进行相关会计处理。

（2）设上述合并事项是同一控制下的企业合并，合并后乙公司的法人地位没有消失，甲公司合并对价分别是60万元、80万元、40万元，分别进行相关会计处理。

（3）甲公司的合并对价是80万元，将上述企业合并事项分别按照同一控制下的企业合并和非同一控制下的企业合并进行会计处理。

解析：（1）按照第一个要求，本例题可改为：甲公司与乙公司合并，乙公司合并时的账面资产价值为 100 万元、负债价值为 40 万元、股东权益价值为 60 万元。甲公司合并对价分别是 60 万元、80 万元、40 万元。合并事项是同一控制下的企业间吸收合并，合并后乙公司的法人地位消失（此处主要是说明企业合并时不同情况对"长期股权投资"科目的要求）。会计处理见表 4 – 12。

表 4 – 12　　　　　　　　　　　会计处理 （1）

项目	甲公司的合并对价为 60 万元	甲公司的合并对价为 80 万元	甲公司的合并对价为 40 万元
会计处理	借：各类资产 　　　　1 000 000 　贷：银行存款　600 000 　　　各类负债　400 000	借：各类资产 　　　　1 000 000 　　资本公积　200 000 　贷：银行存款　800 000 　　　各类负债　400 000	借：各类资产 1 000 000 　贷：银行存款　400 000 　　　各类负债　400 000 　　　资本公积　200 000
说明	各类资产为原乙公司的账面资产； 各类负债为原乙公司的账面负债； 支付资产额与账面权益数额一致	各类资产为原乙公司的账面资产； 各类负债为原乙公司的账面负债； 支付资产额大于账面权益数额	各类资产为原乙公司的账面资产； 各类负债为原乙公司的账面负债； 支付资产额小于账面权益数额

注：会计分录中的"各类资产"代表各资产类科目，"各类负债"代表各负债类科目，为简略处理。

（2）按照第二个要求，本例题可改为：甲公司与乙公司合并，乙公司合并时的账面资产价值为 100 万元、负债价值为 40 万元、股东权益价值为 60 万元。甲公司合并对价分别是 60 万元、80 万元、40 万元。合并事项是同一控制下的企业合并，合并后乙公司的法人地位没有消失。会计处理见表 4 – 13。

表 4 – 13　　　　　　　　　　　会计处理 （2）

项目	甲公司的合并对价为 60 万元	甲公司的合并对价为 80 万元	甲公司的合并对价为 40 万元
会计处理	借：长期股权投资 　　　　600 000 　贷：银行存款　600 000	借：长期股权投资 　　　　600 000 　　资本公积　200 000 　贷：银行存款　800 000	借：长期股权投资 　　　　600 000 　贷：银行存款　400 000 　　　资本公积　200 000
说明	支付资产额与账面权益数额一致； 被合并方权益在最终控制方合并报表中的账面价值为 60 万元	支付资产额与账面权益数额一致； 被合并方权益在最终控制方合并报表中的账面价值为 60 万元	支付资产额与账面权益数额一致； 被合并方权益在最终控制方合并报表中的账面价值为 60 万元

（3）按照第三个要求，本例题可改为：甲公司与乙公司合并，乙公司合并时的资产账面价值为 100 万元，公允价值是 120 万元；负债账面价值为 40 万元，公允价值 40

万元；账面上的股东权益价值为 60 万元。甲公司合并对价是 80 万元。此情况下，乙公司法人地位未消失。会计处理见表 4 - 14。

表 4 - 14 会计处理 （3）

项目	合并为同一控制情况， 合并方投资 80 万元	购买为非同一控制情况， 购买方投资 80 万元
会计处理	借：长期股权投资　　　　600 000 　　　资本公积　　　　　　200 000 　　贷：银行存款　　　　　　　　800 000	借：长期股权投资　　　　　　800 000 　　贷：银行存款　　　　　　　　800 000
说明	支付资产额与账面权益数额一致； 被合并方权益在最终控制方合并报表中的账面价值为 60 万元	支付资产额为进行股权投资的投资成本； 被合并方权益在最终控制方合并报表中的账面价值为 60 万元

三、长期股权投资的后续计量

我国会计准则对长期股权投资建立以后的后续计量是依据是否实施控制而分别要求的。具体要求是，如果投资方对被投资单位实施控制，采用成本法进行会计处理；反之，若为投资方对联营企业和合营企业的长期股权投资，因为只有重大影响，采用权益法进行会计处理。

（一）对成本法的具体应用要求

投资方能够对被投资单位实施控制的长期股权投资应当采用成本法核算；采用成本法核算的长期股权投资应当按照初始投资成本计价；追加或收回投资应当调整长期股权投资的成本；被投资单位宣告分派的现金股利或利润，应当确认为当期投资收益。采用成本法核算的长期股权投资，投资方确认投资收益，仅限于被投资单位接受投资后产生的累积净利润的分配额，所获得的利润或现金股利超过上述数额的部分作为初始投资成本的收回。

（二）对权益法的具体运用要求

我国企业会计准则对长期股权投资会计处理的权益法有以下几点要求：

（1）长期股权投资的初始投资成本大于投资时应享有被投资单位可辨认净资产公允价值份额的，不调整长期股权投资的初始投资成本；长期股权投资的初始投资成本小于投资时应享有被投资单位可辨认净资产公允价值份额的，其差额应计入当期损益，同时调整长期股权投资的成本。

（2）投资方取得长期股权投资后，应当按照应享有或应分担的被投资单位实现的净损益和其他综合收益的份额，分别确认投资收益和其他综合收益，同时调整长期股权投资的账面价值；投资方按照被投资单位宣告分派的利润或现金股利计算应享有的部分，相应减少长期股权投资的账面价值；投资方对于被投资单位除净损益、其他综合收益和利润分配以外所有者权益的其他变动，应当调整长期股权投资的账面价值并计入所有者权益。投资方在确认应享有被投资单位净损益的份额时，应当以取得投资时被投资单位可辨认净资产的公允价值为基础，对被投资单位的净利润进行调整后确认。被投资单位采用的会计政策及会计期间与投资方不一致的，应当按照投资方的会计政策及会计期间对被投资单位的财务报表进行调整，并据以确认投资收益和其他综合收益等。

（3）投资方确认被投资单位发生的净亏损，应当以长期股权投资的账面价值以及其他实质上构成对被投资单位净投资的长期权益减记至零为限，投资方负有承担额外损失义务的除外。被投资单位以后实现净利润的，投资方在其收益分享额弥补未确认的亏损分担额后，恢复确认收益分享额。

（4）投资方计算确认应享有或应分担被投资单位的净损益时，与联营企业、合营企业之间发生的未实现内部交易损益按照应享有的比例计算归属于投资方的部分，应当予以抵销，在此基础上确认投资收益。投资方与被投资单位发生的未实现内部交易损失，按照有关规定属于资产减值损失的，应当全额确认。

（三）长期股权投资后续计量的举例说明

此处还是通过比较的方式进行说明。

【例4-5】设A公司在年初时投资80万元，取得了B公司40%的股权；A公司和B公司非属于同一企业集团的相关企业。B公司年初的股权总额为200万元，合并当年实现的税后利润60万元，对外分配的现金股利是40万元。

要求：（1）设B公司除A公司以外的股东投资数额都较为零散，A公司处于控股地位。

（2）设A公司只是对B公司的控股股东有重大影响。

请分别进行相关会计处理。

解析：不同情况的会计处理见表4-15。

表 4 – 15 不同情况的会计处理

项目	成本法	权益法	说明
业务类别	A 公司对 B 公司实施控股，接受现金股利时确认投资收益	A 公司对 B 公司有重大影响，受资方宣布税后利润时确认投资收益	二者的根本区别在于对受资企业的影响程度
A 公司对外投资时	借：长期股权投资 800 000 　贷：各类资产 800 000	借：长期股权投资 800 000 　贷：各类资产 800 000	如果按权益法的数额高于应占有份额，账务处理相同
B 公司宣布净利润	不做账务处理	借：长期股权投资 240 000 　贷：投资收益 240 000	账务处理不同，权益法按比例确认收益
B 公司分配现金股利	借：应收股利 160 000 　贷：投资收益 160 000 借：银行存款 160 000 　贷：应收股利 160 000	借：应收股利 160 000 　贷：长期股权投资 160 000 借：银行存款 160 000 　贷：应收股利 160 000	账务处理不同，成本法按收到的股利确认收益，权益法按收到的股利减少长期股权投资
期末长期股权投资成本	账面投资额仍为 80 万元，为期初投资成本	投资额 = 80 + 24 – 16 = 88（万元），按对方权益确定投资额	二者期末数额不同，成本法 80 万元，权益法 88 万元

注：会计分录中的"各类资产"代表各资产类科目，为简略处理。

名师点拨 4-6

成本法与权益法之间相互转换的原因何在？怎样进行会计处理？

（四）成本法与权益法之间相互转换的会计处理

由于投资方对被投资单位有着实施控制和重大影响等的不同处理要求，所以对长期股权投资的处理方式也会随着投资方与被投资单位之间控制与否的关系而相互转换。典型的表现及其会计处理要求为：

（1）当投资方加大投资，从有重大影响转换为实施控股时，长期股权投资的会计处理方法从权益法转为成本法。会计准则对此的会计处理要求是：投资方因追加投资等原因能够对非同一控制下的被投资单位实施控制的，在编制个别财务报表时，应当按照原持有的股权投资账面价值加上新增投资成本之和，作为改按成本法核算的初始投资成本。

（2）当投资方从被投资单位减少投资，从实施控股转为有重大影响时，长期股权投资的会计处理方法则从成本法转为权益法。会计准则对此的会计处理要求是：投资方因处置部分权益性投资等而丧失了对被投资单位的控制的，在编制个别财务报表时，处置后的剩余股权能够对被投资单位实施共同控制或施加重大影响的，应当改按权益法核算，并对该剩余股权视同自取得时即采用权益法核算进行调整。

（3）投资方因处置部分股权投资等而丧失了对被投资单位的共同控制或重大影响的，或者是减少投资后的剩余股权不能对被投资单位实施共同控制或施加重大影响的，应当改按《企业会计准则第 22 号——金融工具确认和计量》的有关规定进行会计处理，其在丧失控制之日的公允价值与账面价值间的差额计入当期损益。

四、长期股权投资其他方面的会计处理要求

这里所述的其他方面的会计处理主要为长期股权投资减值准备计提的会计处理和长期股权投资处置的会计处理。

（一）长期股权投资减值准备计提的会计处理

在会计期末，如果发现企业资产有减值迹象，应对长期股权投资的账面价值逐项进行检查；如果由于市价持续下跌或被投资单位经营状况变化等而导致其可收回金额低于投资的账面价值，应将可收回金额低于长期股权投资账面价值的差额，确认为当期投资损失。其会计处理与计提其他资产减值准备的方式一样，即借记"资产减值损失"科目，贷记"长期股权投资减值准备"。需要说明的是，长期股权投资减值准备与债权投资、其他债权投资、其他权益工具投资等金融资产及存货有较大的区别，长期股权投资减值准备在计提后，不允许转回。

（二）长期股权投资处置的会计处理

处置长期股权投资，即部分或全部收回投资等的减少投资事项。此时，长期股权投资的账面价值与实际取得价款的差额，应当计入当期损益，即记入"投资收益"科目。如果该项投资有计提的减值准备，也应随之转入本期损益。同样的道理，若采用权益法核算长期股权投资，被投资单位存在除净损益以外的长期股权投资的其他变动而计入所有者权益的，也应随着长期股权投资的冲转而及时处理，即在处置该项投资时应当将原计入所有者权益的部分按相应比例转入当期损益。

五、长期股权投资的信息披露

按照企业会计准则的要求，投资企业应当在财务报表附注中披露与长期股权投资有关的信息。在实际的信息披露工作中，公司有大有小，披露的方式会有些差异。再就是，编制合并财务报表的公司（在上市公司中占绝大多数），其合并财务报表中的长期股权投资一般都是该公司对外的联营企业和合营企业，都是采用权益法进行长期股权投资的计量；而母公司的长期股权投资项目，则既有本企业集团纳入合并财务报表范围的子公司（全资子公司和非全资子公司，都是采用成本法进行会计处理），又有上述合并财务报表包括（也可能只是部分包括）的联营、合营企业（都是采用权益法进行会计处理）。因此，对长期股权投资调整的信息披露，又会有由于合并财务报表与母公司个别报表之分而形成的区别。下面以某上市公司202×年年末对长期股权投资的披露内容为例进行说明。

（一）长期股权投资在不同财务报表中的数据

该公司的长期股权投资附注见表4-16。

表4-16　　　　　　　　　　　　　　长期股权投资附注　　　　　　　　　　　　　单位：元

项目	长期股权投资本年期末余额	长期股权投资上年期末余额
合并财务报表数额	73 709 917.08	73 827 540.67
母公司财务报表数额	1 502 294 940.60	1 266 109 432.07

（二）长期股权投资在合并财务报表中的披露

该公司的合并财务报表长期股权投资附注见表4-17。

表4-17　　　　　　　　　　　　合并财务报表长期股权投资附注　　　　　　　　　单位：千元

| 投资单位 | 期初余额 | 本期增减变动 | | | | | | | | 期末余额 | 减值准备期末余额 |
		追加投资	减少投资	权益法下确认的投资收益	其他综合收益	其他权益变动	现金股利	减值准备	其他		
一、合营企业											
小计	0	0	0	0	0	0	0	0	0	0	0

续表

投资单位	期初余额	本期增减变动								期末余额	减值准备期末余额
		追加投资	减少投资	权益法下确认的投资收益	其他综合收益	其他权益变动	现金股利	减值准备	其他		
二、联营企业											
YY1	43 961	0	0	1 398	0	0	0	0	0	45 358	0
YY2	4 734	0	0	−2 617	0	3 600	0	0	0	5 717	0
YY3	20 131	0	0	−2 217	0	0	0	0	0	17 914	0
YY4	5 000	0	0	−280	0	0	0	0	0	4 720	0
小计	73 828	0	0	−3 718	0	3 600	0	0	0	73 710	0
合计	73 828	0	0	−3 718	0	3 600	0	0	0	73 710	0

（三）长期股权投资在母公司个别报表（母公司资产负债表）中的披露

该公司资产负债表中的长期股权投资附注、对子公司投资附注、对联营合营企业投资附注分别见表4-18~表4-20。

表4-18　　　　　　　　　　长期股权投资附注　　　　　　　　　　单位：千元

项目	期末余额			期初余额		
	账面余额	减值准备	账面价值	账面余额	减值准备	账面价值
子公司投资	1 433 305	0	1 433 305	1 197 282	0	1 197 282
对其他投资	68 990	0	68 990	68 828	0	68 828
合计	1 502 295	0	1 502 295	1 266 109	0	1 266 109

表4-19　　　　　　　　　　对子公司投资附注　　　　　　　　　　单位：千元

被投资单位	期初余额	本期增加	本期减少	期末余额	本期减值	减值余额
××1	34 999	30 000	0	64 999	0	0
××2	811	0	0	811	0	0
××3	30 000	0	0	30 000	0	0
××4	124 240	0	0	124 240	0	0
××5	1 400	0	0	1 400	0	0
××6	929 533	0	0	929 533	0	0
××7	22 000	0	0	22 000	0	0
××8	16 800	0	0	16 800	0	0

续表

被投资单位	期初余额	本期增加	本期减少	期末余额	本期减值	减值余额
××9	30 000	0	30 000	0	0	0
××10	7 500	8 250	0	15 750	0	0
××11	0	208 683	0	208 683	0	0
××12	0	19 090	0	19 090	0	0
合计	1 197 282	266 023	30000	1 433 305	0	0

表4-20　　　　　　　　　　　对联营合营企业投资附注　　　　　　　单位：千元

投资单位	期初余额	本期增减变动								期末余额	减值准备期末余额
		追加投资	减少投资	权益法下确认的投资收益	其他综合收益	其他权益变动	现金股利	减值准备	其他		
一、合营企业											
小计	0	0	0	0	0	0	0	0	0	0	0
二、联营企业											
YY1	43 961	0	0	1 398	0	0	0	0	0	45 358	0
YY2	4 734	0	0	-2 617	0	3 600	0	0	0	5 717	0
YY3	20 131	0	0	-2 217	0	0	0	0	0	17 914	0
小计	68 828	0	0	-3 436	0	3 600	0	0	0	68 990	0
合计	68 828	0	0	-3 436	0	3 600	0	0	0	68 990	0

公司发展形成企业集团的结构后，其管理会愈加复杂，合并财务报表也会显现出多级别、多环节、多交错等的状况。在有些情况下，从不同角度观察会得到不尽相同的会计信息，其反映的内容则是不同级次企业之间利用股权相互结合的过程和结果。由此可知，长期股权投资是企业集团的股权交织情况的主要线索，是企业集团跨层次进行管理的有力工具。

从上述披露的信息中可以看到：

（1）母公司个别财务报表中的长期股权投资既有对子公司的投资，又有其他投资。而在此处，对子公司的投资被包括在母公司编制的合并财务报表的范围内，在合并财务报表时被抵销干净，而其他投资则没有被母公司在合并报表范围时抵销。

（2）在合并财务报表中列示的长期股权投资仅仅是其他投资，即没有作为子公司而被抵销掉的那些其他投资。

（3）从长期股权投资使用的会计处理方法来看，对纳入子公司范围的投资，采用的是成本法；对没有在合并财务报表中抵销的其他投资，则采用权益法。

请思考

1. 长期股权投资初始成本确认与计量的情况是怎样的？

2. 长期股权投资后续计量的成本法与权益法之间在实际操作过程中有什么区别？

3. 长期股权投资在其他方面的会计处理要求是怎样的？

4. 长期股权投资的信息披露应怎样进行？应注意什么问题？

🔖思维导引 4-2

边学边练

甲公司在年初时投资 160 万元，取得了丙公司 30% 的股权；甲公司和丙公司非属于同一企业集团的相关企业。丙公司年初的股权总额为 500 万元，合并当年实现税后利润 200 万元，对外分配的现金股利为 90 万元。假设有以下两种情况：①丙公司除甲公司以外的股东投资都较为零散，甲公司处于控股地位；②甲公司只是对丙公司的控股股东有重大影响。

要求：对上述两种情况分别进行会计处理，并对不同的会计处理结果进行比较和说明。

🔑答案 4-2

第四节　固定资产

本节重难点 4-4

一、固定资产的确认与科目设置

📘法规速查 4-3

企业会计准则第 4 号——固定资产

（一）固定资产的特征和确认条件

固定资产是流动资产中存货的对应，属于产品生产过程中用来改变或者影响劳动对象的劳动资料，是固定资本的实物形态。按照我国《企业会计准则第 4 号——固定资产》的解释，**固定资产**是指同时具有下列两个特征的有形资产：①为生产商品、提供劳务、出租或经营管理而持有的；②使用寿命超过一个会计期间。此处固定资产的使用寿命，是指企业使用固定资产的预计期间，即只有使用寿命超过一年的劳动资料才能称为固定资产。

准则包括对固定资产确认条件的解释。固定资产同时满足下列条件，才能予以确认：①该固定资产包含的经济利益很可能流入企业；②该固定资产的成本能够可靠计量。按照这样的条件，准则也对固定资产的项目划分提出了要求：①固定资产的各组成部分具有不同使用寿命或者以不同方式为企业提供经济利益，适用不同折旧率或折旧方法的，应当分别将各组成部分确认为单项固定资产。②企业与固定资产有关的后续支出，符合固定资产以上两条确认条件的，应当计入固定资产成本；不符合确认条件的，则应当在发生时计入当期损益。

（二）固定资产的科目设置

从企业固定资产会计处理的实际过程来看，固定资产的科目有两个，作为基本科目、以固定资产原价计量的"固定资产"和作为抵减调整科目、以估计的固定资产转移价值计量的"累计折旧"。

由于固定资产在实际的多种形态上和管理的不同要求下会有不同的表现，因此，"固定资产"科目又表现为有多个明细科目。具体来说，固定资产科目应当按照其类别或项目进行明细核算。按照这样的要求，考虑到我国企业所得税法对固定资产折旧年限的规定，企业应当在固定资产总账科目下再设置"房屋及建筑物""机器设备""运输设备""办公设备""工具用具"等明细科目。除此之外，我们还可以按照固定资产在会计期内的使用状况考虑，将固定资产划分为使用中的固定资产、暂时闲置的固定资产和持有待售固定资产等；按照固定资产的权属状况，将固定资产划分为自有固定资产、融资租入固定资产等。上述的各种分类也是企业落实资产管理责任的需要，在企业固定资产管理方面发挥着较大的作用。

（三）固定资产会计处理的环节与内容

固定资产的会计处理有：

（1）固定资产的取得。这主要是固定资产不同的取得途径及其不同的计价要求。

（2）固定资产的持有及其价值转移。这主要是固定资产的修理及其折旧的计提。

（3）固定资产的转让与退废。这主要是固定资产转售与停止使用的清理。

（4）固定资产的披露与解读。这主要是在年度财务报表附注中固定资产需披露的内容与方式。

二、固定资产的取得与初始计价

（一）固定资产的取得途径

固定资产的取得途径，即固定资产是从什么渠道取得的，是买来的还是自己建造的，或者是其他的取得途径。一般来说，固定资产有自己建造的厂房与建筑物，从外部购买的需要安装的或者不需要安装的机器设备，还有权益投资者以投资的方式投入的固定资产，接受捐赠、盘点盘盈的固定资产，等等。相对于上述的不同途径而言，固定资产的计价也有着不同的方式。

反过来看，固定资产的减少也有着各种渠道，比如，作为投资者对外投出，即形成长期股权投资；接受捐赠的反向，即对外捐赠；固定资产的盘亏；等等。本书在此将这样的减少渠道与固定资产的取得途径一并说明。

（二）固定资产的计价

我国企业会计准则要求固定资产应当按照成本计量，具体来说，包括以下内容：

（1）外购固定资产的成本，包括购买价款、进口关税和其他税费，使固定资产达到预定可使用状态前所发生的可归属于该项资产的场地整理费、运输费、装卸费、安装费和专业人员服务费等。

（2）以一笔款项购入多项没有单独标价的固定资产，应当按照各项固定资产公允价值比例对总成本进行分配，分别确定各项固定资产的成本。

（3）自行建造固定资产的成本，由建造该项资产达到预定可使用状态前所发生的必要支出构成。

（4）应计入固定资产成本的借款费用，按照借款费用准则的规定处理。

（5）投资者投入固定资产的成本，应当按照投资合同或协议约定的价值确定，但合同或协议约定价值不公允的除外。

总的来看，固定资产取得计价主要是：外购固定资产的实际购买成本，包括采购费用、途中消耗等相关税费；自己建造和需要安装的固定资产的实际建造、安装成本，以及交付前的试运转费用；接受投资、捐赠的固定资产的公允价值与相关税费等。

可用图示的方式将这样的取得途径及其计价要求，即固定资产增加（减少）的基本核算关系表示出来，见图 4 – 1。

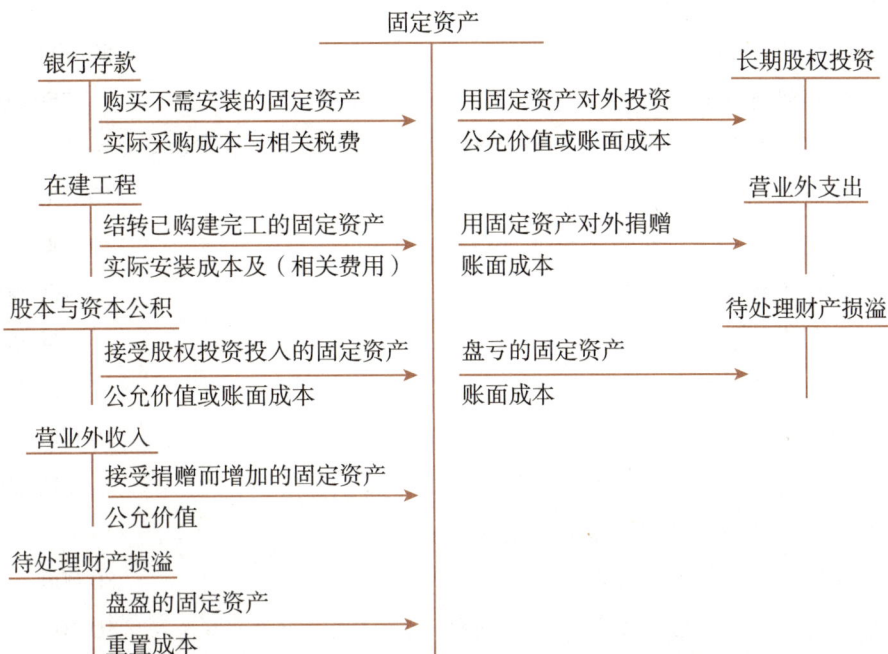

图4-1 固定资产增加（减少）的基本核算关系

从图4-1中可以看出：固定资产有较多的来源渠道，不同来源有不同的计价方式。除图4-1所示的情况外，固定资产还可以通过债务重组、非货币性资产交换的渠道取得。此处略。

（三）固定资产取得时的会计处理举例

此处仍以比较的方式对固定资产的取得与计价予以说明。

【例4-6】 E公司处于快速组建时期，本期有下述固定资产的建造与购买事项：①在购建固定资产的前期，公司支付银行存款购买准备建造建筑物的砂石、砖瓦等工程物资共计250 000元。②建造安装产品生产线，买入待安装生产设备150 000元，增值税税额19 500元，投入在建工程；领用砂石等建筑物资100 000元；安排本企业职工进行工程建造，发放职工薪酬60 000元；设备完工，结转固定资产。③使用银行支票购买不需要安装的办公设备，共计80 000元，增值税10 400元。④本公司丙股东投入不需安装的其他设备，该设备现有八成新，计划使用5年，已使用1年；设备的现行市场价格为110 000元，该股东与公司约定的价格为80 000元；在办理转交手续时发生手续费等1 000元，增值税60元。

要求： 根据上述业务，做出E公司与取得固定资产相关的全部会计分录。

解析：（1）购买建筑材料的会计分录：

借：工程物资——砂石   250 000

　　贷：银行存款   250 000

（2）购买待安装设备、建造产品生产线，以及结转固定资产的会计分录：

借：在建工程——产品生产线   310 000

　　应交税费——应交增值税（进项税额）   19 500

　　贷：工程物资——砂石   100 000

　　　　应付职工薪酬   60 000

　　　　银行存款   169 500

借：固定资产——生产设备   310 000

　　贷：在建工程——产品生产线   310 000

（3）购买不需安装办公设备的会计分录：

借：固定资产——办公设备   80 000

　　应交税费——应交增值税（进项税额）   10 400

　　贷：银行存款   90 400

（4）本公司股东投入不需安装设备的会计分录。

借：固定资产——其他设备   81 000

　　应交税费——应交增值税（进项税额）   60

　　贷：实收资本   80 000

　　　　银行存款   1 060

名师点拨 4-8

何为折旧和累计折旧？怎样计算？会涉及哪些专业术语？（音频）

三、固定资产的折旧与其他事项

（一）累计折旧及应计折旧数额确定

折旧是指在固定资产使用寿命内，按照确定的方法对应计折旧额进行的系统分摊。在进行折旧的计算及提取时，使用的会计科目即"累计折旧"。企业应当对所有固定资产计提折旧，已提足折旧仍继续使用的固定资产除外。

应计折旧额是指应当计提折旧的固定资产的原价扣除其预计净残值后的金额。已计提减值准备的固定资产，还应当扣除已计提的固定资产减值准备累计金额。

此处的预计净残值是指假定固定资产预计使用寿命已满并处于使用寿命终了时的预期状态，目前从该项资产处置中获得的扣除预计处置费用后的金额。企业应当根据固定资产的性质和使用情况，合理确定固定资产的使用寿命和预计净残值。

企业在确定固定资产使用寿命时，应当考虑下列因素：①预计生产能力或实物产量；②预计有形损耗和无形损耗；③法律或者类似规定对资产使用的限制。

固定资产的使用寿命、预计净残值一经确定，除非这两个项目经复核后需要调整，不得随意变更。

（二）累计折旧数额的计算

👤 名师点拨 4-9

有哪些可供选择的计算折旧的方法？各自的特征是怎样的？

按照我国《企业会计准则第 4 号——固定资产》的要求，企业应当根据固定资产所包含的经济利益预期实现方式，合理选择固定资产折旧方法。此外，准则要求固定资产应当按月计提折旧，并根据用途计入相关资产的成本或者当期损益。

可选用的折旧方法包括平均年限法、工作量法、双倍余额递减法和年数总和法。一般将前两种方法称为直线法，把后两种方法称为加速折旧法。采用直线法计算固定资产折旧，在不同年份之间或者相同产量中计提的折旧额趋于一致，是将折旧额平均分摊的一种表现。而加速折旧法则与之不同，其特点是在固定资产有效使用年限的前期多提折旧、后期少提折旧，从而相对加快折旧的速度，以使固定资产成本在有效使用年限加快得到补偿。

1. 直线法的平均年限法

直线法的平均年限法是指将固定资产的应计折旧额均衡地分摊到固定资产预定使用寿命内的一种方法。采用这种方法计算出来的每期折旧额是相等的。计算公式如下：

$$年折旧率 = \frac{1 - 预计净残值率}{预计使用寿命（年）} \times 100\%$$

$$月折旧率 = 年折旧率/12$$

$$月折旧额 = 固定资产原值 \times 月折旧率$$

此处的预计净残值率为预计残值收入抵减预计发生清理费用的剩余额。

例如，某企业一项固定资产的原价为 10 000 元，预计使用年限为 5 年，预计净残值为 200 元，按平均年限法计算折旧，则每月的折旧率、折旧额的计算如下：

$$年折旧率 = (1 - 200/10\,000)/5 \times 100\% = 19.6\%$$

$$月折旧率 = 19.6\%/12 = 1.6\%$$

$$月折旧额 = 10\,000 \times 1.6\% = 160（元）$$

上述的折旧率若按照个别固定资产单独计算，称为个别折旧率，即某项固定资产

在一定期间的折旧额与该固定资产原价的比率。但是，若企业按分类折旧来计算折旧率，则计算公式为

$$某类固定资产年折旧额 = \frac{某类固定资产原值 - 预计残值 + 清理费用}{该类固定资产的使用年限}$$

其年折旧率、月折旧率和折旧额与前述计算公式一致，此处略。采用分类折旧率计算固定资产折旧时，准确性不如个别折旧率。

直线法的平均年限法计算固定资产折旧的优点是简便易行，但也存在一些局限性。例如，大部分类似机器设备的固定资产在不同使用年限甚至不同月份的使用效果不尽一致，而平均年限法没有考虑这一事实。因此，此种方法主要适用于固定资产在不同使用年限使用程度相近、各期应分摊的折旧费均衡时的情况，如房屋及建筑物等。

2. 直线法的工作量法

直线法的工作量法是根据实际工作量计提折旧额的一种方法。这种方法可以弥补平均年限法只重使用时间、不考虑使用强度的缺点。计算公式为

$$每一单位工作量折旧额 = \frac{固定资产原价 \times (1 - 预计净残值率)}{预计总工作量}$$

$$某项固定资产月折旧额 = 该项固定资产当月工作量 \times 每一单位工作量折旧额$$

仍以上面的固定资产为例说明。设该固定资产是一种工具用具，可使用的机器工时为 5 000 工时，本月的实际工时数为 120 工时，则本月应计提的折旧为

$$每一单位工作量(工时)折旧额 = 10\ 000 \times (1 - 200/10\ 000)/5\ 000$$
$$= 1.96（元）$$
$$本月应计提的折旧额 = 120 \times 1.96 = 235.20（元）$$

直线法的工作量法虽然可弥补上述平均年限法的不足，但各种不同的机器设备等的工作量一般有不同的表现形式，因而这种折旧方法多运用于类似运输工具等的机器设备。

3. 加速法的双倍余额递减法

加速法的双倍余额递减法是在不考虑固定资产残值的情况下，根据每一期期初固定资产账面净值和双倍直线法折旧率计算固定资产折旧的一种方法。计算公式为

$$年折旧率 = \frac{2}{预计的折旧年限} \times 100\%$$

$$年折旧额 = 固定资产期初账面净值 \times 年折旧率$$

与上面计算月折旧额与折旧率时的要求一致，月折旧率、折旧额等于年折旧率、折旧额除以 12。

由于这种方法没有考虑固定资产的残值收入，因此不能使固定资产的账面折余价

值降低到它的预计残值收入以下。具体来说，实行加速法的双倍余额递减法计提折旧的固定资产，应当在其固定资产折旧年限到期的最后两年，将固定资产净值扣除预计净残值后的余额平均摊销。

下面再以前面的例题说明，即固定资产的原价为 10 000 元，预计使用年限为 5 年，预计净残值 200 元，按加速法的双倍余额递减法计算折旧，则每年的折旧额为

双倍余额年折旧率 $=2/5 \times 100\% = 40\%$

第一年应提的折旧额 $=10\,000 \times 40\% = 4\,000$（元）

第二年应提的折旧额 $=(10\,000 - 4\,000) \times 40\% = 2\,400$（元）

第三年应提的折旧额 $=(6\,000 - 2\,400) \times 40\% = 14\,40$（元）

从第四年起改按平均年限法（直线法）计提折旧。

第四、第五年的年折旧额 $=(10\,000 - 4\,000 - 2\,400 - 1\,440 - 200)/2 = 980$（元）

4. 年数总和法

年数总和法也称为合计年限法，是将固定资产的原值减去净残值后的净额乘以一个逐年递减的分数计算每年的折旧额。这个分数的分子代表固定资产尚可使用的年数，分母代表使用年数的逐年数字总和。计算公式为

$$年折旧率 = \frac{尚可使用年限}{预计使用年限数总和}$$

或

$$年折旧率 = \frac{预计使用年限 - 已使用年限}{\dfrac{预计使用年限 \times (预计使用年限 + 1)}{2}} \times 100\%$$

月折旧率 $=$ 年折旧率$/12$

月折旧额 $=$（固定资产原值 - 预计净残值）$\times$ 月折旧率

再依前例，年数总和法第一年的年数总和为 15，即

第一年的年数总和 $= 5 + 4 + 3 + 2 + 1 = 5 \times (5 + 1)/2 = 15$

第一年的折旧率为 5/15，

折旧额 $=(10\,000 - 200) \times 5/15 = 3\,266.67$（元）

第二年的折旧率为 4/15，

折旧额 $=(10\,000 - 200) \times 4/15 = 2\,613.33$（元）

第三年的折旧率为 3/15，

折旧额 $=(10\,000 - 200) \times 3/15 = 1\,960.00$（元）

第四年的折旧率为 2/15，

$$折旧额 = (10\ 000 - 200) \times 2/15 = 1\ 306.67（元）$$

第五年的折旧率为 1/15，

$$折旧额 = (10\ 000 - 200) \times 1/15 = 653.33（元）$$

（三）累计折旧的会计处理

在一般的企业会计处理惯例中，由于使用的固定资产可能有多种，各类资产做出的服务也会有不同的方向，因此，企业多是编制固定资产累计折旧分配表，将计提的累计折旧分配到使用资产的单位，再将汇集的制造费用分配到本期生产的产品当中，期间费用则是在会计期末直接结转至"本年利润"科目之中。一般的会计分录是借记"制造费用——×车间""管理费用""销售费用""其他业务成本"等科目，贷记"累计折旧"科目。

四、固定资产的其他会计处理事项

本书的固定资产的其他会计处理事项主要包括固定资产计提减值准备、固定资产转让出售或对外投资，以及固定资产的报废清理。

法规速查 4-4

企业会计准则第 8号——资产减值

（一）固定资产计提减值准备的处理要求与举例说明

1. 固定资产计提减值准备的处理要求

我国的《企业会计准则第 8 号——资产减值》规定：可收回金额的计量结果表明，资产的可收回金额低于其账面价值的，应当将资产的账面价值减记至可收回金额，减记的金额确认为资产减值损失，计入当期损益，同时计提相应的资产减值准备；资产减值损失一经确认，在以后会计期间不得转回。因此，也就有"资产减值损失确认后，减值资产的折旧或者摊销费用应当在未来期间作相应调整，以使该资产在剩余使用寿命内，系统地分摊调整后的资产账面价值（扣除预计净残值）"。

2. 对上述会计处理的举例说明

【例 4-7】 F 公司固定资产的原值为 100 000 元，无预计清理费用与残值，采用直线法按 8 年计提固定资产折旧。使用的第二年年末，该项固定资产发生减值准备，即资产可收回金额为 60 000 元，预计未来的可使用年限为 5 年，折旧方法不变。

要求：做出 F 公司的会计处理。

解析:（1）计算并计提资产减值准备。

$$应计提的资产减值准备 = 资产的账面净值 - 资产的可收回金额$$
$$= (100\ 000 - 100\ 000 \times 2/8) - 60\ 000$$
$$= 75\ 000 - 60\ 000$$
$$= 15\ 000（元）$$

（2）做出计提减值准备的会计分录:

借：资产减值损失	15 000	
贷：固定资产减值准备		15 000

（3）进行以后年度应计提折旧额的计算。

$$以后年度每年应计提折旧额 = 60\ 000/5$$
$$= 12\ 000（元）$$

（二）固定资产转让出售或对外投资的处理要求与举例说明

1. 固定资产转让出售或对外投资的处理要求

企业因各种原因对外转出固定资产时，应当设置"固定资产清理"科目，对企业因出售、对外投资、非货币性资产交换、债务重组等而发生的资产退出企业事项进行会计处理。按已计提的累计折旧，借记"累计折旧"科目，原已计提减值准备的，借记"固定资产减值准备"科目，按固定资产扣减上述两项后的账面余额，贷记"固定资产"科目。

2. 对上述会计处理的举例说明

【例4-8】 设【例4-7】中F公司的固定资产在计提减值准备的一年后，按照收取55 000元的价格对外转让，并按3%的增值税税率开具了增值税专用发票。

要求: 做出F公司上述业务的会计分录。

解析:（1）冲减已经计提的折旧和固定资产减值准备的会计分录:

借：固定资产清理	48 000	
累计折旧	37 000	
固定资产减值准备	15 000	
贷：固定资产		100 000

（2）转让资产，收取价款的会计分录:

借：银行存款	55 000	
贷：固定资产清理		48 000

应交税费——应交增值税（销项税额）	1 650
资产处置收益——处置固定资产收益	5 350

如果本例中的固定资产是按照 55 000 元用来对外投资，则银行存款改记"长期股权投资"科目。

（三）固定资产清理的会计处理要求与举例说明

1. 固定资产清理的会计处理要求

当企业的固定资产使用期满，预期通过使用不能产生未来经济利益，即应对该项资产进行清理。清理过程中发生的其他费用以及应支付的相关税费，借记"固定资产清理"科目，贷记"银行存款"等科目；收回残料价值和变价收入等，借记"银行存款""原材料"等科目。应由保险公司或过失人赔偿的损失，借记"其他应收款"等科目，贷记"固定资产清理"科目。在处理完毕时，若"固定资产清理"科目尚有余额，则无论余额在哪方，均按照科目的对应方向结转本期损益。

2. 对上述会计处理的举例说明

【例4-9】 仍设【例4-7】中F公司的固定资产一直被用于车间生产产品，在使用期满之后报废。

要求：就F公司固定资产报废业务做出会计分录。

解析：（1）使用过程中，每年（共4年）继续计提累计折旧的会计分录（为简化处理，此处为按年计提折旧）。

借：制造费用	12 000
贷：累计折旧	12 000

（2）报废清理时的会计分录。

借：累计折旧	85 000
固定资产减值准备	15 000
贷：固定资产	100 000

五、固定资产会计期末的信息披露

（一）固定资产会计期末应披露的信息

企业在会计期末的财务报表附注中，应当披露与固定资产有关的下列信息：

（1）固定资产的确认条件、分类、计量基础和折旧方法。

（2）各类固定资产的使用寿命、预计净残值和折旧率。

（3）各类固定资产的期初和期末原价、累计折旧额及固定资产减值准备累计金额。

（4）当期确认的折旧费用。

（5）对固定资产所有权的限制及其金额和用于债务担保的固定资产账面价值。

（6）准备处置的固定资产的名称、账面价值、公允价值、预计处置费用和预计处置时间等。

（二）固定资产会计期末披露的举例说明

某企业在期末财务报表中披露的固定资产及累计折旧附注见表4–21。

表4–21　　　　　　　　　　固定资产及累计折旧附注　　　　　　　　　　单位：元

项目	20×6年12月31日	本期增加	本期减少	20×7年12月31日
固定资产原值：				
房屋建筑物	90 090 983.03	726 000.00	1 017 762.08	89 799 220.95
机器设备	157 912 335.85	15 252 092.01	180 000.00	172 984 427.86
电子设备及其他	23 184 278.57	199 600.00	—	23 383 878.57
运输设备	5 551 585.86	1 519 416.00	532 470.00	6 538 531.86
合计	276 739 183.31	17 697 108.01	1 730 232.08	292 706 059.24
累计折旧：				
房屋建筑物	6 474 706.06	4 077 467.69	73 177.08	10 478 996.67
机器设备	78 900 241.82	13 285 854.13	31 050.00	92 155 045.95
电子设备及其他	20 693 630.25	108 393.50	—	20 802 023.75
运输设备	2 661 899.78	831 097.38	411 390.45	3 081 606.71
合计	108 730 477.91	18 302 812.70	515 617.53	126 517 673.08
固定资产减值准备：				
房屋建筑物	—	—	—	—
机器设备	—	—	—	—
电子设备及其他	—	—	—	—
运输设备	—	—	—	—
合计	—	—	—	—
固定资产净额：	168 008 705.40			166 188 386.16

财务报表附注解释：①截至20×7年12月31日，用于本公司银行借款作抵押的固定资产账面价值为38 270 710.61元，其中房屋建筑物24 794 540.28元、机器设备13 476 170.33元。②本期新增固定资产均为购置，无在建工程转入情况。③截至20×7年12月31日，公司无闲置的固定资产。

（三）对上述披露信息的解读

我们可通过上述的数据看到一些企业常用信息：①该企业的资产没有减值迹象，或者是即使有减值迹象，固定资产的可变现净值也不低于账面价值。②该企业在20×7年12月31日的固定资产净值率（或者说成新率）为56.78%（16 619/29 271×100%），而这样的数据还要结合企业披露的固定资产折旧率才能对企业固定资产的新旧程度予以准确判断。③该企业有一部分固定资产已作为借款抵押，其中房屋建筑物的数额比较大。

请思考

思维导引4-3

1. 固定资产取得时的会计处理该怎样进行？

2. 上述各不同的折旧计算方法的相互关系是怎样的？应该考虑一些什么样的问题？

3. 关于固定资产计提减值准备的会计处理是怎样的？

4. 关于固定资产减少方面的会计处理是怎样的？

5. 怎样理解和认识固定资产会计期末信息披露的相关内容？

边学边练

答案4-3

甲公司本期有下述固定资产的建造与购买事项：①在购建固定资产的前期，公司支付银行存款购买准备建造建筑物的砂石、砖瓦等工程物资共计150 000元。②建造安装产品生产线，买入待安装生产设备350 000元，增值税税额45 500元，投入在建工程。③领用砂石等建筑物资90 000元；安排本企业职工进行工程建造，发放职工薪酬100 000元。④设备完工，按照实际成本结转固定资产。

要求： 根据上述业务，进行甲公司本项固定资产建造过程的全部会计处理。

第五节　其他长期资产

本节重难点 4-5

一、其他长期资产的构成内容

此处的其他长期资产指企业资产负债表中的投资性房地产、生产性生物资产、油气资产、无形资产、开发支出、商誉、长期待摊费用、递延所得税资产和其他非流动资产。其中：

（1）生产性生物资产是只存在于农林牧渔企业的种畜、役畜、果树等；油气资产是只存在于石油开采企业的油气资源；而使用权资产则指企业作为承租人从出租人处租入资产时，按照相关会计准则的要求确定的租入资产的价值。三者均属于特殊行业或特殊经营方式的资产。

（2）商誉是企业购买合并的特殊价格差异；长期待摊费用是指企业已经支出，但摊销期限在一年以上（不含一年）的各项费用，如开办费、固定资产修理支出等；递延所得税资产属于所得税计税基础与账面成本之间的所得税缴纳差异。三者同属于企业资产中的虚拟资产。

（3）其他非流动资产则是指除资产负债表上所列非流动资产项目以外的其他周转期超过一年的长期资产，如盘盈资产等。由于这样的资产在企业中并不常见，因此本书只对投资性房地产、无形资产和开发支出这三种在一般企业中经常会存在的资产进行解释说明。

二、投资性房地产

（一）投资性房地产的特征与内容

法规速查 4-5

按照我国《企业会计准则第 3 号——投资性房地产》的要求，**投资性房地产**是指为赚取租金或资本增值，或二者兼有而持有的房地产。企业会计准则对投资性房地产确认的要求，一是该投资性房地产包含的经

企业会计准则第 3 号——投资性房地产

济利益很可能流入企业；二是该投资性房地产的成本能够可靠计量，即投资性房地产应当能够单独计量和出售。

投资性房地产的主要构成内容为：①已出租的土地使用权；②长期持有并准备增值后转让的土地使用权；③企业拥有并已出租的建筑物。相对而言，企业自用房地产，即为生产商品、提供劳务或者经营管理而持有的房地产，不能视为投资性房地产；房地产经营企业持有待售房屋等则是作为存货，也不视为投资性房地产。

（二）投资性房地产的会计处理要求

1. 投资性房地产的初始计量

企业取得的投资性房地产，应当按照取得时的成本进行初始计量。具体来说，外购投资性房地产的成本，包括购买价款和可直接归属于该资产的相关税费；自行建造投资性房地产的成本，由建造该项资产达到预定可使用状态前所发生的必要支出构成；以其他方式（如企业合并、非货币性资产交换、债务重组等）取得的投资性房地产的成本，适用相关会计准则的规定确认。

2. 投资性房地产的后续计量

对投资性房地产的后续计量有两种方式：第一种是采用与固定资产、无形资产相同的成本模式，即企业在资产负债表日采用成本模式对投资性房地产进行后续计量；第二种即公允价值计量方式，这是本书要重点说明的内容。

对投资性房地产采用公允价值计量必须明确：

首先，有确凿证据表明投资性房地产的公允价值能够持续、可靠取得。采用公允价值模式计量的，应当同时满足下列条件：①投资性房地产所在地有活跃的房地产交易市场；②企业能够从房地产交易市场上取得同类或类似房地产的市场价格及其他相关信息，从而对投资性房地产的公允价值做出合理的估计。

其次，不对投资性房地产计提折旧或进行摊销，即应当以资产负债表日投资性房地产的公允价值为基础调整其账面价值，公允价值与原账面价值之间的差额计入当期损益。

最后，企业对投资性房地产的计量模式一经确定，不得随意变更。会计准则的具体要求为，已采用公允价值模式计量的投资性房地产，不得从公允价值模式转为成本模式。

3. 投资性房地产转换的计量

如果企业有确凿证据表明投资性房地产的用途已经转换，如将作为存货的房地产，自用土地使用权、自用建筑物等停止自用，改为出租，用于赚取租金，或者是将投资性房地产开始转为自用，企业应当允许将投资性房地产转换为其他资产。在进行转换时，若投资性房地产自按照成本计量模式转为按照公允价值计量，公允价值与原账面价值的初始差额计入其他综合收益；若是将采用公允价值模式计量的投资性房地产转换为自用房地产，应当以其转换当日的公允价值作为自用房地产的账面价值。

4. 投资性房地产处置的计量

当投资性房地产被处置或者永久退出使用且预计不能从其处置中取得未来经济利益时，应当终止确认该项投资性房地产。企业出售、转让、报废投资性房地产或者发生投资性房地产毁损，应当将处置收入扣除其账面价值和相关税费后的金额计入当期损益。

（三）投资性房地产会计处理的举例说明

此处主要对按照公允价值计量的投资性房地产的后续计量进行说明。

【例 4 - 10】 某房地产企业将成本为 100 万元、公允价值为 110 万元的商品房转换为按照公允价值计量的投资性房地产。在会计期末，该房地产的公允价值为 120 万元。在第二年年中，该房地产的公允价值为 115 万元，该公司在此时将其转回自用。

要求： 做出上述业务的会计分录。

解析：（1）将商品房转换为投资性房地产时的会计分录：

借：投资性房地产——成本	1 100 000	
贷：库存商品		1 000 000
其他综合收益		100 000

（2）期末按照公允价值变动额继续调整的会计分录：

借：投资性房地产——公允价值变动	100 000	
贷：公允价值变动损益		100 000

（3）第二年年中将投资性房地产转换为自用房地产时的会计分录：

借：公允价值变动损益	50 000	
贷：投资性房地产——公允价值变动		50 000
借：固定资产——房屋建筑物	1 150 000	
贷：投资性房地产——成本		1 100 000
投资性房地产——公允价值变动		50 000

（四）投资性房地产的信息披露

在会计期末，企业应当在财务报表附注中披露与投资性房地产有关的下列信息：

（1）投资性房地产的种类、金额和计量模式。

（2）采用成本模式计量的，投资性房地产的折旧或摊销，以及减值准备的计提情况。

（3）采用公允价值模式计量的，说明公允价值的确定依据和方法，以及公允价值变动对损益的影响。

（4）房地产转换情况、理由，以及对损益或所有者权益的影响。

（5）当期处置的投资性房地产及其对损益的影响。

投资性房地产的实际披露方式与其他权益工具投资基本一致，举例略。

📖 **法规速查 4-6**

企业会计准则第 6
号——无形资产

三、无形资产

（一）无形资产的特征与内容

无形资产是指企业拥有或者控制的没有实物形态的可辨认的非货币性资产。我国《企业会计准则第 6 号——无形资产》要求，资产在符合下列条件时，满足无形资产定义中的可辨认性标准：

（1）能够从企业中分离或者划分出来，并能单独或者与相关合同、资产或负债一起，用于出售、转移、授予许可、租赁或者交换；

（2）源自合同性权利或其他法定权利，无论这些权利是否可以从企业的其他权利和义务中转移或者分离。

企业的无形资产一般包括专利权、非专利技术、商标权、土地使用权和特许权。

（二）无形资产的会计处理要求

1. 无形资产的初始计量

外购无形资产的成本包括购买价款、进口关税和其他税费，以及直接归属于使该项资产达到预定用途所发生的其他支出。企业自行开发的无形资产，其成本包括自满足无形资产确认条件后至达到预定用途前所发生的支出总额，但是对于以前期间已经费用化的支出不再调整。投资者投入的无形资产，应当按照投资合同或协议约定的价值作为成本，但合同或协议约定价值不公允的除外。以其他方式（如企业合并、非货币性资产交换、债务重组、政府补助等）取得的无形资产的成本，适用相关会计准则的规定进行确认。

2. 无形资产的后续计量

无形资产后续计量的前提条件是企业应当于取得无形资产时分析判断其使用寿命。具体要求为：若无形资产的使用寿命是有限的，应当估计该使用寿命的年限或者构成使用寿命的产量等类似计量单位数量；无法预见无形资产为企业带来未来经济利益的期限的，应当视为使用寿命不确定的无形资产。使用寿命有限的无形资产，应当在自无形资产可供使用时起，至不再作为无形资产确认时止的使用寿命内系统、合理地进行摊销；企业选择的无形资产摊销方法，应当反映企业预期消耗该项无形资产所产生的未来经济利益的方式；无法可靠确定其消耗方式的，应当采用直线法摊销，摊销金额一般应当计入当期损益。使用寿命不确定的无形资产不应摊销。

企业应当至少于每年年度终了，对使用寿命有限的无形资产的使用寿命及未来经济利益消耗方式进行复核，无形资产的预计使用寿命及未来经济利益的预期消耗方式与以前估计不同的，应当改变摊销期限和摊销方法。企业也应在每个会计期间对使用寿命不确定的无形资产的使用寿命进行复核，如果有证据表明无形资产的使用寿命是有限的，应当估计其使用寿命，并按上述寿命有限的无形资产的相关规定处理。企业若对无形资产计提资产减值，则计提的减值不得转回。

3. 无形资产的处置

企业出售无形资产，应当将取得的价款与该无形资产账面价值的差额计入当期损益。无形资产预期不能为企业带来未来经济利益的，应当将该无形资产的账面价值予以转销。

（三）无形资产会计处理的举例说明

【例 4 - 11】 某企业对外购买非专利技术的价款为 100 000 元，预计使用 4 年，在使用一年后，计提减值准备 10 000 元，并预计其使用寿命还有 2 年。该公司在使用 1 年后，将该项资产转出，记录的价款为 40 000 元。该公司对无形资产使用直线法摊销，关于无形资产的增值税税率为 6%。

要求： 进行上述业务的会计处理。

解析：（1）购买无形资产时的会计分录：

借：无形资产——非专利技术　　　　　　　　　　　　　100 000

　　应交税费——应交增值税（进项税额）　　　　　　　　6 000

贷：银行存款 106 000

（2）无形资产价值第一年摊销时的会计分录：

年度摊销额 = 100 000/4 = 25 000（元）

借：管理费用 25 000

贷：累计摊销 25 000

（3）第二年年末计提减值准备的会计分录：

借：资产减值损失 10 000

贷：无形资产减值准备 10 000

（4）无形资产价值第二年摊销时的会计分录：

年度摊销额 = 65 000/2 = 32 500（元）

借：管理费用 32 500

贷：累计摊销 32 500

（5）第二年年末转出无形资产时的会计分录：

借：银行存款 42 400

累计摊销 57 500

无形资产减值准备 10 000

贷：无形资产 100 000

应交税费——应交增值税（销项税额） 2 400

资产处置损益 7 500

需要注意的是，由于在近期修改的利润表上有专设的"研发支出"项目，因此在会计期末编制财务报表时，应将这里的非专利技术的摊销额单独"分拆"出来，填列在利润表中。

（四）无形资产的信息披露

在会计期末，企业应当按照无形资产的类别在财务报表附注中披露与无形资产有关的下列信息：

（1）无形资产的期初和期末账面余额、累计摊销额及累计减值损失金额。

（2）使用寿命有限的无形资产，其使用寿命的估计情况；使用寿命不确定的无形资产，使用寿命不确定的判断依据。

（3）无形资产摊销方法。

（4）作为抵押的无形资产账面价值、当期摊销额等情况。

无形资产的实际披露方式与固定资产基本一致，举例略。

四、开发支出

（一）开发支出的特征与内容

此处的 **开发支出**，主要是企业内部研究与开发项目的支出。我国关于这方面内容的会计处理要求也包括在《企业会计准则第 6 号——无形资产》中。按照企业会计准则的要求，企业内部研究开发项目的支出，应当区分研究阶段支出与开发阶段支出。内部研究开发项目的研究阶段，是指为获取新的科学或技术知识并理解它们而进行的独创性的有计划调查；内部研究开发项目的开发阶段，是指在进行商业性生产或使用前，将研究成果或其他知识应用于某项计划或设计，以生产出新的或具有实质性改进的材料、装置、产品等。开发支出项目是反映企业无形资产开发阶段支出部分；其中研究开发项目达到预定用途形成无形资产的应当计入无形资产。

（二）开发支出的会计处理要求

企业会计准则关于开发支出的会计处理，是按照不同的研究阶段规范的：

（1）企业内部研究开发项目研究阶段的支出，应当于发生时计入当期损益。

（2）企业内部研究开发项目开发阶段的支出，能够证明下列各项时，应当确认为无形资产：

① 从技术上来讲，完成该无形资产以使其能够使用或出售具有可行性。

② 具有完成该无形资产并使用或出售的意图。

③ 无形资产产生未来经济利益的方式，包括能够证明运用该无形资产生产的产品存在市场或无形资产自身存在市场，无形资产将在内部使用时，应当证明其有用性。

④ 有足够的技术、财务资源和其他资源支持，以完成该无形资产的开发，并有能力使用或出售该无形资产。

⑤ 归属于该无形资产开发阶段的支出能够可靠计量。开发阶段的会计处理要求，即我国会计准则关于"自行开发的无形资产"的确认标准。

（三）开发支出会计处理的举例说明

【例 4 - 12】 F 公司就本公司生产的需要研究开发某专有技术。公司对该专有技术的研发投入原材料 200 000 元，员工工资 80 000 元，直接花费支付的银行存款 120 000 元，总共 400 000 元。在会计期末，研究工作符合资本化条件的占 60%，整个研究工作已经达到预定用途。

要求：做出 F 公司关于开发支出的会计分录。

解析：（1）平时发生各种费用时的会计分录：

借：研发支出——资本化支出 240 000

——费用化支出 160 000

　　贷：原材料 200 000

　　　应付职工薪酬 80 000

　　　银行存款 120 000

（2）会计期末结转开发费用的会计分录：

借：无形资产——非专利技术 240 000

　管理费用 160 000

　贷：研发支出——资本化支出 240 000

——费用化支出 160 000

需要注意的是，同上述无形资产摊销的会计处理，由于在近期修改的利润表上有专设的"研发支出"项目，因此在会计期末编制财务报表时，也应将这里的费用化支出单独"分拆"出来，填列在利润表中。进行这样的处理之后，研发支出中的后续开发支出，即为资产负债表中需登记的"开发支出"。

（四）开发支出的信息披露

某医疗器械领域上市公司在会计期末披露的关于开发支出的信息，即开发项目支出情况（尚未达到预定用途）附注见表 4-22。

表4-22　　　　开发项目支出情况 （尚未达到预定用途） 附注　　　　单位：元

项目	年初余额	本年增加	本期减少		期末余额
			计入当期损益	确认为无形资产	
无载体药物支架	2 067 403.63	1 155 069.10	—	—	3 222 472.73
可降解药物支架	1 395 533.60	1 019 626.81	—	—	2 415 160.41
分叉药物支架	282 614.45	1 314 961.72	—	—	1 597 576.17
合计	3 745 551.68	3 489 657.63	—	—	7 235 209.31

开发支出附注的解释：①本期开发支出占本期研究与开发项目支出总额的比例为15.03%，通过公司内部研发形成的无形资产占无形资产期末账面价值的比例为0，这说明该项研究处于尚未达到预定用途的状态。②无形资产截至202×年12月31日无减值情形发生。

本章小结

　　长期资产的种类较多，有长期金融资产、长期股权投资、固定资产、其他长期资产四个部分的内容。

　　长期金融资产包括债权投资、其他债权投资、其他权益工具投资和长期应收款。长期金融资产部分的债权投资、其他债权投资和其他权益工具投资，都是金融资产中有特色的内容。债权投资主要是企业准备持有至到期的长期债券投资，其基本会计处理主要是实际利率与摊余成本的计算与表达，这也是会计实务中较为复杂的内容。其他权益工具投资和其他债权投资虽然在计价上与交易性金融资产有相通之处，但在会计处理上有较大的区别：其他权益工具投资和其他债权投资的公允价值变动不是计入本期损益，而是计入所有者权益的其他综合收益，再随着表达业务的进一步转化而进行重分类。这是其会计处理最富特色的内容。

　　长期股权投资是企业以股权形式对外部的投资，且在地位上已经处于控股或者是有重大影响的那部分投资。对于长期股权投资的后续计量有成本法和权益法，二者随投资方在被投资单位中地位的改变而变化，是这个方面会计处理的公认难题；另外，长期股权投资对以后企业间的相互投资，乃至于组建企业集团的业务至关重要，是大家必须要掌握的内容。

　　固定资产是企业的主要生产资料，其多种取得途径、多种折旧计提方法、对外转让以及期末计价等，均为本章必须掌握的内容。

　　其他长期资产中投资性房地产的主要内容是其与"固定资产"等科目的相互转换，以及其按照公允价值计价时的会计处理特色；无形资产的主要内容为无形资产的取得、价值折耗及期末计价；开发支出的主要内容为资本化支出与费用化支出的划分及其最终处理结果。

请思考

　　1. 对投资性房地产采用公允价值计量必须满足哪些要求？怎样进行会计处理？

　　2. 无形资产有何特征与内容？怎样进行无形资产的会计处理？

　　3. 开发支出有何特征？是怎样表现的？怎样进行开发支出的会计处理？

●思维导引 4-4

知识框架图 4

全彩高清

本章知识框架

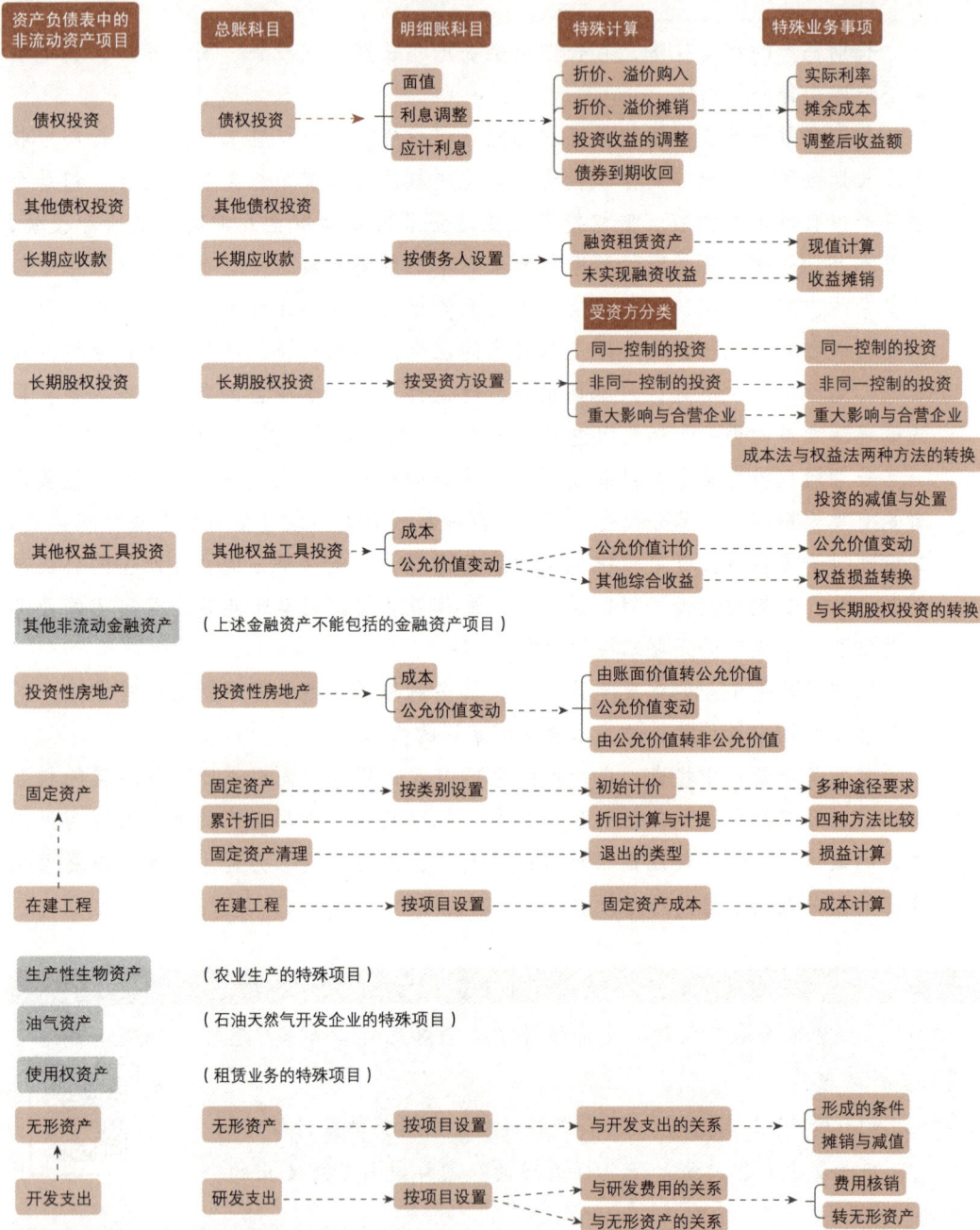

商誉	（与企业并购相关的特殊项目）
长期待摊费用	（在以后的经营期间逐期摊销）
递延所得税资产	（与所得税的计算与缴纳相关的特殊项目）
其他非流动资产	（上述资产不能包括的特殊项目）

综合训练

📍答案4-4

　　甲公司在开始经营时期，购置经营、办公设备等如下：①购入轻型客货两用汽车一台，含税价格为 124 300 元，以银行支票支付。②购入公司办公用电脑、通信设备、其他办公用品等，不含增值税的总价为250 000 元，增值税税率为13%；公司开具了 3 个月期限的商业承兑汇票。

　　要求：做出上述业务的全部会计分录，并建立各个相关业务的会计科目，将上述会计分录记录于会计账户中。

第五章

负债与所有者权益

本章 PPT

导言

　　负债的内容包括以下方面：与前述流动金融资产相对应的流动金融负债，即短期借款、交易性金融负债、应付票据、应付款项、合同负债、应付职工薪酬、其他应付款和一年内到期的非流动负债；作为非金融负债的预付账款、应交税费、持有待售负债等流动负债；非流动负债中金融负债包括长期借款、应付债券、租赁负债和长期应付款；其他非流动负债包括预计负债，以及递延收益、递延所得税资产和需在报表附注中说明的或有负债等。 所有者权益包含实收资本（股本）、资本公积、库存股、其他综合收益、盈余公积与未分配利润。通过这一章的学习，同学们应在理解的基础上掌握负债与所有者权益的构成与会计处理要求。

本章学习要点

1. 理解负债与所有者权益的构成与会计处理要求。
2. 掌握流动金融负债与非金融流动负债的会计处理与信息披露。
3. 掌握长期借款、应付债券、长期应付款的会计处理。
4. 掌握预计负债、或有负债的会计处理与信息披露。
5. 掌握所有者权益的构成、会计处理与信息披露。

第一节　负债与所有者权益概述

本节重难点 5-1

名师点拨 5-1

负债的定义、确认条件及其特征是怎样的？怎样对负债进行分类？

一、负债的定义及其构成、分类

（一）负债的定义与确认条件

按照我国《企业会计准则——基本准则》的解释，**负债**是指企业过去的交易或者事项形成的、预期会导致经济利益流出企业的现时义务。负债在符合上述义务的基础上，还要同时满足以下条件：①与该义务有关的经济利益很可能流出企业；②未来流出的经济利益的金额能够可靠地计量。这时，企业才能将这样的义务确认为负债。

由此，符合负债定义和负债确认条件的项目，应当列入资产负债表；符合负债定义但不符合负债确认条件的项目，不应当列入资产负债表。

（二）负债的特征

从实质上看，负债作为企业一定时期之后必须偿还的经济义务，其偿还期或具体金额在发生或成立之时就已由合同、法规所规定与制约，是企业必须履行的一项义务。由此可见，负债的主要特征有：

（1）负债是由企业过去的交易或事项形成的。换句话说，只有过去的交易或者事项才形成负债；企业将在未来发生的承诺、签订的合同等交易或者事项，不形成负债。

（2）负债有确切的债权人和偿还日期，或者债权人和偿还日期可以合理加以估计。

（3）负债是企业承担的现时义务，即企业在现行条件下已承担的义务。未来发生的交易或者事项形成的义务，不属于现时义务，不应当确认为负债。

（4）负债以法律、有关制度条例或合同契约的承诺作为依据。

（5）负债的清偿预期会导致经济利益流出企业。

（三）负债的构成与分类

负债的构成，是指企业负债中各种负债的数量及其结构。

各种负债业务（如吸收存款、借款、发行证券等）之间最主要的构成是短期负债与长期负债的比例关系。按照我国现阶段资产负债表的格式，一般工商企业的流动负债大多由短期借款、应付票据、应付账款、预收账款、应付职工薪酬、应交税费、应付利息、其他应付款等构成；而非流动负债即长期负债，则由长期借款、应付债券、长期应付款、预计负债等项目构成。

进一步，也可以按照各种负债的取得与支付方向或者是所起的作用，将负债进行如下划分：

（1）企业从银行取得的负债，包括短期借款、长期借款和应付利息。

（2）经营过程与供应商等形成的负债，包括应付票据、应付账款、预收账款等。

（3）企业对内部职工的负债，包括应付职工薪酬、其他应付款（与内部职工的待结算部分）等。

（4）企业对国家的负债，包括应交税费、其他应付款（与国家机构的待结算部分）、递延收益等。

（5）与客户发生的可能支付的部分，如预计负债。

（6）企业对租赁机构的负债，如租赁负债。

（7）企业对社会公众的负债，如应付债券、交易性金融负债等。

另外，企业负债还可以根据清偿时是否采用货币资金进行分类。一般地，负债主要是**金融负债**，既有如短期借款、应付票据、应付账款、应付职工薪酬、其他应付款（需要用货币资金偿还部分）等流动金融负债，又有如长期借款、应付债券、长期应付款等非流动金融负债。相对而言，由于属于企业流动负债的预收账款、属于企业长期负债的预计负债等不使用货币资金进行清偿，因此不属于金融负债。按照我国企业会计准则指南的解释，"应交所得税是企业按照税收法规规定承担的义务，不是以合同为基础的义务，因此不符合金融工具定义"，一般也不将应交税费归为流动金融负债的范围内。

👤 名师点拨 5-2

我国金融负债的内容及其具体表现是怎样的？

👤 名师点拨 5-3

我国非金融负债的内容、原因及其表现是怎样的？

👤 名师点拨 5-4

我国各负债科目的名称、核算内容及其明细设置的要求是怎样的？

名师点拨 5-5

所有者权益的构成与
形成渠道是怎样的？

二、所有权益的定义与形成渠道

（一）所有者权益的定义

所有者权益是指企业资产扣除负债后由所有者享有的剩余权益，即一个会计主体在一定时期所拥有或可控制的具有未来经济利益资源的净额。它随总资产和总负债的变动而发生增减变动，是企业全部资产减去全部负债后的差额，体现企业的产权关系。

具体来说，所有者权益由实收资本（或股本）、资本公积、其他综合收益、盈余公积和未分配利润构成；若企业有库存股等，则其库存股等也属于所有者权益的范畴。

（二）所有者权益的形成渠道

所有者权益的形成渠道主要有三个：

（1）企业投资者对企业的初始股权投资，也包括以后增加的初始股权投资，可表现为没有股份票面价值的实收资本，或者是有股票面值的股本与资本公积。

（2）使用者依据股权投资组织经营而形成的留存收益，我国企业的留存收益一般由盈余公积与未分配利润组成。

（3）直接计入所有者权益的利得和损失，是指不应计入当期损益、会导致所有者权益发生增减变动的、与所有者投入资本或者向所有者分配利润无关的利得或损失，具体来说，就是企业的其他综合收益。

名师点拨 5-6

负债与所有者权益
各自的特征，以及
二者之间的相互关
系是怎样的？

三、负债与所有者权益的关系分析

企业的所有者和债权人均是企业资金的提供者，因而，所有者权益和债权人权益均是对企业资产的要求权，但二者之间又存在明显的区别。

拥有负债权益的公司债权人和拥有所有者权益的公司股东是两种性质不同、权利义务有别、法律地位迥异的利益主体。公司股东是公司的所有人，具有所有者的资产受益、重大决策和选择管理者等权利。公司债权人则被公司法视为契约上的一种请求权人，他们除了依据与公司的契约上所规定的取得负债本金和利息的权利之外，对于公司的事务不得享有更多的权利。因此，所有者权益一般是企业在经营过程中全部资产的自有资金，而债权人权益是企业资产的借入资金。

由上述性质上的区别所致，股东权益和债权人权益各自承担的风险不同。从财产求偿权来看，债权人权益优先于股东权益，即债权人权益是以公司全部资产为要求对象的，而股东权益是对全部资产扣除负债后的净资产的所有权，是一种剩余权益；与之相同，在公司的解散清算过程中，债权人权益也排在所有者权益之前。再就是，与风险承担相吻合，债权人权益要求的报酬率与股东权益要求的报酬率也有巨大的差别。具体来说，不管公司经营状况如何，债权人的权益报酬率是相对稳定的；而所有者的权益报酬率则随着公司经营业绩的变化而变化。当公司经营业绩良好时，所有者的权益报酬率就高，反之则低或者为零，甚至会损失初始的投入资本。

第二节　流动金融负债

本节重难点 5-2

名师点拨 5-7

资产负债表中流动负债的构成及其分类的特征是怎样的?（音频）

一、流动金融负债的类型和特征

（一）流动金融负债的类型

流动负债是指将在一年（含一年）或者超过一年的一个营业周期内清偿的债务，或者自资产负债表日起一年内应予以清偿的债务，以及企业无权自主地将清偿推迟至资产负债表日后一年以上的债务。

进一步分析可知，负债中的金融负债是指基于下列合同义务的负债：①向另一个企业交付现金或另一金融资产的合同义务；②在潜在不利的条件下，与另一企业交换金融工具的合同义务。因此，包含在流动负债范围内的预收货款则难以包含在金融负债的范围之内。

流动金融负债的类型包括短期借款、应付账款、应付票据、应付职工薪酬、其他应付款和一年内到期的长期借款等，其重要特征为未来需要企业以现金来清偿债务。

（二）流动金融负债的特征

流动金融负债是广义负债的构成内容之一，其在特征上首先要与前述负债的特征保持一致。作为流动金融负债，还应具有以下特点：

（1）偿还期短。具体来说，一般称谓的流动金融负债是指在一年以内或者是长于一年的一个营业周期内必须要偿还的负债。

（2）举借目的是满足经营周转资金的需要，即满足生产经营等而举借的债务。因此，一是要将流动金融负债的用途与常负有特别用途的长期负债区别开来，二是其利息费用计入财务费用。

（3）负债的数额相对较小。这是着眼于债务期间短于一个营业周期的特点而言的，也说明流动金融负债随企业经营的需要而形成，且发生频繁。

（4）一般以企业作为流动资金的现金来偿付。这是流动金融负债与长期金融负债的又一区别。长期金融负债由于周期长、数额大，在偿还债务之前一般要有"还债资金"的积攒过程，而流动金融负债一般不用做此考虑。

二、短期借款

（一）短期借款的会计处理要求

短期借款是指企业向银行或其他金融机构等借入的期限在一年以下（含一年）的各种借款。企业从银行取得各种短期借款时，借记"银行存款"科目，贷记"短期借款"科目；归还借款时，做相反的会计分录。在资产负债表日，企业应按实际利率计算确定短期借款利息的金额，借记"财务费用"科目，贷记"应付利息"（到期还本付息）或"银行存款"（按月支付利息）等科目。实际利率与合同约定的名义利率差异不大的，也可以采用合同约定的名义利率计算确定利息费用。"短期借款"科目的期末余额在贷方，反映企业尚未偿还的短期借款的本金。

（二）短期借款的会计处理举例

【例5-1】某企业1月初从银行借入为期3个月的借款100万元，年利率为6%，借款到期时一次性还本付息。

要求：做出该笔业务的全部会计分录。

解析：（1）取得短期借款时的会计分录：

借：银行存款　　　　　　　　　　　　　　　　　　　　　1 000 000
　　贷：短期借款　　　　　　　　　　　　　　　　　　　　　　1 000 000

（2）1月、2月、3月每月月末按照预定的利率计算并记录短期借款利息的会计分录：

借：财务费用   5 000

  贷：应付利息   5 000

（3）3月末归还短期借款本息时的会计分录：

借：短期借款   1 000 000

  应付利息   15 000

  贷：银行存款   1 015 000

以上短期借款的会计处理过程见图5-1。

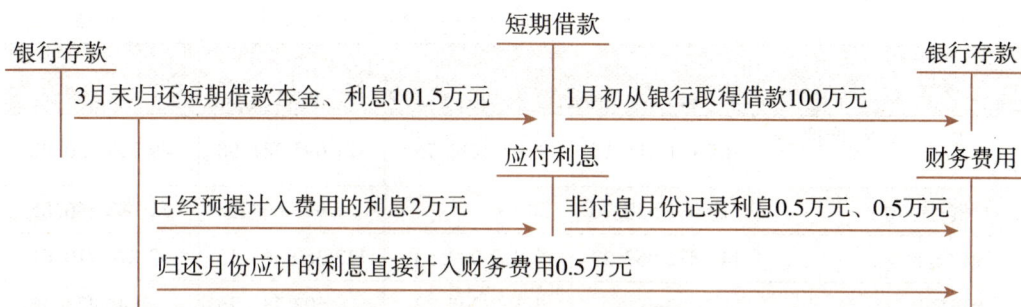

图5-1　短期借款的会计处理过程

按照一般的情况，商业银行是3个月计息、收息一次，而企业要每月计提利息，所以在短期借款一次性还本付息时，都是采用预提的方式预先提取利息额，计入财务费用。由此可看出，"短期借款"科目记录的只是本金，不包括利息；利息需要通过应付利息或者是通过其他科目另行记录。

（三）短期借款的期末信息披露

企业对短期借款的披露，不仅要披露借款的种类，还要披露关于借款的抵押、质押等情况。××公司年度末资产负债表披露中的短期借款附注见表5-1。

表5-1   ××公司财务报表中短期借款附注   单位：元

类别	20×5年12月31日	20×6年12月31日
委托贷款	131 780 000.00	—
信用借款	50 000 000.00	83 837 252.00
抵押借款	22 250 000.00	38 000 000.00
抵押保证借款	6 400 000.00	—
质押借款	37 720 000.00	—

续表

类别	20×5年12月31日	20×6年12月31日
保证借款	5 000 000.00	—
合计	253 150 000.00	121 837 252.00

短期借款附注解释：①借款抵押、质押情况见表5-2。②截至20×5年12月31日，由××有限公司、×××先生提供担保取得借款1 140万元。

该公司财务报表中所有权受到限制资产附注见表5-2。

表5-2　　　　　　　　　　××公司财务报表中所有权受到限制资产附注　　　　　　单位：元

项目	20×5年12月31日	本期增加	本期减少	20×6年12月31日
一、用于担保抵押的资产	167 121 218.15	3 971 214.75	121 093 381.98	49 999 050.92
1. 投资性房地产	19 081 530.70	—	7 997 663.85	11 083 866.85
2. 固定资产	147 832 067.23	2 819 009.53	112 380 366.15	38 270 710.61
3. 无形资产	—	1 152 205.22	507 731.76	644 473.46
4. 在建工程	207 620.22	—	207 620.22	—
二、用于质押的资产	—	47 377 676.84	—	47 377 676.84
其中：应收账款（保理业务）	—	47 377 676.84	—	47 377 676.84
三、其他原因造成所有权受到限制的资产	—	—	—	—
合计	167 121 218.15	51 348 891.59	121 093 381.98	97 376 727.76

权益受限制资产附注解释说明：上述资产所有权受到限制的原因是这些资产为本公司银行借款进行抵押、质押。

短期借款信息披露解读：从上述短期借款的信息披露情况可看出，该公司的财务状况较为窘迫，取得的短期借款较多，将公司较好的资产较多地用于借款抵押。

三、应付款项

（一）应付款项的内容及其构成

应付款项是指企业应当在经济活动中支付，但尚未支付的各种款项。即企业在生产经营活动过程中，因采购商品物资、原材料、接受劳务供应等应付未付供货单位的款项，包括应付票据、应付账款和其他应付款，其主要内容为应付票据和应付账款。

具体来说，应付款项的上述项目在使用中有着不同的要求。

1. 应付票据

应付票据是指企业在商品购销活动和对工程价款进行结算时因采用商业汇票结算方式而发生的债务，一般由出票人出票，委托付款人在指定日期无条件支付确定的金额给收款人或者票据的持票人。它包括商业承兑汇票和银行承兑汇票。应付票据按是否带息分为带息应付票据和不带息应付票据两种。我国目前使用的一般都是不带息应付票据。

2. 应付账款

应付账款是指因购买材料、商品或接受劳务供应等而发生的债务。这是买卖双方在购销活动中由于取得物资与支付货款在时间上不一致而产生的负债。对应付账款的分析，包含应付账款的入账时间和应付账款周转期。应付账款的入账时间应以与所购买物资所有权有关的风险和报酬已经转移或劳务已经接受为标志；应付账款周转期，即从收到尚未付款的材料开始到现金支出之间所用的时间。

（二）应付票据和应付账款的关系分析

从上述应付票据和应付账款的构成可看出二者的共同点：两类应付款项都具有采购物资等真实的交易关系或债务关系。这方面的内容从项目在实际业务中的对应方就可看出，即它们与交往企业之间的对应联系应是企业的"应收票据"科目和"应收账款"科目；而这两个科目应该对应于对方企业的营业收入相关科目，且多是"主营业务收入"科目。

二者的不同点也是明显存在的：应付票据与应付账款的特性分别为信誉赊欠和商业汇票赊欠；除此之外，应付票据有着我国《支付结算办法》规定的六个月的期限，而应付账款没有这样的时间限制。

（三）应付票据和应付账款的会计处理要求

应付票据、应付账款作为负债中最重要的部分，都要单独设置会计科目，即"应付票据"科目和"应付账款"科目。"应付票据"和"应付账款"两个科目登记的内容也有一致之处：单笔交易一般都是先发生于贷方、结束于借方；贷方登记负债的发生和增加，借方登记负债的偿付和减少；期末余额都在贷方，表示尚未结清的负债。

另外，由于应付票据与应付账款二者间的特殊关系，着眼于应付票据中的商业承兑汇票和银行承兑汇票，它们还会在一定的条件下相互转化。应付票据与应付账款的会计处理见图 5 - 2。

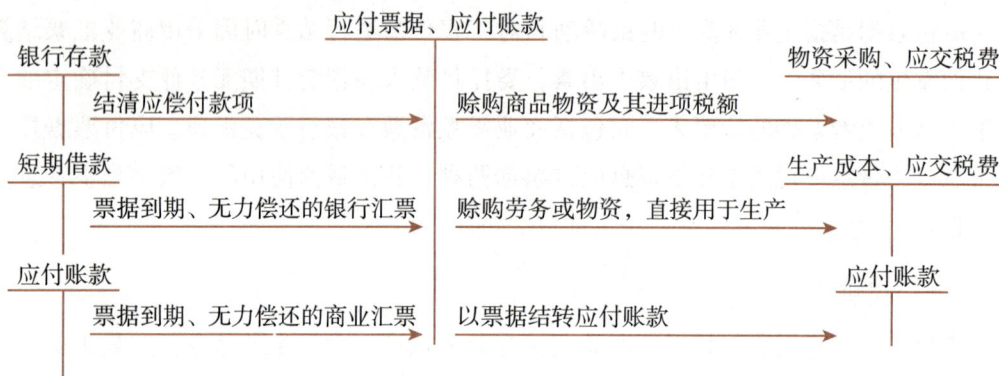

图 5 - 2　应付票据与应付账款的会计处理

对应付票据会计处理的说明：银行承兑汇票的承兑人为企业的开户银行，企业在签发银行承兑汇票时，首先持汇票和购货合同等向开户银行申请承兑，经银行同意并缴纳手续费后，持汇票和解讫通知进行材料物资的采购；票据到期前，企业应将款项交存银行，以便票据到期时及时付款。如果购货单位在票据到期日存款不足，无力支付，则承兑银行负有向收款人或收款人的贴现银行即持票人无条件支付票款的责任，银行将支付的金额看作应支付票款企业的短期借款，执行扣款并按日加收罚息。商业承兑汇票的承兑人为汇票的付款人，不通过开户银行办理承兑，因此，在汇票到期时，如果付款人无力支付票款，则银行不承担付款责任，由收付款双方自行协商解决；同时，付款方开户银行对付款方处以票面金额一定比例或以一定金额为起点的罚款。

（四）应付款项的会计处理举例

【例 5 - 2】　F 公司在 6 月末收到丙企业一批原材料，已入库但结算单据未到，公司对这批原材料的暂估价格为 100 000 元；7 月 10 日，该批存货的结算单据到达，增值税专用发票上的价格为 110 000 元，按 13% 计算增值税，还有 2 180 元的代垫运费，包括按照 9% 计算的增值税。公司对供应商签发银行承兑汇票结算了全部货款与相关税费，并于一个月后支付了票据款项。银行收取万分之五的手续费。

要求：做出上述业务的全部会计分录。

解析：（1）期末将原材料暂估入账时的会计分录：

借：原材料　　　　　　　　　　　　　　　　　　　　　　　　100 000

　　　贷：应付账款——丙企业　　　　　　　　　　　　　　　　　100 000

待 7 月初，再将上述暂估事项用红字冲转，或者是做相反的会计分录（此处略）。

（2）7 月 10 日该批存货的结算单据到达时的会计分录（运输费的增值税税率为 9%）：

借：原材料　　　　　　　　　　　　　　　　　　　　　　　112 000
　　应交税费——应交增值税（进项税额——货物）　　　　　　14 300
　　　　　　　——应交增值税（进项税额——运费）　　　　　　　180
　　贷：应付票据——银行承兑汇票　　　　　　　　　　　　126 480
借：财务费用　　　　　　　　　　　　　　　　　　　　　　　63.24
　　贷：银行存款　　　　　　　　　　　　　　　　　　　　　63.24

（3）一个月后支付票据款项的会计分录：

借：应付票据——银行承兑汇票　　　　　　　　　　　　　126 480
　　贷：银行存款　　　　　　　　　　　　　　　　　　　126 480

【例 5-3】 G 公司在 6 月末收到丙企业一批原材料并已入库，增值税专用发票列示的原材料的价款为 100 000 元，增值税税率 13%。公司对供应商签发为期一个月的商业承兑汇票，承诺于一个月后支付票据款项。但在一个月后，G 公司遇到了财务困难，无力还款；在丙企业同意的情况下，G 公司于 8 月末支付了此笔款项。

要求：做出上述业务的全部会计分录。

解析：（1）买入这批原材料时的会计分录：

借：原材料　　　　　　　　　　　　　　　　　　　　　　　100 000
　　应交税费——增值税（进项税额）　　　　　　　　　　　　13 000
　　贷：应付票据　　　　　　　　　　　　　　　　　　　　113 000

（2）在票据到期时，由于无力支付票款，在丙企业同意后转为应付账款的会计分录：

借：应付票据　　　　　　　　　　　　　　　　　　　　　　113 000
　　贷：应付账款——丙企业　　　　　　　　　　　　　　　1130 00

（3）在 8 月份支付此笔货款时的会计分录：

借：应付账款——丙企业　　　　　　　　　　　　　　　　　113 000
　　贷：银行存款　　　　　　　　　　　　　　　　　　　　113 000

（五）应付款项的会计信息披露

一般企业在会计期末将上述各项债务分别进行披露。某建筑类的上市公司××公司财务报表中应付票据附注、应付账款附注、预收账款附注分别见表5-3~表5-5。

表5-3	××公司财务报表中应付票据附注	单位：元
种类	期末余额	期初余额
商业承兑汇票	—	—
银行承兑汇票	42 146 950.00	4 104 441.72
合计	42 146 950.00	4 104 441.72

表5-4	××公司财务报表中应付账款附注	单位：元
项目	期末余额	期初余额
1年以内（含1年）	612 832 370.26	714 004 333.19
1~2年（含2年）	55 489 201.53	145 818 042.63
2~3年（含3年）	11 375 089.23	28 499 282.92
合计	679 696 661.02	888 321 658.74

应付账款附注解释：账龄超过1年的重要应付账款。应付账款期末余额中账龄超过1年的款项为66 864 290.76元，主要为尚未结算的工程成本。

表5-5	××公司财务报表中预收账款附注	单位：元
项目	期末余额	期初余额
1年以内（含1年）	64 185 395.68	74 145 475.61
1~2年（含2年）	23 453 388.00	—
合计	87 638 783.68	74 145 475.61

应付项目信息披露解读：从上述资料可看出，案例中的公司所欠债务较多，应当结合财务报表的其他方面对企业整体的财务状况做出判断。

名师点拨5-8

应付职工薪酬由哪些内容构成？各自有什么特征？

四、应付职工薪酬

（一）应付职工薪酬的构成

职工薪酬是指企业为获得职工提供的服务或解除劳动关系而给予的各种形式的报酬或补偿。职工薪酬包括短期薪酬、离职后福利、辞退福利和其他长期职工福利。企业提供给职工配偶、子女、受赡养人、已故员工遗属及其他受益人等的福利，也属于职工薪酬。

按照我国《企业会计准则第9号——职工薪酬》的规定，应付职工薪酬由下述内容构成：

1. 短期薪酬

短期薪酬是指企业在职工提供相关服务的年度报告期间结束后12个月内需要全部予以支付的职工薪酬，因解除与职工的劳动关系给予的补偿除外。短期薪酬具体包括：职工工资、奖金、津贴和补贴，职工福利费，医疗保险费、工伤保险费和生育保险费等社会保险费，住房公积金，工会经费和职工教育经费，短期带薪缺勤，短期利润分享计划，非货币性福利以及其他短期薪酬。

带薪缺勤，是指企业支付工资或提供补偿的职工缺勤，包括年休假、病假、短期伤残、婚假、产假、丧假、探亲假等。利润分享计划则是指因职工提供服务而与职工达成的基于利润或其他经营成果提供薪酬的协议。

2. 离职后福利

离职后福利是指企业为获得职工提供的服务而在职工退休或与企业解除劳动关系后，提供的各种形式的报酬和福利，短期薪酬和辞退福利除外。

3. 辞退福利

辞退福利是指企业在职工劳动合同到期之前解除与职工的劳动关系，或者为鼓励职工自愿接受裁减而给予职工的补偿。

4. 其他长期职工福利

其他长期职工福利是指除短期薪酬、离职后福利、辞退福利之外所有的职工薪酬，包括长期带薪缺勤、长期残疾福利、长期利润分享计划等。

在上述内容中，除短期薪酬之外的三个福利项目均属于应付长期职工薪酬项目。

（二）应付短期职工薪酬的会计处理要求及举例说明

1. 应付短期薪酬的应付工资与代扣款项

按照企业会计准则的要求，企业应当在职工为其提供服务的会计期间，将实际发生的短期薪酬确认为负债，并计入当期损益。与短期薪酬同时计入损益的还有：①企业为职工缴纳的医疗费用等社会保险费；②企业为职工缴纳的住房公积金；③企业在发放职工薪酬时代扣代缴的个人所得税。

【例5-4】 G公司的人力资源管理部门按照记录的企业职工出勤情况编制202×

年7月末的职工薪酬汇总表，财务部门再将工资按照职工的不同岗位进行分配，并计算本月的代扣款项，在8月6日发放了职工工资。

要求：依据G公司7月份职工薪酬汇总分配表（见表5-6）做出与此相关的全部会计分录。

表5-6　　　　　　　　　　G公司7月份职工薪酬汇总分配表　　　　　　　　单位：元

职工薪酬岗位设置	工资、奖金、津贴、补贴	代扣款项		个人所得税	应付薪酬总额
		社会保险费	住房公积金		
生产工人——A产品	220 000	31 000	14 530	6 600	167 870
生产工人——B产品	383 600	54 260	21 535	8 688	299 117
车间管理人员	92 500	15 150	5 320	3 100	68 930
企业管理人员	113 200	16 400	4 740	8 640	83 420
销售人员	63 800	7 520	2 730	3 570	49 980
基本建设人员	54 980	6 230	1 830	1 960	44 960
合计	928 080	130 560	50 685	32 558	714 277

解析：应该说，这张表格提供的信息很丰富。可进行的会计处理包括：①将应付职工薪酬的"工资"部分，即工资、奖金、津贴、补贴计入成本费用；②用记录的应付工资额抵减应扣除、缴纳的社会保险部分，即医疗保险费、工伤保险费和生育保险费，记入"其他应付款"科目；③用记录的应付工资额抵减应扣除、缴纳的住房公积金，记入"其他应付款"科目；④用记录的应付工资额抵减应扣除、缴纳的个人所得税，记入"应交税费——应交个人所得税"科目；⑤以减少银行存款的方式，向每一位职工的工资卡发放应付且实际支付的职工薪酬。将上述业务汇总，以两组会计分录的方式表示。

（1）在每月月末，合计并分配企业应付职工薪酬的会计分录：

借：生产成本——A产品　　　　　　　　　　　　　　　　　　220 000

　　　　　　——B产品　　　　　　　　　　　　　　　　　　383 600

　　制造费用　　　　　　　　　　　　　　　　　　　　　　　92 500

　　管理费用　　　　　　　　　　　　　　　　　　　　　　　113 200

　　销售费用　　　　　　　　　　　　　　　　　　　　　　　63 800

　　在建工程　　　　　　　　　　　　　　　　　　　　　　　54 980

　　贷：应付职工薪酬——工资　　　　　　　　　　　　　　　　928 080

（2）在下个月的约定时间，扣除各种代扣款项，发放工资的会计分录：

借：应付职工薪酬——工资   928 080

    贷：其他应付款——社会保险费   130 560

             ——住房公积金   50 685

       应交税费——个人所得税   32 558

       银行存款   714 277

2. 应付短期薪酬的应付福利费、工会经费和职工教育经费

企业职工福利费一般包括企业内部福利部门所发生的设备、设施和人员费用，以及企业为职工卫生保健等所发放的各项补贴和非货币性福利。企业平时发生的职工福利费支出据实列支，不超过工资、薪金总额14%的部分，准予在企业所得税税前扣除。企业工会经费是指工会依法取得并开展正常活动所需的费用，其主要来源是工会会员缴纳的会费和按每月全部职工工资总额的2%向工会拨交的经费。职工教育经费是指企业一般按照工资总额的1.5%（最高不超过2.5%）提取用于职工教育事业的一项费用，是企业为职工学习先进技术和提高文化水平而支付的费用。

这三项费用在处理方式上基本一致，一般强调的是工会经费可以在每月按照预提的方式进行会计处理（也可以不计提），其他两种费用可以计提，也可以不计提。如果采取计提的方式，则在年末所得税汇算清缴时按照据实列支的原则进行计提数额与实际使用数额之间的调整；反之，若不采用计提的方式，可在不超过工资既定比例的基础上据实列支。

【例5-5】【例5-4】中G公司在7月份分别按照14%、2%和1.5%的比例，采用预提的方式计算并提取了本月的职工福利费、工会经费和职工教育经费。

要求： 做出相关业务的会计分录。

解析： G公司7月份职工福利费、工会经费和职工教育经费计提与分配见表5-7。

表5-7   G公司7月份职工福利费、工会经费和职工教育经费计提与分配表   单位：元

职工薪酬岗位设置	工资、奖金、津贴、补贴	职工福利费14%	工会经费2%	职工教育经费1.5%	三项费用合计
生产工人——A产品	220 000	30 800	4 400	3 300	38 500
生产工人——B产品	383 600	53 704	7 672	5 754	67 130
车间管理人员	92 500	12 950	1 850	1 387	16 187
企业管理人员	113 200	15 848	2 264	1 698	19 810
销售人员	63 800	8 932	1 276	957	11 165

续表

职工薪酬 岗位设置	工资、奖金、 津贴、补贴	职工福 利费 14%	工会经费 2%	职工教育 经费 1.5%	三项费用合计
基本建设人员	54 980	7 697	1 100	825	9 622
合计	928 080	129 931	18 562	13 921	162 414

按照表 5-7 中的数据，可做出合计的会计分录：

借：生产成本——A 产品　　　　　　　　　　　　　　　38 500

　　　　　　——B 产品　　　　　　　　　　　　　　　67 130

　　制造费用　　　　　　　　　　　　　　　　　　　16 187

　　管理费用　　　　　　　　　　　　　　　　　　　19 810

　　销售费用　　　　　　　　　　　　　　　　　　　11 165

　　在建工程　　　　　　　　　　　　　　　　　　　 9 622

　　贷：应付职工薪酬——福利费　　　　　　　　　　129 931

　　　　　　　　　——工会经费　　　　　　　　　　 18 562

　　　　　　　　　——教育经费　　　　　　　　　　 13 921

三项费用在平时花费时按实际发生数额支付，在年末所得税汇算清缴时进行数据调整。

3. 应付短期薪酬的带薪缺勤

按照我国《企业会计准则第 9 号——职工薪酬》的解释，带薪缺勤是一种社会福利，企业职工在包括年休假、病假、短期伤残、婚假、产假、丧假、探亲假等的期间，即使没有出勤，也可以得到薪酬。

应付职工薪酬中的带薪缺勤分为累积带薪缺勤和非累积带薪缺勤。累积带薪缺勤是指带薪缺勤权利可以结转下期的带薪缺勤，本期尚未用完的带薪缺勤权利可以在未来期间使用。非累积带薪缺勤则是指带薪缺勤权利不能结转下期的带薪缺勤，本期尚未用完的带薪缺勤权利将予以取消，并且职工离开企业时也无权获得现金支付。

企业应当在职工提供服务从而增加了其未来享有的带薪缺勤权利时，确认与累积带薪缺勤相关的职工薪酬，并以累积未行使权利而增加的预期支付金额计量。企业应当在职工实际发生缺勤的会计期间确认与非累积带薪缺勤相关的职工薪酬。

【例 5-6】 H 公司的某车间维修职工甲，在 202×年按照规定可以享受 15 天带薪休假。由于该职工岗位专业技术性很强，尚缺少同等岗位的同事，因此甲在年度内有 10 天未能带薪休假，从而将未能享受休假的时间递延到了下一年。甲的工资率为 320

元/日。

　　要求：做出甲带薪缺勤有关事项的会计分录。

　　解析：（1）记录202×年甲带薪缺勤结果的会计分录：

　　借：制造费用——×车间　　　　　　　　　　　　　　　　　3 200

　　　　贷：应付职工薪酬——累积带薪缺勤　　　　　　　　　　　　3 200

　　（2）在第二年，甲享受上年度累积带薪缺勤休假的会计分录：

　　借：应付职工薪酬——累积带薪缺勤　　　　　　　　　　　　3 200

　　　　贷：制造费用——×车间　　　　　　　　　　　　　　　　　3 200

4. 应付短期薪酬中的其他事项

　　应付短期薪酬中的其他事项包括利润分享计划、非货币性福利以及其他短期薪酬。

　　利润分享计划是指职工根据其工作绩效而获得一部分公司利润的组织整体激励计划。换句话说，这是由企业建立并提供资金支持，让其员工或受益者参与利润分配的计划。非货币性福利是指企业以非货币性资产支付给职工的薪酬，主要包括企业以自产产品发放给职工作为福利、将企业拥有的资产无偿提供给职工使用、为职工无偿提供医疗保健服务等。

　　在进行这类业务的会计处理时，一般是在"应付职工薪酬"科目下设置明细会计科目，当发生上述事项时，记入该明细科目的贷方；在实际支付上述事项的款项时，记入该明细科目的借方；期末余额在贷方，表示应付未付的短期职工薪酬。

（三）应付长期职工薪酬的会计处理要求及举例说明

　　应付长期职工薪酬包含离职后福利、辞退福利和其他长期职工福利。由于这些项目不一定在当年支付，所以为应付长期职工薪酬项目。

1. 离职后福利

　　离职后福利是指企业与职工就离职后福利达成的协议，或者企业为向职工提供离职后福利制定的规章或办法等。企业应当将离职后福利计划分为设定提存计划和设定受益计划。其中，设定提存计划是指向独立的基金缴存固定费用后，企业不再承担进一步支付义务的离职后福利计划；设定受益计划是指除设定提存计划以外的离职后福利计划。

　　企业应当在职工为其提供服务的会计期间，将根据设定提存计划计算的应缴存金额确认为负债，并计入当期损益或相关资产成本。即当计提职工离职后福利计划时，借记"生产成本"等科目，贷记"应付职工薪酬——设定提存计划（或设定受益计划）"科目。由于职工离职后福利计划是长期应付职工薪酬，企业应当参照会计准则规定的折现率，将全部应缴存金额以折现后的金额计量应付职工薪酬。

2. 辞退福利

辞退福利是指在企业与职工签订的劳动合同未到期之前，企业由于种种原因需要提前终止劳动合同辞退员工而根据劳动合同需要提供的、作为对被辞退员工补偿的一种资金。企业向职工提供辞退福利的，应当在下列两者孰早日确认辞退福利产生的职工薪酬负债，并计入当期损益：①企业不能单方面撤回因解除劳动关系计划或裁减建议所提供的辞退福利时；②企业确认与涉及支付辞退福利的重组相关的成本或费用时。在这时，企业应当借记"生产成本"等科目，贷记"应付职工薪酬——辞退福利"科目。

企业应当按照辞退计划条款的规定，合理预计并确认辞退福利产生的应付职工薪酬。辞退福利预期在其确认的年度报告期结束后12个月内完全支付的，应当适用短期薪酬的相关规定；辞退福利预期在其确认的年度报告期结束后12个月内不能完全支付的，应当适用长期职工福利的有关规定。

3. 其他长期职工福利

其他长期职工福利是指除离职后福利和辞退福利以外的其他长期职工福利，包括长期带薪缺勤、其他长期服务福利、长期残疾福利、长期利润分享计划和长期奖金计划等。

其他长期职工福利的会计处理可参看上述设定受益计划等，为简化相关会计处理，上述项目的总净额应计入当期损益或相关资产成本。

（四）应付职工薪酬的信息披露

企业在会计期末，尤其是在会计年度末，既要披露应付短期职工薪酬的信息，又要披露应付长期职工薪酬的信息。具体来说，可参看某上市公司披露的年度应付职工薪酬的信息。××公司财务报表中应付职工薪酬附注、短期应付职工薪酬附注、设定提存计划附注分别见表5-8~表5-10。

表5-8　　　　　　　　××公司财务报表中应付职工薪酬附注　　　　　单位：元

项目	期初余额	本期增加	本期减少	期末余额
一、短期薪酬	33 905 926.95	405 543 986.52	394 860 529.96	44 589 383.51

续表

项目	期初余额	本期增加	本期减少	期末余额
离职后福利——设定提存计划	—	28 517 852.58	28 118 825.28	399 027.30
合计	33 905 926.95	434 061 839.10	422 979 355.24	44 988 410.81

表5-9　　　　　　　　　　××公司财务报表中短期应付职工薪酬附注　　　　　　单位：元

项目	期初余额	本期增加	本期减少	期末余额
1. 工资、奖金、津贴和补贴	33 608 235.64	364 288 914.42	353 708 419.83	44 188 730.23
2. 职工福利费	—	16 466 378.79	16 466 378.79	—
3. 社会保险费	—	6 631 476.38	6 631 476.38	—
其中：医疗保险费	—	5 535 367.90	5 535 367.90	—
工伤保险费	—	562 721.78	562 721.78	—
生育保险费	—	533 386.70	533 386.70	—
4. 住房公积金	—	12 014 652.43	11 955 545.43	59 107.00
5. 工会经费和职工教育	297 691.31	6 142 564.50	6 098 709.53	341 546.28

表5-10　　　　　　　　　　××公司财务报表中设定提存计划附注　　　　　　单位：元

项目	期初余额	本期增加	本期减少	期末余额
1. 基本养老保险	—	27 794 669.96	27 395 642.66	399 027.30
2. 失业保险费	—	723 182.62	723 182.62	—
合计	—	28 517 852.58	28 118 825.28	399 027.30

　　应付职工薪酬附注解释：本公司按规定参加由政府机构设立的养老保险、失业保险计划。除上述每月缴存费用外，本公司不再承担进一步支付义务。相应的支出于发生时计入当期损益或相关资产的成本。

五、其他流动金融负债

　　此处的其他流动金融负债较为琐碎，既有以公允价值计量且其变动计入当期损益的金融负债、衍生金融负债，又有应付利息、应付股利和其他应付款等一般流动金融负债，还有根据最新修订的《企业会计准则第14号——收入》而增加的合同负债。

（一）以公允价值计价的流动金融负债

以公允价值计价的流动金融负债表现为交易性金融负债。此处的交易性金融负债是指企业采用短期获利模式进行融资所形成的负债，如应付短期债券。这与一般的交易性金融资产对应，即作为交易双方，甲方的金融债权就是乙方的金融负债，由于融资方需要支付利息，因此就形成了金融负债。一般来说，这样的业务在工商企业较少发生，主要发生在金融企业。

衍生金融负债则为衍生金融资产的对应，具体来说，同一个衍生金融工具，资产负债表日公允价值是正的，就是衍生金融资产；资产负债表日公允价值是负的，就是衍生金融负债。衍生金融负债也主要发生在金融企业。

（二）特殊结算关系的流动金融负债

特殊结算关系的流动金融负债包含一年内只发生一次或者少数几次的对债权投资者的应付利息与对权益投资者的应付股利，以及扣除所有流动金融负债后剩余的项目，主要是对特殊客户、国家和企业内部职工的其他应付款。

应付利息是指企业按照合同约定应支付给债权人的利息，既包括短期借款的利息，也包括分期付息到期还本的长期借款、企业债券应支付的利息等。从本质上看，应付利息应该是应收利息的对应，只不过应收利息属于企业资产，应付利息属于企业负债。"应付利息"科目可按存款人或债权人进行明细核算。本书在前面的短期借款部分对应付利息进行了部分解释。

应付股利是指企业按协议规定应该支付给投资者的税后利润。由于企业的资金是由投资者投入的，因此，企业在生产经营过程中实现的利润，在依法纳税后，应该向投资者分配。而这些利润在应付未付之前暂时留在企业内，构成了企业的一项流动负债。

其他应付款是指企业在商品交易业务以外发生的应付和暂收款项，即企业除应付票据、应付账款、应付职工薪酬、应付股利等以外的应付、暂收其他单位或个人的款项。其具体内容一般包括企业应付、暂收其他单位或个人的款项，如应付租入固定资产和包装物的租金，存入保证金，应付、暂收所属单位、个人的款项，以及相关单位和人员存入保证金，应付职工统筹退休金，应付暂收上级单位、所属单位的款项。

上述项目在会计处理中一般都是专设科目，贷方登记各类负债的增加，借方登记各类负债的减少，期末余额在贷方，表示企业应付而未支付的负债额等。其他流动负债的信息披露方式与前述应付账款基本一致，此处略。

（三）合同负债

合同负债项目是企业应按照《企业会计准则第 14 号——收入》中填列为实现合同收入而记录的未摊销的预先支付的金额，期末余额在贷方，根据其流动性在"合同负债"或"其他非流动负债"项目中填列的项目。

在会计期末，企业应根据本企业履行履约义务与客户付款之间的关系在资产负债表中列示合同负债。合同负债项目，应分别根据合同负债科目的相关明细科目的期末余额分析填列，同一合同下的合同负债应当以净额列示。具体来说。其净额为贷方余额的，应当根据其流动性在"合同负债"或"其他非流动负债"项目中填列。

同于前述的合同资产，由于同一合同下的合同资产和合同负债应当以净额列示，企业也可以设置"合同结算"科目（或其他类似科目），以核算同一合同下属于在某一时段内履行履约义务涉及与客户结算对价的合同资产或合同负债，并在此科目下设置"合同结算——价款结算"科目反映定期与客户进行结算的金额，设置"合同结算——收入结转"科目反映按履约进度结转的收入金额。资产负债表日，"合同结算"科目的期末余额在借方的，根据其流动性在"合同资产"或"其他非流动资产"项目中填列；期末余额在贷方的，根据其流动性在"合同负债"或"其他非流动负债"项目中填列。

（四）其他流动金融负债

此处的其他流动负债主要指一年内到期的非流动负债和其他流动负债。

一年内到期的非流动负债反映的是企业各种非流动负债在一年之内到期的金额，包括一年内到期的长期借款、长期应付款和应付债券。本项目的处理要求如同资产中的"一年内到期的非流动资产"，应根据上述账户分析计算后填列，计入流动负债。

其他流动负债是指不能归属于短期借款、应付票据、应付账款、应付职工薪酬、应交税费、其他应付款这几个需要以货币资金偿还的流动负债。如果真的出现这样的业务，就可计入其他流动负债。

请思考

1. 短期借款的会计处理过程包括哪些具体内容？
2. 应付款项包括哪些具体内容？会计处理的过程是怎样的？
3. 应付职工薪酬的会计处理过程是怎样的？应该关注哪些问题？
4. 其他流动金融负债包括什么？应该关注哪些问题？

●思维导引 5-1

第三节 流动非金融负债

本节重难点 5-3

💾 法规速查 5-2

流动非金融负债的
账户及其计价要求

一、对流动非金融负债的说明

我国会计准则指南对流动非金融负债有如下两方面的解释。

（1）关于金融工具是指形成一方的金融资产并形成其他方的金融负债或权益工具的合同。合同的形式多种多样，可以采用书面形式，也可以不采用书面形式。实务中的金融工具合同通常采用书面形式。非合同的资产和负债不属于金融工具。例如，应交所得税是企业按照税收法规规定承担的义务，不是以合同为基础的义务，因此不符合金融工具定义。按照这样的解释，虽然"应交税费"科目属于流动负债，但是应交税费又有自己的特点：①应交税费没有对应的金融资产项目，交税是不平等主体之间的关系，表现为一方对另一方单向的无偿支付；②税负承担后，本质上应即刻交税，不存在向国家融通资金的情况。因此应交税费不属金融负债。

（2）金融负债是指企业符合向其他方交付现金或其他金融资产的合同义务，例如，企业的应付账款、应付票据和应付债券等均属于金融负债。而作为流动负债的预收账款并非如此，其导致的未来经济利益流出是商品或服务，不是交付现金或其他金融资产的合同义务，因此其不是金融负债。我们顺此道理进行推导可知：持有待售负债也有其特殊情况，需要根据实际情况进行特殊判断。

本部分主要是说明应交税费、预收账款与持有待售负债的会计处理过程。

二、应交税费

（一）应交税费与相关税种

应交税费是指企业根据在一定时期内取得的营业收入、实现的利润等，按照现行税法的规定，采用一定的计税方法计提应缴纳的各种税费。

应交税费包括企业依法缴纳的增值税、消费税、资源税、土地增值税、城市维护建设税、房产税、土地使用税、车船税、所得税、教育费附加、矿产资源补偿费等税费，以及在上缴国家之前，由企业代收代缴的个人所得税等。

可以说，我国应交税费中的绝大部分都是通过"应交税费"科目进行汇总并上缴的，只有两个税种除外，即印花税和耕地占用税。这两个税种在其纳税计算依据发生时，直接用已取得的税票标志或者是直接用银行存款支付。

此处说明：由于个人所得税的代扣代缴已经在应付职工薪酬部分进行了讲解，此处不再重复；又由于企业所得税与企业本期利润直接相关，本书将企业所得税的内容安排在下一章进行讲解。

名师点拨 5-9

我国的"应交税费"科目有哪些明细科目？涉及什么具体内容？

（二）应交增值税

1. 增值税的定义和计税原理

增值税是以商品（含应税劳务）在流转过程中产生的增值额作为计税依据而征收的一种流转税。从计税原理上说，增值税是对商品生产、流通、劳务服务中多个环节的新增价值或商品的附加值征收的一种流转税。

名师点拨 5-10

我国的增值税税率是怎样设置的？

2. 增值税的基本特征

（1）实行价外税，也就是由消费者负担，有增值才征税，没增值不征税。增值税是对销售货物或者提供加工、修理修配劳务以及进口货物的单位和个人就其实现的增值额征收的一种税。

（2）划分纳税人，即增值税的纳税人分为一般纳税人和小规模纳税人两种；不同的纳税人及业务适用不同的税率。一般纳税人适用 13%、9%、6%、3% 的税率；小规模纳税人适用 3% 的税率。

（3）根据不同的行业实行不同的税率，即上述一般纳税人的 13%、9%、6%、3%

的税率又有着不同行业的执行依据。具体来说，一般工商企业执行13%的税率，但是生产和销售农产品、图书报纸等文化用品，自来水、暖气等人民生活用品，以及饲料、农药等产品的企业执行9%的增值税税率；交通运输企业等执行9%的增值税税率；现代服务业（如广告代理业）执行3%的增值税税率；一般纳税人出口货物，税率为零。

3. 增值税的会计处理要求

可以说，增值税是我国最复杂的税种，其需要设置的明细科目较多。具体来说，增值税一般纳税人应在"应交增值税"明细账内设置"进项税额""销项税额抵减""已交税金""转出未交增值税""减免税款""出口抵减内销产品应纳税额""销项税额""出口退税""进项税额转出""转出多交增值税"共10个三级明细科目。另外，进行增值税会计处理的环节较多，如要考虑取得资产或接受劳务、销售或视同销售、差额征税、出口退税、进项税额抵扣、月末转出多缴增值税和未缴增值税等诸多环节。因此，在会计处理时，还要考虑"未交增值税""预交增值税""待抵扣进项税额""待认证进项税额""待转销项税额""简易计税""代扣代缴增值税"等二级明细科目。

4. 增值税一般纳税人的会计处理

增值税一般纳税人会计处理的要求主要是依据增值税专用发票，进行进项税额、销项税额和本期应交增值税的计算与处理。

【例5-7】 H公司的主要产品是家具用具，执行13%的增值税税率。公司本期购入原材料等的专用发票金额为100 000元，进项税额13 000元；本期售出的家具专用发票上的金额为200 000元，销项税额26 000元。进项税额与销项税额之差为公司本期实际缴纳的增值税额。公司的结算都是使用银行存款支付和收取。

要求：做出上述采购、销售和增值税计算、缴纳的会计分录。

解析：（1）购入原材料（应税货物）及记录进项税额的会计分录：

借：原材料	100 000
应交税费——应交增值税（进项税额）	13 000
贷：银行存款	113 000

（2）销售应税货物及记录销项税额的会计分录。

借：银行存款	226 000
贷：主营业务收入	200 000
应交税费——应交增值税（销项税额）	26 000

（3）月末计算与缴纳增值税的会计分录：

本月应缴纳的增值税额＝销项税额－进项税额＝26 000－13 000＝13 000（元）

借：应交税费——应交增值税（已交税金） 13 000

　　贷：银行存款 13 000

此处利用会计处理图示将上述会计处理的过程进行解释。增值税一般纳税人的会计处理见图5－3。

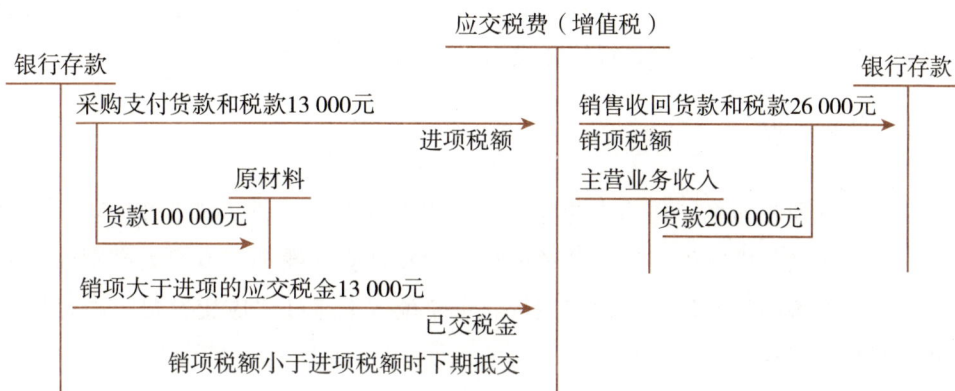

图5－3　增值税一般纳税人的会计处理

5. 增值税小规模纳税人的会计处理

增值税小规模纳税人会计处理的要求主要是依据普通发票进行销项税额的计算并缴纳本期应交增值税的会计处理。

【例5－8】 假设H公司为小规模纳税人，其他信息同【例5－7】。

要求：做出H公司为小规模纳税人时上述采购、销售和增值税计算、缴纳的会计分录。

解析：（1）购入原材料（应税货物）及记录进项税额的会计分录：

借：原材料 113 000

　　贷：银行存款 113 000

（2）销售家具（应税货物）及记录销项税额的会计分录：

借：银行存款 226 000

　　贷：主营业务收入 226 000

（3）月末计算与缴纳增值税应交税金的会计分录：

本月应缴纳的增值税额＝营业收入/（1＋增值税率）×增值税率

＝226 000/（1＋3%）×3%

$$= 6\ 582.52\ （元）$$

借：应交税费——增值税　　　　　　　　　　　　　　　　　　6 582.52

　　贷：银行存款　　　　　　　　　　　　　　　　　　　　　　　6 582.52

对上述小规模纳税人的业务处理进一步推导：①小规模纳税人在采购物品时不收取增值税专用发票，或者即使收到了增值税专用发票，也不进行价税分离的会计处理。②一般纳税人的增值税是价外税，而小规模纳税人的增值税实际上是不同于一般纳税人的价内税，因此小规模纳税人在销售商品时，一般只开具普通发票，但在实现销售后，要对销售额进行价税分离，计算并缴纳应缴纳的增值税额。

（三）其他税收

此处的其他税收包括：作为企业流转税的消费税、资源税、城市维护建设税和教育费附加；属于增值额纳税，但与前述的增值税在计算、缴纳上有很大区别的土地增值税；属于财产税的房产税、土地使用税、车船税；不通过"应交税费"科目处理的印花税和耕地占用税。

上述各种税金及其会计处理要求见表5-11。

表5-11　　　　　　　　　　　各种税金及其会计处理要求

各种税金	计税依据	应记借方账户	应记贷方账户	特别说明
消费税	从价定率——产品售价 从量定额——产品销量	税金及附加 税金及附加	应交税费——应交消费税	适应于高价消费品与环保要求
资源税	对外销售产品数量 企业自用产品数量 收购未税矿产品金额	税金及附加 生产成本、制造费用 物资采购、原材料	应交税费——应交资源税	主要是对自然资源产品的含量、品位征收
城市维护建设税	缴纳的流转税金额	税金及附加	应交税费——应交城市维护建设税	按实际缴纳的增值税与上述税种的比例征收
教育费附加	缴纳的流转税金额	税金及附加	应交税费——应交教育费附加	按实际缴纳的增值税与上述税种的比例征收

续表

各种税金	计税依据	应记借方账户	应记贷方账户	特别说明
土地增值税	专营房地产业务的收入 兼营房地产业务的收入 其他类似业务的收入	税金及附加 税金及附加 固定资产清理等	应交税费——应交土地增值税	按建筑物售价减去可扣除项目后的余额计征
房产税 土地使用税 车船税	房地产原值的扣除后金额（或租金额） 实际占用土地的面积 拥有和使用车船的单位	管理费用 管理费用 管理费用	应交税费——应交房产税、土地使用税、车船税	按照应税房产原值减去扣除比例后的余值计征
印花税	合同性质的凭证	管理费用	银行存款	在合同上贴税票
耕地占用税	实际占用耕地的面积	在建工程	银行存款	按单位面积价格计征

上述税种除印花税、耕地占用税的特殊处理要求外，都是通过"应交税费"科目进行处理的。即计算出应缴纳的税收后，贷记"应交税费"科目，实际缴纳时，借记"应交税费"科目；期末余额在贷方，表示应缴纳但尚未缴纳的各种税收。

（四）应交税费的信息披露

企业在会计年度末披露的应交税费项目较为简单，披露应交税费在资产负债表中的期初、期末余额即可。××公司财务报表中应交税费附注见表5－12。

表5－12　　　　　　　　　　××公司财务报表中应交税费附注　　　　　　　　　单位：元

项目	期末余额	期初余额
增值税	107 364 916.34	2 419 153.62
企业所得税	16 559 264.39	24 546 138.08
个人所得税	890 623.98	834 024.64
城市维护建设税	7 535 380.31	6 962 643.17
教育费附加	4 350 879.26	3 994 330.97
房产税	105 405.16	105 405.16
合计	136 806 469.44	38 861 695.64

名师点拨 5-11

非金融负债的特殊
流动负债还包括哪
些内容？在会计处
理方面有何特殊
之处？
（音频）

三、非金融负债的特殊流动负债

（一）预收账款

非金融负债的特殊流动负债，即预收账款，是企业按照合同规定或交易双方的约定，向购买单位或接受劳务的单位在未发出商品或提供劳务时预收的款项。一般包括预收的货款、预收购货定金等。企业在收到这笔钱时，因为商品或劳务的销售合同尚未履行，不能作为收入入账，只能确认为一项负债，即贷记"预收账款"科目。企业按合同规定提供商品或劳务后，再根据合同的履行情况，逐期将未实现收入转成已实现收入，即借记"预收账款"科目，贷记有关收入科目。此处要说明的是：在流动负债中，非金融负债除前述的应交税费之外，只有预收账款一项，而在会计处理上，与前面所述预付货款有"异曲同工"之处，因此此处不再单独介绍。

（二）持有待售负债

关于持有待售负债，应该是与前述持有待售资产相关联的特殊业务事项。按照我国企业会计准则的解释，企业应当在资产负债表中区别于其他资产而单独列示持有待售的非流动资产或持有待售的处置组中的资产，同时应当区别于其他负债单独列示与持有待售的处置组直接相关的负债。持有待售资产和负债不应当相互抵销，应当分别作为流动资产和流动负债列示。将这样的特殊负债单独列示，即持有待售负债。

请思考

1. 增值税的会计处理需要掌握哪些特殊内容？有哪些具体问题？

2. 企业需缴纳的其他税收包括哪些？会计处理需要掌握哪些特殊内容？

思维导引 5-2

边学边练

1. 甲公司于上月末收到丙企业销售的一批原材料并已入库，增值税专用发票列示的原材料的价款为 120 000 元，增值税税率为 13%；还有 3 000 元的代垫运费，增值税税率为9%。公司对供应商签发为期一个月的商业汇票,承诺于一个月后支付票据款项。设有两种条件:①甲公司签发的是银行承兑汇票,但在一个月后公司遇到了财务困难,无力还款;在第二个月后才把款项归还。②甲公司签发的是商业承兑汇票,但在一个月后公司遇到了财务困难,无力还款;在丙企业同意的情况下,甲公司于8月末支付了此笔款项。

要求:做出甲公司上述业务两种情况下的全部会计分录。

2. 甲公司的主要产品是家具用具,执行13%的增值税税率。公司本期购入原材料等的专用发票金额为200 000元,进项税额26 000元;本期售出的家具专用发票上的金额为300 000元,销项税额39 000元。进项税额与销项税额之差为公司本期以银行存款实际缴纳的增值税额。除此之外,甲公司还按照实际缴纳增值税额的7%缴纳了城市维护建设税与教育费附加。公司的结算都是使用银行存款支付和收取。

🔑答案5-1

要求:做出上述采购、销售和计算、缴纳增值税、城市维护建设税与教育费附加的会计分录。

第四节 长期金融负债

本节重难点5-4

一、长期金融负债的类型和特征

👤名师点拨5-12

长期金融负债的类型与特征是怎样的?
(音频)

(一)长期金融负债及其类型

此处所指的**长期金融负债**是指期限超过一年的、需要用货币资金偿还的债务。长期负债与流动负债相比,主要区别表现如下:一是长期负债的偿还期限较长,一般都超过一年;二是其数额较大;三是很多长期负债都有一定的专门用途,如开发项目、建筑工程等。因此,举借长期负债往往附有一定的条件,如需要企业指定某项资产作为还款的担保品,要求企业指定担保人、设置偿债基金等,以保护债权人的经济利益。

按照我国《企业会计准则第 22 号——金融工具的确认和计量》的要求，同时考虑我国现阶段的资产负债表需填列的内容，一般企业的长期金融负债主要包括长期借款、应付债券、长期应付款和租赁负债。本书在此部分仅解释说明长期金融负债前两部分的内容。

（二）长期金融负债的特征

（1）由于长期金融负债需要偿还的时间较长，因此，在平时的计价及利息的处理上，会有不同于流动负债的要求。比如，有的长期金融负债需要用净现值作为计价基础，而更多的长期金融负债是将应付利息包括在其计价范围之内。

（2）由于长期金融负债数额较大，其本金、利息的偿还必须有一个货币资金积累的过程。从长期来看，所有真实的报告收益应最终反映为企业的现金净流入，所以企业的长期偿债能力不仅与企业的获利能力相关，而且和企业获取现金的能力密切相关。

（3）由于企业长期负债数额的大小关系到企业资本结构的合理性，所以对长期债务不仅要从偿债的角度考虑，还要从保持资本结构合理性的角度来考虑。这也与企业持有长期金融负债的时间长不无关系，即合适的长期金融负债既能保持良好的资本结构，又能增强企业的偿债能力。

二、长期借款

（一）长期借款的会计处理要求

长期借款是指企业向银行或其他金融机构借入的期限在一年以上（不含一年）或超过一年的一个营业周期以上的各项借款。我国企业的长期借款主要是向金融机构借入的各项长期性借款，如从各专业银行、商业银行取得的借款；除此之外，还包括向财务公司、投资公司等金融企业借入的款项。

企业设置的"长期借款"科目，专门用来处理各种长期借款的借入、应计利息、归还和结欠事项。其贷方登记借入的款项及预计的应付利息，借方登记还本付息的数额，期末余额在贷方，表示尚未偿还的长期借款本息数额。"长期借款"科目应按贷款单位设置明细账，并按贷款种类进行明细核算。

（二）长期借款的会计处理举例

【例 5-9】　某企业借入长期借款 1 000 000 元用于一年期以上的工程建造，年利率为6%，该工程在一年后建造完工并投入使用。该企业于两年后一次性偿付长期借款本息。

要求：进行必要的计算并做出上述业务的会计分录。

解析：（1）取得长期借款时的会计分录：

借：银行存款　　　　　　　　　　　　　　　　1 000 000

　　贷：长期借款　　　　　　　　　　　　　　　　　　1 000 000

（2）第1年年末按照预定的利率计算并记录长期借款利息的会计分录：

借：在建工程　　　　　　　　　　　　　　　　　60 000

　　贷：长期借款　　　　　　　　　　　　　　　　　　　60 000

（3）第2年年末按照预定的利率计算并记录长期借款利息的会计分录：

借：财务费用　　　　　　　　　　　　　　　　　60 000

　　贷：长期借款　　　　　　　　　　　　　　　　　　　60 000

（4）在第2年年末归还长期借款本息时的会计分录：

借：长期借款　　　　　　　　　　　　　　　　1 120 000

　　贷：银行存款　　　　　　　　　　　　　　　　　1 120 000

长期借款的会计处理过程见图5-4。

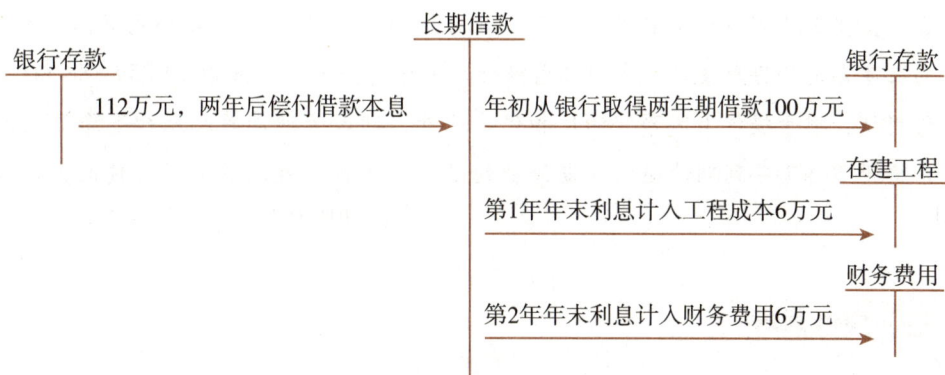

图5-4　长期借款的会计处理过程

需要说明的是，长期借款利息应通过"长期借款"账户进行核算，而不是通过预提的方式记入"应付利息"科目；长期借款费用应根据长期借款的用途和期间分别记入"长期待摊费用"（企业筹备建设期间）、"在建工程"（工程建造期间）、"财务费用"（生产经营期间）等科目。与前述短期借款会计处理部分比较又可看出，"长期借款"科目既记录借款本金，又记录借款利息。这是其与短期借款在会计处理上的主要区别之一。

（三）长期借款的期末信息披露

企业对长期借款披露的事项更为具体与详细，要披露关于借款的相关日期、利率等情况，还要对一些问题进行文字解释。××公司年度财务报表中长期借款附注见表5-13。

表5-13　　　　　　　　　　　××公司年度财务报表中长期借款附注　　　　　　　　　本币单位：元

长期借款分类项目				期末余额		期初余额		利率区间	
保证借款				10 405 500		42 208 400		2.96%~3.31%	
长期借款明细贷款单位	借款起始日	借款终止日	币种	利率	期末余额		期初余额		
					外币金额	本币金额	外币金额	本币金额	
中国工商银行纽约分行	20×5-09-15	20×8-08-17	美元	3.31%	1 500 000	10 405 500	1 500 000	9 740 400	
中国工商银行纽约分行	20×4-08-29	20×7-07-25	美元	2.96%	—	—	5 000 000	32 468 000	

长期借款附注解释：经公司本年第四届董事会第十次临时会议审议通过，公司全资子公司××公司向中国工商银行纽约分行申请150万美元的贷款，由中国工商银行××分行提供158万美元的备用信用证（融资性保函）作担保。本公司将人民币308万元的三年期定期存单质押于中国工商银行××分行并开立人民币10 259 888.00元的备用信用证，用于提供上述事宜的反担保。此外，期末长期借款比期初下降75.35%，主要系将于20×7年到期偿还的长期借款列示于一年内到期的非流动负债的金额较大所致。

三、应付债券

（一）应付债券的特点及会计处理要求

应付债券是指企业为筹集资金而对外发行的期限在一年以上的借入资金性质的、约定在一定期限内还本付息的一种书面承诺。它属于长期负债。

企业发行的债券通常分为到期一次还本付息或一次还本、分期付息两种。企业发行债券的价格受同期银行存款利率的影响较大，一般情况下，企业可以有按面值发行债券、溢价发行债券和折价发行债券三种方式。假设其他条件不变，债券的票面利率高于同期银行存款利率时，可按超过债券面值的价格发行，称为溢价发行。溢价是企业以后各期多付利息而事先得到的补偿。如果债券的票面利率低于同期银行存款利率，可按低于债券面值的价格发行，称为折价发行。折价是企业以后各期少付利息而预先给投资者的补偿。如果债券的票面利率与同期银行存款利率相同，可按票面价格发行，称为面值发行。

相应地，企业应设置"应付债券"科目，并在该科目下设置"债券面值""债券溢价""债券折价""应计利息"等明细科目，核算应付债券发行、计提利息、还本付息等情况。在债券发行的价格上有面值发行、溢价发行、折价发行三种。

（二）应付债券的会计处理举例

为了分析问题方便，也为了通过例题阐明作为长期金融负债的应付债券与其对应物，即作为长期金融资产的持有至到期投资之间的关系，此处以【例4-1】作为本章的对应例题；前述例题列举的是投资者的情况，而此处的例题则着眼于对应的筹资人的情况。

【例5-10】 F公司在202×年1月1日，发行本公司三年期的公司债券给E公司。票据面值为1 000元/张，票面年利率为5%，按年支付利息，到期还本；这批票据共计100张，票面金额100 000元。以下有三种情况：

（1）F公司按照票面值发行了这批债券。全部按照债券票面的约定，E公司在第三年年末如期取回这批债券的全部利息和本金。

（2）假设债券的票面利率高于同期银行存款利率，F公司按照110 000元的价格发行了这批债券。其余事项全部按照债券票面的约定，E公司在三年中取得了全部利息并在第三年年末收回了本金。

（3）假设债券的票面利率低于同期银行存款利率，F公司按照90 000元的价格发行了这批债券。该批债券改为三年后一次性还本付息，E公司在第三年年末如期取回这批债券的全部利息和本金。

要求：对上述三种情况分别进行会计处理。

解析：为了解释问题方便，以下采用表格方式同时列示三种情况，比较说明不同情况下的不同会计处理要求。

1. 三种情况在发行债券时的会计处理

三种情况下发行债券时的会计处理见表5-14。

表5-14　三种情况下发行债券时的会计处理

项目	情况①：平价发行	情况②：溢价发行	情况③：折价发行
会计处理	借：银行存款 100 000 　贷：应付债券 　　——面值 100 000	借：银行存款 110 000 　贷：应付债券 　　——面值 100 000 　　——利息调整 　　　　　　10 000	借：银行存款　 90 000 　　应付债券——利息调整 　　　　　　10 000 　贷：应付债券——面值 　　　　　　100 000
说明	按照面值记录成本，银行存款实际支付	全部差额计入利息调整	全部差额计入利息调整

2. 第一年年末按照实际利率法确定摊余成本

此处的实际利率和摊余成本与第四章中长期资产部分所提及的内容一致，即可采用插值法，通过查表和检验的方法得出其实际值，并根据得到的实际利率计算摊余成本。

（1）采用插值法，计算出平价发行债券情况①的实际利率为5%。情况①的实际利率摊余成本计算表见表5-15。

表5-15　情况①的实际利率摊余成本计算表　　　　　　　单位：元

年份	应付利息 （1）=面值× 5%	财务费用 （2）=期初 （5）×5%	利息调整 （3）=（2）- （1）	利息调整 （4）=期初 （4）-（3）	摊余成本 （5）=期初 （5）-（3）
第一年年初				0	100 000
第一年年末	5 000	5 000	0	0	100 000
第二年年末	5 000	5 000	0	0	100 000
第三年年末	5 000	5 000	0	0	100 000

（2）采用插值法，计算出的情况②的实际利率为1.55%。实际利率摊余成本计算表见表5-16。

表5-16　情况②的实际利率摊余成本计算表　　　　　　　单位：元

年份	应付利息 （1）=面值× 5%	财务费用 （2）=期初 （5）×1.55%	利息调整（贷） （3）= （2）-（1）	利息调整（贷） （4）=期初 （4）-（3）	摊余成本 （5）=期初 （5）+（3）
第一年年初				-10 000	110 000
第一年年末	5 000	1 705	-3 295	-6 705	106 705
第二年年末	5 000	1 654	-3 346	-3 359	103 359
第三年年末	5 000	1 641	-3 359	0	100 000

（3）采用插值法，计算出的情况③的实际利率为8.95%。实际利率摊余成本计算表见表5－17。

表5－17　　　　　　　　　情况③的实际利率摊余成本计算表　　　　　　　　单位：元

年份	应付利息（1）＝面值×5%	财务费用（2）＝期初（5）×8.95%	利息调整（贷）（3）＝（2）－（1）	利息调整（贷）（4）＝期初（4）－（3）	摊余成本（5）＝期初（5）＋（3）
第一年年初				10 000	90 000
第一年年末	5 000	8 055	3 055	6 945	93 055
第二年年末	5 000	8 328	3 328	3 617	96 383
第三年年末	5 000	8 617	3 617	0	100 000

3. 做出三年来相关的比较会计分录

此处以列表的形式，将三年来的会计分录进行列示和比较，见表5－18。

表5－18　　　　　　　　　三种情况在发行债券以后的会计处理

时间	情况①	情况②	情况③
第一年年末	结转费用，实际支付利息： 借：财务费用　5 000 　贷：银行存款　5 000	结转费用，实际支付利息： 借：财务费用　5 000 　贷：银行存款　5 000 借：应付债券 　——利息调整 　　　3 295 　贷：财务费用　3 295	结转费用，记录应付利息： 借：财务费用　8 055 　贷：应付利息　5 000 　　应付债券 　——利息调整 　　　3 055
第二年年末	结转费用，实际支付利息： 借：财务费用　5 000 　贷：银行存款　5 000	结转费用，实际支付利息： 借：财务费用　5 000 　贷：银行存款　5 000 借：应付债券 　——利息调整 　　　3 346 　贷：财务费用　3 346	结转费用，记录应付利息： 借：财务费用　8 328 　贷：应付利息　5 000 　　应付债券 　——利息调整 　　　3 328
第三年年末	结转费用，实际支付利息： 借：财务费用　5 000 　贷：银行存款　5 000	结转费用，实际支付利息： 借：财务费用　5 000 　贷：银行存款　5 000 借：应付债券 　——利息调整 　　　3 359 　贷：财务费用　3 359	结转费用，记录应付利息： 借：财务费用　8 617 　贷：应付利息　5 000 　　应付债券 　——利息调整 　　　3 617

4. 三种情况在债券到期时偿还本金（本息）时的会计处理

债券到期时，三种情况下偿还本金（本息）的会计处理见表5-19。

表5-19   三种情况下偿还债券本金（本息）时的会计处理

情况①	情况②	情况③
借：应付债券——面值 　　　　　　　　100 000 　贷：银行存款　100 000	借：应付债券——面值 　　　　　　　　100 000 　贷：银行存款　100 000	借：应付债券——面值 　　　　　　　　100 000 　　　　——应计利息 　　　　　　　　15 000 　贷：银行存款　115 000

（三）应付债券的会计信息披露

从我国上市公司的基本情况来看，在会计期末存在应付债券的企业一般规模较大，否则难以得到发行债券的机会。××公司财务报表中应付债券附注、应付债券的增减变动附注分别见表5-20、表5-21。

表5-20   ××公司财务报表中应付债券附注   单位：元

项目	期末余额	期初余额
公司债券	—	499 997 000.00

表5-21   ××公司财务报表中应付债券的增减变动附注   单位：元

债券名称	面值	发行日期	债券期限	发行金额	期初余额
公司债券	700 000 000.00	20×1-10-29	5年	700 000 000.00	499 997 000.00

应付债券附注解释：其他减少系重分类到一年内到期的非流动负债；期末应付债券比期初大幅下降，主要系将于20×6年到期偿还的应付债券列示于一年内到期的非流动负债的金额较大所致。

应付债券附注的解读：由于该公司的应付债券将于下一年清偿，所以在财务报表上将其从长期负债结转至流动负债中的"一年内到期的非流动负债"。

请思考

1. 长期借款的会计处理要求是怎样的？
2. 应付债券的会计处理要求是怎样的？

思维导引 5-3

边学边练

甲公司在202×年1月1日，发行本公司三年期的公司债券给丙公司。票据面值为1 000元/张，票面年利率为6%，按年支付利息，到期还本；这批票据共计200张，票面金额200 000元。以下有三种情况：①甲公司在不同情况下均未支付手续费，按照票面值发行了这批债券。②全部按照债券票面的约定，丙公司每年收取利息并在第三年年末取回这批债券的本金。③该批债券改为三年后一次性还本付息，丙公司在第三年年末如期取回这批债券的全部利息和本金。

要求：对甲公司上述情况进行会计处理，并同时对丙公司进行会计处理。

🔑答案5-2

第五节　**其他长期负债**

本节重难点5-5

一、其他长期负债的类别与特殊内容

（一）其他长期负债的类别

本章前面所述的负债都是金融负债，即流动金融负债与长期金融负债。这些负债典型的表现是：由负债引起的经济利益的流出是货币资金的流出。与此相反的是，企业有的负债在减少时不是减少货币资金，而是减少非货币资金的其他财产。本书将这样的负债作为其他负债而专门说明。这样的负债包括以下三种：一是作为流动负债的预收账款（已经在前面有所提及，此处不再细说）；二是作为长期负债确认的预计负债；三是一般表明企业与政府等特定机构有特别交往目的的递延收益。除上述三种负债外，此处还要对与上述负债尤其是与预计负债紧密相关的内容，即或有负债进行适当说明。

👤 名师点拨 5-13

其他长期负债有何
特殊性？

📖 法规速查 5-3

或有事项

（二）其他长期负债的特殊内容

简而言之，本书此处提及的其他负债的最大特点就是在偿还时使用非货币资金的其他财产归还。进一步分析，三种负债在偿还方式上还有区别，甚至可以说这三种负债各自有其特殊内容。

1. 预计负债

预计负债是指根据《企业会计准则第13号——或有事项》等相关准则确认的各项预计负债，包括对外提供担保、未决诉讼、产品质量保证、重组义务以及固定资产和矿区权益弃置义务等产生的预计负债。企业应将其确认为负债的条件：一是该义务是企业承担的现时义务；二是该义务的履行很可能导致经济利益流出企业，这里的"很可能"指发生的可能性为"大于50%，但小于或等于95%"；三是该义务的金额能够可靠地计量。预计负债虽不能完全排除使用货币资金归还，但其与前述的应付款项等的差别是明显存在的。可以说，预计负债的偿还既有其特殊的方式，又有其特殊的意义。

2. 递延收益

递延收益是指尚待确认的收入或收益，也可以说是暂时未确认的收益，它是权责发生制在收益确认上的运用。递延收益科目核算企业根据政府补助准则确认的应在以后期间计入当期损益的政府补助金额；换句话说，企业若在当期损益中确认政府补助，则应在"营业外收入"科目核算，不在递延收益科目核算。企业在收到政府补助的有关款项时，由于与政府补助相关的业务尚未发生或履行，因而不能作为收入（一般为营业外收入）入账，只能确认为一项负债，即贷记"递延收益"账户。企业按合同规定履行义务或职责之后，可根据合同的履行情况，逐期将未实现收入转成已实现收入。

3. 或有负债

或有负债是指过去的交易或事项形成的潜在义务，其存在须通过未来不确定事项的发生或不发生予以证实；或过去的交易或事项形成的现时义务，履行该义务不是很可能导致经济利益流出企业或该义务的金额不能可靠地计量。就此，可将或有负债理解为那些最终结果如何尚难确定，须视某种事项是否发生而定的债务。它是由于过去的某种约定、承诺或某些情况引起的，其结果尚难确定，可能是要企业负责偿还的真正债务，也可能不构成企业的债务。因此，或有负债只是一种潜在的债务，并不是企业真正的负债。

二、预计负债

预计负债确认与计量的依据是我国的《企业会计准则第 13 号——或有事项》。按照该准则的解释，或有事项是指过去的交易或者事项形成的，其结果须由某些未来事项的发生或不发生才能决定的不确定事项。准则的进一步解释是，与或有事项相关的义务同时满足下列条件的，应当确认为预计负债：①该义务是企业承担的现时义务；②履行该义务很可能导致经济利益流出企业；③该义务的金额能够可靠计量。此外，预计负债应当按照履行相关现时义务所需支出的最佳估计进行初始计量。

【例 5-11】 H 公司本年第一季度销售 D 产品 1 500 台，每台售价为 3 000 元。公司对购买其产品的消费者做出如下承诺：D 产品售出后若年内非意外事件造成的故障和质量问题，公司免费负责保修。该公司对随产品销售发生的保修费进行的判断是其通常在销售额的 1.5% ~3.5%，公司按照销售额的 2.5% 提取此批产品的保修费用。假定 H 公司本年第一季度销售的产品在年内实际支付了维修费 86 000 元，完全实现了对产品保修的承诺。

要求：做出 H 公司第一季度销售产品以及在年末进行保修的全部会计分录。

解析：（1）对外销售产品的会计分录（此处不考虑增值税）：

借：银行存款等 4 500 000

贷：主营业务收入——D 产品 4 500 000

（2）对计提预计负债的分析。例中的 H 公司因销售产品而承担了现时义务，该义务的履行很可能导致经济利益流出公司，且该义务的金额能够可靠地计量，则 H 公司在年末前应确认一项负债。设 H 公司在第二、第三、第四季度开始时各按照销售收入的 1%、1%、0.5% 的比例计提了保修费用。下面是汇总后的会计分录。

借：销售费用——售后保修 112 500

贷：预计负债——产品质量保证 112 500

（3）当保修业务实际发生时，按照提供的原材料、应付职工薪酬和已支付的货币资金、支付的运输费等抵减已计提的保修费用的会计处理，此处是合计的会计分录。

借：预计负债——产品质量保证 86 000

贷：原材料（应付职工薪酬、银行存款等） 86 000

每到会计期末，企业应当对计提的预计负债进行核定和测算，并对不符合外部情况等的预计负债及时进行处理。

公司在会计期末对预计负债的信息披露一般都较为简单，可以说很少有企业披露相关内容，即使披露，其内容也比较少。但是有的公司披露的数额也颇有"震撼力"，如某家用电器生产企业财务报表中预计负债附注见表5-22。

表5-22　　　　　　　　某家用电器生产企业财务报表中预计负债附注　　　　　　单位：元

项目	期末余额	期初余额
售后安装维修费	1 837 880 982.08	1 820 547 098.89
购买少数股东股权	319 372 857.14	342 428 571.43
合计	2 157 253 839.22	2 162 975 670.32

三、递延收益

如前所述，企业应设置"递延收益"科目，用于核算企业接受国家拨入的具有专门用途的补助款项等。在"递延收益"科目下，应按各补助项目种类设置明细科目，进行明细核算。其会计处理要求为：要清晰地反映各种政府补助是否按照规定用途使用；如果遵循了补助款项的使用要求，则使用部分应按照规定转为企业收入（一般为营业外收入）。

递延收益科目可按政府补助的项目进行明细核算，主要账务处理如下：

（1）企业收到或应收的与资产相关的政府补助，借记"银行存款""其他应收款"等科目，贷记本科目。

（2）与资产购建与使用相关的政府补助，可在按照规定使用资产期间，在相关资产使用寿命内分配递延收益，借记本科目，贷记"营业外收入"科目。

（3）与收益相关的政府补助，在发生相关费用或损失的相关期间，按应补偿的金额，借记本科目，贷记"营业外收入"科目。

（4）已确认的政府补助需要退回的，应当按照政府补助准则的要求进行退回的会计处理。

（5）本科目期末贷方余额，反映企业应在以后期间计入当期损益的政府补助，列示在资产负债表的非流动负债部分。

四、或有负债

按照我国会计准则的解释：或有负债是指过去的交易或者事项形成的潜在义务，其存在须通过未来不确定事项的发生或不发生予以证实；或过去的交易或事项形成的现时义务，履行该义务不是很可能导致经济利益流出企业或该义务的金额不能可靠计量。或有资产是指过去的交易或事项形成的潜在资产，其存在须通过未来不确定事项的发生或不发生予以证实。

我国会计准则对或有负债和或有资产的确认与否有明确规定，即企业不应当确认或有负债和或有资产。但是从信息披露的要求来看，企业应在财务会计报告中披露或有负债而一般不要求披露或有资产。对或有负债的披露要求为：企业应当披露或有负债的种类及形成原因，包括已贴现商业承兑汇票、未决诉讼、未决仲裁、对外提供债务担保等形成的或有负债；经济利益流出不确定性的说明；或有负债预计产生的财务影响，以及获得补偿的可能性；无法预计的，应当说明原因。下面是我国某上市公司年末资产负债表对或有负债的披露。

【例 5 - 12】　或有事项说明：

1. 202×年 9 月，本公司主动申请并在美国消费品安全委员会（CPSC①）和加拿大卫生部的批准下，召回在美国和加拿大销售的除湿机，公司按照预计可能发生的损失计提了充足的费用。

2. 美国××公司的股东 M 起诉公司和公司的子公司，要求赔偿 M 损失 USD××× 千元。该诉讼案件于 202×年×月××日开庭，截至本报告批准日，案件尚未有审理结果。公司聘请了专业律师积极应诉，律师认为该诉讼案件情况目前尚无法预计。

请思考

1. 预计负债及其会计处理的相关内容是怎样的？

2. 递延收益及其会计处理的相关内容是怎样的？

3. 或有负债及其会计处理的相关内容是怎样的？

思维导引 5-4

①　英文全称为 Consumer Product Safety Committee。

边学边练

甲公司在上年年末承担了一个科技项目，实施周期为一年，收到政府补助的科技经费 500 000 元。其中，购买实验用仪器支出 200 000 元，该设备按直线法计提折旧，折旧年限 2 年，预计净残值为零；按照政府补助的使用要求使用了项目款项，全年共形成符合政府补助要求的费用支出 240 000 元。现金结余 60 000 元，退回原政府部门。

答案 5-3

要求： 做出上述甲公司的全部会计分录。

第六节　所有者权益

本节重难点 5-6

一、所有者权益的构成与特征

（一）所有者权益的构成

所有者权益，又称企业净资产，是指企业资产扣除负债后由所有者享有的剩余权益。由所有者权益的定义可看出：所有者权益指的是企业投资人对企业净资产的所有权，它随总资产和总负债的变动而发生增减变动。

从构成内容来看，所有者权益既包含投资者对企业的最初投入，我们称为所有者的初始投资或者所有者投入的资本，即企业的股本、资本公积，又包括所有者以其出资比例分享的企业利润，或者是按照出资比例承担的亏损，即由税后利润或者是留存收益形成的盈余公积和未分配利润。除上述两点之外，所有者权益还包括根据企业会计准则规定未在损益中确认的各项利得和损失扣除所得税影响后的净额，即直接计入所有者权益的利得和损失，即其他综合收益。这样，在所有者持有使用者权益的同时，所有者也必须以其出资额承担企业的经营风险。当然，这还意味着所有者有法定的管理企业和委托他人管理企业的权利。

（二）所有者权益的特征

名师点拨 5-14

与负债相比，所有者权益有哪些特征？（音频）

所有者权益的特征主要是所有者权益与同时为企业资产提供者的债权人权益相比较而言的。具体来说，所有者权益与债权人权益比较，一般具有以下四个基本特征：

（1）所有者权益在企业经营期内可供企业长期、持续地使用，企业不必向投资人返还资本金；但企业必须按期向债权人支付借入资金的本金和利息，直到全部偿还。

（2）企业所有者以其出资额的比例分享企业利润，由此，所有者权益是企业分配税后净利润的主要依据；而债权人除按规定取得利息外，无权分享企业利润。

（3）企业所有者有行使企业经营管理的责任，或者授权管理人员行使经营管理权；债权人则没有经营管理权。

（4）企业的所有者对企业的债务和亏损负有无限的责任或有限的责任；而债权人与企业的其他债务没有关系，也不会承担企业的亏损。

二、资本的筹集与股权结构

（一）企业筹集资本的渠道

组建企业的起点就是筹集资本。企业筹集资本，是指企业作为筹资主体根据其生产经营、对外投资和调整资本结构等需要，通过筹资渠道和金融市场，运用筹资方式，经济有效地筹措和集中资本的活动。

企业筹措初始资本，既可以接受货币资金投资，又可以接受实物资产，如固定资产、存货的投资，还可以接受无形资产，如土地使用权、专利技术、商标权等的投资。

（二）企业筹集资本的会计处理要求

股份制企业接受投资者初始投资的会计科目是"股本"和"资本公积——股本溢价"。"股本"科目按照每一个持有公司股份的股东设置明细科目，记录的是公司按照股票价格计算的某一股东持有的股份占企业股份总额的份额。相对而言，如果企业收到投资者的出资额超出其在注册资本或股本中所占份额的金额，就要把超出的数额计入"资本公积——股本溢价"科目。这就是这两个会计科目之间的相互关系。公司积累的资本公积，可在董事会、股东会做出决议后转增企业股本等。

简单来说，公司的"本钱"，即其成立时的初始投资，以及经营期间的新增投资，就是用这两个会计科目进行记录和处理的。

（三）企业筹集资本的会计处理举例

此处主要以母公司出资组建子公司时股本与资本公积的核算与管理，以及公司改制和股民购买上市公司股票为例，说明"股本"与"资本公积——股本溢价"的作用方式。

【例5－13】某国有企业的母公司，用固定资产1 500万元（账面价值，增值税税率为3%）、存货1 000万元（增值税税率为13%）和货币资金1 000万元投资于子公司青蓝公司，折合为3 000万股普通股股本。在此之后，青蓝公司转为上市公司，对外发行股票1 000万股，每股发行价格为6元。

要求：做出这一阶段母公司与青蓝公司双方的会计分录。

解析：（1）母公司作为投资单位以货币资金、固定资产、存货进行投资时的会计分录：

借：长期股权投资		36 750 000
贷：固定资产		15 000 000
原材料等		10 000 000
应交税费——应交增值税（销项税额）		1 750 000
银行存款		10 000 000

（2）青蓝公司作为接受投资单位记录各项财产与母公司投资的会计分录：

借：固定资产		15 000 000
原材料等		10 000 000
应交税费——应交增值税（进项税额）		1 750 000
银行存款		10 000 000
贷：股本——母公司		30 000 000
资本公积——股本溢价		6 750 000

（3）青蓝公司对外发行股份，接受社会股民的投资，取得货币资金时的会计分录：

借：银行存款		60 000 000
贷：股本——公众股		10 000 000
资本公积——股本溢价		50 000 000

从上述会计处理可看到：作为上市公司的青蓝公司，仅仅让出了 1/4 股份，就得到了原来近两倍的净资产；如果在此基础上再以雄厚的净资产取得银行借款或发放债券，青蓝公司就可以得到非常好的发展机遇。这也是我国企业为什么都争着上市集资的重要原因。

（四）关于股权结构的解释

名师点拨 5-15

股权即股票持有者所具有的与其拥有的股票比例相应的权益及承担一定责任的义务。**股权结构**则是指股份公司总股本中不同性质的股份所占的比例及其相互关系。

就【例 5－13】而言，其公司股权结构为 3∶1，75% 的国有股对企业有支配权，即国有股权对企业经营决策等有实质性权利。

股权结构及其意义是怎样的？

三、其他综合收益

名师点拨 5-16

（一）其他综合收益的解释

企业的**其他综合收益**，是指企业根据企业会计准则规定未在损益中确认的各项利得和损失扣除所得税影响后的净额。

其他综合收益的性质及其具体构成内容是怎样的？

我国《企业会计准则——基本准则》第 27 条规定：所有者权益的来源包括所有者投入的资本、直接计入所有者权益的利得和损失、留存收益等。直接计入所有者权益的利得和损失，是指不应计入当期损益、会导致所有者权益发生增减变动的、与所有者投入资本或者向所有者分配利润无关的利得或者损失。利得是指企业非日常活动所形成的、会导致所有者权益增加的、与所有者投入资本无关的经济利益的流入。损失是指企业非日常活动所发生的、会导致所有者权益减少的、与向所有者分配利润无关的经济利益的流出。

本书在前面部分的分析中已经提及，"所有者投入的资本"主要表现为"股本"与"资本公积——股本溢价"的数额。"留存收益"将在后面说明，而这里的"直接计入所有者权益的利得和损失"，就是其他综合收益。

（二）其他综合收益需处理的业务内容

具体来说，其他综合收益包括以下情况：

（1）其他债权投资、其他权益工具投资的公允价值变动、减值及处置导致的其他综合收益的增加或减少。

（2）确认按照权益法核算的在被投资单位其他综合收益中所享有的份额导致的其他综合收益的增加或减少。

（3）将债权投资重分类为其他债权投资时，将固定资产重分类为按照公允价值计价的投资性房地产时，重分类日公允价值与账面余额的差额计入"其他综合收益"的部分。

（4）现金流量套期工具利得或损失中属于有效套期的部分，以及其后续的转出。

（5）境外经营外币报表折算差额的增加或减少。

（6）与计入其他综合收益项目相关的所得税影响。

其他综合收益最直接、最典型的表现即可供出售金融资产公允价值变动时的会计处理（参看第四章第二节的【例4-2】【例4-3】和第五节的【例4-10】）。此处举例略。

👤 名师点拨 5-17

我国企业在收益分配方面的要求，以及留存收益的来源和构成情况是怎样的？

四、留存收益及其表现形态

（一）留存收益及其构成

留存收益是公司在经营过程中创造的，由于公司经营发展的需要或法定的原因等，没有分配给所有者而留存在公司的盈利。它来源于企业的生产经营活动所实现的净利润，是指企业从历年实现的利润中提取或留存于企业的内部积累，包括企业的盈余公积金和未分配利润两个部分。其中，盈余公积金是有特定用途的累积盈余，可进一步划分为法定盈余公积和任意盈余公积；未分配利润是没有指定用途的累积盈余。

简单而言，如果公司的"本钱"，即其成立时的初始投资等，就是前述的"股本"和"资本公积"，那么公司的"盈余"在所有者权益中的表现，即公司的留存收益。

（二）企业的收益分配过程

此处可将我国企业的收益分配的相关政策简要概括如下：

（1）如果在开始经营的年份亏损，可用税前利润弥补，但最长期限为5年；在5年内若未将亏损完全弥补，就只能用税后利润弥补。

（2）弥补亏损后实现的税后利润，必须按照10%的比例计提法定盈余公积金；提取过法定盈余公积金之后，可按照董事会的决议计提任意盈余公积金；计提的法定盈余公积金超过注册资本的 50% 之后，可不再提取。

（3）在正常经营盈利、计提盈余公积后又产生亏损，可用盈余公积补亏，但原则是盈余公积必须保持在注册资本的 25% 以上；若满足这个条件，甚至可以以注册资本的 6% 用盈余公积派发现金股利。

（4）盈余公积中的储备资金和企业发展基金主要适用于外商投资企业，是盈余公积在外商投资企业的表现。

这样，企业缴纳企业所得税之后的净利润，在按照 10% 的比例计提法定盈余公积、按照公司董事会的决议计提任意盈余公积后，可向普通股股东派发现金股利；派发现金股利后的剩余额，即公司在资产负债表的所有者权益中的未分配利润。

（三）留存收益的会计处理举例

【例 5 - 14】 假设【例 5 - 13】中的青蓝公司在上市后的第一年，实现税后净利润 600 万元。由于是公司组建后的第一个获利年度，公司董事会、股东大会决定，除计提 10% 的法定盈余公积金外，再计提 10% 的任意盈余公积金，然后按照税后利润额的 60% 向各股东分配现金股利。

要求： 做出上述青蓝公司盈余分配工作的全部会计分录，并计算青蓝公司期末股东权益的各构成数额。

解析：（1）计提法定盈余公积、任意盈余公积的会计分录：

借：利润分配——计提盈余公积　　　　　　　　　　　　　1 200 000
　　贷：盈余公积——法定盈余公积　　　　　　　　　　　　　　　600 000
　　　　　　　　——任意盈余公积　　　　　　　　　　　　　　　600 000

（2）对外分派现金股利的会计分录：

借：利润分配——分派现金股利　　　　　　　　　　　　　3 600 000
　　贷：应付股利——现金股利　　　　　　　　　　　　　　　3 600 000

（3）计算企业会计期末的所有者权益及其各构成项目的数额。

期初所有者权益 = 40 000 000（股本）+ 56 750 000 [资本公积（股本溢价）]
　　　　　　　 = 96 750 000（元）

本期期末增加的股东权益 = 1 200 000（盈余公积金）+ 1 200 000（未分配利润）
　　　　　　　　　　　 = 2 400 000（元）

青蓝公司在会计期末的所有者权益 = 40 000 000（股本）+ 56 750 000（资本公积）+

$$1\ 200\ 000(盈余公积) + 1\ 200\ 000(未分配利润)$$
$$= 99\ 150\ 000（元）$$

五、其他权益事项

这里的其他权益事项主要是指公司的库存股、接受捐赠财产、合并报表的外币折算差异等。其中的库存股是公司作为主体，收购本公司流通在资本市场中股份的事项，我国会计准则对这样事项的会计处理要求是：在购入本公司股份时，资产负债表中的库存股不能列为公司资产，而是以负数形式列为股东权益中的一项特殊内容。

六、所有者权益的信息披露

全面了解公司的所有者权益首先要了解公司"所有者权益变动表"需要列明的事项，其次要了解这种披露在公司年度报告中所占的主要地位。下面以某上市公司年度资产负债表的数额来说明这一重要问题。

（一）股本

××公司财务报表中股本附注见表5-23。

表5-23　　　　　　　　　　　　××公司财务报表中股本附注　　　　　　　　　　单位：元

项目	期初数	本期增加（＋）减少（－）					期末数
		发行新股	送股	公积金转股	其他	小计	
股份总数	128 400 000	—	—	89 880 000	—	89 880 000	218 280 000

股本附注解释：根据202×年度股东大会审议通过的202×年度利润分配及资本公积金转增股本的方案，本公司以202×年12月31日总股本12 840万股为基数，用资本公积向全体股东按每10股转增7股的比例转增股份8 988万股，增加注册资本人民币8 988万元，变更后的注册资本为人民币21 828万元。增加的注册资本已经××会计师事务有限公司审验，并出具××验字［202×］第1-0059号验资报告。

（二）资本公积

××公司财务报表中资本公积附注见表5-24。

表 5 – 24 　　　　　　　　　××公司财务报表中资本公积附注 　　　　　　　单位：元

项目	期初数	本期增加	本期减少	期末数
资本溢价	576 644 654	—	89 880 000	486 764 654
其他	3 478 000	6 563 084	—	10 041 084
合计	580 122 654	6 563 084	89 880 000	496 805 738

　　资本公积附注解释：①资本溢价本期减少系公司以 202×年 12 月 31 日总股本 12 840 万股为基数，用资本公积向全体股东按每 10 股转增 7 股的比例转增股份 8 988 万股。②其他资本公积本期增加 2 503 084.90 元系本期摊销的股票期权激励成本。③其他资本公积本期增加 4 060 000.00 元系本期末合并××科技公司，对其投资成本中评估增值的无形资产所对应的资本公积。

（三）盈余公积

　　××公司财务报表中盈余公积附注见表 5 – 25。

表 5 – 25 　　　　　　　　　××公司财务报表中盈余公积附注 　　　　　　　单位：元

项目	期初数	本期增加	本期减少	期末数
法定盈余公积	52 921 968	5 471 898	—	58 393 866
合计	52 921 968	5 471 898	—	58 393 866

（四）未分配利润

　　××公司财务报表中未分配利润附注见表 5 – 26。

表 5 – 26 　　　　　　　　　××公司财务报表中未分配利润附注 　　　　　　　单位：元

项目	金额	提取或分配比例
调整前上年末未分配利润	189 282 922	—
调整后年初未分配利润	189 282 922	—
加：本期归属于母公司所有者的净利润	80 153 720	—
减：提取法定盈余公积	5 471 898	—
应付普通股股利	38 520 000	—
期末未分配利润	225 444 744	—

　　股东权益信息披露解读：该公司以实际数据展现了其以前年度、本年度良好的经

营效益，这也是公司能够进行高送转（以资本公积按照10∶7的比例转增股本）的主要原因。

请思考

1. 企业股本筹集过程的会计处理是怎样的？
2. 企业应该怎样进行收益分配？会计处理过程是怎样的？

●思维导引5-5

边学边练

1. 甲公司运用固定资产5 500 000元、存货3 500 000元和货币资金2 000 000元投资于子公司丁公司，折合为750 000股普通股股本。在此之后，丁公司转为上市公司，对外发行股票250 000股，每股发行价格为5元。

要求：做出在这一阶段甲公司与丁公司双方的会计分录。

2. 设上题中丁公司上市后，全年实现的所得税税后净利润为800 000元。由于是公司组建后的第一个获利年度，公司董事会、股东大会决定，除计提10%的法定盈余公积金外，再计提8%的任意盈余公积金，然后按照税后利润额的80%向各股东分配现金股利。

要求：做出上述丁公司盈余分配工作的全部会计分录，并计算丁公司期末股东权益的各构成部分的数额。

🔑答案5-4

本章小结

负债与所有者权益是企业资产的对应，是按照出资人的不同地位与身份、担负的不同责任对企业资产进行的另一角度的划分。在这两部分内容中，负债的内容较为复杂。本章将负债的内容按照流动金融负债、长期金融负债和其他负债分别进行了阐述。流动金融负债是本章最重要的内容，其中的应付票据、应付账款、应付职工薪酬，在负债部分乃至本书全部内容中都有着较为重要的地位；长期金融负债中的应付债券是本书的难点之一，此处将其与前面的债权投资部分进行了比较阐述。负债部分的预计负债也是本章重点说明的内容。本章还对银行借款中的短期借款与长期借款之间在会计处理方面的异同进行了比较说明。在所有者权益部分，本章对企业筹集资金的会计处理，即股本、资本公积的会计处理进行了较为深入的介绍；对企业净利润的形成及其分配，以及我国法规对企业盈余分配的要求，进行了全面、系统的说明。

⚛ **本章知识框架**

知识框架图5

全彩高清

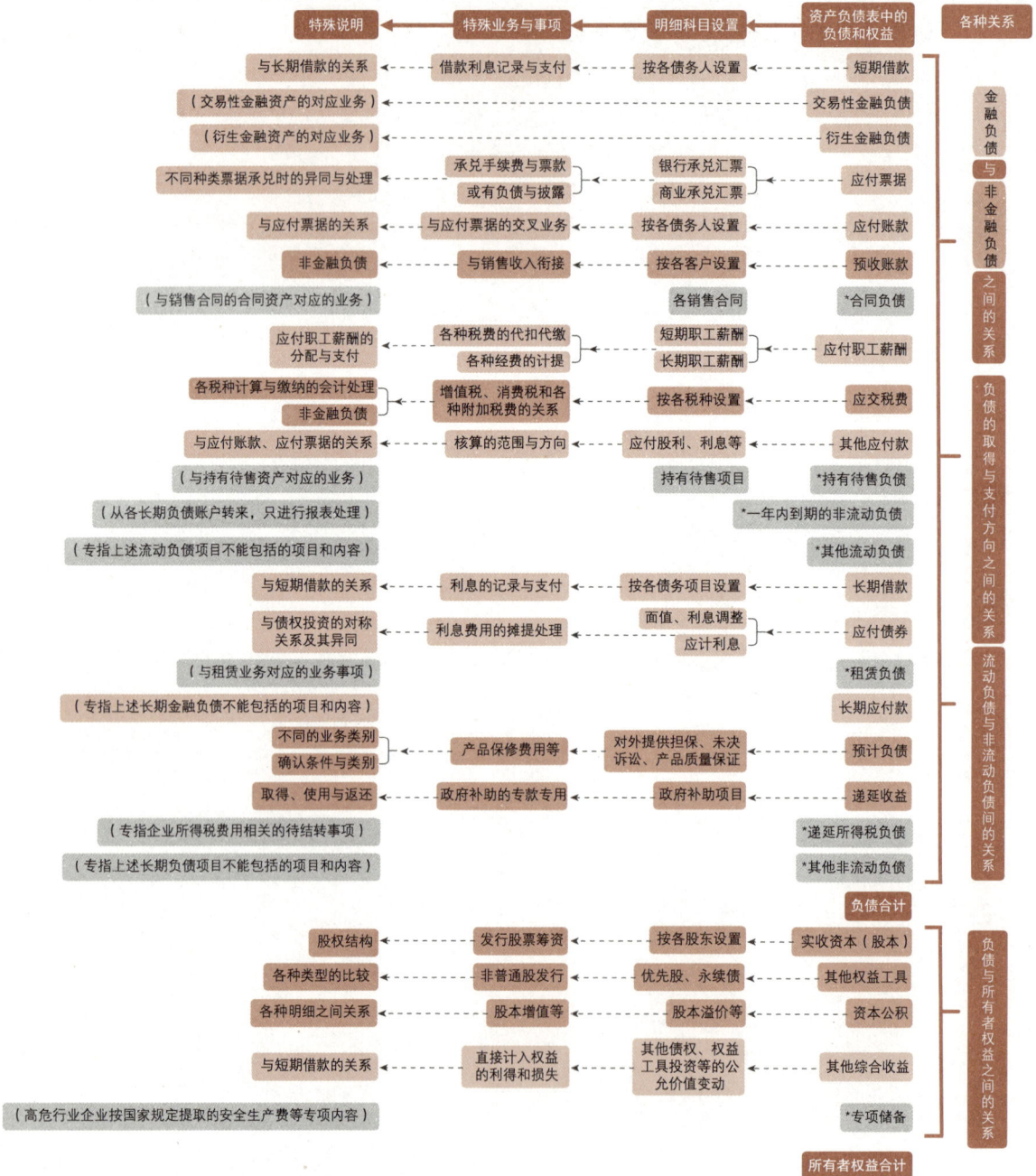

特殊说明	特殊业务与事项	明细科目设置	资产负债表中的负债和权益	各种关系
与长期借款的关系	借款利息记录与支付	按各债务人设置	短期借款	
（交易性金融资产的对应业务）			交易性金融负债	
（衍生金融资产的对应业务）			衍生金融负债	
不同种类票据承兑时的异同与处理	承兑手续费与票款 / 或有负债与披露	银行承兑汇票 / 商业承兑汇票	应付票据	
与应付票据的关系	与应付票据的交叉业务	按各债务人设置	应付账款	
非金融负债	与销售收入衔接	按各客户设置	预收账款	
（与销售合同的合同资产对应的业务）		各销售合同	*合同负债	
应付职工薪酬的分配与支付	各种税费的代扣代缴 / 各种经费的计提	短期职工薪酬 / 长期职工薪酬	应付职工薪酬	
各税种计算与缴纳的会计处理 / 非金融负债	增值税、消费税和各种附加税费的关系	按各税种设置	应交税费	
与应付账款、应付票据的关系	核算的范围与方向	应付股利、利息等	其他应付款	
（与持有待售资产对应的业务）		持有待售项目	*持有待售负债	
（从各长期负债账户转来，只进行报表处理）			*一年内到期的非流动负债	
（专指上述流动负债项目不能包括的项目和内容）			*其他流动负债	
与短期借款的关系	利息的记录与支付	按各债务项目设置	长期借款	
与债权投资的对称关系及其异同	利息费用的摊提处理	面值、利息调整 / 应计利息	应付债券	
（与租赁业务对应的业务事项）			*租赁负债	
（专指上述长期金融负债不能包括的项目和内容）			长期应付款	
不同的业务类别 / 确认条件与类别	产品保修费用等	对外提供担保、未决诉讼、产品质量保证	预计负债	
取得、使用与返还	政府补助的专款专用	政府补助项目	递延收益	
（专指企业所得税费用相关的待结转事项）			*递延所得税负债	
（专指上述长期负债项目不能包括的项目和内容）			*其他非流动负债	
			负债合计	

金融负债与非金融负债之间的关系

负债的取得与支付方向之间的关系

流动负债与非流动负债间的关系

股权结构	发行股票筹资	按各股东设置	实收资本（股本）	
各种类型的比较	非普通股发行	优先股、永续债	其他权益工具	
各种明细之间关系	股本增值等	股本溢价等	资本公积	
与短期借款的关系	直接计入权益的利得和损失	其他债权、权益工具投资等的公允价值变动	其他综合收益	
（高危行业企业按国家规定提取的安全生产费等专项内容）			*专项储备	
			所有者权益合计	

负债与所有者权益之间的关系

＊ 本章未展开讲解的科目。

综合训练

1. 乙公司的控股投资人在准备经营日投入货币资金 1 500 000 元，款项存入公司银行账户。此外，公司还于经营期间的最后三个月从银行借入短期借款 600 000 元，年利率为 6%。三个月后如期归还。

要求：做出上述业务的全部会计分录。

2. 甲公司在经营期间发生的各种会计业务如下：①前述第三章中的鞋帽销售单位于公司收到货物后的下一月份发来了结算单据，公司以银行存款支付了全部应支付款项。②公司在前述第三章中的服装销售单位发出货物后的三个月后，承兑了全部应支付票据款项。③计算本年度 7 月 1 日发生、将于下一经营年度 6 月末归还的场地租用费用，费用总计 60 000 元，增值税税率为 9%；在年末之前，该笔业务暂记入"其他应付款"科目。

要求：做出上述业务的全部会计分录。

3. 甲公司在经营期内按月在月底进行应付职工薪酬的计提，汇总数额为 120 000 元；每月月中（计提后半个月内）将工资发放到各职工工资银行卡，并将汇总数额发放完毕。假定职工薪酬直接计入营业成本。

🔑答案5-5

要求：分别做出上述工资计提与发放业务的全部会计分录。

第六章

收入、费用与利润

本章 PPT

📖 导言

　　收入、费用与利润是和利润表相关的会计要素。 相对于前述资产负债表而言，本章学习的是会计学中另一重要报表——利润表的基础性内容。 本章的收入包含"本年利润"科目贷方表现的主营业务收入、其他业务收入、其他收益、投资收益、净敞口套期损益、公允价值变动损益、资产处置收益、营业外收入等全部内容；同时，本章的费用包含"本年利润"科目借方表现的主营业务成本、其他业务成本、税金与附加、销售费用、管理费用、研发费用、财务费用、信用减值损失、资产减值损失、营业外支出、所得税费用等费用总体。 本章以"本年利润"科目为中心线索，以该账户借贷双方对应与年度总结转的方式，对收入和费用的会计处理与信息披露进行全面而具体的描述。 以此为基础，本章还对企业以年终为时点的利润分配业务进行全面的说明。

📊 本章学习要点

1. 理解收入、费用与利润的概念、内容及相互关系。
2. 掌握收入的确认、与收入相关的流转税的会计处理与信息披露。
3. 掌握费用的会计处理、所得税费用的会计处理与信息披露。
4. 掌握利润及其分配的会计处理与信息披露。

第一节 收入、费用与利润概述

本节重难点 6-1

一、收入的来源和表现

名师点拨 6-1

收入的范围及其层次划分情况是怎样的？

（音频）

（一）收入的定义与范围

按照《企业会计准则第14号——收入》的解释，**收入**是指企业在日常活动中形成的、会导致所有者权益增加的、与所有者投入资本无关的经济利益的总流入。

具体来说，若将作为计价对比的核心科目"本年利润"作为一个中心线索考虑，从这个会计科目贷方转入的一切数额，都可以作为收入来考虑。但是，会导致所有者权益增加的、与所有者投入资本无关的经济利益的总流入的业务事项也很多，因此是否可以把这些活动都界定为收入，关键就看这些增加和流入事项是否为"日常活动形成的"经济业务。

（二）广义收入与狭义收入的划分

对上述收入定义进行推导的结果是：除所有者投资之外的，由资产的增加和负债的减少所形成的所有者权益的增加，都是收入。但是应说明，这是**广义收入**。

对**狭义收入**的界定为：收入是除偶然发生或不经常发生的活动之外的那部分日常活动形成的经济利益的流入；或者是说，可表现为企业销售产品、提供劳务、让渡资产使用权，以及在提供各种基本建设产品等活动中形成的，会导致所有者权益增加的、与所有者投入资本无关的经济利益的总流入。

更具体一点，一般把通常认为的营业收入，即主营业务收入、其他业务收入和投资收益（此处主要是对外投资后由股利分配形成的投资收益，而不是转让投资形成的资本利得），界定为狭义的收入；而将更多的内容，包括计提减值准备后的转回公允价值变动、营业外收入，抑或各种费用账户的减项等，均视为广义的收入。

二、费用的层次与内容

（一）费用的定义与范围

名师点拨6-2

费用的范围及其层次划分情况是怎样的？
（音频）

费用，是收入的对应，指企业在日常活动中发生的、会导致所有者权益减少的、与向所有者分配利润无关的经济利益的总流出。

按照上述收入的描述方式，费用也分为广义的费用与狭义的费用两种。而最简单的回答方式，即狭义的费用是为了取得狭义的收入而该付出的物力、人力、财力的代价；广义的费用则是企业在某一会计期间为了维持正常经营而形成的经济利益的总流出。无论狭义的费用，还是广义的费用，其都不包括所有者撤资和向所有者分配税后净利润的业务事项。

（二）广义的费用与狭义的费用的划分

按照上述定义，特别是考虑到按照收入的划分，以实现费用与收入的配比，本书倾向于将产品的营业成本，包括主营业务成本与其他业务成本、税金及附加、销售费用、管理费用、财务费用和投资损失（"投资收益"科目借方登记的内容）划分为**狭义费用**。

与上述广义收入对应的**广义费用**，除包括上述狭义的费用外，还要加上资产减值损失、公允价值变动损失（"公允价值变动损益"科目的借方数额）、营业外支出、所得税费用等。

三、本年利润确认与分配会计处理的特殊性

（一）利润及其计量要求

利润是指企业在一定会计期间的经营成果，包括收入减去费用后的净额、直接计入当期利润的利得和损失等。

直接计入当期利润的利得和损失，是指应当计入当期损益、会导致所有者权益发生增减变动的、与所有者投入资本或者向所有者分配利润无关的利得或者损失，具体来说，即企业利润表中的营业外收入与营业外支出。

利润金额取决于收入和费用、直接计入当期利润的利得和损失金额的计量，以及

缴纳的企业所得税等。

名师点拨 6-3

利润、本年利润、利润分配各自的内容是怎样的？它们之间有什么联系和区别？

（二）"本年利润"的特殊结构

"本年利润"科目是企业进行收入与费用汇总记录的核心会计科目，"利润分配"科目是"本年利润"科目的备抵科目。两个科目在时间上的特殊性表现为：二者都是"年结"账户，即一年内才结清一次；在企业会计体系的所有科目中，只有这两个会计科目有此特性。

按照我国企业会计准则的要求，"本年利润"发挥的作用就在于在各月末与年度会计期末的会计处理中，将平时会计处理汇集的本期发生的各项费用和收入全部计入各有关收益、费用科目之后，于期末将各收益类科目的贷方余额通过借方对应转入"本年利润"科目的贷方，即借记各收入科目的贷方发生额，贷记"本年利润"科目；同时从借方再将各成本、费用科目的借方余额通过贷方转入"本年利润"科目的借方，即贷记各费用成本科目，借记"本年利润"科目。转账后，"本年利润"科目如为贷方余额，反映本年度自年初开始累计发生的净利润。反之，如为借方余额，则反映本年度自年初开始累计发生的净亏损。

作为"本年利润"科目备抵科目的"利润分配"科目，则是指企业按照有关规定，对当年实现的利润所进行的分配，或对当年发生的亏损所进行的弥补。年末，"利润分配"科目若为借方余额，表示历年累计未弥补的亏损（或是超额利润分配），若为贷方余额，则表示历年未分配的利润。

（三）"本年利润"与"利润分配"的特殊作用

"利润分配"科目的会计期末余额，在性质上属于权益类的内容；而"本年利润"科目则多被解释为财务成果科目和计价对比科目。一般的解释是：计价对比的作用是对某项经济业务按两种不同的计价进行核算对比，借以确定其业务成果的科目。这样，"本年利润"科目的贷方登记本期转入的各项收入，借方登记本期转入的各项费用。"本年利润"科目的余额通常在贷方，表示本年累计实现的净利润；倘若余额在借方，则表示本年累计发生的亏损额。再加上"年结"的特性，"本年利润"就起到了在平时将收入与费用"隔开"，而在会计年度期末再通过"未分配利润"这一特殊通道将计价对比的结果转为企业财务成果，增加（或减少）企业所有者权益的特殊作用。所有收入、费用科目都汇集于"本年利润"科目的贷方或借方，就是这种特殊作用的结果。

第二节　收　入

本节重难点 6-2

一、收入的确认

（一）收入确认的基本要求

📖法规速查 6-1

我国企业会计准则对收入的确认要求为：收入只有在经济利益很可能流入从而导致企业资产增加或者负债减少，且经济利益的流入额能够可靠计量时才能予以确认。

企业会计准则第 14号——收入

更具体一点，准则要求企业在履行了合同中的履约义务，即客户取得相关商品（或服务）控制权时确认收入。这里的合同，是指双方或多方之间设立有法律约束力的权利、义务的协议，其应当同时满足下列条件：

（1）合同各方已批准该合同并承诺将履行各自义务。

（2）该合同明确了合同各方的权利和义务。

（3）该合同有明确的付款条款。

（4）该合同具有商业实质，即该合同将改变企业未来现金流量的风险、时间或金额。

（5）企业很可能收回因向客户转让商品（或提供服务）而有权取得的对价。这里的客户，是指通过与企业订立合同向该企业购买其日常活动产出的商品（或服务）并支付对价的一方。而这里的取得相关商品（或服务）控制权，则是指能够主导该商品（或服务）的使用并从中获得几乎全部的经济利益。

对于不符合上述条件的合同，企业只有在不再负有向客户转让商品（或提供服务）的剩余义务，并且自客户收到的对价不予退回时，才能将已收对价确认为收入，否则，应当将收到的对价作为负债处理。

👤名师点拨 6-4

收入确认的条件及其与履约义务之间的关系是怎样的?

（二）收入确认与履约义务

与收入确认相关的另一组重要术语为履约义务及其识别、确定。

履约义务，是指合同中企业向客户转让可明确区分商品（或服务）的承诺。履约义务既包括合同中明确的承诺，也包括由于企业的商业惯例、已公开承诺或已公开宣布的政策等导致合同订立时客户合理预期企业将履行的承诺。

会计准则对履约业务的具体要求是：合同开始日，企业应当对合同进行评估，识别该合同所包含的各项履约义务，并确定各履约义务是在一段时间内履行，还是在某一时点履行。满足下列任一条件的，属于在一段时间内履行履约义务：①客户在企业履约的同时即取得并消耗企业履约所带来的经济利益；②客户能够控制企业履约过程中在建的商品（或服务）；③企业履约过程中所产出的商品（或服务）不具有可替代用途，并且在整个合同期间内该企业有权就迄今为止已完成的履约部分收取款项。对于在一段时间内履行的履约义务，企业应当在该段时间内按照完工百分比法确认收入，但是履约进度不能合理确定的除外。完工百分比法，是指企业在资产负债表日按照履约进度确认收入的方法。企业应当考虑商品（或服务）的性质确定恰当的完工百分比计算方法。对于类似情况下的类似履约义务，企业应当采用一致的计算方法。履约进度不能合理确定的，企业应当按照已经发生的并且预计能够得到补偿的成本金额确认收入，直到履约进度能够合理确定为止。

如果不能满足上述在一段时间内履行履约义务，则属于在某一时点履行履约义务。对于这样的义务，企业应当在客户取得相关商品（或服务）控制权时点确认收入。在判断客户是否已取得商品（或服务）控制权时，企业通常应当考虑下列迹象：①企业就该商品（或服务）享有现时收款权利；②客户已拥有该商品（或服务）的法定所有权；③客户已实际占有该商品（或服务）；④企业已将商品（或服务）所有权上的主要风险和报酬转移给客户；⑤客户已接受该商品（或服务）。

👤 名师点拨 6-5

收入价格的确定及其应考虑的因素是怎样的？

二、收入的计量

（一）收入计量的基本要求

按照企业会计准则的解释：企业应当按照分摊至各履约义务的交易价格计量收入。由此可见，这里的交易价格，是收入确认的关键。一般来说，交易价格是指企业因向客户转让商品（或提供服务）而预期有权收取的对价金额。企业代第三方收取的款项以及企业预期将退还给客户的款项，应当作为负债处理，不计入交易价格。

（二）交易价格及其考虑因素

企业应当根据合同条款和商业惯例确定交易价格。具体来说，在确定交易价格时，企业应当考虑可变对价、合同中存在的重大融资成分、非现金对价、应付客户对价等因素的影响。对价，又称约因，是普通法系合同法中的重要概念，其内涵是一方为换取另一方做某事的承诺而向另一方支付的金钱代价或得到该种承诺的承诺。

上述关于营业收入计量的考虑之一是合同中存在的重大融资成分，其判断标准为"可能既包含销售又包含融资"。比如，某客户将应该支付的款项拖延至一年以后支付，就可能根据其对购买物品的出价情况将其定义为有着重大融资成分的合同。企业会计准则对此的要求是：合同中存在重大融资成分的，企业应当按照假定客户在取得商品（或服务）控制权时即以现金支付而需支付的金额确定交易价格。该交易价格与合同对价之间的差额，应当在合同期间内采用实际利率法摊销。但若在合同开始日，企业预计客户取得商品（或服务）控制权与客户支付价款间隔不超过一年的，可以不考虑合同中存在的重大融资成分。

相比较而言，上述解释中提及的可变对价、非现金对价与应付客户对价，是我们应当深入了解的术语。我国企业会计准则对合同中存在不同对价的会计处理要求为以下几点：

（1）合同中存在可变对价的，企业应当按照期望值或最可能发生金额确定可变对价的最佳估计数，但计入交易价格的可变对价金额，应当以与可变对价相关的不确定性消除时极可能不会发生累计已确认收入的重大转回为限。

（2）客户支付非现金对价的，企业应当按照非现金对价的公允价值确定交易价格。非现金对价公允价值不能合理估计的，企业应当参照其承诺向客户转让商品（或提供服务）的单独售价间接确定交易价格。

（3）企业应付客户（或向客户购买本企业商品或服务的第三方）对价的，应当将该应付对价作为交易价格的抵减项，但应付客户对价是为了自客户取得其他可明确区分商品（或服务）的除外。企业应当遵循确认相关收入与支付（或承诺支付）客户对价孰晚的原则抵减当期收入。企业会计准则同时也指出：企业应付客户对价是为了自客户取得其他可明确区分商品（或服务）的，应当按照其他相关企业会计准则的规定确认所购买的商品（或服务）。企业应付客户对价超过自客户取得可明确区分商品（或服务）公允价值的，超过金额应当作为交易价格的抵减项。自客户取得的可明确区分商品（或服务）公允价值不能合理估计的，企业应付客户对价应当全额作为交易价格的抵减项。

以上所述的后两项的内容，应当是与非货币性资产交换内容相近的业务事项。

（三）单独售价的确定及其各种方法的运用

合同中包含两项或多项履约义务的，企业应当在合同开始日，按照各项履约义务所承诺商品（或服务）的相对单独售价，将交易价格分摊至各项履约义务。单独售价，是指企业向客户单独销售某商品（或提供某服务）的价格。

交易价格的后续变动，应当以合同开始日确定的单独售价为基础分摊至相关履约义务。企业不得因合同开始日之后单独售价的变动而重新分摊交易价格。单独售价无法直接观察的，企业应当综合考虑其能够合理取得的全部相关信息，采用经调整的市场评估法、预计成本加毛利法、余值法等方法合理估计单独售价。企业会计准则还强调，只有在商品（或服务）过往售价波动幅度巨大或无法可靠确定时，企业才可采用余值法估计其单独售价。

1. 经调整的市场评估法

经调整的市场评估法是指企业根据经适当调整后的某商品（或服务）或类似商品（或服务）的市场售价，确定其单独售价的方法。比如，D公司取得某类商品准备出售，在确定销售价格时了解到，最高的精包装价格为12元/件，而最低的裸包装价格为9.6元/件。D公司根据本公司商品的包装情况，将该商品定价为10.8元/件。

2. 预计成本加毛利法

预计成本加毛利法是指企业根据某商品（或服务）的预计成本加上其合理毛利后的价格，确定其单独售价的方法。这样的计价方法主要运用在制造业企业产成品对外销售的价格的确定。比如，E公司产成品预计的完全成本为10元，从社会上看，该类产品的毛利水平一般在20%至30%，考虑到本产品尚未被社会充分认识，E公司对该产品的售价按照20%的低毛利水平进行确定，确定的销售价格为12元/件。

3. 余值法

余值法是指企业按照合同交易价格减去合同中其他商品（或服务）单独售价后的余值，确定某商品（或服务）单独售价的方法。一般用余值法来说明商誉的计价，此处以简单的方式进行解释。比如，甲公司的某商品由A、B、C三个单个商品和简单包装构成，总计50元。在这套组合商品中，A商品易于损坏，需要单独计价。据了解，A

商品的成本为 13 元，B 商品为 12 元，C 商品为 10 元，简易包装的成本为 2 元，公司的毛利率为 26%。甲公司按照余值法确认的 A 商品单独出售时的价格为 17.6 元 [50 - （2 + 10 + 12）／（1 - 26%）]。

对于可变对价及可变对价的后续变动额，企业应当将其分摊至与之相关的一项或多项履约义务，或者构成单项履约义务的一系列可明确区分商品（或服务）中的一项或多项商品（或服务）。对于已履行的履约义务，其分摊的可变对价后续变动额应当调整变动当期的收入。

（四）交易价格与合同折扣

与计量收入的交易价格相关的另一组术语为合同折扣。合同折扣，是指合同中各项履约义务所承诺商品（或服务）的单独售价之和高于合同交易价格的金额。对于合同折扣，企业应当在各项履约义务之间按比例分摊；但是，有确凿证据表明合同折扣仅与合同中一项或多项（而非全部）履约义务相关的，企业应当在采用余值法估计单独售价（如有）之前，将相关合同折扣分摊至该一项或多项履约义务。需要提醒的是：这里的合同折扣是在营业收入因数量的原因而加大时出现的，如同我们一般称谓的"批零差价"，其与取得营业收入的货币资金时形成的"现金折扣"不是相同的概念。

三、营业收入的确认与资产、负债的对应变动

（一）营业收入会计处理的基本要求

一般来说，企业的营业收入可进一步划分为"主营业务收入"和"其他业务收入"。主营业务收入主要包括：企业经常性的、主要业务所产生的基本收入，如制造业的销售产品、半成品和提供工业性劳务作业的收入；商品流通企业的销售商品收入；旅游服务业的门票收入、客户收入、餐饮收入等。其他业务收入是指企业主营业务收入以外的所有通过销售商品、提供劳务收入及让渡资产使用权等日常活动中所形成的经济利益的流入，如材料物资及包装物销售收入、无形资产使用权实施许可收入、固定资产出租收入、包装物出租收入、运输收入、废旧物资出售收入等。无论主营业务收入，还是其他业务收入，企业都应当分别设置收入科目，收入发生时记在贷方，每到月末要将在贷方记录数额从该科目借方转入"本年利润"科目的贷方，结转后，收入科目在月末没有余额，所以也就没有借贷差。

（二）主营业务收入的不同会计处理方式

本书前面章节的内容对主营业务收入多有涉及，如第三章的【例3－3】【例3－5】，为以应收票据为结算方式的主营业务收入。本章对前面已经讲解过的内容不再重复。

由于企业取得营业收入会有不同的结算方式、不同的计价方式，以及根据实际业务的环境、条件等的不同而有不同表现，因此，对于营业收入的会计处理也会有不同的处理要求和处理方式。除此之外，与营业收入计量有关的事项还有附有销售退回条款的销售、附有质量保证条款的销售、从事交易时的身份是主要责任人还是代理人的销售、附有客户额外购买选择权的销售、企业向客户授予知识产权许可、售后回购，以及企业向客户预收销售商品款项等。

（三）与营业收入相关联业务会计处理的举例说明

这里的与营业收入相关联业务，指的是取得一般收入时可能出现的商业折扣、现金折扣、销售折让和销售退货。

【例6－1】　甲公司本期对外销售A产品，价格为每件10 000元，增值税税率为13%。商业折扣如下：若购买100～499件，可享受总价2%的折扣；购买500件及以上的，可享受的商业折扣为5%。乙公司本期购买了A产品300件，与甲公司约定的现金折扣条件为"2/10，1/20，n/30"。乙公司在10天内支付了货款。

要求：按照以上所述内容，做出甲公司的会计分录。

解析：（1）甲公司对外销售商品时的会计分录：

借：应收账款——乙公司　　　　　　　　　　　　　　　　　　3 322 200

　　贷：主营业务收入——A产品　　　　　　　　　　　　　　　　　2 940 000

　　　　应交税费——应交增值税（销项税额）　　　　　　　　　　　382 200

（2）收到了乙公司在10天内支付的购买商品款的会计分录：

借：银行存款　　　　　　　　　　　　　　　　　　　　　　　3 255 756

　　财务费用　　　　　　　　　　　　　　　　　　　　　　　　66 444

　　贷：应收账款——乙公司　　　　　　　　　　　　　　　　　　3 322 200

需要说明的是：如果乙公司购买的A产品是100件以下，每件就要记录主营业务收入10 000元；但若购买的数量在500件及以上，则每件记录的主营业务收入额为9 500元。再就是，如果本例中的乙公司在11～20天支付货款，则其应支付的数额为

3 288 978 元［3 322 200 × （1 − 1%）］；如果在 21 ~ 30 天内支付货款，则要支付全部款项的 3 322 200 元。

【例 6 − 2 】 上述甲公司的 A 产品销售后，乙公司发现有 10 件不能使用，另有 10 件存在一些质量上的问题。经与甲公司协商，乙公司将 10 件产品原价退回，另 10 件产品给予 20% 折让。

要求： 做出甲公司关于销售产品的退货与折让额的会计分录。

解析： （1）甲公司在收到退货时的会计分录：

借：主营业务收入——A 产品　　　　　　　　　　　　98 000

　　应交税费——应交增值税（销项税额）　　　　　　12 740

　　　贷：银行存款　　　　　　　　　　　　　　　　　　110 740

（2）甲公司在支付折让时的会计分录。

借：主营业务收入——A 产品　　　　　　　　　　　　19 600

　　应交税费——应交增值税（销项税额）　　　　　　2 548

　　　贷：银行存款　　　　　　　　　　　　　　　　　　22 148

（3）按照 A 产品记录的成本数额记录收到的退回商品的会计分录，设 A 产品的单位成本为 6 000 元/件：

借：库存商品——A 产品　　　　　　　　　　　　　　60 000

　　　贷：主营业务成本　　　　　　　　　　　　　　　　60 000

（四）附有一定销售条件的营业收入会计处理的举例说明

此处所述的附有一定条件，既包括上述产品质量保证问题，也包括在未来期间履约的营业收入、销售合同中存在重大融资成分的营业收入和售后回购形成的营业收入。

1. 在一段时间内履行义务的营业收入

对于在一段时间内履行义务的，企业应当在该段时间内按照完工百分比法确认收入，但是履约进度不能合理确定的除外。完工百分比法，是指企业在资产负债表日按照履约进度确认收入的方法。企业应当考虑商品（或服务）的性质确定恰当的完工百分比计算方法。对于类似情况下的类似履约义务，企业应当采用一致的计算方法。履约进度不能合理确定的，企业应当按照已经发生的且预计能够得到补偿的成本金额确认收入，直到履约进度能够合理确定为止。

【例6-3】 甲公司9月末接受一件建筑施工业务B工程，施工期为3个月，合同含税收入为218万元，增值税税率为9%；全部工程费用在年末一次收取。至12月末，该项工程已实际完成65%，实际发生的成本费用数额为150万元，估计还会发生20万元。双方同意按照工程已完工程度确定完工进度。

要求： 做出与上述业务相关的全部会计分录。

解析：（1）年末收到全部工程价款时的会计分录：

借：银行存款	2 180 000
贷：预收账款	2 180 000

（2）年末确认销售收入时的会计分录。

借：预收账款	1 417 000
贷：主营业务收入——B工程	1 300 000
应交税费——应交增值税（销项税额）	117 000

（3）工程正式完工时确认收入与的会计分录。

借：预收账款	763 000
贷：主营业务收入——B工程	700 000
应交税费——应交增值税（销项税额）	63 000

2. 销售合同中存在重大融资成分的营业收入

对于销售合同中存在重大融资成分的，企业应当按照假定客户在取得商品（或服务）控制权时即以现金支付而需支付的金额确定交易价格。该交易价格与合同对价之间的差额，应当在合同期间内采用实际利率法摊销。在实际工作中，如果按照实际利率法进行价格差异摊销差距并不大，也可采用实际利率法进行简单化处理。合同开始日，企业预计客户取得商品（或服务）控制权与客户支付价款间隔不超过一年的，可以不考虑合同中存在的重大融资成分。

【例6-4】 甲公司本年以分期收款的方式向乙公司销售某成套设备C工程。合同约定价格为3 600 000元，在后三年每年年末支付价款1 200 000元及相应的增值税款项，增值税税率为13%。如果采用现销方式，一次性收款3 000 000元即可确认营业收入。为了简便起见，甲公司采用直线法进行未实现融资收益的处理。

要求： 做出上述相关事务的全部会计分录。

解析：（1）向乙公司以分期收款方式销售商品时的会计分录：

借：长期应收款	3 600 000
贷：主营业务收入——C工程	3 000 000

　　　　　未实现融资收益　　　　　　　　　　　　　　　　　　　　　600 000

（2）第二年年末收到货款和记录增值税时的会计分录：

借：银行存款　　　　　　　　　　　　　　　　　　　　1 356 000

　　贷：长期应收款　　　　　　　　　　　　　　　　　　　　1 200 000

　　　　应交税费——应交增值税（销项税额）　　　　　　　　　156 000

借：未实现融资收益　　　　　　　　　　　　　　　　　　200 000

　　贷：财务费用　　　　　　　　　　　　　　　　　　　　　　200 000

（3）第三年年末收到货款和记录增值税时的会计分录：

借：银行存款　　　　　　　　　　　　　　　　　　　　1 356 000

　　贷：长期应收款　　　　　　　　　　　　　　　　　　　　1 200 000

　　　　应交税费——应交增值税（销项税额）　　　　　　　　　156 000

借：未实现融资收益　　　　　　　　　　　　　　　　　　200 000

　　贷：财务费用　　　　　　　　　　　　　　　　　　　　　　200 000

（4）第四年年末收到货款和记录增值税时的会计分录：

借：银行存款　　　　　　　　　　　　　　　　　　　　1 356 000

　　贷：长期应收款　　　　　　　　　　　　　　　　　　　　1 200 000

　　　　应交税费——应交增值税（销项税额）　　　　　　　　　156 000

借：未实现融资收益　　　　　　　　　　　　　　　　　　200 000

　　贷：财务费用　　　　　　　　　　　　　　　　　　　　　　200 000

3. 售后回购条件下的营业收入

　　售后回购，是指企业在销售商品的同时承诺或有权选择日后再将该商品（包括相同或极其类似的商品，或以该商品作为组成部分的商品）购回的销售方式。对于售后回购交易，企业应当区分以下两种情形分别进行会计处理：

　　（1）企业负有回购义务或享有回购权利的，表明销售时点客户并未取得相关商品控制权，企业应当作为租赁交易或融资交易进行相应的会计处理。其中，回购价格低于原售价的，应视为租赁交易，按照租赁会计准则的相关规定进行会计处理；回购价格不低于原售价的，应视为融资交易，企业应当在收到客户款项时确认金融负债，并在回购期间按期计提利息费用。企业到期未行使回购权利的，应在回购权到期时终止确认金融负债，同时确认收入。

　　（2）企业负有应客户要求回购商品义务的，应当在合同开始时分析判断客户是否具有行使该要求权的重大经济动因。客户具有行使该要求权重大经济动因的，企业应当将售后回购作为租赁交易或融资交易，按照相关规定进行相应的会计处理；否则，企业应当将其作为附有销售退回条件的销售交易而进行会计处理。

【例6-5】　丙公司于年初向丁公司开出一张大额专用发票销售商品一批，售价150万元，增值税税率为13%。该批商品成本为110万元，丙公司对这批商品的处理意图是售后回购，于三个月后以162万元的价格将该批商品购回。在此期间，丙公司按照每月4万元计提利息费用。

要求：按照上述内容，做出与此业务相关的全部会计分录。

解析：（1）年初开具增值税专用发票时的会计分录：

借：银行存款　　　　　　　　　　　　　　　　　　　　　1 695 000

　　贷：其他应付款　　　　　　　　　　　　　　　　　　　　1 500 000

　　　　应交税费——应交增值税（销项税额）　　　　　　　　　195 000

（2）每个月计提利息费用时的会计分录：

借：财务费用　　　　　　　　　　　　　　　　　　　　　　　40 000

　　贷：其他应付款　　　　　　　　　　　　　　　　　　　　　40 000

（3）三个月后回购该批商品的会计分录：

借：其他应付款　　　　　　　　　　　　　　　　　　　　　1 620 000

　　应交税费——应交增值税（进项税额）　　　　　　　　　　210 600

　　贷：银行存款　　　　　　　　　　　　　　　　　　　　　1 830 600

与上述业务相类似的事项为售后租回，其处理方式是按照租赁会计准则的要求进行租回时的会计处理，此处略。

（五）营业收入中其他业务收入会计处理的举例说明

其他业务收入是企业从事除主营业务以外的其他业务活动所取得的收入，具有不经常发生、每笔业务金额一般较小、占收入的比重较低等特点。在我国的利润表中，营业收入项目由主营业务收入与其他业务收入共同构成，营业成本也包括主营业务成本与其他业务成本。因此，主营业务收入、主营业务成本与其他业务收入、其他业务成本在会计处理时是分不同科目进行的，但在财务报表的列示上，二者是在一起的。

【例6-6】　甲公司本期对外销售原材料一批，购入价格为200 000元，增值税税率为13%，对外售出的价格为210 000元，对方通过银行转账支付。此外，甲公司还对外出租固定资产塔吊1台，租期为3个月，每月收取不含税租金160 000元，增值税税率为 9% 。该项固定资产 3 个月应计提的折旧数额为每月 30 000 元。

要求： 做出上述两项经济业务的会计分录。

解析：（1）公司对外销售原材料的会计分录：

借：银行存款　　　　　　　　　　　　　　　　　　237 300

　　贷：其他业务收入　　　　　　　　　　　　　　　210 000

　　　　应交税费——应交增值税（销项税额）　　　　27 300

公司在结转原材料成本时的会计分录：

借：其他业务成本　　　　　　　　　　　　　　　　200 000

　　贷：原材料　　　　　　　　　　　　　　　　　　200 000

（2）公司对外租出固定资产时收取租金及结转固定资产折旧（租出成本）的会计分录：

借：银行存款　　　　　　　　　　　　　　　　　　523 200

　　贷：其他业务收入　　　　　　　　　　　　　　　480 000

　　　　应交税费——应交增值税（销项税额）　　　　43 200

借：其他业务成本　　　　　　　　　　　　　　　　90 000

　　贷：累计折旧　　　　　　　　　　　　　　　　　90 000

（六）据销售条件形成预计负债会计处理的举例说明

在上述取得营业收入的业务中，企业会计准则中有很多涉及客户可根据销售条件向销售商要求赔偿的事项，如有的是根据商品的质量，有的是根据销售商品的其他方面条件等。企业对此类事项的处理方法是：对于附有销售退回条款的销售，企业应当在客户取得相关商品（或服务）控制权时，按照因向客户转让商品（或提供服务）而预期有权收取的对价金额（扣除预期因销售退回将退还的金额）确认收入，按照预期因销售退回将退还的金额确认负债；同时，按照所销售商品（或提供服务）的成本（扣除预期将退回商品的成本）结转成本，按照预期将退回商品的成本扣减收回该商品预计发生的成本（包括退回商品潜在减值）后的余额确认一项资产。每个资产负债表日，企业应当重新估计未来销售退回情况。如有变化，应当作为会计估计变更进行会计处理。

这样来看，对于附有质保条款的销售，企业应当分析判断该条款是否在向客户保证所销售商品（或提供服务）符合既定标准之外提供了一项单独的服务。企业额外提供服务的，应当作为单项履约义务，按照上述要求进行会计处理，即计提预计负债；

否则，应当按照或有事项的规定进行会计处理。

【例6-7】 丙公司在本会计年度对外销售 D 产品 100 万元，增值税税率为 13%，成本为 80 万元。按照该批产品的销售条件及以往的经验，丙公司估计该批产品的退货的"三包"（包修、包退、包换）费用一般占销售金额的 6% 左右。一年以后的汇总数据表明，本批产品不含增值税的"三包"费用为 50 000 元。

要求：根据上述情况，做出与此业务相关的全部会计分录。

解析：（1）销售产品的会计分录：

借：银行存款等	1 130 000
贷：主营业务收入——电子产品	1 000 000
应交税费——应交增值税（销项税额）	130 000
借：主营业务成本——电子产品	800 000
贷：库存商品——电子产品	800 000

（2）估计并预提年末时会形成的"三包"费用的会计分录：

借：主营业务收入	60 000
贷：主营业务成本	48 000
预计负债	12 000

（3）年末时收到实际计算的产品退货费用等的会计分录：

借：库存商品	40 000
应交税费——应交增值税（销项税额）	6 500
预计负债	10 000
贷：银行存款	56 500

反过来看，如果该批产品本期没有发生"三包"费用，在会计期末就应当将计提的预计负债转回，即做会计分录：

借：主营业务成本	48 000
预计负债	12 000
贷：主营业务收入	60 000

四、与营业收入相关的税金及附加

本书在前面的负债部分，以及与营业收入有关的支出，均对依据营业收入进行的增值税的会计处理进行了一般性的介绍。但是，在此处要着重说明的是：增值税与上述营业收入的关系是"**价外税**"，而其他与营业收入有关的税种，如消费税、资源税、城市维护建设税，则均为"**价内税**"。作为价外税的增值税，与本期利润的计算没有直接关系，而作为价内税的各种税金，则在记录时直接减少本期利润。本书在前面的负债部分对其他税金进行了基本介绍（见本书第五章第三节流动金融负债部分的表 5 – 11 "各种税金及其会计处理要求"）。

【**例 6 – 8**】　甲公司本期开出的增值税专用发票中的营业收入总额为 780 万元，增值税税率为 13%；记录的与已销售产品生产相关的增值税进项税额为 70 万元。按照税法规定，甲公司还要缴纳 5% 的消费税；除此之外，还要按照实际缴纳的增值税额、消费税额的合计数，缴纳 5% 的城市维护建设税和 2% 的教育费附加。甲公司按照上述业务计算、缴纳了各种税金。

要求：做出甲公司上述纳税业务全部的会计分录。

解析：（1）计算并缴纳应缴纳增值税额的会计处理。

本期应缴纳的增值税 = 780 × 13% – 70 = 101.4 – 70 = 31.4（万元）

借：应交税费——应交增值税（已交税金）　　　　314 000
　　贷：银行存款　　　　　　　　　　　　　　　　　314 000

（2）应缴纳消费税额的会计分录：

本期应缴纳的消费税 = 780 × 5% = 39（万元）

借：税金及附加　　　　　　　　　　　　　　　390 000
　　贷：应交税费——应交消费税　　　　　　　　　390 000

（3）应缴纳城市维护建设税和教育费附加的会计分录：

本期应缴纳的城市维护建设税 = (31.4 + 39) × 5% = 3.52（万元）
本期应缴纳的教育费附加 = (31.4 + 39) × 2% = 1.408（万元）

借：税金及附加　　　　　　　　　　　　　　　49 280
　　贷：应交税费——城市维护建设税　　　　　　　35 200
　　　　　　　　　——教育费附加　　　　　　　　14 080

（4）缴纳城市维护建设税与教育费附加的会计分录。

借：应交税费——城市维护建设税　　　　　　　35 200
　　　　　　　——教育费附加　　　　　　　　　14 080
　　贷：银行存款　　　　　　　　　　　　　　　　49 280

必要说明：由于我国财务报表附注中税金及附加的信息披露是与营业收入、营业成本的信息披露相结合进行的，因此与之相关的信息披露将在营业成本和利润会计处理部分展示。

五、其他收益

在我国最新颁布的财务报表格式的利润表中，其他收益是一个新加入的项目。反映计入其他收益的政府补助，以及其他与日常活动相关且计入其他收益的项目。该项目应根据"其他收益"科目的发生额分析填列。企业作为个人所得税的扣缴义务人，根据《中华人民共和国个人所得税法》收到的扣缴税款手续费，应作为其他与日常活动相关的收益在该项目中填列。此处假设甲公司本会计期间记录的其他收益额为 150 000 元。

👤 名师点拨 6-7

投资收益的形成渠道、计算方式及会计处理是怎样的？

六、投资收益

（一）投资收益的构成与内容

投资收益是指企业进行投资所获得的经济利益，即企业在一定时期内对外投资所取得的回报。从内容上看，投资收益包括对外投资所分得的股利和收到的债券利息，以及投资到期收回或到期前转让债券得到的款项高于账面价值的差额等。从投资收益形成来源的科目分布来看，投资收益既会涉及流动金融资产的交易性金融资产，又会涉及长期资产中的债权投资、其他债权投资、其他权益工具投资和长期股权投资。投资活动也可能遭受损失，如投资到期收回或到期前转让的所得款项低于账面价值，即投资损失。投资收益减去投资损失则为投资净收益。

随着企业管理和运用资金权力的日益增大，资本市场的逐步完善，投资活动中获取收益或承担亏损虽不是企业通过自身的生产或劳务供应活动所得，却也是企业利润总额的重要组成部分，并且其发生呈越来越频繁的趋势。

（二）投资收益会计处理的举例说明

本书第三章中的交易性金融资产部分，第四章中的债权投资、其他债权投资、其他权益工具投资和长期股权投资部分，都涉及与投资收益相关的内容。

1. 与交易性金融资产相关的投资收益

与交易性金融资产相关的投资收益主要表现为以下三个方面的内容：一是进行交易性金融资产交易时发生的手续费用（见【例 3 - 4】）；二是转让交易性金融资产时转

让资产价格与购入时的价格之差（见【例3-4】）；三是企业在持有交易性金融资产期间收到被投资单位发放现金股利或者债券、票据的利息。

【例6-9】 甲公司购入一批短期持有的股票，共50万股。在持有期间，被投资单位按照每10股派1元现金股利、送2股股票股利的分配方案进行股利分配。甲公司共收到5万元现金，存入银行，另收到10万股股票的新增股份。

要求： 做出甲公司上述收到现金股利和股票股利时的会计分录（不考虑增值税）。

解析：（1）收到现金股利时的会计分录：

借：应收股利　　　　　　　　　　　　　　　　　　　　　　50 000

　　贷：投资收益　　　　　　　　　　　　　　　　　　　　　　50 000

借：银行存款　　　　　　　　　　　　　　　　　　　　　　50 000

　　贷：应收股利　　　　　　　　　　　　　　　　　　　　　　50 000

（2）收到股票股利时的会计分录。

发放股票股利即送"红股"，是上市公司利润分配的形式之一。对于发放股票股利的上市公司来说，公司没有现金流出，也不会导致上市公司的财产减少，只是将公司的留存收益（未分配利润和盈余公积）转化为股本，其结果只是会增加股票数量（股数），同时降低股票的每股价值。对于接受股票股利的投资单位来说，其对外投资按照公允价值记录的数额（交易性金融资产、其他权益工具投资中的公允价值计价部分）既没有增加，也没有减少，但会计记录中的每股价值会随之而变化。但若进行股票投资单位的记录是长期股权投资，即按照现行准则规定，必须是已经具有重大影响，或者是控股，如投资实现了由重大影响向控股的转换等，则要遵从会计准则的要求确定处理方式。

2. 与债权投资相关的投资收益

债权投资主要是企业准备持有到期的债券投资，即持有债券直至债券到期日，而不在持有期间出售转让。因此其形成投资收益的途径主要是在持有期间的分期利息（分期付息、一次还本），或者是债券到期时（到期一次还本付息）形成的利息收入，再加上伴随着计息、收取利息过程中计算的债券到期溢价折价的利息调整额。具体举例见【例4-1】。

3. 与其他权益工具投资和其他债权投资相关的投资收益

与其他权益工具投资和其他债权投资相关的投资收益，与上述交易性金融资产投资收益存在的区别是：进行投资的手续费不作为投资收益处理，而是计入其他权益工具投资和其他债权投资的初始计量金额。但是，在转让资产时转让价格与购入时的价格之差（见【例4-2】），以及企业在持有交易性金融资产期间收到被投资单位发放现金股利或者债券、票据的利息时，二者的会计处理要求是一样的。

4. 与长期股权投资相关的投资收益

与长期股权投资相关的投资收益主要表现在投资的后续计量方面，即在初始投资时，无论是同一控制下的企业合并等，还是非同一控制的企业合并，都不直接涉及投资收益数额。而在投资的后续计量方面，会由于长期股权投资的不同处理方法（成本法或权益法）而有明显区别。成本法是按实际收到的现金股利确认投资收益，而权益法则是按照被投资企业宣布的净利润与投资账面数额与实际收回、转让数额之间的差额确定投资收益。具体举例见【例4-5】。除此之外，就是长期股权投资在投资方对被投资单位从有重大影响转为控制，或者是反过来由控制转为有重大影响而进行重新估价时，或者是因为多次交换形成交易的过程中，因价格变动形成的投资收益。

【例6-10】 甲公司持有丙公司的60%的股权，按照成本法计算的长期股权投资数额为220万元。在本年年末甲公司将持有丙公司股份的90%，即丙公司股份的54%，转让给了非关联方公司，将收取的转让价款250万元存入银行。甲公司仍持有的6%的丙公司股权，该股权在转让日的公允价值为24万元，甲公司将留下的投资计为按公允价值计价的交易性金融资产。

要求：按照上述资料，做出该投资转让业务的全部会计分录（不考虑增值税）。

解析：（1）甲公司转让投资时的会计分录：

交易中转让的长期股权投资数额 = 220 × 90% = 198（万元）

交易形成的投资收益数额 = 250 - 198 = 52（万元）

借：银行存款　　　　　　　　　　　　　　　　　　　　2 500 000

　　贷：长期股权投资　　　　　　　　　　　　　　　　　1 980 000

　　　　投资收益　　　　　　　　　　　　　　　　　　　　520 000

（2）计算并结转股权转让日交易性金融资产公允价值的会计分录：

交易中尚未结转的长期股权投资数额 = 220 - 198 = 22（万元）

借：交易性金融资产　　　　　　　　　　　　　　　　　　240 000

　　贷：长期股权投资　　　　　　　　　　　　　　　　　　220 000

　　　　投资收益　　　　　　　　　　　　　　　　　　　　20 000

七、净敞口套期收益

这里的净敞口，是相对于"敞口"而言的。"敞口"尤其是金融风险敞口是指在金融活动中存在金融风险的部位以及受金融风险影响的程度。基于此，净敞口则是指在这样的风险部位可能会遭受的净损失额。

此处的套期，是指企业为管理外汇风险、利率风险、价格风险、信用风险等特定风险引起的风险敞口，指定金融工具为套期工具，以使套期工具的公允价值或现金流量变动，预期抵销被套期项目全部或部分公允价值或现金流量变动的风险管理活动。就此而论，"净敞口套期收益"，反映净敞口套期下被套期项目累计公允价值变动转入当期损益的金额或现金流量套期储备转入当期损益的金额。该项目应根据"净敞口套期损益"科目的发生额分析填列；如为套期损失，以"－"号填列。会计处理略。

八、公允价值变动收益（损失）

从广义角度来说，公允价值变动收益（损失）是指资产或负债因公允价值变动所形成的收益（损失）。就我国现阶段的具体情况来看，作为利润表中的公允价值变动收益（损失）就是企业交易性金融资产和按照公允价值计量的投资性房地产在会计期末的公允价值与期初公允价值之间的差额。公允价值变动收益（损失）的具体举例见【例 3-4】和【例 4-10】。此处假设甲公司本会计期间交易性金融资产记录的公允价值变动收益为 30 000 元。

九、资产处置收益

我国财政部门于 2017 年发布"一般企业财务报表格式"，其中新增了"资产处置收益"项目。按照新发的文件要求，资产处置收益反映企业出售划分为持有待售的非流动资产（金融工具、长期股权投资和投资性房地产除外）或处置组时确认的处置利得或损失，以及处置未划分为持有待售的固定资产、在建工程、生产性生物资产及无形资产而产生的处置利得或损失。债务重组中因处置非流动资产产生的利得或损失和非货币性资产交换产生的利得或损失也包括在该项目内。该项目应根据在损益类科目新设置的"资产处置收益"科目的发生额分析填列；如为处置损失，以"－"号填列。为了与本书其他部分相衔接，此处假设甲公司本会计期间实现的资产处置收益为 12 850 元。

十、营业外收入

营业外收入项目，反映企业发生的除营业利润以外的收益，主要包括与企业日常活动无关的政府补助、盘盈利得、捐赠利得（企业接受股东或股东的子公司直接或间接的捐赠，经济实质属于股东对企业的资本性投入的除外）等。该项目应根据"营业外收入"科目的发生额分析填列。营业外收入并不是由企业经营资金耗费所产生的，不需要企业付出代价，实际上是一种纯收入，不需要与有关费用进行配比。因此，在进行会计处理时，应当严格区分营业外收入与营业收入的界限。通俗一点讲，就是除企业营业执照中规定的主营业务以及附属的其他业务之外的所有收入都为营业外收入。

【例 6 - 11】　甲公司在会计年度末对应付账款进行盘查时，发现一笔从上年余额转来的 20 万元债务至今仍未清偿，原因是该企业已经破产；另有一件价值 30 万元的建筑物装饰品是由同行企业为感谢公司的帮助而赠送的。经公司领导层商议，前者由于已无法偿付，于本年年末结转损益，后者转入公司固定资产。

要求：做出上述两项业务的会计分录（不考虑增值税）。

解析：结转期末无法偿付负债的会计分录：

借：应付账款——××公司		200 000
贷：营业外收入——无法支付的负债		200 000

将建筑物装饰品转入固定资产的会计分录：

借：固定资产——××固定资产		300 000
贷：营业外收入——接受捐赠		300 000

十一、收入的其他形式

此处所述**收入的其他形式**，是着眼于企业在会计期末编制财务报表时经常遇到的实际情况而言的。具体来说，一般认为的情况是：收入并非为上述各项那样严格分类的收入项目，而是能够增加"本年利润"科目贷方的一切事项。具体来说会有下述项目：

（1）已经记录在账的各类资产减值准备的转回。比如，已经计提坏账准备的转回，存货减值准备的转回，计提的债权投资资产减值的转回等；也包括原

> 名师点拨 6-9
>
> 收入的其他形式有哪些具体内容？在会计处理方面有哪些具体要求？
> （音频）

记录在借方的公允价值变动损益的转回和投资收益的转回。

（2）已经记录在账的各类成本费用的转回。比如，已经计入产品成本、制造费用、期间费用及营业外支出等各相关账户的减项业务；也包括已上缴税收、费用的政策性退返等。

（3）已经记录在账的各种财产损失的回收或者是重分类、评估增值。比如，将其他债权投资、其他权益工具投资重分类为交易性金融资产等情况发生时，长期股权投资等在投资方对被投资单位由控制转为重大影响，或由有重大影响转为控制时的公允价值变动等；还包括材料成本差异等的数额变动对本期损益的影响。

十二、收入在会计期末的结转

本章此处所说的收入，可能就是利润表中最广泛的收入。它是指以任何理由出现在"本年利润"科目贷方或者冲减其借方数额的一切业务与事项。

此处需说明的是：利润表是在会计期末数额要结清为零的报表，或者说是在会计期末要发出清零指令的特殊工具；它在会计期末发出的清零指令，可以将一般归纳为"利润各科目"中存在的各种数据变成原始的零状态。这种清零指令会有两个方向：一是将形成的收入全部清零，即我们现在讨论的问题；二是把汇集的成本费用全部清零，即下一节内容费用中要讨论的问题。按照本书的编写要求，此处进行清零会计分录的举例说明。

【例6-12】为了对收入业务进行汇总性说明，以便与后面的费用、利润业务相衔接，此处需要汇总本例中甲公司发生的与收入有关的所有业务，进行公司在会计期末登记"本年利润"账户时的会计处理。

要求：汇总前例中甲公司发生的所有与收入相关的业务，并加入各部分后的补充，做出结转收入的会计分录。（此处的主营业务收入数额参见【例6-1】～【例6-4】；其他业务收入数额参见【例6-6】；投资收益数额参见【例6-9】和【例6-10】；营业外收入数额参见【例6-11】；其他收益、公允价值变动损益、资产处置收益参见上述各解释段的设定数额）

解析：结转收入的会计分录：

借：主营业务收入   7 822 400

  其他业务收入   690 000

  其他收益   150 000

  投资收益   590 000

公允价值变动损益	30 000
资产处置收益	12 850
营业外收入	500 000
贷：本年利润	9 795 250

上述各报表项目记录的数额应该是全年该项目发生额的合计；如果本期发生额的借方大于贷方，为本年亏损，转入"未分配利润"科目的借方；反之，如果本期发生额的借方小于贷方，为本年盈利，转入"未分配利润"科目的贷方；结转后，上述各科目，以及本年利润科目均被清零，无余额。在每个会计期期末，企业应当以上述会计分录的形式，结转本月、本会计期间所有收入项目的数额。

请思考

1. 营业收入的会计处理的要求是怎样的？在各类有特色的业务交易中是怎样体现的？

2. 投资收益的会计处理要求是怎样的？在不同来源、各种情况的业务交易中是如何体现的？

3. 收入在会计期期末的结转该如何进行？在会计处理上具体有何要求？

🔖思维导引 6-1

边学边练

1. 甲公司本期对外销售本公司产品，价格为每件 1 500 元，增值税税率为 13%。商业折扣条件为：购买 200 件以上的，可享受总价 2% 的折扣；购买 500 件以上的，可享受总价 3% 的折扣。丙公司本期购买了甲公司产品 300 件，与甲公司约定的现金折扣条件为"2/10，1/20，n/30"。有两种情况：一是丙公司在 10 天内支付了货款；二是丙公司直至第 30 日才支付款项。

要求：针对以上所述两种情况，分别做出甲公司、丙公司的会计分录。

2. 甲公司本期采购原材料等收到的增值税专用发票的总额为 2 000 000 元，增值税税率为 13%；按照 13% 税率记录的与已销售产品生产相关的增值税销项税额为390 000 元。按照税法规定，甲公司销售产品还要缴纳 4% 的消费税；除此之外，还要按照实际缴纳的增值税额、消费税额的合计数，缴纳 7% 的城市维护建设税、2% 的教育费附加。甲公司按照上述业务计算、缴纳了各种税款。

🔑答案 6-1

要求：对甲公司上述纳税业务进行会计处理。

第三节 费　用

本节重难点 6-3

名师点拨 6-10

费用确认的前提是
怎样的？有何具体
要求？

（音频）

一、费用的确认

（一）费用确认的前提

本书的前面部分从多个方面提及，企业要为生产经营做好准备，这样的准备过程包括购买原材料、购买机器设备、招募工作人员，还要发生其他方面的各种费用。企业在进行这样的准备时，会发生各种货币资金等的收支事项，形成一系列的财务活动。但是，我们还不能将这样的财务活动全部归为成本、费用。换句话说，若这样的花费没有用于与未来的销售活动相关的生产经营，那就只能说是资产形态的转换。也就是说，费用只有在经济利益很可能流出从而导致企业资产减少或者负债增加、且经济利益的流出额能够可靠计量时才能予以确认。

（二）费用确认的不同要求

按照我国企业会计准则的要求：企业为生产产品、提供劳务等发生的可归属于产品成本、劳务成本等的费用，应当在确认产品销售收入、劳务收入等时，将已销售产品、已提供劳务的成本等计入当期损益；企业发生的支出不产生经济利益的，或者即使能够产生经济利益但不符合或者不再符合资产确认条件的，应当在发生时确认为费用，计入当期损益；企业发生的交易或者事项导致其承担了一项负债而又不确认为一项资产的，应当在发生时确认为费用，计入当期损益。符合上述费用定义和费用确认条件的项目，应当列入利润表。

名师点拨 6-11

产品成本核算包括
哪几个阶段？各自
的主要内容是什么？

二、成本费用的汇集与分配过程

（一）各种费用要素的分类、发生与汇集、分配

1. 各种费用要素的准备与分类

这里的各种费用要素，指的是为了进行生产经营活动而进行的关于料、工、费的准备。这里的料、工、费，是相对于制造业企业的成本而言的：首先是指完成一定的加工、建设、修缮、改造等工作所需的直接材料费用和直接人工费用，亦即此处所述的料、工；其次则是指作为综合性成本要素的制造费用。具体来说，制造费用是指企业为生产产品和提供劳务而发生的各项间接费用，包括企业生产部门（如生产车间）发生的水电费、固定资产折旧、无形资产摊销、管理人员的职工薪酬、劳动保护费、国家规定的有关环保费用、季节性和修理期间的停工损失等。企业应设置"制造费用"账户进行总分类核算。"制造费用"账户属于成本费用类账户，根据各个不同生产车间进行明细账设置，借方登记归集发生的制造费用，贷方反映制造费用的分配，月末无余额。

2. 产品成本对象化目标的确立

会计中有"成本是对象化的费用"之说。可以从两个方面来理解这句话：一是费用包括了成本，成本是费用的一部分；二是成本是为生产某种产品而发生的各种耗费的总和，是以产品成本核算对象来进行归集的费用。一般的情况是，生产经营企业往往将成本核算的目标对象化为某种或某类产品，再采用不同的基数、比率，使计算的产品成本向真实数据趋近，以形成令人信服、可供比较的标准。

3. 产品成本各种要素费用的发生与汇集

在企业的生产经营活动中要将发生的各要素费用按照成本对象化的要求不断地进行汇集与分配，可以说是在顺序上经过几个层次、几个环节之后，按照制度、规范的要求，确定出企业与产品、经营期间等相关的成本费用。

（二）成本要素的汇集与分配过程：以原材料为例

此处以原材料发出为例来说明问题。首先，在会计上需要辨别领用的原材料是否应归属于产品生产成本。比如，如果领用原材料是用于固定资产建造的，就不是生产成本；如果是用于对外投资的，也不是生产成本；如果是用于对外捐赠的，也不属于生产成本；如此等等。企业原材料领用"T"型账户关系图见图6-1。

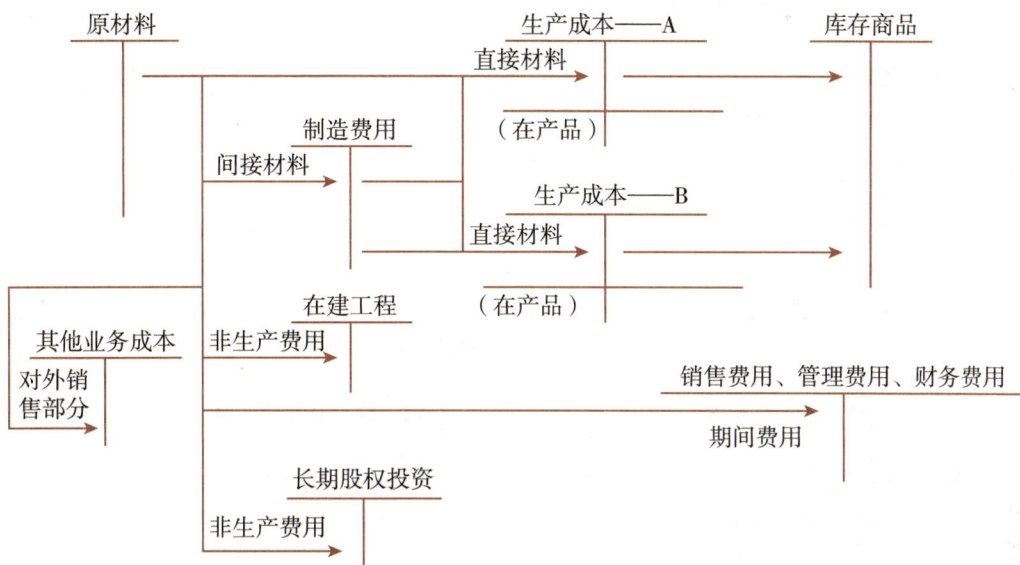

图6-1 企业原材料领用"T"型账户关系图

通过图6-1可以看出，确定原材料费用的分配方向要从下述几个角度进行判断：是不是计入生产费用？若没有计入生产费用，计入了哪里？是对外销售，还是对外投资？是直接计入生产费用，还是通过制造费用等间接计入生产费用？是计入间接的制造费用，还是计入期间费用？是计入本期的产品成本，还是计入在产品成本？等等。

在实际业务中，无论计算机常规性处理，还是手工计算，原材料费用的汇集与分配都要通过编制原材料费用分配表进行。各种采购单、领料单、销售单等，连同各层次的原材料取得、发出的汇总表也就成了这一阶段会计处理最为重要的会计原始凭证。

（三）成本费用的汇集与分配中要处理的各种关系

在进行上述费用要素分析时处理好料、工、费的汇集与分配，也就有了图6-2产品制造成本程序与"T"型账户关系图中应遵循的顺序和处理的关系。从实际业务的角度来看，图6-2中的各种分配表，是企业各管理部门与财务会计工作最紧密的结合点，或者说是管理控制的关键部分。企业管理的各个部门就是这样通过计算机，通过各种一式数联（多是一式三联至一式五联）紧密地联系在一起的。

原材料（外购材料）　　　　　　　　　　　　　　　　　生产成本

　　　　　　　　　编制材料费用分配表　　　　　　　　　　　　　　　　　　　库存商品

　　　　　　　　　　　　　　　　　　　　　料

原材料（外购燃料）　　　　　　　　　　　　　　　　编制完工产品成本分配表

　　　　　编制燃料费用分配表　　制造费用　　工

　　　　　　　　　　　　编制制造费用分配表

其他应付款（外购动力）　　　　　　　　　　费

　　　　　编制外购动力分配表

　　　　　　　　　　　　　　　在产品

应付职工薪酬

　　　　　编制工资与福利分配表

累计折旧　　　　　　　　销售费用、管理费用、财务费用

　　　　　编制折旧费用分配表

　　　　　　　　　　　　在建工程、营业外支出

累计摊销

　　　　　编制摊销费用分配表　　其他业务成本等

银行存款（其他费用）

　　　　　编制综合费用分配表

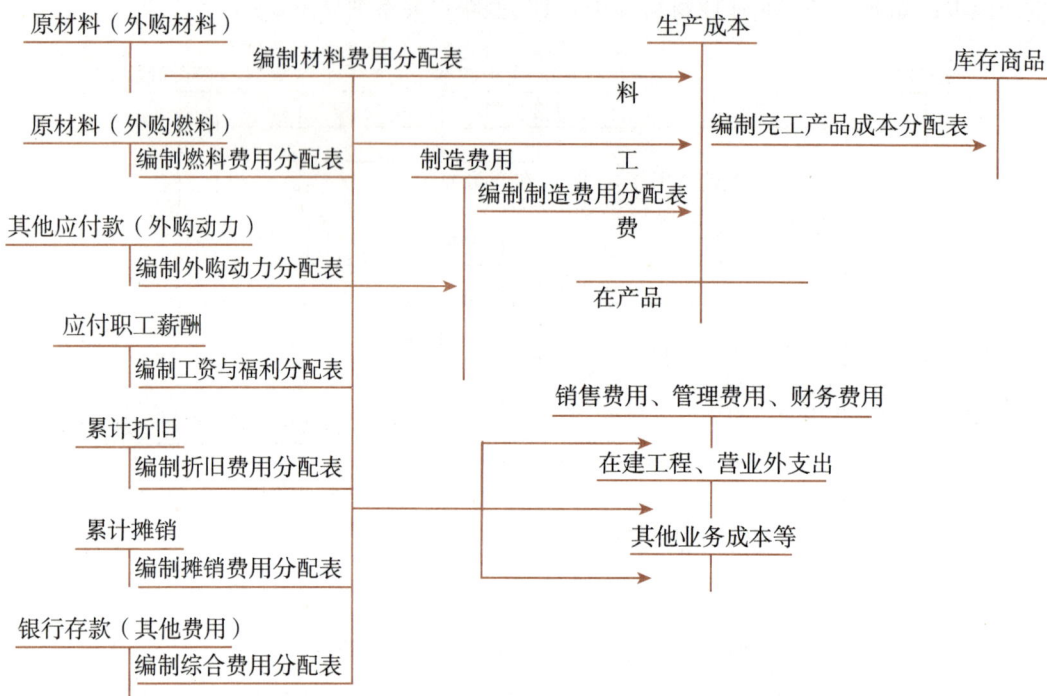

图 6 - 2　产品制造成本程序与"T"型账户关系图

三、成本费用汇集与分配过程的综合举例

（一）成本费用汇集与分配相关事项的整理与归纳

　　本书前文多处涉及了生产要素的汇集与分配。具体来说，包括：【例 3 - 1】的货币资金计入管理费用；【例 3 - 10】【例 3 - 11】的原材料费用汇集与分配；【例 3 - 12】的人工费用的汇集与分配；【例 3 - 13】的固定资产折旧的汇集与分配；【例 3 - 14】的完工产品与在产品成本的汇集与分配；【例 3 - 16】的材料成本差异的汇集与分配；【例 3 - 18】的低值易耗品价值的分配；【例 3 - 19】【例 3 - 20】的存货减值准备的汇集与分配。还有，【例 4 - 1】的公允价值变动损益、投资收益的汇集与分配；【例 4 - 2】的利息调整、投资收益的汇集与分配；【例 4 - 7】的固定资产减值及其折旧的汇集与分配；【例 4 - 11】的无形资产价值摊销的汇集与分配；【例 4 - 12】的研发费用的汇集与分配。再就是，【例 5 - 1】的财务费用的汇集与结转；【例 5 - 4】【例 5 - 5】的应付职工薪酬的汇集与分配；【例 5 - 9】的长期借款利息的汇集与结转；【例 5 - 10】的利息调整与财务费用的汇集与分配；等等。此处不再一一列示。由此也可看出，进行

各费用要素的汇集与分配分布在企业会计处理范围的方方面面，是企业会计处理最为重要的问题。

（二）成本费用汇集与分配会计处理的举例说明

为了全面说明问题，并使对成本费用的分析与前面所述的收入紧密结合，此处再举一个综合例题，以集中说明较为纷乱的成本费用会计处理过程。

【例6－13】 假设甲公司在本会计期间发生的与成本费用相关的汇总数额如下：产品生产、工程施工共领用原材料等320万元，发放应付职工薪酬270万元，还发生折旧、燃料动力及其他零散费用168万元。

要求： 根据下面的具体数据及其使用方向，做出下述业务的所有会计分录。

解析：（1）原材料发出数额320万元，其中A产品领用185万元，B工程领用37万元，C工程领用68万元；对外直接销售20万元。还有，车间管理领用5万元，销售部门领用1万元，管理部门领用4万元。会计分录如下：

借：生产成本——A产品	1 850 000
——B工程	370 000
——C工程	680 000
其他业务成本	200 000
制造费用	50 000
销售费用	10 000
管理费用	40 000
贷：原材料	3 200 000

（2）应付职工薪酬本期的贷方数额为270万元，其中A产品负担67万元，B工程负担63万元，C工程负担88万元。还有，各车间管理负担23万元，销售部门负担9万元，管理部门负担20万元。会计分录如下：

借：生产成本——A产品	670 000
——B工程	630 000
——C工程	880 000
制造费用	230 000
销售费用	90 000
管理费用	200 000
贷：应付职工薪酬	2 700 000

（3）本期公司房屋建筑物、机器设备共计提固定资产折旧费用86万元；计入车间制造费用的数额为66万元，计入销售部门的费用为5万元、管理部门的费用为15万元。会计分录如下：

借：制造费用　　　　　　　　　　　　　　　　660 000

　　销售费用　　　　　　　　　　　　　　　　　50 000

　　管理费用　　　　　　　　　　　　　　　　150 000

　　贷：累计折旧　　　　　　　　　　　　　　　　860 000

（4）直接用银行存款支付的燃料动力费为63万元，其中，一车间31万元，二车间26万元，管理部门6万元。会计分录如下：

借：制造费用　　　　　　　　　　　　　　　　570 000

　　管理费用　　　　　　　　　　　　　　　　　60 000

　　贷：其他应付款——外购动力　　　　　　　　630 000

（5）直接用货币资金支付的各种零散费用19万元，车间管理费用9万元，管理部门费用5万元，销售部门费用5万元。会计分录如下：

借：制造费用　　　　　　　　　　　　　　　　　90 000

　　销售费用　　　　　　　　　　　　　　　　　50 000

　　管理费用　　　　　　　　　　　　　　　　　50 000

　　贷：银行存款（其他货币资金）　　　　　　　190 000

（三）关于税金及附加的说明

"税金及附加"科目在本章中也曾按照主营业务与其他业务应缴纳的消费税等"价内税"进行过总分类与明细分类科目设置。按照本书的编写设想，虽然税金及附加属于费用性质的内容，但由于这样的事项与收入紧密相连，因此本书将此类业务"捆绑"在了营业收入的业务处理部分，具体见【例6-8】，此处略。

👤 名师点拨6-12

经营管理中的各种期间费用应如何汇集？如何分配？怎样进行相关会计处理？

四、经营管理中期间费用的汇集

（一）期间费用的原因与内容

期间费用，也称期间成本，是企业日常活动中所发生的经济利益流出的一个特定的部分，专指企业日常活动发生的应由当期损益负担的、但是不能计入特定成本核算对象的那部分费用。期间费用之所以不计入特定核算对象的成本，主要是因为这部分费用是企业为组织和管理整个经营活动所发生的，与可以确定特定成本核算对象的材料采购、产成品生产等没有直接关系，因而不计入有关核算对象的成本，而是直接计入当期损益。按照本书的解释，期间费用即销售费用、管理费用与财务费用，即我们常说的"三大费用"，再加上一个研发费用。

（二）销售费用的内容与会计处理说明

关于销售费用的相关业务，本节如原材料的领用、应付职工薪酬的计算与分配在【例6-13】中已有涉及；在计提预计负债方面也曾讲述过，见【例5-11】。此处不再展开阐述其具体会计处理要求。

销售费用是指企业销售商品和材料、提供劳务的过程中发生的各种费用，包括企业在销售商品过程中发生的保险费、包装费、展览费和广告费、商品维修费、预计产品质量保证损失、运输费、装卸费等，以及为销售本企业商品而专设的销售机构（含销售网点，售后服务网点等）的职工薪酬、业务费、折旧费等经营费用。企业发生的与专设销售机构相关的固定资产修理费用等后续支出也属于销售费用。企业应通过"销售费用"科目核算销售费用的发生和结转情况，借方登记企业所发生的各项销售费用，贷方登记期末转入"本年利润"科目的销售费用，结转后，"销售费用"科目应无余额。"销售费用"科目应按销售费用的费用项目进行明细核算。

（三）管理费用的内容与会计处理说明

关于管理费用的相关业务，本节前面所述如原材料的领用、应付职工薪酬的计算与分配在【例6-13】中已有涉及；在本书前面的章节中，多次涉及了管理费用各方面的业务，如【例3-1】中闲杂费用的支付，【例3-18】中的低值易耗品的价值摊销。仍需说明的是，【例4-11】中的无形资产价值摊销，【例4-12】中的研发费用的期末结转等，平时在管理费用科目中进行记录，但是在会计期末编制利润表时，需将其中的研发费用"分拆"出来，单独表示。其具体会计处理要求此处不再展开阐述。

管理费用是指企业行政管理部门为管理和控制生产经营活动而发生的各种费用，包括企业在筹建期间内发生的开办费、董事会和行政管理部门在企业的经营管理中发生的或者应由企业统一负担的公司经费（包括行政管理部门职工工资及福利费、物料消耗、低值易耗品摊销、办公费和差旅费等）、工会经费、董事会费（包括董事会成员津贴、会议费和差旅费等）、聘请中介机构费、咨询费（含顾问费）、诉讼费、业务招待费、房产税、车船税、土地使用税、印花税、技术转让费、矿产资源补偿费、研究费用、排污费、无形资产摊销、存货盘亏和毁损（减盘盈），以及其他管理费用等。

企业应设置"管理费用"科目，核算管理费用的发生和结转情况，借方登记企业所发生的各项管理费用，贷方登记期末转入"本年利润"科目的管理费用，结转后，"管理费用"科目应无余额。"管理费用"科目应按管理费用的费用项目进行明细核算。企业（如小型商品流通企业）管理费用不多的，可不设置"管理费用"科目，"管理费用"科目的核算内容可并入"销售费用"科目核算。

名师点拨6-13

研发费用在利润表中是怎样反映的？与前述的无形资产账户等相关事项的关系如何？

（四）研发费用的内容与会计处理说明

按照我国2019年的利润表的格式与编制说明，研发费用项目反映企业进行研究与开发过程中发生的费用化支出，以及计入管理费用的自行开发无形资产的摊销。该项目应根据"管理费用"科目下的"研究费用"明细科目的发生额，以及"管理费用"科目下的"无形资产摊销"明细科目的发生额分析填列。具体来说：我国现阶段利润表中的"管理费用"是管理费用科目的总发生额（包括研发费用）；而研发支出是指企业进行研究与开发无形资产等的过程中发生的各项支出，属于成本类会计科目，企业应设置"研发支出"科目，核算企业进行研究与开发无形资产过程中发生的各项支出。就此而论，研发科目可按研究开发项目，分别"费用化支出""资本化支出"进行明细核算，科目期末借方余额，反映企业正在进行无形资产研究开发项目满足资本化条件的支出。这样，记录利润表中的研发支出，就是要把研发费用从管理费用分拆出来，单独进行填列。具体内容可参见前述的【例4-11】中的无形资产价值摊销，【例4-12】中的研发费用的期末结转等。

（五）财务费用的内容与会计处理说明

关于财务费用的相关业务，本书前文也多有涉及，如【例3-5】【例5-2】中银行承兑汇票承兑手续费的支付，【例3-6】中贴现息的支付，【例5-1】【例5-9】【例5-10】中短期借款、长期借款及应付债券的利息记录等。

财务费用是指企业在生产经营过程中为筹集资金而发生的筹资费用，包括企业生产经营期间发生的利息支出（减利息收入）、汇兑损益（有的企业如商品流通企业、保险企业进行单独核算，不包括在财务费用中）、金融机构手续费，企业发生的现金折扣或收到的现金折扣等。但在企业筹建期间发生的利息支出，应计入开办费；为购建或生产满足资本化条件的资产发生的应予以资本化的借款费用，在"在建工程""制造费用"等科目核算。

企业应设置"财务费用"科目，核算财务费用的发生和结转情况，借方登记企业所发生的各项财务费用，贷方登记期末转入"本年利润"科目的财务费用，结转后，"财务费用"科目应无余额。"财务费用"科目应按财务费用的费用项目进行明细核算。

五、信用减值损失

名师点拨 6-14

与广义费用相关的业务还有哪些？在会计处理方面有哪些要求？

简言之，资产减值是指资产的可收回金额低于其账面价值，即企业在资产负债表日，经过对资产的测试，判断资产的可收回金额低于其账面价值而计提资产减值损失准备所确认的相应损失。在我国现阶段的利润表中，资产减值损失分为了信用减值损失与资产减值损失两个部分。信用减值损失反映企业按照《企业会计准则第 2 号——金融工具确认和计量》的要求计提的各项金融工具信用减值准备所确认的信用损失。该项目应根据"信用减值损失"科目的发生额分析填列。

我国企业会计准则确定的信用减值损失的范围包括：①各种应收款项计提的坏账损失准备等；②债权投资、长期应付款等发生的按实际利率与摊余成本计价资产低于公允价值形成的减值损失；③其他债权投资、其他权益工具投资的公允价值较大地低于其公允价值，且在短时期难以转回的价值损失。应收账款的坏账准备参见【例 3 - 9】。

六、资产减值损失

在实际工作中，企业在对非金融工具等资产进行减值测试并计算确定资产的可收回金额后，如果资产的可收回金额低于其账面价值，应当将资产的账面价值减记至可收回金额，减记的金额确认为资产减值损失，计入当期损益，同时计提相应的资产减值准备。

我国企业会计准则确定的资产减值范围包括非金融资产的实物资产及无形资产和递延所得税资产。但是，还有一类事项要特别注意，即什么样的资产计提的减值准备可以转回，什么样的资产计提的资产减值准备不可转回。准则的要求是：长期非金融资产的固定资产、无形资产、在建工程（很多教材也提到"长期股权投资"）等计提的减值准备后期不可转回，其实质上就是减少了资产的账面价值；而一般的金融工具、流动资产等计提的减值准备，后期在一定条件下可以转回。

　　在本书中，所提及的资产减值准备业务包括：①存货的减值准备，见【例3－19】；②固定资产的减值准备，见【例4－7】；③无形资产的减值准备，见例【4－11】。将以上提及的内容进行归纳可知，企业资产中除有"特殊计价"要求的资产项目之外，所有资产项目都要遵照"成本与可收回金额（市价、可变现净额）孰低"的原则进行处理。再就是，市价、可变现净额和可收回金额也有其特殊含义。比如，对于企业购入的、尚未使用的原材料，比较的参照物就是"成本"与"市价"；但是对于在产品，以及其他不便于直接找到市价的物品，则强调以"售价减去尚需加工费用"的"可变现净额"；而对于固定资产等的出售、投资的转让等，则可用"可收回金额"。

　　最后需要提及的一点是：当某项资产计提减值准备后被处置时，如将已计提减值准备的资产卖出、转让等，则被处置的资产仍用账面价值计价，同时将已经计提的减值准备作为备抵（附加）的数额随之转走。在其他章节，对于涉及"其他综合收益"的其他资产的相关会计处理，也是按照这样的原则进行的。

七、营业外支出

　　营业外支出项目，反映企业发生的除营业利润以外的支出，主要包括公益性捐赠支出、非常损失、盘亏损失、非流动资产毁损报废损失等。该项目应根据"营业外支出"科目的发生额分析填列。"非流动资产毁损报废损失"通常包括因自然灾害发生毁损、已丧失使用功能等原因而报废清理产生的损失。企业在不同交易中形成的非流动资产毁损报废利得和损失不得相互抵销，应分别在"营业外收入"项目和"营业外支出"项目进行填列。

　　在"营业外支出"科目下，应按上述的各支出项目设置明细科目，进行明细核算。期末，"营业外支出"科目借方的发生额从其贷方转入"本年利润"科目的借方，结转后"营业外支出"科目无余额。本书的前面部分已经涉及了营业外支出的会计处理业务。

　　【例6－14】 某企业在本会计期间发生原材料意外灾害，损失的库存材料价值为7 000元；企业本期有对灾区的公益性捐赠支出，共计3 000元。

　　要求：做出上述事项的会计分录。

　　解析：（1）上述原材料发生意外损失事项的会计分录：

　　借：待处理财产损溢　　　　　　　　　　　　　　　　　7 000

        贷：原材料——××材料   7 000

将原材料损失计入本期损益的分录：

借：营业外支出——非常损失   7 910

    贷：待处理财产损溢   7 000

        应交税费——应交增值税（进项税额转出）   910

（2）进行上述公益性捐赠支出时的会计分录。

借：营业外支出——公益性捐赠   3 000

    贷：银行存款   3 000

八、所得税费用

> 👤 **名师点拨 6-15**
>
> [QR code]
>
> 全国现阶段企业所得税的会计处理的要求是怎样的？具体内容包括什么？

（一）企业所得税的会计处理要求

在我国，企业在每一会计年度内进行的每项会计处理，均应按照企业会计准则的要求进行；在会计年度末，则应该按照所得税法给出的口径计算、缴纳企业所得税。我们说，若上述的企业会计准则、所得税法二者对经济业务的处理要求完全一致，二者在计算所得税时也应该是一致的；但是事实上，二者在一些方面确实存在不一致之处。由此，在年末所得税汇算清缴时，按照会计账面价值计算的企业利润总额与按照所得税法计算的计税基础之上的应纳税所得额之间存在一定的差异。

> 📖 **法规速查 6-2**
>
> [QR code]
>
> 企业会计准则第 18 号——所得税

1. 企业资产的计税基础与应纳税所得额

计税基础，是指企业收回资产账面价值过程中，计算应纳税所得额时按照税法规定可以自应税经济利益中抵扣的金额。一般来说，资产的计税基础就是其取得成本。比如，存货的购入成本为 20 万元，但是计提 2 万元减值准备之后，就有了账面数额与计税基础之间的差额。而这时，20 万元仍应是存货的计税基础。其他资产也是这样。应纳税所得额是企业按照所得税法的要求计算的企业计算、缴纳所得税的计税依据。按照企业所得税法的规定，应纳税所得额为企业每一个纳税年度的收入总额，减除不征税收入、免税收入、各项扣除以及允许弥补的以前年度亏损后的余额。

2. 企业资产的账面价值与利润总额

账面价值是指企业平时按照企业会计准则的要求计算出来的每一项资产、负债的账面余额。比如，存货的购入成本为 20 万元，但是计提 2 万元减值准备之后，就有了账面数额与计税基础之间的差额。在这时，18万元仍应是存货的账面价值。这样，期末利润表中的账面价值就包括了计税基础不包括的不征税收入、免税收入、各项扣除等。

3. 由应纳税所得额与利润总额之差构成的暂时性差异

暂时性差异是指资产或负债的账面价值与其计税基础之间的差额；未作为资产和负债确认的项目，按照税法规定可以确定其计税基础的，该计税基础与其账面价值之间的差额也属于暂时性差异。我国企业会计准则将暂时性差异分为以下两种情况：

（1）应纳税暂时性差异与递延所得税负债。应纳税暂时性差异是指在确定未来收回资产或清偿负债期间的应纳税所得额时，将导致产生应税金额的暂时性差异。一般来说，应纳税暂时性差异产生于：资产的账面价值大于其计价基础，如有资产增值时；负债的账面价值小于其计税基础，如出现不需归还或者可减少负债额时。上述两种情况是企业取得收益时的反映，按照会计的一般惯例，取得收益应缴纳所得税，而这里却遇到了特殊的事项，即使是取得收益也不需要纳税。因此，这样的最终结果，即将计算出的差异额与所得税率相乘，就形成了会计上习惯性的"递延所得税负债"。

（2）可抵扣暂时性差异与递延所得税资产。可抵扣暂时性差异是指在确定未来收回资产或清偿负债期间的应纳税所得额时，将导致产生可抵扣金额的暂时性差异。一般来说，可抵扣暂时性差异产生于：资产的账面价值小于其计价基础，如有资产减值时；负债的账面价值大于其计税基础，如有预计负债时。与上述产生递延所得税负债的两种情况不同，这两种情况出现时会使企业形成亏损等，再按会计的一般惯例看，形成亏损取得收益应抵扣所得税，而这里又因为事项的特殊性，即使形成亏损也必须纳税，不许抵减。因此，这样的最终结果，即将计算出的差异与所得税率相乘，就形成了会计上习惯性的"递延所得税资产"。

我们一般称谓的"所得税会计"，就是将这样的问题解释清楚的会计处理过程。

（二）企业所得税会计处理的举例说明

在每个年度末，企业应当将当期和以前期间应交未交的所得税确认为负债，将已支付的所得税超过应支付的部分确认为资产。如果存在应纳税暂时性差异或可抵扣暂时性差异的，应当按照企业会计准则的规定确定递延所得税负债或递延所得税资产。

【例6－15】 甲公司适用的所得税税率为25%，本年年初编制利润表计算的利润总额为270万元。该公司当年账面利润包括：①国债利息收入0.5万元（免征所得税）；②税款滞纳金0.6万元（不允许在税前扣除）；③交易性金融资产的公允价值增加6万元（资产的账面价值大于计税基础）；④提取存货跌价准备10万元（资产的账面价值小于计税基础）；⑤因售后服务计提预计负债6万元（负债的账面价值大于计税基础）。

要求：依据上述资料计算、确定应纳税所得额及应交所得税，并做出全部的会计分录。

解析：（1）应缴纳所得税的会计处理过程：

应纳税所得额 = 2 700 000（利润总额）- 5 000（国债利息收入）+ 6 000（税款滞纳金）- 60 000（交易性金融资产公允价值增加）+ 100 000（提取存货跌价准备）+ 60 000（因售后服务预计的负债）

= 2 801 000（元）

应交所得税 = 2 801 000 × 25% = 700 250（元）

这就是我们一般所说的所得税会计的应付税款法，企业应该按照这样的数额缴纳年度企业所得税。在实际会计工作中，这样的业务事项是通过编制年度所得税纳税申报表完成的。

（2）企业的暂时性差异与递延所得税事项的会计处理过程。

下面以甲公司为例介绍暂时性差异与递延所得税事项具体的计算过程和结果。甲公司××年度所得税暂时性差异计算表见表6-1。

表6-1　　　甲公司××年度所得税暂时性差异计算表　　　单位：万元

项目	账面价值	计税基础	暂时性差异	
			应纳税暂时性差异	可抵扣暂时性差异
交易性金融资产	40	30	10	—
存货	100	110	—	10
预计负债	6	0	—	6
总计	—	—	10	16

根据上述数据可进行以下计算。

① 表中的可抵扣暂时性差异为16万元，则

递延所得税资产 = 160 000 × 25% = 40 000（元）

道理为：账面价值小于计税基础，形成了可抵扣暂时性差异，计算的最终结果为形成递延所得税资产。

② 表中的应纳税暂时性差异为10万元，则

递延所得税负债 = 100 000 × 25% = 25 000（元）

道理为：账面价值大于计税基础，形成了应纳税暂时性差异，计算的最终结果为形成递延所得税负债。

（3）根据上述计算结果编制全部业务会计分录。

在编制会计分录时可以按照每一不同内容编制会计分录。比如：

① 缴纳所得税时的会计分录：

借：所得税费用　　　　　　　　　　　　　　　　　　700 250

　　贷：应交税费——应交所得税　　　　　　　　　　　　　700 250

② 计算并记录递延所得税资产的会计分录。

借：递延所得税资产　　　　　　　　　　　　　　　　40 000

　　贷：所得税费用　　　　　　　　　　　　　　　　　　　40 000

③ 计算并记录递延所得税负债的会计分录：

借：所得税费用　　　　　　　　　　　　　　　　　　25 000

　　贷：递延所得税负债　　　　　　　　　　　　　　　　　25 000

在实际工作中，一般是做一笔将上述业务汇总在一起的会计分录。

借：所得税费用　　　　　　　　　　　　　　　　　　685 250

　　递延所得税资产　　　　　　　　　　　　　　　　40 000

　　贷：应交税费——应交所得税　　　　　　　　　　　　　700 250

　　　　递延所得税负债　　　　　　　　　　　　　　　　　25 000

九、费用的其他形式

本书在此强调的是，在会计年度末的利润表中，所有的收入、费用都要通过相对应的科目进行冲转，以将"本年利润"科目的全部发生额抵减为零。由此可知，此处的费用转销的其他形式，就是指原来计入利润表收益科目借方的一些实质上是费用项目的结转。在会计年末时，由原来的发生额转至"本年利润"科目借方的业务事项。具体来说，有的企业在"财务费用"科目中记录的红字数额（实际上是财务收益）的转回额，本期转为利润成为费用项目；又如，上期计提的存货减值准备、坏账准备等的负数，本期通过冲减方式，转入"本年利润"科目借方的事项等。

十、费用在会计期末的结转

与前面收入一节所述结转业务相同，在费用结转时的费用是利润表中最广泛的费用。它是指无论以任何理由出现在"本年利润"科目借方或者冲减"本年利润"科目贷方的一切业务与事项。现在讨论的问题就是把汇集的成本费用全部清零。此处进行清零的会计分录的举例说明。

【例6-16】 为了对费用业务进行汇总性说明，以便与后面的利润及其分配业务相衔接，此处需要汇总本例中甲公司发生的与费用有关的所有业务，进行公司在会计期末登记"本年利润"账户时的会计处理。本年度按照成本费用核算要求计算的产品、工程的成本信息为：

（1）车间管理汇集的制造费用，其他业务成本负担50 000元后，以本年度A产品、B工程、C工程项目的应付职工薪酬为基数进行分配，分配后无余额。

（2）A产品本期投入500件，全部完工验收入库，并有300件对外销售（见【例6-1】）。

（3）B工程本期完工，结转本期工程成本（见【例6-3】）。

（4）C工程本期完工，结转本期工程成本（见【例6-4】）。

（5）甲公司本期利润总额与应纳税所得额一致，所得税税率为25%。

（6）本期公司发生的各项成本费用等，依据前面例题的相关内容，已经进行了前一阶段的会计处理。

（7）会计期末，进行本年度全部费用的数额结转并做出会计分录。

要求： 汇总本例中甲公司发生的所有与费用相关的业务，进行全部的会计处理，并做出会计结转费用时的会计分录。

解析：（1）车间制造费用的计算与分配的会计处理。（本例的制造费用及A产品、B工程领用原材料的数额参见【例6-13】）

制造费用汇总额＝原材料费用＋应付职工薪酬＋累计折旧＋外购动力＋直接花费

＝50 000＋230 000＋660 000＋570 000＋90 000＝1 600 000（元）

进行产品之间分配的制造费用＝1 600 000－50 000＝1 550 000（元）

制造费用按照应付职工薪酬为基数的分配率＝1 550 000/（670 000＋630 000＋880 000）＝0.711

A产品本期应负担制造费用＝0.711×670 000＝476 370（元）

B工程本期应负担制造费用＝0.711×630 000＝447 930（元）

C工程本期应负担制造费用＝0.711×880 000＝625 700（元）

（考虑四舍五入的余数）

其他业务成本应负担的制造费用为50 000元。

分配车间制造费用的会计分录：

借：其他业务成本　　　　　　　　　　　　　　　　　　　　50 000

　　生产成本——A产品　　　　　　　　　　　　　　　　　476 370

　　　　　　——B工程　　　　　　　　　　　　　　　　　447 930

　　　　　　　——C 工程　　　　　　　　　　　　　　　　　　　　625 700

　　贷：制造费用　　　　　　　　　　　　　　　　　　　　　　　1 600 000

（2）A 产品单位成本的计算与结转完工产品成本的会计分录：

　　A 产品的全部产品成本 = 原材料费用 + 应付职工薪酬 + 其他费用

　　　　　　　　　　　　 = 1 850 000 + 670 000 + 476 370

　　　　　　　　　　　　 = 2 996 370（元）

　　A 产品单位成本 = 2 996 370/500 = 5 992.74（元）

　　A 产品本期的销售成本 = 5 992.74 × 300 = 1 797 822（元）

结转 A 产品成本时的会计分录：

借：库存商品——A 产品　　　　　　　　　　　　　　　　　　2 996 370

　　贷：生产成本——A 产品　　　　　　　　　　　　　　　　　2 996 370

结转本期销售产品成本时的会计分录：

借：主营业务成本——A 产品　　　　　　　　　　　　　　　　1 797 822

　　贷：库存商品——A 产品　　　　　　　　　　　　　　　　　1 797 822

（3）B 工程成本的计算与结转完工产品成本的会计分录：

　　B 工程的全部成本 = 原材料费用 + 应付职工薪酬 + 其他费用

　　　　　　　　　　 = 370 000 + 630 000 + 447 930

　　　　　　　　　　 = 1 447 930（元）

借：主营业务成本——B 工程　　　　　　　　　　　　　　　　1 447 930

　　贷：在建工程——B 工程　　　　　　　　　　　　　　　　　1 447 930

（4）C 工程成本的计算与结转完工产品成本的会计分录：

　　C 工程的全部成本 = 原材料费用 + 应付职工薪酬 + 其他费用

　　　　　　　　　　 = 680 000 + 880 000 + 625 700

　　　　　　　　　　 = 2 185 700（元）

借：主营业务成本——C 工程　　　　　　　　　　　　　　　　2 185 700

　　贷：在建工程——C 工程　　　　　　　　　　　　　　　　　2 185 700

（5）其他业务成本的计算。

　　其他业务成本的本期发生额 = 原材料费用 + 应付职工薪酬 + 其他费用

　　　　　　　　　　　　　　 = 200 000 + 0 + 50 000

　　　　　　　　　　　　　　 = 250 000（元）

在期末结转本期发生额。

（6）会计期末对费用进行结转的会计分录［例题中的数据主要参见【例 6 - 13】以及上面的成本结转计算，税金及附加参见【例 6 - 8】，研发支出参见【例 4 - 11】和

【例4-12】，财务费用参见【例3-5】【例3-6】【例5-1】【例5-2】【例5-9】（本书对小数点数据进行了调整），营业外支出参见【例6-14】，信用减值损失参见【例3-9】，资产减值损失参见【例3-19】【例4-11】，所得税费用参见【例6-15】]：

借：本年利润		5 836 078
贷：主营业务成本——A 产品		1 797 822
——B 工程		1 447 930
——C 工程		2 185 700
其他业务成本		250 000
税金及附加		439 280
销售费用		200 000
管理费用		500 000
研发支出		217 500
财务费用		65 345
信用减值损失		11 500
资产减值损失		25 000
营业外支出		10 910
所得税费用		685 250

上述各报表项目记录的数额应该是全年总共的该项目发生额。如果本期发生额的借方大于贷方，为本年亏损，转入"未分配利润"科目的借方；反之，如果本期发生额的借方小于贷方，为本年盈利，转入"未分配利润"科目的贷方。结转后，上述各科目，以及本年利润科目均被清零，无余额。

请思考

1. 企业产品成本计算的过程是怎样的？有哪些具体环节和具体要求？

2. 经营管理中期间费用的汇集与分配情况是怎样的？有哪些具体要求？

3. 怎样进行广义费用相关业务的会计处理？需要注意什么问题？

4. 企业所得税会计处理的基本内容与过程是怎样的？

5. 费用在会计期末的结转该如何进行？在会计处理上有何具体要求？

思维导引6-2

第四节 利润的形成与分配

本节重难点 6-4

名师点拨 6-16

利润形成过程的层次是怎样划分的？怎样进行相关的信息披露？

一、利润形成的层次划分

在我国的利润表中，利润有营业利润、利润总额和净利润三种表现形式。在该表的最后几栏，又将收入与费用配比结果的净利润与其他综合收益相加，形成了企业的综合收益总额。

（一）营业利润

利润表中营业利润的内容最为广泛。其计算公式为

营业利润＝营业收入－营业成本－销售费用－管理费用－研发费用－财务费用＋其他收益±投资收益±净敞口套期收益±公允价值变动收益±信用减值损失±资产减值损失±资产处置收益

（二）利润总额

利润表中的利润总额即上述营业利润加上营业外收入，减去营业外支出，即

利润总额＝营业利润＋营业外收入－营业外支出

（三）净利润

利润表中的净利润即上述利润总额减去所得税费用后的净额，即

净利润＝利润总额－所得税费用

（四）综合收益总额

利润表中的综合收益总额即由上述净利润加上资产负债表中的其他综合收益净额而得出，即

$$综合收益总额 = 净利润 + 其他综合收益净额$$

上述不同的利润表现形式各有不同的计价对比的范围，也有与此相关的特殊信息披露要求。

二、营业利润各层次的内容及其信息披露

营业利润，即全部营业收入在减去营业成本、税金及附加的基础上减去三大期间费用，再减去资产减值损失（＋转回），加上公允价值变动损益（－损失）、投资收益（－损失）、资产处置收益（－损失）等。

由于在实际业务中要考核主营业务利润，而且经营毛利在企业预测决策中占据主要地位等，因此可以将上述三大期间费用之前的部分，即"全部营业收入减去营业成本、减去税金及附加"解释为经营利润，在本部分内容中我们将予以重点说明。其余部分，主要是介绍企业的一般处理与披露方式。

（一）经营利润的信息披露

从企业业务实践角度来看，营业利润可以说经常要进一步进行划分，即划分为主营业务利润、经营利润。

1. 主营业务利润

在利润表中，主营业务利润就是将营业收入中的主营业务收入与其他业务收入、营业成本中的主营业务成本与其他业务成本，以及税金及附加中的主营业务税金及附加与其他业务税金及附加进行进一步分离计算的结果。

2. 经营利润

此处所述经营利润，是指主营业务与其他业务合在一起的毛利数额。具体来说，就是主营业务收入加其他业务收入，减去主营业务成本加其他业务成本，再减去税金及附加，即在不相互分离的情况下营业收入、营业成本与税金及附加三个项目相互抵销的结果。

在企业年度利润表的附注中，这两类信息具有特别重要的意义。以某建筑业上市公司利润表附注中的营业利润信息为例予以说明。××公司财务报表中营业收入附注、主营业务收入附注（分行业）、营业收入附注（大客户）分别见表 6 - 2 ~ 表 6 - 4。

表6-2　　　　　　　　　　××公司财务报表中营业收入附注　　　　　　　单位：元

项目	本期发生额		上期发生额	
	收入	成本	收入	成本
主营业务	19 593 340 740	16 357 200 946	18 648 697 695	15 332 206 665
其他业务	7 314 663	503 746	5 394 932	58 938
合计	19 600 655 403	16 357 704 692	18 654 092 627	15 332 265 603

表6-3　　　　　　　××公司财务报表中主营业务收入附注 （分行业）　　　　单位：元

行业名称	本期发生额		上期发生额	
	主营业务收入	主营业务成本	主营业务收入	主营业务成本
建筑装饰业	17 912 480 876	15 079 809 695	17 496 147 928	14 299 745 911
制造业	1 033 276 452	942 632 729	1 109 312 631	1 013 968 988
电子商务	599 310 527	315 854 097	27 012 279	15 018 727
金融业	48 272 885	18 904 425	16 224 857	3 473 039
合计	19 593 340 740	16 357 200 946	18 648 697 695	15 332 206 665

表6-4　　　　　　　　××公司财务报表中营业收入附注 （大客户）　　　　单位：元

客户名称	营业收入	占公司全部营业收入的比例
第一名	1 540 215 016	7.86%
第二名	579 908 525	2.96%
第三名	371 220 320	1.89%
第四名	251 925 768	1.28%
第五名	225 198 299	1.15%
合计	2 968 467 928	15.14%

　　营业收入信息披露解读：基本的收入信息是必须披露的，这就是强制披露；而一些内容则是在强制披露之外的自愿披露。在这种特有的披露要求下，例中公司对营业收入的披露可谓非常详细了，表现在以下方面：①根据例中的营业收入披露表，财务会计报告使用者可以知道公司主营业务收入与其他业务收入之间的比率；②根据例中分行业的主营业务收入披露表，财务会计报告使用者可以大致了解公司的主要产品构成、各类产品的毛利水平、公司的主要产品结构，以及主要产品结构的变动情况；③根据例中大客户的主营业务收入披露表，财务会计报告使用者还可以大致了解公司的主要客户，以及公司对主要客户、主要客户所处行业的依赖情况等。

（二）期间费用信息披露

公司对销售费用、管理费用、财务费用三大费用的信息披露一般是较为规范和细致的。此处以某公司关于三大费用的披露情况为例予以说明。××公司财务报表中期间费用附注见表6-5。

表6-5　　　　　　　　　　　　　××公司财务报表中期间费用附注　　　　　　　　　单位：元

销售费用			管理费用			财务费用		
项目	本期发生额	上期发生额	项目	本期发生额	上期发生额	项目	本期发生额	上期发生额
职工薪酬	194 539 075	142 412 612	职工薪酬	268 390 044	267 535 415	利息支出	77 460 727	65 967 402
广告费	27 755 390	897 023647	折旧费	48 320 161	41 580369	减：利息收入	5 963 519	33 554 541
差旅费	22 336 566	23 056 952	办公费	43 472 534	38 887 514	利息净支出	71 497 208	32 412 861
办公费	17 532 679	19 446 102	租赁费	29 737 067	9 592 306	汇兑损失	4 493 811	998 588
业务费	13 548 153	16 200 836	差旅费	15 947 254	21 822 973	减：汇兑收益	16 149 567	2 728 171
租赁费	11 603 453	10 167 308	税金	5 757 800	11 050 667	汇兑净损失	-11 655 756	-1 729 583
工程维修费	9 150 037	9 380 067	业务招待费	4 460 946	5 582 722	银行手续费	5 105 081	2 657 524
仓储物流费	3 515 664	24 538 258	上市公告专项费	2 882 902	2 574 873			
其他	10 335 869	6 149 000	其他	56 512 014	48 275 724			
合计	310 316 886	1 148 374 782	合计	475 480 722	446 902 563	合计	64 946 533	33 340 802

期间费用的附注解释1：根据财政部发布的《增值税会计处理规定》（财会〔2016〕22号），全面试行营业税改征增值税后，房产税、土地使用税、车船税、印花税等从管理费用重新分类到税金及附加进行核算，对以前期间发生额不进行追溯调整。

期间费用的附注解释2：本期财务费用发生额比上期增长94.80%，主要系本期利息收入减少所致。

三大费用信息披露解读：①表中的数据本身就是一种本年与上年的比较，通过这样的表格，我们可以直观了解本年费用的发生情况。②可以通过各种费用占费用总额的百分比，即各种费用的结构，找出公司在费用管理方面的主要问题与主要矛盾。③数据本身就属于管理会计分类的"固定费用"或者是"半变动费用"，依据这样的数据可以搞好企业的"弹性预算"，处理好企业经营中的"本—量—利"之间的关系。

（三）资产减值损失的信息披露

这样的信息一般是与各资产项目进行双重披露，即既在利润表附注部分披露，也在资产负债表附注中披露，比如，本书前文表3-12中的坏账准备、表3-19中的存货减值准备等，此处不再赘述。

资产减值的会计信息披露一般是和所减值资产在一起的，也有的企业对资产减值损失进行简单的专门披露。比如，××公司对年底资产负债表中的减值损失直接进行了披露，其财务报表中资产减值损失附注见表6-6。

表6-6　　　　　　　　　××公司财务报表中资产减值损失附注　　　　　　　　单位：元

顺序	计提准备项目	本期发生额	上期发生额
1	坏账损失	7 383 622.64	2 163 770.16
2	存货减值损失	871 485.76	554 615.73
3	债权投资减值损失	1 485 625.48	—
4	长期股权投资减值损失	—	—
5	固定资产减值损失	—	—
6	合计	9 740 733.88	2 718 385.89

（四）公允价值变动损益的信息披露

按照我国企业会计准则的要求，公允价值计量一般运用在"交易性金融资产""其他债权投资""其他权益工具投资"几个会计科目上；虽然允许"投资性房地产"（有的也包括"生产性生物资产"）使用公允价值计量，但在我国实践中几乎没有被用到。因此，此处的解释一般只涉及交易性金融资产，而且只是简单披露由于交易性金融资产公允价值变动形成的损益数额。公允价值变动损益的会计信息披露一般就是披露变动项目与变动金额。××公司财务报表中公允价值变动损益披露见表6-7。

表6-7　　　　　　　　　××公司财务报表中公允价值变动损益披露　　　　　　　单位：元

产生公允价值变动收益的来源	本期发生额	上期发生额
以公允价值计价且价值变动计入本期损益的金融资产	－1 381 572.38	990 610.10
合计	－1 381 572.38	990 610.10

（五）投资收益的信息披露

从现行企业会计准则的要求来看，企业获取投资收益的会计科目为交易性金融资产、债权投资、其他债权投资、其他权益工具投资和长期股权投资。取得投资收益的途径主要为两个：一是企业持有以上几类资产过程中收到的对方发放的利息或股息；二是处置上述资产时形成的售价与账面价值之间的净差额。此处以××公司关于投资收益的披露情况为例，说明其财务报表中投资收益附注，见表6-8。

表6-8　　　　　　　　××公司财务报表中投资收益附注　　　　　　　单位：元

项目	本期发生额	上期发生额
处置银行理财产品取得的投资收益	15 074 067.81	31 518 232.34
可供出售金融资产在持有期间的投资收益	181 003 824.13	91 043 757.56
权益法核算的长期股权投资收益	-159 140.13	-240 856.52
处置长期股权投资产生的投资收益	-9 162 743.82	23 581 250.41
合计	186 756 007.99	145 902 383.79

（六）资产处置收益与其他收益

这两个项目应根据在损益类科目新设置的"其他收益"和"资产处置收益"科目的发生额分项填列，如为处置损失，以"-"号填列。

将这样的内容整理完毕后，或者是将以上所述会计科目的本期发生额都结转至"营业利润"科目之后，若贷方大于借方，就是本年的营业利润；反之，若借方大于贷方，就是本年的营业亏损。

三、利润总额的内容及其信息披露

在上述营业利润的基础上，加上营业外收入，再减去营业外支出，就是企业的利润总额。因此，此部分的信息披露，就是营业外收入与营业外支出的披露事项。

（一）营业外收入的信息披露

营业外收入的信息一般也是按照收入的各个条目，依据实际发生额进行本年与上年数额的列示。企业在年末财务会计报告中要分类披露年度内营业外收入的类型与数额，而对其中的政府补助一般要求进行专门的说明。一般的披露方式以××公司年度营业外收入为例，说明其财务报表中营业外收入附注、政府补助（或其他收益）附注，分别见表6-9、表6-10。

表6-9   ××公司财务报表中营业外收入附注   单位：元

项目	本期发生额	上期发生额	计入当期非经常性损益的金额
资产盘盈利得	1 226.01	2 174.47	1 226.01
其中：流动资产盘盈利得	1 226.01	2 174.47	1 226.01
政府补助（或其他收益）	681 856.67	660 277.34	681 856.67
其他	22 702.28	21 171.29	22 702.28
合计	705 784.96	683 623.10	705 784.96

表6-10   ××公司财务报表中政府补助（或其他收益）附注   单位：元

项目	本期发生额	上期发生额	计入当期非经常性损益的金额
财政奖励	265 374.28	240 609.24	265 374.28
开发项目资金补助	371 950.04	375 312.57	371 950.04
技改补贴收入	22 551.75	5 962.93	22 551.75
其他	22 980.60	38 392.60	22 980.60
合计	682 856.67	660 277.34	682 856.67

营业外收入信息披露解读：从上面的数据可看出，公司规模不见得很大；数据显示公司本年取得了较好的经营成果。

（二）营业外支出的信息披露

会计期末，企业应在利润表的附注中披露营业外支出事项。以××上市公司披露的年末营业外支出的情况为例，说明其财务报表中营业外支出附注，见表6-11。

表6-11   ××公司财务报表中营业外支出附注   单位：元

项目	本期发生额	上期发生额	计入当期非经常性损益的金额
非流动资产报废损失合计	427 237.20	247 400.95	427 237.20
其中：固定资产报废损失	427 237.20	247 400.95	427 237.20
对外捐赠	79 000.00	115 000.00	79 000.00
罚款及赔款支出	—	728 896.26	—
其他	741 135.83	1 000 000.00	741 135.83
合计	1 247 373.03	2 091 297.21	1 247 373.03

（三）对非经常性损益的说明

非经常性损益是指公司发生的与经营业务无直接关系，以及虽与经营业务相关，但由于其性质、金额或发生频率，影响了公司正常盈利能力真实、公允的反映的各项收入、支出。

非经常性损益主要表现为企业的营业外收支项目，公司发生的诸如捐赠支出、债务重组损失、罚款收入或支出、非常损失等营业外收支项目（不含上面已经提及的项目），在公司经营过程中发生的频率不高，属于偶然发生的事项，因此均应该作为非经常性损益处理。特殊情况为：假设某偏远公司自身有一子弟学校，经费支出由公司支付，记录于"营业外支出"科目；就此情况而言，由于公司支付学校经费是公司经常发生的事项，因此，即使是记录于"营业外支出"科目，也应该作为经常性损益处理。

此处应予说明：扣除非经常性损益后的净利润，也称为经常性净利润，是反映一定时期企业经营成果的重要指标，是在企业净利润的基础上，扣除了企业经营过程中产生的非经常性损益后的净利润，它能够剔除一些非经常的因素，如作为其他收益的政府补贴、作为资产处置收益的出售非流动资产资产的一次性收益或损失等，真实地体现企业通过经营获得的经营成果（净利润）。我国的上市公司在每年的年报报出时，都要填列专门的表格，计算扣除非经常性损益后的净利润。

四、净利润的内容及其信息披露

根据"净利润 = 利润总额 – 所得税费用"，此处需要阐述的内容就是企业的所得税费用。

在会计期末，递延所得税资产和递延所得税负债应当分别作为非流动资产和非流动负债在资产负债表中列示；而包括应交所得税和递延所得税的所得税费用则是在利润表中单独列示。企业应当在附注中披露利润与所得税的相关信息，如应交所得税，每一类暂时性差异和可抵扣亏损，在列报期间确认的递延所得税资产或递延所得税负债，确认递延所得税资产的依据以及未确认递延所得税负债、资产的暂时性差异金额等。下面以某上市公司期末披露的所得税信息为例予以说明。××公司财务报表中所得税附注、会计利润与所得税费用调整附注分别见表6 – 12、表6 – 13。

表6 – 12　　　　　　　　　　××公司财务报表中所得税附注　　　　　　　　　　单位：元

项目	本期发生额	上期发生额
当期所得税费用	378 212 453.64	350 272 861.82
递延所得税费用	– 76 507 713.33	– 60 447 500.87
合计	301 704 740.31	289 825 360.95

表6-13　　　　　　　　　　××公司会计利润与所得税费用调整附注　　　　　　　　单位：元

项目	本期发生额
利润总额	1 997 295 707.22
按适用税率计算的应交所得税	299 594 356.08
子公司适用不同税率的影响	9 143 420.74
调整以前期间所得税的影响	2 521 227.16
非应税收入的影响	4 692 650.84
不可抵扣的成本、费用和损失的影响	– 13 786 706.69
使用前期未确认递延所得税资产的可抵扣亏损的影响	– 916 832.53
本期未确认递延所得税资产的可抵扣暂时性差异或可抵扣亏损的影响	456 624.71
所得税费用	301 704 740.31

所得税信息披露解读：本章在第三节中对所得税的会计处理进行了较为详细的解释，见【例6-15】，这里的附注主要是解释本期所得税费用与利润表中的抵减净利润的所得税之间数据的平衡过程。

到此为止，利润表需要在数据解释方面，即"报表中列示项目的文字描述或明细资料，以及对未能在这些报表中列示项目的说明等"，已经基本解释完毕。其他综合收益、每股收益的内容，将在报表编制部分说明。

五、"本年利润"科目的结转与未分配利润

（一）"本年利润"科目的处理要求

除特殊情况外，本年利润科目每月登记一次，即在月末汇总所有收入科目的贷方发生额，从它们的借方转入"本年利润"科目的贷方；同时，汇总所有成本费用科目的借方发生额，从它们的贷方转入"本年利润"科目的借方。每年（或特殊的会计期间）结清一次，即真正把全年累计登记的汇总账户中的借方与贷方差额结转到其备抵账户"未分配利润"中去，将"本年利润"科目结清为零。

（二）年末结转的举例说明

为了说明问题，此处将【例6-12】和【例6-16】合并在一起，说明结转时的会

计处理要求。

【例6–17】 以【例6–12】和【例6–16】的数据为依据做出年终结账时的全部会计分录。

借：主营业务收入		7 822 400
其他业务收入		690 000
其他收益		150 000
投资收益		590 000
公允价值变动损益		30 000
资产处置收益		12 850
营业外收入		500 000
贷：主营业务成本——A产品		1 797 822
——B工程		1 447 930
——C工程		2 185 700
其他业务成本		250 000
税金及附加		439 280
销售费用		200 000
管理费用		500 000
研发支出		217 500
财务费用		65 345
信用减值损失		11 500
资产减值损失		25 000
营业外支出		10 910
所得税费用		685 250
利润分配——本年利润		1 959 013

这就是本年利润会计处理的最后一笔分录，在这时，所有的收入科目与费用科目都结转，所有利润表账户的期末余额均为零。

（三）年末结转与利润层次划分的结合说明

"本年利润"科目的年末结转见图6–3。

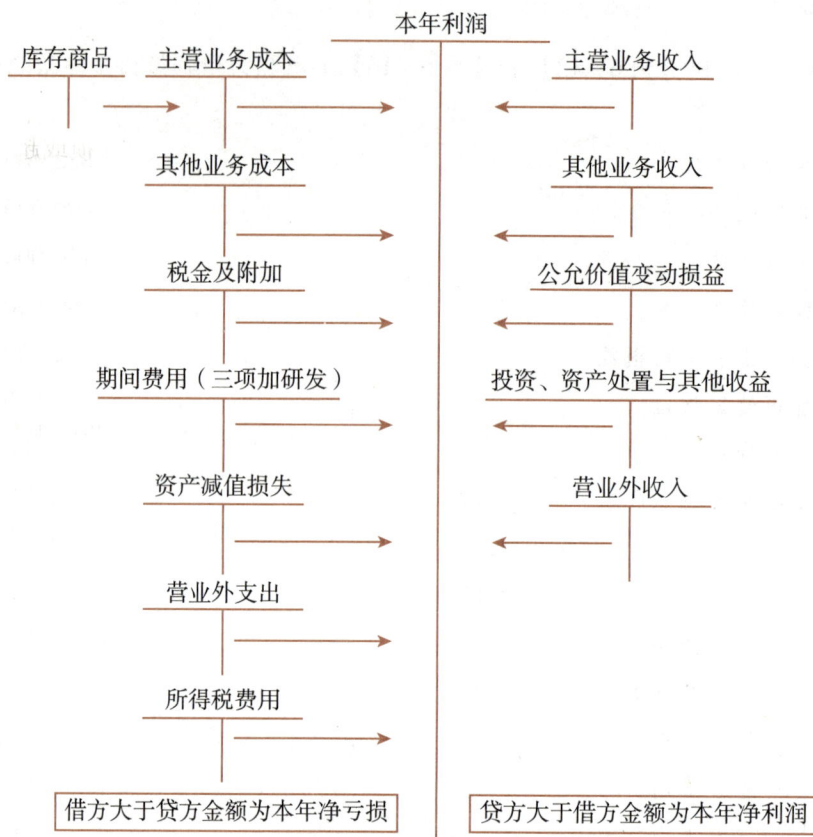

图6-3 "本年利润"科目的年末结转

名师点拨6-17

何为企业利润分配？
有哪些具体要求？
应该按照什么顺序
进行？

六、利润分配的途径与结果

由于上述"本年利润"科目的期末借方大于贷方的金额是本年的净亏损，不涉及利润分配事项，因此利润分配只是在"本年利润"科目的贷方金额大于其借方金额时的情况下进行。

（一）"利润分配"科目的会计处理要求

作为"本年利润"的备抵调整科目，"利润分配"也属于所有者权益类科目，用以处理企业利润的分配（或亏损的弥补）和历年分配（或弥补）后的余额。"利润分配"科目的借方登记实际分配的利润额，包括提取的盈余公积和分配给投资者的利润，以及年末从"本年利润"科目转入的全年发生的净亏损；"利润分配"科目的贷方登记用盈余公积弥补的亏损额等其他转入数，以及年末从"本年利润"账户转入的全年实现的净利润。"利润分配"科目既可有贷方余额，也可有借方余额，各自表示不同的经济内容。具体来说，贷方余额为历年累积的未分配利润（可供以后年度分配的利润），而借方余额则为历年累积的未弥补亏损（留待以后年度弥补的亏损或超额分配）。按照上述会计处理要求，"利润分配"需要设置"提取法定盈余公积""提取任意盈余公积""应付股利（或"应付利润）""盈余公积补亏""转作股本的股利""未分配利润"等明细科目。

这样，利润分配即为年终时"本年利润"科目的最后承担者。也就是说，本年利润要将其年末余额转至"利润分配——未分配利润"；同时"利润分配——未分配利润"的期末余额即为资产负债表中的"未分配利润"项目数额（但若出现借方余额，则为累计未弥补亏损）。虽然利润分配部分的内容与结果需要在所有者权益变动表中反映，但是"利润分配"科目的会计处理过程是通过所有者权益变动表将资产负债表、利润表两大报表连接在一起的桥梁和纽带。

（二）利润分配的顺序和结果

怎样进行利润分配？国家的法律法规有何规定？这也是此部分需要说明的问题。国家财税法规中的规定一般是：

（1）如果开始经营的年份亏损，可用税前利润弥补，但最长期限为5年，在5年内若未将亏损完全弥补，就只能用税后利润弥补。

（2）弥补亏损后实现的税后利润，必须按照10%的比率计提法定公积金；满足条件后，可按照董事会的决议计提任意盈余公积金。

（3）企业正常经营盈利、计提盈余公积后又产生亏损的，可用盈余公积补亏，但原则是盈余公积必须保持在注册资本的25%以上；若满足这个条件，甚至可以以不超过注册资本6%的比率用盈余公积派发现金股利。

（4）法定盈余公积已达到注册资本的50%时可不再提取。盈余公积中的储备资金和企业发展基金主要适用于外商投资企业。

进行这样的会计处理的结果，也是利润与所有者权益之间相互影响、互相转化的结果。利润分配的过程与结果见图6-4。

（三）利润分配会计处理的举例说明

"利润分配"在会计处理方面有备抵科目和年结科目两方面的特征，即在平时发生

名师点拨6-18

利润分配的顺序是怎样的？最后的结果是怎样的？
（音频）

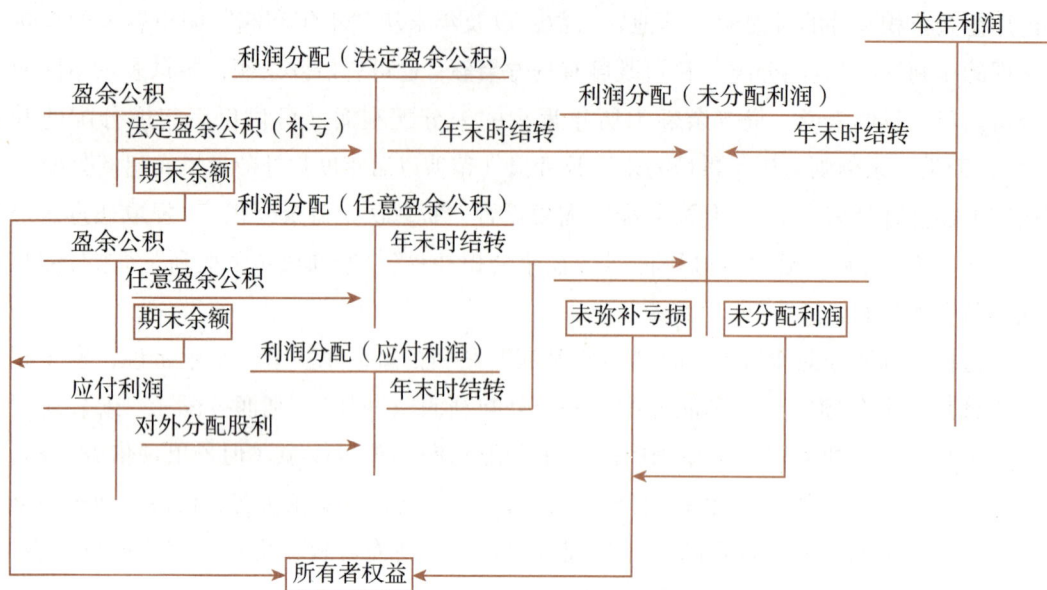

图6-4 利润分配的过程与结果

时，按照"备抵"的方式进行记录；年终时，在结清"本年利润"全年登记的内容的同时，将未分配利润（未弥补亏损）承接下来，构成企业资产负债表中所有者权益的"未分配利润"项目。

【例6-18】 甲公司本年度对实现的净利润1 423 922元进行分配。按照净利润的10%计提盈余公积金；后经企业董事会决定，再按照净利润的8%计提任意盈余公积金。在此之后，公司经股东会讨论后决定，将计提盈余公积后的净利润的80%向股东分派现金股利。在会计年末结账时，结清"利润分配"科目的明细记录。

要求：进行甲公司利润分配的会计处理。

解析：（1）计提法定盈余公积金的会计处理：

应当计提的法定盈余公积金数额 = 1 423 922 × 10% = 142 392.20（元）

应当计提的任意盈余公积金数额 = 1 423 922 × 8% = 113 913.80（元）

借：利润分配——提取法定盈余公积　　　　　　　　142 392.20

　　　　　　——提取任意盈余公积　　　　　　　　113 913.80

　　贷：盈余公积——提取法定盈余公积　　　　　　142 392.20

　　　　　　　　——提取任意盈余公积　　　　　　113 913.80

（2）对外宣布分派现金股利的会计处理：

应当分派的现金股利数额 = （1 423 922 - 142 392.20 - 113 913.80）× 80%

= 1 167 616 × 80% = 934 092.80（元）

借：利润分配——应付股利　　　　　　　　　　　　　　934 092.80
　　　贷：应付股利　　　　　　　　　　　　　　　　　　934 092.80

（3）进行内部数额的结转，结清"利润分配"科目的明细记录的会计分录：

借：利润分配——未分配利润　　　　　　　　　　　　1 423 922.00
　　　贷：利润分配——提取法定盈余公积　　　　　　　142 392.20
　　　　　　　　　　——提取任意盈余公积　　　　　　113 913.80
　　　　　　　　　　——应付股利　　　　　　　　　　934 092.80
　　　　　　　　　　——未分配利润　　　　　　　　　233 523.20

进行结转后，"利润分配——未分配利润"科目的期末余额按照下述方法计算：

$$\text{"利润分配——未分配利润"科目的期末余额} = \text{从"本年利润"科目转来的累计年度净利润} - \text{从"利润分配"各明细科目借方转来的累计分配额}$$

代入数据，即可得出上述会计分录中的 233 523.20 元。

计算过程的内容反映在所有者权益变动表。

计算结果即登记在本期资产负债表中所有者权益的未分配利润数额。

这样的会计处理与本章【例 6 - 17】结合，就是企业一个年度会计业务全部结束的最鲜明的标志。

请思考

1. 企业本期净利润的确认过程是怎样的？需要进行哪些计算？最后得出什么样的结果？

2. 企业的本期净利润应该进行怎样的分配？需要进行哪些计算和处理？最后得出什么样的结果？

●思维导引6-3

边学边练

甲公司适用的所得税税率为 25%，本年度初步编制利润表计算的利润总额为 750 000 元。公司当年账面利润包括以下事项：①国债利息收入 50 000 元，税收返还 10 000 元；②因排污不当被罚款 20 000 元，因纳税不及时被罚税收滞纳金 15 000 元；③交易性金融资产的公允价值增加 30 000 元，存货计提减值准备 20 000 元；④因售后服务计提预计负债 20 000 元。

要求： 请依据上述资料计算、确定应纳税所得额及应交所得税、递延所得税资产（或递延所得税负债），并做出全部的会计分录。

🔑答案6-2

本章小结

至此为止，会计处理的会计凭证、会计账簿与编制财务会计报表的基本工作宣告结束，正式进入财务报表编制阶段。本章的收入是企业取得的，主要以货币资金表示的营业收入、投资收益、营业外收入，以及公允价值变动损益等。这样的内容在会计处理上既有一致之处，又有一定程度的区别，是"本年利润"在贷方的构成内容。本章费用的内容涉及本书的方方面面，主要为企业的营业成本、税金及附加、期间费用、资产减值损失、营业外支出，以及所得税费用等转入的本期、本年度的发生额。这样的内容在会计处理上可谓各有特色，且交错纵横，成为"本年利润"在借方待抵减因素。相对而言，"利润分配"只应用于企业年终的收益结转，其处理的最后结果即资产负债表中所有者权益的"未分配利润"。就此而论，本章的未分配利润是来自利润表，形成于所有者权益变动表，最后落足于资产负债表的一项会计的特有内容。

本章知识框架

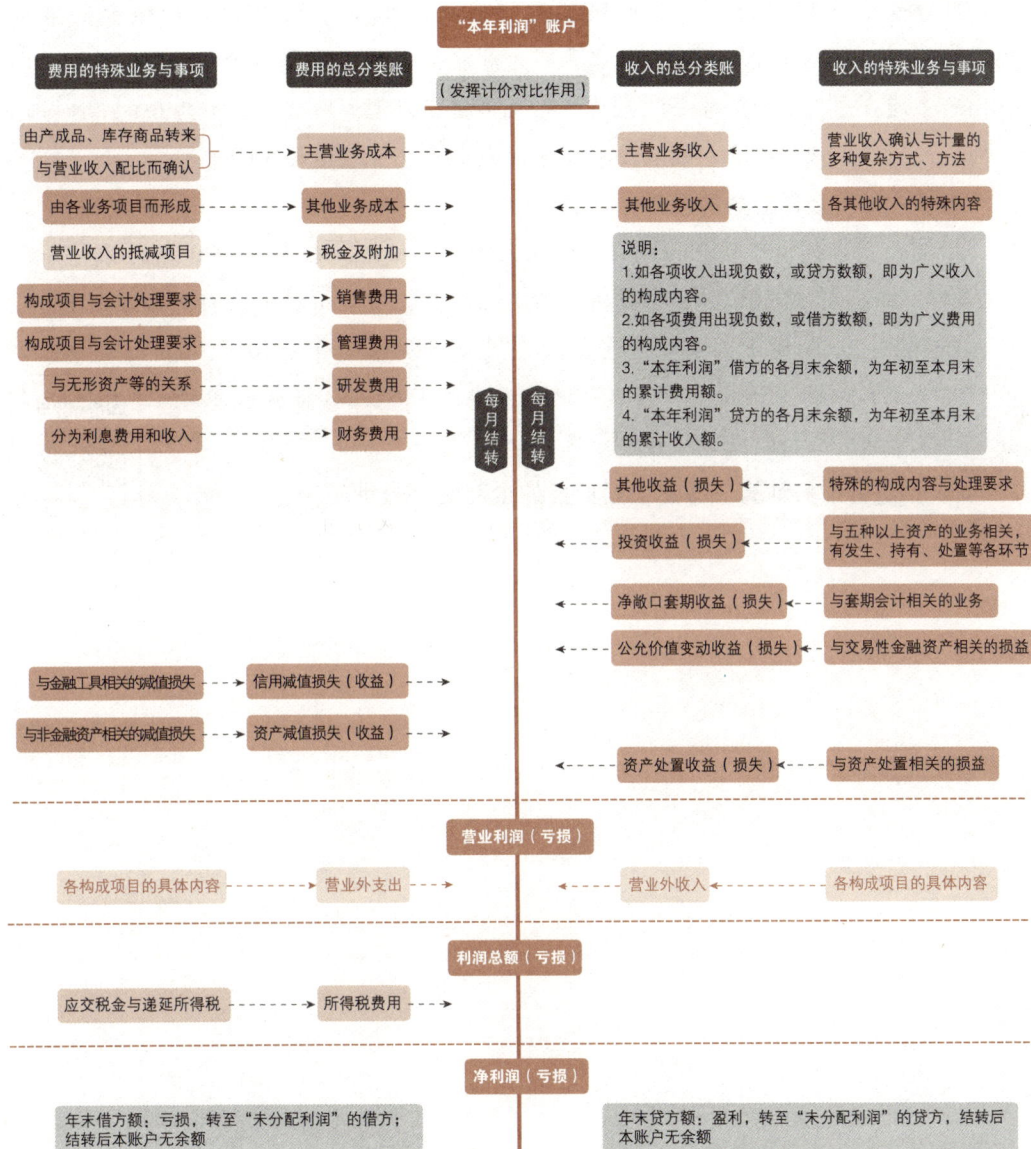

"本年利润"账户

费用的特殊业务与事项	费用的总分类账	（发挥计价对比作用）	收入的总分类账	收入的特殊业务与事项
由产成品、库存商品转来 与营业收入配比而确认	主营业务成本		主营业务收入	营业收入确认与计量的 多种复杂方式、方法
由各业务项目而形成	其他业务成本		其他业务收入	各其他收入的特殊内容
营业收入的抵减项目	税金及附加			
构成项目与会计处理要求	销售费用			
构成项目与会计处理要求	管理费用			
与无形资产等的关系	研发费用			
分为利息费用和收入	财务费用			

说明：
1.如各项收入出现负数，或贷方数额，即为广义收入的构成内容。
2.如各项费用出现负数，或借方数额，即为广义费用的构成内容。
3."本年利润"借方的各月末余额，为年初至本月末的累计费用额。
4."本年利润"贷方的各月末余额，为年初至本月末的累计收入额。

每月结转　每月结转

			其他收益（损失）	特殊的构成内容与处理要求
			投资收益（损失）	与五种以上资产的业务相关，有发生、持有、处置等各环节
			净敞口套期收益（损失）	与套期会计相关的业务
			公允价值变动收益（损失）	与交易性金融资产相关的损益
与金融工具相关的减值损失	信用减值损失（收益）			
与非金融资产相关的减值损失	资产减值损失（收益）			
			资产处置收益（损失）	与资产处置相关的损益

营业利润（亏损）

各构成项目的具体内容	营业外支出		营业外收入	各构成项目的具体内容

利润总额（亏损）

应交税金与递延所得税	所得税费用			

净利润（亏损）

年末借方额：亏损，转至"未分配利润"的借方；结转后本账户无余额			年末贷方额：盈利，转至"未分配利润"的贷方，结转后本账户无余额	

综合训练

1. 甲公司本经营期间销售及其相关税率、成本的数据如下：①销售鞋帽取得的收入总额为45万元，增值税税率为13%，取得的全部收入均存入银行账户。这些鞋帽的进货价格为33万元。②销售服装取得的收入总额为54万元，增值税税率为13%，取得的全部收入均存入银行账户。这些服装的进货价格为36万元。③向客户提供的修理、专门定制业务等收入总计含税价格2万元，增值税税率为6%，取得的全部收入均存入银行账户。此类业务发生的成本为含税价格的50%。

要求：做出上述业务的全部会计分录。

2. 甲公司本期由于转产的原因，对原来购入时初始成本为30 000元的原材料进行了以下处理：①进行该种原材料的清理盘点之时，发现该种原材料部分已经损坏，约占全部原材料的10%，未收回残值；②剩余部分对外销售80%，按照实际成本的10%加成计价售出，增值税率为13%；③将剩余部分通过当地政府机构捐献给了受灾地区。

 答案6-3

要求：进行财务计算，做出上述业务的全部会计分录。

第七章

企业财务报表与合并财务报表

本章 PPT

📖 导言

　　本章的内容是本书的又一重要内容，即实现会计工作目标最重要的方式——编制财务报表。 本章首先介绍了我国关于编制财务会计报告的相关准则与规范，并对我国与此工作相关的企业会计准则进行了简要说明。 以此为基础，再对资产负债表、利润表、现金流量表的编制要求、编制过程、具体的编制方法和信息披露的方式等进行了具体、深入的解释与说明。 鉴于我国资本市场中的上市公司一般以合并财务报表为主要披露方式，本章对合并财务报表也进行了简单介绍。 本章的学习应在理解的基础上掌握企业财务报表的构成与分类，系统掌握企业财务报表体系的构成及其编制过程，了解合并财务报表的特点以及与企业个别财务报表之间的关系。

🔗 本章学习要点

1. 了解企业财务报表的构成、分类及合并财务报表的作用。
2. 熟练掌握资产负债表、利润表、现金流量表的格式、构成及编制过程。
3. 熟知所有者权益（或股东权益）变动表的格式与编制要求。
4. 了解合并财务报表的编制与运用。

第一节　企业财务报表概述

本节重难点 7-1

一、企业财务报表的构成与相关规范

具体来说，**财务报表**应是以企业会计准则为规范编制的，以经济数据为表述结果，向所有者、债权人、政府及其他有关各方及社会公众等财务会计报告使用者，反映会计主体财务状况、经营成果和现金流量的系列表格与文字说明等。财务报表是财务会计报告最核心的内容，企业会计准则规范的财务会计报告至少应当包括下列组成部分：①资产负债表；②利润表；③现金流量表；④所有者权益（或股东权益，下同）变动表；⑤附注。

法规速查 7-1

企业会计准则第 30 号——财务报表列报

按照《企业会计准则第 30 号——财务报表列报》的解释，会计准则的规范范围适用于个别财务报表和合并财务报表，以及年度财务报表和中期财务报表；而在这样的解释下，我国的会计准则规范范围还包括中期财务报告、分部报告、现金流量表和合并财务报表。这样，与编制财务会计报告相关的会计准则就构成了一个会计准则系列，即几个各有特殊要求的规范与各种财务报表的编制、报出等活动相关的会计准则。这样的会计准则系列共同服务于财务会计报告的编制与报出工作，适应于财务报表编制工作的各种特殊列报要求。

二、财务报表编制的准则要求

我们可将编制企业财务报表的要求概括为下述几点：

（1）企业应当以持续经营为基础，根据实际发生的交易和事项，按照企业会计准则的规定进行确认和计量，在此基础上编制财务报表。

这是说，企业不应以附注披露代替确认和计量，不恰当的确认和计量也不能通过充分披露相关会计政策得到纠正；如果按照各项企业会计准则规定披露的信息不足以让财务报表使用者了解特定交易或事项对企业财务状况和经营成果的影响，企业还应当披露其他必要信息。

（2）在编制财务报表的过程中，企业管理层应当利用所有可获得信息来评价企业自报告期末起至少 12 个月的持续经营能力。

这就要求，企业在进行评价时需要考虑宏观政策风险、市场经营风险、企业目前或长期的盈利能力、偿债能力、财务弹性以及企业管理层改变经营政策的意向等因素。评价结果表明对持续经营能力产生重大怀疑的，企业应当在附注中披露导致对持续经营能力产生重大怀疑的因素以及企业拟采取的改善措施。

企业如有近期经营获利的历史且有财务资源支持，则通常表明以持续经营为基础编制财务报表是合理的。企业正式决定或被迫在当期或将在下一个会计期间进行清算或停止营业的，则表明以持续经营为基础编制财务报表不再合理。在后一种情况下，企业应当采用其他基础编制财务报表，并在附注中声明财务报表未以持续经营为基础编制的事实，披露未以持续经营为基础编制的原因和财务报表的编制基础。

（3）除现金流量表按照收付实现制原则编制外，企业应当按照权责发生制原则编制财务报表。这是说，编制现金流量表所遵循的是收付实现制原则；而其他财务报表，即资产负债表、利润表和所有者权益变动表的编制，则要遵循权责发生制原则。

（4）财务报表项目的列报应当在各个会计期间保持一致，不得随意变更。

这是要求财务报表的列报应遵守一致性原则。但是，下列情况发生时除外：①会计准则要求改变财务报表项目的列报；②企业经营业务的性质发生重大变化或对企业经营影响较大的交易或事项发生后，变更财务报表项目的列报能够提供更可靠、更相关的会计信息。

（5）性质或功能不同的项目应当在财务报表中单独列报，但不具有重要性的项目除外。此处的要求为：性质或功能类似的项目，其所属类别具有重要性的，应当按其类别在财务报表中单独列报。某些项目的重要性程度不足以在资产负债表、利润表、现金流量表或所有者权益变动表中单独列示，但对附注具有重要性，则应当在附注中单独披露。

重要性是指在合理预期下，财务报表某项目的省略或错报会影响使用者据此做出经济决策的，表示该项目具有重要性。重要性应当根据企业所处的具体环境，从项目的性质和金额两方面予以判断，且对各项目重要性的判断标准一经确定，不得随意变更。

判断项目性质的重要性，应当考虑该项目在性质上是否属于企业日常活动，是否显著影响企业的财务状况、经营成果和现金流量等因素；判断项目金额大小的重要性，应当考虑该项目金额占资产总额、负债总额、所有者权益总额、营业收入总额、营业成本总额、净利润、综合收益总额等直接相关项目金额的比重或所属报表单列项目金额的比重。

（6）财务报表中的资产项目和负债项目的金额、收入项目和费用项目的金额、直接计入当期利润的利得项目和损失项目的金额不得相互抵销，但其他会计准则另有规定的除外。一组类似交易形成的利得和损失应当以净额列示，但具有重要性的除外。

资产或负债项目按扣除备抵项目后的净额列示，不属于抵销。非日常活动产生的利得和损失，以同一交易形成的收益扣减相关费用后的净额列示更能反映交易实质的，也不属于抵销。

（7）当期财务报表的列报，至少应当提供所有列报项目上一个可比会计期间的比较数据，以及有助于理解当期财务报表相关的说明，但其他会计准则另有规定的除外。

根据我国企业会计准则的规定，财务报表的列报项目发生变更的，应当至少对可比期间的数据按照当期的列报要求进行调整，并在附注中披露调整的原因和性质，以及调整的各项目金额。对可比数据进行调整不切实可行的，应当在附注中披露不能调整的原因。不切实可行，是指企业在做出所有合理努力后仍然不符合某项会计准则的规定。

（8）企业编制财务报表需要明确的事项说明。企业应当在财务报表的显著位置至少披露下列各项：①编报企业的名称，即编制报表的会计主体；②资产负债表日或财务报表涵盖的会计期间，如月报、季报、年报；③人民币金额单位，如元、千元、万元；④财务报表是合并财务报表的，应当予以标明，即或者是个别企业的财务报表，或者是企业集团的合并财务报表。

企业至少应当按年编制财务报表。年度财务报表涵盖的期间短于一年的，应当披露年度财务报表的涵盖期间、短于一年的原因以及报表数据不具可比性的事实。

再就是，企业会计准则规定在财务报表中单独列报的项目，应当单独列报，或者增加单独列报项目。

三、财务报表编制的必要准备工作

财务报表是以企业初步财务工作完成的凭证处理、账簿登记为基础而进行的。因此，企业在编制财务报表之前，必须做好下述几个方面的具体工作：

（1）必须要完成资产核实工作。

具体内容包括：①清点货币资金和有价证券；②与购货人、供货人及其他相关人员核对应收回款项；③进行期末存货清查；④检查各项投资的回收利润分配情况；

⑤清查各项固定资产的在建工程；等等。在核实以上各项资产的过程中，如发现与账面记录不符，应先转入"待处理财产损溢"账户，待查明原因后，按规定报批处理。

（2）必须做好债务清理工作。

企业与外单位的各种经济往来中形成的债务在会计期末也要认真清理，及时处理。对已经到期的负债，要及时偿还，以保持企业的信誉，特别是不能拖欠税款。还要注意确认在其他应付款中是否有不正常的款项等。

（3）必须做好按照配比原则进行的资产结转工作。

在上述两项工作的基础上，企业还要认真复核各项生产、销售项目的成本结转情况；查对是否有少转、多转、漏转、错转成本。这样的事项会直接影响企业盈亏的真实性，并由此产生一系列的后果，如多缴税金、多分利润，导致企业资产流失等。

（4）必须做好各种必要的摊提、结转等内部事项的处理，以及内部调账工作。

这主要有如下几点：①进行资产状况的考查分析，需要时计提资产减值准备（或者是减值准备的转回）；②计提固定资产折旧、摊销无形资产和递延资产，以及其他需处理的预提、待摊事项，预提利息和费用等；③进行按照公允价值计量金融资产期末公允价值变动情况的会计处理；④有外币业务的企业，还应计算汇总损益并调整有关外币账户；⑤做好各种必须处理的税收项目，如所得税纳税申报等。

（5）必须做好各个账簿的登记与结转工作。

具体来说，就是按规定的结账日进行结账，结出有关会计账簿的余额和发生额，并核对各会计账簿之间的余额。在这样的工作中，企业应当做到：①严格审核会计账簿的记录和有关资料；②检查相关的会计核算是否按照国家统一的会计制度的规定进行；③检查是否存在因会计差错、会计政策变更等需要调整前期或本期相关项目的情况；等等。应该说，在完成以上准备工作之后，还应进行一次试算平衡，以检查账务处理有无错误。

（6）必须扎扎实实地做好会计期末的结账工作。

试算平衡后的结账工作主要有以下几项：①将损益类科目的发生额全部转入"本年利润"科目；②将本年利润科目形成的本年税后净利润或亏损转入"利润分配"科目；③进行利润分配后，或者是结出每一个科目的期末余额（习惯上把期末有余额的会计科目称为资产负债表科目），或者是把每一个科目的本期发生额结清为零（习惯上把期末无余额的会计科目称为利润表科目）。

以上各项准备工作往往是交叉同时进行的。在实现会计电算化的企业，较多的准备工作是可以通过计算机完成的，如试算平衡和结账等。

四、个别企业的财务报表与合并财务报表

在此前的内容中，如未专门指定为合并财务报表，即泛指个别企业的财务报表。在此后的内容中，若没有专门指出是企业集团的合并财务报表，也是在叙述个别企业的财务报表。

合并财务报表是指反映母公司和其全部子公司形成的企业集团整体财务状况、经营成果和现金流量的财务报表。母公司是指控制一个或一个以上主体（含企业、被投资单位中可分割的部分，以及企业所控制的结构化主体等，下同）的主体。子公司是指被母公司控制的主体。

本章在后面将对合并财务报表进行专门说明。

第二节 资产负债表

本节重难点 7-2

👤 名师点拨 7-1

何为资产负债表？为什么说这是一张静态的报表？其结构和内容是怎样的？各项顺序应如何排列？

（音频）

一、资产负债表的概念解释

资产负债表是反映企业在某一特定日期（如月末、季末、年末）全部资产、负债和所有者权益情况的财务报表。

资产负债表根据"资产＝负债＋所有者权益"这一平衡公式，依照一定的分类标准和次序，将企业在某一特定日期所拥有或控制的经济资源、所承担的现有义务和所有者对净资产的要求权予以了适当的排列和整理，它是一张揭示企业在一定时点财务状况的静态报表。

首先，资产负债表完全是依据企业各会计科目的期末余额，按照一定的方式进行汇总、剥离等调整后编排而成的。相比较而言，其他财务报表，即利润表、现金流量表则主要是依据各会计科目（或者是指定科目）的发生额进行调整后形成的，因此被称为动态报表。其次，资产负债表采用静态的眼光分析企业资产，既将其视为企业财富的物质表现，即各类资产（含无形资产），又将其视为有着不同来源的财富分配，即负债与所有者权益。利用会计平衡原则，在经过编制会计分录，登记总账和分类账、

日记账，试算平衡和有关会计调整等会计程序后，以特定日期的静态企业情况为基准，将企业的财产及其归属情况的价值数据浓缩成一张报表。

二、资产负债表的结构和内容

资产负债表由表首、正表两部分组成。表首概括地说明报表名称、编制单位、编制日期、报表编号、货币名称、计量单位等。正表则是资产负债表的主体，按照"资产=负债+所有者权益"的平衡原理排列。左边列示资产，右边列示负债和所有者权益。具体来说，左方的资产项目，大体按资产的流动性的强弱顺序排列，流动性强的资产如"货币资金""交易性金融资产"等排在前面，流动性弱的资产如"固定资产""无形资产"等排在后面；右方的负债和所有者权益项目，一般按要求清偿时间的先后顺序排列，如"短期借款""应付票据""应付账款"等需要在一年以内或者长于一年的一个正常营业周期内偿还的流动负债排在前面，"长期借款"等在一年以上才需偿还的非流动负债排在中间，在企业清算之前不需要偿还的所有者权益项目则排在最后面。

按照上述结构和排列要求，资产负债表就可以向财务报表使用者说明：企业的资产有多少；在全部资产中，流动资产、固定资产各有多少；流动资产中，货币资金、应收账款、存货各有多少等；企业目前的负债状况是怎样的，流动负债、长期负债各有多少；对银行的负债、对企业职工的负债、对税务部门等国家管理机构的负债，以及对企业所有者的负债是多少等；所有者权益有多少；所有者权益中，实收资本（或股本，下同）有多少，资本公积有多少，其他综合收益有多少，盈余公积有多少，未分配利润有多少；等等。

三、资产负债表的编制要求

（一）资产负债表编制各项目的说明

本书对资产负债表的编制进行下述解释：如果在会计期末按照前述要求做了充分的编表前准备工作，尤其是在进行了内部业务调整，将每一个科目或者是结平，或者是结出期末余额，并进行了试算平衡、编制出会计科目余额平衡表之后，其工作就相对简单了。以下对我国一般工商企业现行资产负债表的格式进行解释。企业资产负债表各项目的填列要求见表7-1。

表7-1　　　　　　　　　　　　　　　　　　　资产负债表各项目的填列要求

资产	期末余额	年初余额	负债和所有者权益	期末余额	年初余额
流动资产：			流动负债：		
货币资金	库存现金、银行存款、其他货币资金的合计数额		短期借款	不加利息的本金，即账面余额	
交易性金融资产	公允价值		交易性金融负债	公允价值	
衍生金融资产	公允价值		衍生金融负债	公允价值	
应收票据	账面余额		应付票据	账面余额	
应收账款	账面净值；扣除减值损失的净值		应付账款	账面余额	
应收款项融资	账面余额		预收款项	账面余额	
预付款项	扣除减值损失的净值		合同负债	账面余额	
其他应收款	扣除减值损失的净值		应付职工薪酬	账面余额	
存货	十余个科目的期末余额合计数，扣除减值损失的净值		应交税费	账面余额	
合同资产	扣除减值损失的净值		其他应付款	账面余额	
持有待售资产	扣除减值损失的净值		持有待售负债	账面余额	
一年内到期的非流动资产	由各长期资产的余额分离转出组成		一年内到期的非流动负债	由各长期负债的余额分离转出组成	
其他流动资产			其他流动负债		
流动资产合计			流动负债合计		
非流动资产：			非流动负债：		
债权投资	实际利率的摊余成本		长期借款	本金加利息的账面余额	
其他债权投资	公允价值		应付债券	实际利率的摊余成本	
长期应收款	实际利率的摊余成本		其中：优先股		

续表

资产	期末余额	年初余额	负债和所有者权益	期末余额	年初余额
长期股权投资	扣除减值损失的净值		永续债		
其他权益工具投资	公允价值		租赁负债	实际利率的摊余成本	
其他非流动金融资产	公允价值或摊余成本		长期应付款	实际利率的摊余成本	
投资性房地产	公允价值或扣除减值损失的净值		预计负债	账面余额	
固定资产	扣除折旧、减值损失后的净值		递延收益	账面余额	
在建工程	扣除减值损失的净值		递延所得税负债	账面余额	
生产性生物资产	公允价值或扣除减值损失的净值		其他非流动负债		
油气资产	扣除减值损失的净值		非流动负债合计		
使用权资产	扣除折旧、减值损失后的净值		负债合计		
无形资产	扣除摊销、减值损失后的净值		所有者权益:		
开发支出	一般是账面余额		实收资本（或股本）	账面余额	
商誉	扣除减值损失的净值		其他权益工具	账面余额	
长期待摊费用	一般是账面余额		其中：优先股		
递延所得税资产	一般是账面余额		永续债		
其他非流动资产	一般是账面余额	·	资本公积	账面余额	
非流动资产合计			减：库存股	账面余额	
			其他综合收益	账面余额	
			专项储备	账面余额	
			盈余公积	账面余额	
			未分配利润	账面余额	
			所有者权益合计		
资产总计			负债与权益总计		

（二）资产负债表编制要求的文字归纳

将表 7-1 中的内容概括如下：

（1）资产中有两个通过汇总各科目余额而形成的项目：一是货币资金，库存现金、银行存款、其他货币资金的汇总额；二是存货，它是材料采购、在途物资、原材料、材料成本差异、周转材料（包装物、低值易耗品）、库存商品、发出商品、委托加工材料、生产成本（在产品）等科目期末余额的汇总额，再减去总括的存货减值准备后的净额。

（2）资产和负债科目中，有两组按照公允价值计价且其变动计入当期损益的金融资产、金融负债，即交易性金融资产、交易性金融负债和衍生金融资产、衍生金融负债。资产项目中还有一组采用公允价值计价但其变动计入其他综合收益的科目，即其他债权投资和其他权益工具投资；有两个可考虑采用公允价值计价的资产项目，即投资性房地产、生产性生物资产。

（3）资产和负债科目中还有两个有特殊性的项目，即两个分离出的数据：一年内到期的长期资产与一年内到期的长期负债。

（4）资产和负债还有两对特殊性的项目，即分别要采用实际利率和摊余成本计算的资产方的债权投资、长期应收款，负债方的应付债券、长期应付款。

（5）在负债方，还有一对在两个项目同时列示的补充说明项目，即优先股和永续债。

（6）除上述五个方面之外，还有一个转来的数据，即利润分配；一个只能抵销记录的项目，即库存股；一个在资产负债表和利润表都要出现的项目，即其他综合收益。

其他项目：负债和所有者权益项目都是直接登记各科目的贷方余额；资产项目都是用各科目的余额减去计提的减值准备（如果有）、计提的折旧、折耗后的净额。

四、资产负债表的编制举例

（一）编制资产负债表的科目余额表

此处以举例的方式对资产负债表的编制过程予以说明。

【例 7-1】 甲公司在年末结账后，编制出的各科目余额表见表 7-2。

表7-2		会计科目期末余额表			单位：元
会计科目	借方余额	贷方余额	会计科目	借方余额	贷方余额
资产类科目：			工程物资	0	
库存现金	30 000		固定资产清理	0	
银行存款	1 730 000		无形资产	440 000	
其他货币资金	220 000		累计摊销		40 000
交易性金融资产			无形资产减值准备	0	
应收票据	920 000		商誉	0	
应收账款	3 420 000		长期待摊费用	0	
坏账准备		260 000	递延所得税资产	750 000	
预付账款	1 310 000		负债类科目：		
应收股利	130 000		短期借款		500 000
应收利息	30 000		应付票据		1 560 000
其他应收款	1 120 000		应付账款		3 580 000
材料采购	490 000		预收账款		210 000
在途物资	0		应付职工薪酬		890 000
原材料	4 830 000		应交税费		2 100 000
材料成本差异		130 000	应付股利		1 600 000
库存商品	1 810 000		应付利息		720 000
委托加工物资	530 000		其他应付款		3 560 000
包装物	260 000		长期借款		0
低值易耗品	280 000		长期债券		0
存货跌价准备		370 000	预计负债		620 000
债权投资	1 360 000		长期应付款		0
债权投资减值准备		390 000	未确认融资费用		0
其他债权投资	0		专项应付款		1 000 000
其他债权投资减值准备		0	递延所得税负债		150 000
长期股权投资	1 340 000		所有者权益科目：		
长期股权投资减值准备		110 000	实收资本		10 000 000
其他权益工具投资	1 620 000		资本公积		3 200 000

续表

会计科目	借方余额	贷方余额	会计科目	借方余额	贷方余额
其他权益工具投资减值准备		0	库存股		0
投资性房地产	0		盈余公积		439 061
长期应收款	0		未分配利润		0
未实现融资收益	0		其他科目：		
固定资产	9 620 000		生产成本	523 350	
累计折旧		2 140 000	制造费用	0	
固定资产减值准备		230 000	研发支出	0	
在建工程	2 340 000				

补充资料：

（1）持有至到期投资中有 360 000 元的部分将于下一个会计年度到期收回。

（2）专项应付款将于下一个会计年度全部偿还。

（3）生产成本的余额是本年 B 工程的未完工程部分，将于下一个会计年度完成。

（4）甲公司今年年初开始经营，期初的所有者权益为实收资本 10 000 000 元、资本公积为 3 200 000 元。

要求：根据表 7 - 2 和上述资料，编制甲公司的年末资产负债表。

（二）编制资产负债表的工作底稿

此处以资产负债表的标准格式作为工作底稿，按照资产负债表的编制要求和上述数据资料，直接进行资产负债表的编制，见表 7 - 3。

表 7 - 3　　　　　　　　　　　　资产负债表工作底稿

编制单位：甲公司　　　　　　　　202 × 年 12 月 31 日　　　　　　　　单位：元

资产	期末余额填列要求/万元	期末余额	负债和所有者权益	期末余额填列要求/万元	期末余额
流动资产：			流动负债：		
货币资金	(3 + 173 + 22)	1 980 000	短期借款	按余额填列	500 000
交易性金融资产		0	交易性金融负债	公允价值	0
衍生金融资产		0	衍生金融负债	公允价值	0

续表

资产	期末余额填列要求/万元	期末余额	负债和所有者权益	期末余额填列要求/万元	期末余额
应收票据	按余额填列	920 000	应付票据	按余额填列	1 560 000
应收账款	按余额填列	3 160 000	应付账款	按余额填列	3 580 000
预付款项	按余额填列	1 310 000	预收款项	按余额填列	210 000
其他应收款	(3 + 13 + 112)	1 280 000	合同负债	按余额填列	0
存货	(49 + 483 + 181 + 26 + 28 + 53 − 13 − 37)	7 700 000	应付职工薪酬	按余额填列	890 000
合同资产	按余额填列	0	应交税费	按余额填列	2 100 000
持有待售资产	按余额填列	0	其他应付款	(160 + 72 + 356)	5 880 000
一年内到期的非流动资产	36 万元将到期	360 000	持有待售负债	按余额填列	0
其他流动资产		0	一年内到期的非流动负债		0
流动资产合计		16 710 000	其他流动负债		0
非流动资产：			流动负债合计		14 720 000
债权投资	(136 − 39)	970 000	非流动负债：		
其他债权投资	按余额填列	0	长期借款	按余额填列	0
长期应收款	实际利率摊余成本	0	应付债券	实际利率摊余成本	0
长期股权投资	(134 − 11)	1 230 000	其中：优先股		0
其他权益工具投资	按余额填列	1 620 000	永续债		0
其他非流动金融资产	按余额填列	0	长期应付款	实际利率摊余成本	0
投资性房地产	按余额填列	0	专项应付款	按余额填列	1 000 000
固定资产	(962 − 214 − 23)	7 250 000	预计负债	按余额填列	620 000
在建工程	按余额填列	2 340 000	递延收益	按余额填列	0
生产性生物资产	按余额填列	0	递延所得税负债	按余额填列	150 000

续表

资产	期末余额填列要求/万元	期末余额	负债和所有者权益	期末余额填列要求/万元	期末余额
油气资产	按余额填列	0	其他非流动负债		0
无形资产	(44－4)	400 000	非流动负债合计		1 770 000
开发支出	按余额填列	0	负债合计		16 490 000
商誉	按余额填列	0	所有者权益：		
长期待摊费用	按余额填列	0	实收资本（或股本）	按余额填列	10 000 000
递延所得税资产	按余额填列	750 000	其他权益工具	按余额填列	0
其他非流动资产	按余额填列	0	其中：优先股	按余额填列	0
非流动资产合计		14 560 000	永续债	按余额填列	0
			资本公积	按余额填列	3 200 000
			减：库存股	按余额填列	0
			其他综合收益	按余额填列	0
			盈余公积	按余额填列	840 000
			未分配利润		740 000
			所有者权益合计		14 780 000
资产总计		31 270 000	负债与所有者权益总计		31 270 000

　　将上述数据进行整理，填入标准的资产负债表格式之中，资产负债表的编制即告完成。报表中所有者权益部分的盈余公积、未分配利润，系根据【例6－18】的计算结果，根据所有者权益变动表的相关部分填列。此处的数额要与所有者权益变动表中的数据相符。

（三）标准格式的资产负债表

　　标准的资产负债表见表7－4。

表 7-4

资产负债表

编制单位：甲公司　　　　　　　　202×年12月31日　　　　　　　　会企01表

单位：元

资产	期末余额	年初余额	负债和所有者权益（股东权益）	期末余额	年初余额
流动资产：			流动负债：		
货币资金	1 980 000		短期借款	500 000	
交易性金融资产	0		交易性金融负债	0	
衍生金融资产	0		衍生金融负债	0	
应收票据	92 000		应付票据	1 560 000	
应收账款	3 160 000		应付账款	3 580 000	
预付款项	1 310 000		预收款项	210 000	
其他应收款	1 280 000		合同负债	0	
存货	7 700 000		应付职工薪酬	890 000	
合同资产	0		应交税费	2 100 000	
持有待售资产	0		其他应付款	5 880 000	
一年内到期的非流动资产	360 000		持有待售负债	0	
其他流动资产	0		一年内到期的非流动负债	0	
流动资产合计	16 710 000		其他流动负债	0	
非流动资产：			流动负债合计	14 720 000	
债权投资	970 000		非流动负债：		
其他债权投资	0		长期借款	0	
长期应收款	0		应付债券	0	
长期股权投资	1 230 000		其中：优先股		
其他权益工具投资	1 620 000		永续债		
其他非流动金融资产	0		专项应付款	1 000 000	
投资性房地产	0		预计负债	620 000	
固定资产	7 250 000		递延收益	0	
在建工程	2 340 000		递延所得税负债	150 000	
生产性生物资产	0		其他非流动负债	0	

续表

资产	期末余额	年初余额	负债和所有者权益（股东权益）	期末余额	年初余额
油气资产	0		非流动负债合计	1 770 000	
无形资产	400 000		负债合计	16 490 000	
研发支出	0		所有者权益（股东权益）：		
商誉	0		实收资本（或股本）	10 000 000	
长期待摊费用	0		其他权益工具	0	
递延所得税资产	750 000		其中：优先股		
其他非流动资产	0		永续债		
非流动资产合计	14 560 000		资本公积	3 200 000	
			减：库存股	0	
			其他综合收益	0	
			盈余公积	840 000	
			未分配利润	740 000	
			所有者权益合计	14 780 000	
资产总计	31 270 000		负债与权益总计	31 270 000	

最后，在阅读企业资产负债表时，必须结合资产负债表的报表附注一起阅读。关于资产负债表的报表附注。本书已经在前面的会计处理部分进行了说明，此处不再赘述。

第三节　利润表

本节重难点 7-3

一、利润表的概念解释

利润表是反映企业在一定会计期间的经营成果的财务报表。如本章前面的会计科目关系图所示，利润表的编制就是将所定义的利润表科目结平，把各科目的本期发生额按照一定的结构和顺序填列，并结出期末余额。利润表全面揭示了企业在某一特定时期实现的各种收入、发生的各种费用、成本或支出，以及企业实现的利润或发生的亏损情况。从现在的情况来看，由于企业在编制利润表时，经常加入属于所有者权益的其他综合收益，因此在很多情况下，表中含有其他综合收益的利润表也被称为综合收益表。

👤 名师点拨 7-3

何为利润表？为什么说这是一张动态的报表？其结构和内容是怎样的？
（音频）

从内容上看，利润表是根据"收入－费用＝利润"的基本关系来编制的，其具体内容取决于收入、费用、利润等会计要素及其内容，利润表项目是收入、费用和利润要素内容的具体体现。从反映企业经营资金运动的角度看，它是一种反映企业经营资金动态表现的报表，主要提供有关企业经营成果方面的信息。

二、利润表的格式、构成与编制要求

（一）利润表的格式

当前国际上常用的利润表的格式有单步式和多步式两种。单步式利润表是将当期收入总额相加，然后将所有费用总额相加，一次性计算出当期收益的方式，其特点是所提供的信息都是原始数据，便于理解。多步式利润表是将各种利润分多步计算求得净利润的方式，便于财务报表使用者对企业经营情况和盈利能力进行比较和分析。我国当前利润表的标准格式是多步式，即将各种利润分多步计算求得净利润的方式，便于财务报表使用者对企业经营情况和盈利能力进行比较和分析。

（二）利润表的构成

我国现阶段的利润表由表首、正表和两个部分的补充资料构成。利润表的表首包括报表的名称、编号、编制单位、编制日期、货币名称、计量单位。正表是利润表的主体，反映形成经营成果的各个项目和计算过程，即文前述及的营业利润、利润总额和净利润三个层次的内容。利润表有两个部分的补充资料：一是其他综合收益的税后净额与综合收益总额，二是每股收益。这部分内容在本节后面进行专门说明。

（三）利润表的编制要求

结合前文解释过的"利润表科目"及其在利润表中的关系，即利润表就是各利润表科目本期发生额的汇总与排列，其编制要求相对简单。在实际工作中，我们需要做的工作就是将两组会计科目的发生额进行合并填列，将其他科目的发生额直接填列。

这里的两组会计科目分别是主营业务收入与其他业务收入、主营业务成本与其他业务成本。主营业务收入与其他业务收入合并即成为营业收入；主营业务成本与其他业务成本合并即成为营业成本。

其他根据发生额直接填列的会计科目有税金及附加、销售费用、管理费用、财务费用、资产减值损失（转回）、公允价值变动收益（损失以"－"号填列）、投资收益（损失以"－"号填列）、资产处置收益（损失以"－"号填列）、其他收益、营业外收入、营业外支出和所得税费用。

三、利润表编制的举例说明

编制利润表依据的会计数据，最主要的部分就是在会计期末结转收入与费用的综合会计分录。此处仍结合前面的数据说明。

【例7-2】 本书中的甲公司，在年末进行结账后，编制出的与利润表相关的会计分录见【例6-17】。

要求：请沿用【例7-1】的资料，编制甲公司利润表的表首与正表部分。

解析：利润表编制过程的必要计算：

营业收入 = 主营业务收入 + 其他业务收入

营业成本 = 主营业务成本 + 其他业务成本

代入数值：

营业收入 = 7 822 400 + 690 000 = 8 512 400（元）

营业成本 = 5 431 452 + 250 000 = 5 681 452（元）

编制的利润表见表7-5。

表7-5   利润表   会企02表

编制单位：甲公司   202×年12月   单位：元

项目	本期金额	上期金额
一、营业收入	8 512 400	（略）
减：营业成本	5 681 452	
税金及附加	439 280	
销售费用	200 000	

续表

项目	本期金额	上期金额
管理费用	500 000	
研发费用	217 500	
财务费用	65 345	
其中：利息费用		
利息收入		
加：其他收益	150 000	
投资收益（损失以"－"号填列）	590 000	
其中：对联营企业和合营企业的投资收益		
以摊余成本计量的金融资产终止确认收益（损失以"－"号填列）		
净敞口套期收益（损失以"－"号填列）	0	
公允价值变动收益（损失以"－"号填列）	30 000	
信用减值损失（损失以"－"号填列）	－11 500	
资产减值损失（损失以"－"号填列）	－25 000	
资产处置收益（损失以"－"号填列）	12 850	
二、营业利润（亏损以"－"号填列）	2 155 173	
加：营业外收入	500 000	
减：营业外支出	10 910	
三、利润总额（亏损总额以"－"号填列）	2 644 263	
减：所得税费用	685 250	
四、净利润（净亏损以"－"号填列）	1 959 013	
（一）持续经营净利润（净亏损以"－"号填列）	略	
（二）终止经营净利润（净亏损以"－"号填列）	略	

　　由于利润表的附注已经在前面章节中随着会计处理业务而分别说明，此处财务报表附注的利润表部分略。

四、利润表的补充资料说明

（一）其他综合收益

　　作为利润表补充资料的"其他综合收益"部分，在利润表的下方以表格的方式显示。其他综合收益的税后净额见表7-6。

名师点拨7-4

利润表中的其他综合收益的税后净额是什么？包括哪些具体内容？

表 7 -6　　　　　　　　　　　利润表中的其他综合收益的税后净额

项目	本期金额	上期金额
……		
五、其他综合收益的税后净额		
（一）不能重分类进损益的其他综合收益		
1. 重新计量设定受益计划变动额		
2. 权益法下不能转损益的其他综合收益		
3. 其他权益工具投资公允价值变动		
4. 企业自身信用风险公允价值变动		
……		
（二）将重分类进损益的其他综合收益		
1. 权益法下可转损益的其他综合收益		
2. 其他债权投资公允价值变动		
3. 金融资产重分类计入其他综合收益的金额		
4. 其他债权投资信用减值准备		
5. 现金流量套期储备		
6. 外币财务报表折算差额		
……		
六、综合收益总额		

　　此处的其他综合收益，是我国企业会计准则中所指的在企业经营过程中发生的，未在损益中确认，而是直接计入所用者权益的利得和损失扣除所得税影响后的净额。我国企业会计准则还将其他综合收益做了进一步的划分，即"不能重分类进损益的其他综合收益"和"将重分类进损益的其他综合收益"。

　　"不能重分类进损益的其他综合收益"首先是指"重新计量设定受益计划变动额"，这是说，企业会计准则按照职工的离职后福利是否可以事先确定，将离职后福利计划分为设定提存计划和设定受益计划。其中，设定提存计划是指向独立的基金缴存固定金额后，企业不再对职工负有进一步支付义务的离职后福利计划；设定受益计划则是指除设定提存计划之外的离职后福利计划。我国会计处理为了保持与国际会计准则的趋同，要求企业在当期对设定受益计划进行全额的精算损益确认，并计入其他综合收益中进行披露。但是，如果设定受益计划以后再发生变更，即"重新计量设定受益计划变动额"，其变动额也要记录于其他综合收益；而这样的变动在以后的会计期间内不得转回。再就是，"不能重分类进损益的其他综合收益"也指"权益法下不能转损益的其他综合收益"。仍以上面的设定受益计划为例，由于这样的变动在以后的会计期间内不得转回，也就是不能再重分类为企业损益，所以也就有了"不能再重分类进损益"之说。

而"将重分类进损益的其他综合收益"的范围则更广泛一些。具体来说，属于以后可重分类进损益的其他综合收益包括以下情况：

（1）权益法下可转损益的其他综合收益、其他债权投资公允价值变动。也包括将债权投资重分类为其他债权投资、其他权益工具投资时，重分类日公允价值与账面余额之间的差额。

（2）金融资产重分类计入其他综合收益的金额、其他债权投资信用减值准备。即确认按照权益法核算的在被投资单位其他综合收益中享有的份额所导致的其他综合收益的增加或减少。

（3）现金流量套期储备。即现金流量套期工具利得或损失中属于有效套期的部分，以及其后续的转出。

（4）境外经营外币报表折算差额的增加或减少。若企业发生上述业务，计入表7-4的下部，即"将重分类进损益的其他综合收益"。

从实际来看，这样的事情在企业时有发生，而其数额也已记录于资产负债表事项中。

（二）每股收益

1. 每股收益的概念解释

每股收益又称每股税后利润、每股盈余，是指税后利润与股本总数的比率，即公司某一时期净收益与股份数的比率。它是分析每股价值的一个基础性指标，是综合反映公司获利能力的重要指标。该比率反映了每股创造的税后利润，比率越高，表明所创造的利润越多。

作为利润表的补充项目，每股收益又被分为"基本每股收益"与"稀释每股收益"两个计算指标。我国的会计准则体系中也有专门的每股收益准则。

2. 基本每股收益的含义与计算

基本每股收益是当期取得的税后净利润与全部发行在外的股份数相比的相对数指标。其计算公式为

法规速查7-2

企业会计准则第34号——每股收益

$$基本每股收益 = \frac{普通股股东的报告期净利润}{发行在外普通股的加权平均数}$$

如果发布每股收益信息的公司是一个只有单一普通股的公司，没有其他股份，那么其分子项的内容就是利润表中的净利润额。

每股收益分母项中的股份只是普通股的概念，不包括优先股，也不包括公司库存股。如果公司有库存股，则库存股的数量要从公司的普通股股数中扣除。考虑当期新增加、减少股份时的计算公式为

$$\begin{aligned}发行在外普通股的加权平均数 = &\ 期初发行在外普通股股数 + 当期新发行普通股股数 \times \frac{已发行时间}{报告期时间} - \\ &\ 当期回购普通股股数 \times \frac{已购回时间}{报告期时间}\end{aligned}$$

【例 7-3】 某公司当年归属于普通股股东的净利润为 50 000 万元。该公司年初发行在外的普通股为 80 000 万股，7 月 31 日新发行普通股 30 000 万元，10 月 1 日回购普通股 6 000 万股（准备用于股票期权）。

要求：计算当年的基本每股收益。

解析：（1）分子项：当年的净利润数额为 50 000 万元。

（2）分母项：

发行在外普通股的加权平均数 $= 80\,000 \times 12/12 + 30\,000 \times 5/12 - 6\,000 \times 3/12$

$= 80\,000 + 12\,500 - 1\,500$

$= 91\,000$（万股）

或

发行在外普通股的加权平均数 $= 80\,000 \times 7/12 + 110\,000 \times 2/12 + 104\,000 \times 3/12$

$= 91\,000$（万股）

（3）基本每股收益 $= 50\,000/91\,000 = 0.55$（元）

这样的计算结果表明，该公司面值 1 元的普通股每股可得到的当期净利润数额为 0.55 元。

3. 稀释每股收益的含义与计算

稀释每股收益以基本每股收益为基础，假设企业所有发行在外的稀释性潜在普通股均已转换为普通股，从而分别调整归属于普通股股东的当期净利润以及发行在外普通股的加权平均数计算而得的每股收益。计算稀释每股收益的作用是用来评价"潜在普通股"对每股收益的影响，以避免该指标虚增可能带来的信息误导。

稀释性潜在普通股，是指假设当期转换为普通股会减少每股收益的潜在普通股，

包括可转换公司债券、认股权证、股份期权等。

其计算公式与上述的基本每股收益一致，只不过具体的分子项和分母项都要做一些调整。对于该式分子项的调整，主要是根据下列事项对归属于普通股股东的当期净利润进行调整：①当期已确认为费用的稀释性潜在普通股的利息；②稀释性潜在普通股转换时产生的收益或费用。对于该式分母项的调整为：①以前期间发行的稀释性潜在普通股，应当假设在当期期初转换；②当期发行的稀释性潜在普通股，应当假设在发行日转换。

【例7-4】　某公司当年归属于普通股股东的净利润为40 000万元。该公司年初发行在外的普通股为80 000万股，年内普通股股数未发生其他变化。该公司7月1日按面值发行60 000万元的三年期可转换公司债券，每张债券的面值为1 000元，固定票面利率为1.5%，每半年支付利息一次，自发行日结束6个月后即可转换为公司股票，即转股期为发行6个月后至债权到期日。转换价格为每股5元，即每张债券可转换为200股面值为1元的普通股。该债券的利息支付计入当期财务费用，该公司适用的所得税税率为25%。

要求：计算该公司本年度末的稀释每股收益。

解析：计算过程如下：

基本每股收益＝40 000/80 000＝0.50（元）

假设转换增加的净利润＝60 000×1.5%/2×（1－25%）＝337.50（万元）

假设转换增加的普通股股数＝60 000/5＝12 000（万股）

增量股的每股收益＝337.50/12 000＝0.03（元）

由于增量股的每股收益小于基本每股收益，可转换公司债券具有稀释作用。

稀释每股收益＝（40 000＋337.50）/（80 000＋12 000）＝0.44（元）

最后要说明的是，潜在普通股的可转换债券有上述的分子项的转换问题，但是，若潜在普通股为认股权证、股份期权，由于这两项金融工具的特点，因此不会发生分子项数额的变化。

请思考

1. 利润表的编制过程是怎样的？有什么具体要求？

2. 怎样进行每股收益的计算？应注意什么问题？

思维导引7-1

边学边练

1. 甲公司本年归属于普通股股东的净利润为 500 000 元。该公司年初发行在外的普通股股数为 1 000 000 股，8 月 31 日新发行普通股 120 000 股，10 月 1 日回购普通股 80 000 股（准备用于股票期权）。

要求：计算当年的基本每股收益。

2. 丙公司当年归属于普通股股东的净利润为 600 000 元。该公司年初发行在外的普通股股数为 800 000 股，年内普通股股数未发生其他变化。该公司 7 月 1 日按面值发行 200 000 元的三年期可转换公司债券，每张债券的面值为 1 000 元，固定票面利率为 2.5%，每年支付利息一次，自发行日结束一年后即可转换为公司股票，即转股期为发行 12 个月后至债权到期日。转换价格为每股 5 元，即每张债券可转换为 200 股面值为 1 元的普通股。该债券的利息支付计入当期财务费用，该公司适用的所得税税率为 25%。

🔑答案7-1

要求：计算该公司本年度末的稀释每股收益。

第四节　现金流量表

本节重难点 7-4

一、现金流量表的概念与特征

（一）现金流量表的概念与作用

现金流量表是指反映企业在一定会计期间现金和现金等价物流入和流出的报表。此处的现金，是指企业库存现金以及随时可以用于支付的银行存款和其他货币资金。现金等价物，则是指企业持有的期限短、流动性强、易于转换为已知金额现金、价值变动风险很小的投资。

现金流量表是以前的财务状况变动表或者资金流动状况表的替代物，它的主要作用是提供一家公司经营是否健康的证据。如果一家公司经营活动产生的现金流无法支付股利与保持股本的生产能力，它就不得不用借款的方式满足这些需要。这样的情况一般表明，这家公司从长期来看无法维持正常情况下的支出。现金流量表通过显示经营中产生的现金流量的不足，以及不得不用借款来支付、无法永久支撑的股利水平与保持股本的生产能力，而对公司的经营活动、投资活动和融资活动做出分析，可以揭示出公司发展可能存在的内在问题。

（二）现金流量表的总体特征

从以下三个方面对现金流量表的特征进行说明。

（1）现金流量表以专门的会计准则予以规范。

这是我们首先应明确的问题，即前述资产负债表、利润表，以及下面将述及的所有者权益变动表相对应的会计准则是我国的《企业会计准则第30号——财务报表列报》，但现金流量表则不然，有专门的准则即《企业会计准则第31号——现金流量表》对现金流量表的编制业务进行规范。

（2）现金流量表是财务报表体系中唯一一个按照收付实现制原则编制的财务报表。

这可以具体解释为：为了正确地计算企业当期的净收益，企业的会计处理是以权责发生制为基础的。即凡是当期已经实现的收入和已经发生或应当负担的费用，不论款项是否收付，都要作为当期的收入和费用，在本期入账。但是现金流量表的编制不是这样，这张报表以收付实现制为基础，真实地反映企业当期实际收入的现金、实际支出的现金、现金流入和流出相抵后的净额，从而分析利润表中本期净利润与净现金流量之间的差异，正确地评价企业的经营成果。换句话说，该表按照收付实现制原则编制，将权责发生制下的盈利信息调整为收付实现制下的现金流量信息。

（3）现金流量表从动态、静态两个方面与资产负债表、利润表构成了三足鼎立报表体系格局。

首先，现金流量表与资产负债表在静态数据上构成了紧密的钩稽关系，即现金流量表反映的内容就是资产负债表第一行的"货币资金"期初与期末数据之间的差额。其次，现金流量表与利润表在动态数据上构成了紧密的钩稽关系，即企业净利润数额加减本期各种预提、待摊数据的变动额，以及本期应收、应付项目数据的变动额，即现金流量表中的企业经营活动的现金净流量。这是现金流量表补充资料中最重要的内容。

名师点拨 7-5

现金流量表的总体特征是怎样的？（音频）

法规速查 7-3

企业会计准则第31号——现金流量表

名师点拨 7-6

怎样理解现金流量表的各构成要素？各要素主要与什么会计业务相连？

二、现金流量表的各构成要素

现金流量表有自己的报表构成要素，即将现金流量反映的内容从经营活动、投资活动、筹资活动三个角度考察，从而形成的不同要素的现金流量。

（一）经营活动现金流量

我国企业会计准则要求，企业应当采用直接法列示经营活动产生的现金流量。这里的经营活动，是指企业投资活动和筹资活动以外的所有交易和事项。直接法，则是指通过现金收入和现金支出的主要类别列示经营活动的现金流量。就此而论，经营活动现金流量即直接用现金的流入与流出表示的企业除投资活动和筹资活动以外所有交易和事项的现金流量。

有关经营活动现金流量的信息，可以通过下列途径取得：一是企业的会计记录；二是根据下列项目对利润表中的营业收入、营业成本以及其他项目进行调整，包括：①当期存货及经营性应收和应付项目的变动；②固定资产折旧、无形资产摊销、计提资产减值准备等其他非现金项目；③属于投资活动或筹资活动现金流量的其他非现金项目。

经营活动产生的现金流入量至少应当在现金流量表中单独列示，包括下列项目：①销售商品、提供劳务收到的现金；②收到的税费返还；③收到其他与经营活动有关的现金。而经营活动产生的现金流出量则至少应当在现金流量表中单独列示，包括下列项目：①购买商品、接受劳务支付的现金；②支付给职工以及为职工支付的现金；③支付的各项税费；④支付其他与经营活动有关的现金。企业经营活动产生的现金流入与现金流出见图 7-1。

（二）投资活动现金流量

投资活动是指企业长期资产的购建和不包括在现金等价物范围内的投资及其处置活动。就此而论，企业在会计年度中发生的长期资产的购建和不包括在现金等价物范围内的投资及其处置活动的现金流入与流出，即投资活动的现金流量。

投资活动产生的现金流入量至少应当在现金流量表中单独列示。流入量包含下述项目：①收回投资收到的现金；②取得投资收益收到的现金；③处置固定资产、无形

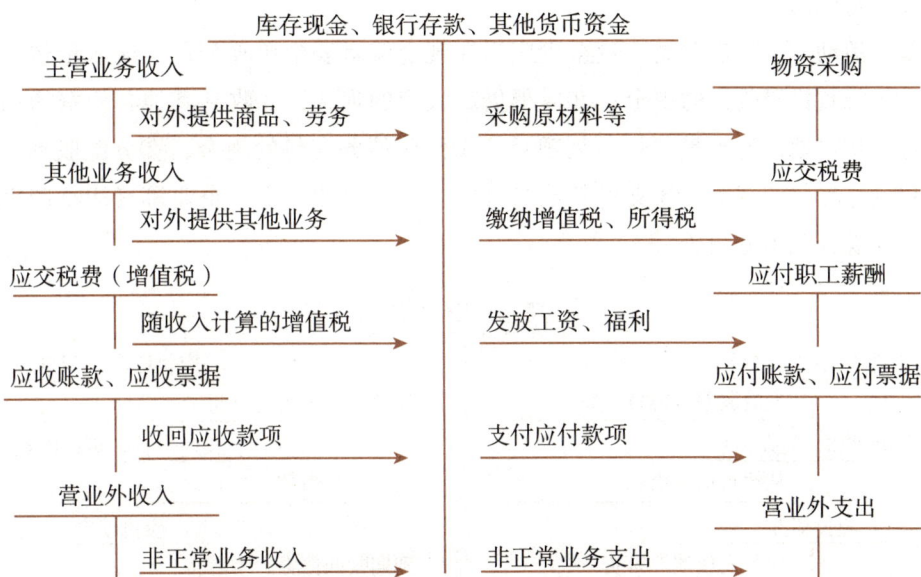

图7-1　企业经营活动产生的现金流入与现金流出

资产和其他长期资产收回的现金净额。流出量包含下述项目：①购买或处置子公司及其他营业单位产生的现金净额；②收到其他与投资活动有关的现金；③购建固定资产、无形资产和其他长期资产支付的现金；④投资支付的现金；⑤支付其他与投资活动有关的现金。企业投资活动产生的现金流入和现金流出见图7-2。

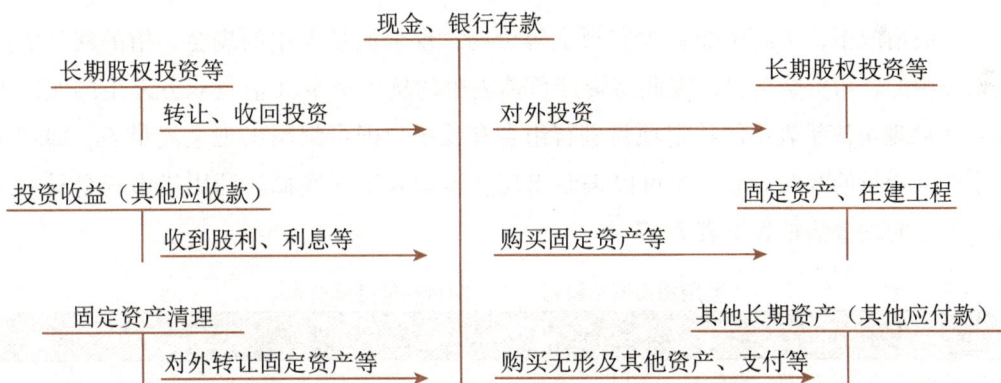

图7-2　企业投资活动产生的现金流入和现金流出

（三）筹资活动现金流量

筹资活动是指导致企业资本及债务规模和构成发生变化的活动。筹资活动的现金流量是指企业在会计年度中发生的导致企业资本及债务规模和构成发生变化的活动的现金流入与流出。

筹资活动产生的现金流入量至少应当在现金流量表中单独列示。流入量包含下列项目：①吸收投资收到的现金；②取得借款收到的现金；③收到其他与筹资活动有关的现金。相对地，流出量包括下列项目：①偿还债务支付的现金；②分配股利、利润或偿付利息支付的现金；③支付其他与筹资活动有关的现金。企业筹资活动产生的现金流入和现金流出见图 7 - 3。

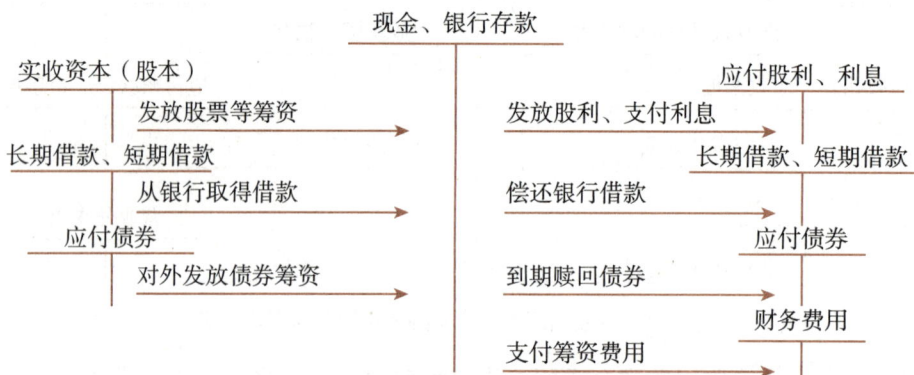

图 7 - 3　企业筹资活动产生的现金流入和现金流出

三、现金流量表主表的编制要求

一般情况下，工商企业较少有现金等价物，现金流量表中的现金，指的就是资产负债表中的货币资金项目，因此将资产负债表中的货币资金（借贷双方发生的实际业务）按照现金流量表中的特定项目进行组合和编排，即可编制出现金流量表。即利用货币资金科目的双向对应关系可以编制出现金流量表工作底稿。利用货币资金科目编排、组合的现金流量表见表 7 - 7。

表 7 - 7　　　　　　　　　利用货币资金科目编排、组合的现金流量表

项目	说明	数据来源
一、经营活动产生的现金流量：		
销售商品、提供劳务收到的现金	货币资金各账户借方与右列账户贷方对应	"营业收入"（含增值税销项税额）、"应收账款""应收票据"
收到的税费返还		"应交税费"
收到的其他与经营活动有关的现金		"其他应收款""营业外收入""递延收益"
经营活动现金流入小计		

续表

项目	说明	数据来源
购买商品、接受劳务支付的现金		"材料采购"或"在途物资"（含增值税进项税额）、"应付账款""应付票据"
支付给职工以及为职工支付的现金	现金账户贷方与右列账户借方对应	"应付职工薪酬"
支付的各项税费		"应交税费"
支付的其他与经营活动有关的现金		"其他应付款""营业外支出"各成本费用科目
经营活动现金流出小计		
经营活动产生的现金流量净额		
二、投资活动产生的现金流量：		
收回投资所收到的现金		"长期股权投资""交易性金融资产""债权投资""其他债权投资""其他权益工具投资"
取得投资收益所收到的现金	现金账户借方与右列账户贷方对应	"投资收益"
处置固定资产、无形资产和其他长期资产所收到的现金净额		"固定资产清理""无形资产处置""长期股权投资"
收到的其他与投资活动有关的现金		"长期应收款"
投资活动现金流入小计		
购建固定资产、无形资产和其他长期资产所支付的现金		"固定资产""在建工程""工程物资""无形资产""长期待摊费用"
投资所支付的现金	现金账户贷方与右列账户借方对应	"债权投资""交易性金融资产""其他债权投资""其他权益工具投资"
支付的其他与投资活动有关的现金		"财务费用""投资收益"
投资活动现金流出小计		
投资活动产生的现金流量净额		
三、筹资活动产生的现金流量：		
吸收投资所收到的现金	现金账户借方与右列账户贷方对应	"实收资本""资本公积"
取得借款所收到的现金		"短期借款""长期借款""应付债券"
收到的其他与筹资活动有关的现金		"长期应付款"
筹资活动现金流入小计		
偿还债务支付的现金		"短期借款""长期借款""应付债券"
分配股利、利润或偿付利息支付的现金	现金账户贷方与右列账户借方对应	"长期投资""应付利息""应付股利"
支付的其他与筹资活动有关的现金		"财务费用""投资收益"

续表

项目	说明	数据来源
筹资活动现金流出小计		
筹资活动产生的现金净流量		
四、汇率变动对现金及现金等价物的影响		"财务费用"
五、现金及现金等价物净增加额		
六、期末现金及现金等价物余额		

　　我国对现金流量表编制的特别要求为：企业实际收到的政府补助，无论是与资产相关还是与收益相关，均在"收到其他与经营活动有关的现金"项目填列。

　　按照表7-7中每个现金流量表项目的对应科目提示，按照经营活动、投资活动、筹资活动的上述图示中的对应科目，按照"库存现金""银行存款""其他货币资金"三个科目的借方额和贷方额对应各项目的科目事项，或者是将每一笔货币资金的收入与支出均按照上述划分标准进行分组和编排，或者是参照手工会计处理时的"汇总记账凭证"进行编排，甚至是直接编制货币资金项目的"科目汇总表"，即可取得相关数据，编制出现金流量表的主表。

　　从这个角度来看，现金流量表是三大财务报表（资产负债表、利润表、现金流量表）中较容易编制的。

名师点拨7-7

现金流量表补充资料格式是怎样的？有什么样的编制要求？与利润表、资产负债表的关系是怎样的？

四、现金流量表补充资料的编制要求

　　现金流量表的补充资料能够对现金流量表的正表起到补充说明的作用，是为了使财务报表使用者更全面地了解企业的财务变动情况而设置的。补充资料附表表达的是将净利润调整为经营活动现金流量的处理，可以验算现金流量表正表中的经营活动现金流量的计算是否正确。一般而言，补充资料即现金流量表的附表，编制现金流量表的企业都必须要提供补充资料。现金流量表补充资料数据来源见表7-8。

表7-8　　　　　　　　　　　现金流量表补充资料数据来源

补充资料	金额	数据的来源
1. 将净利润调整为经营活动现金流量：		
净利润		直接取自利润表的数据
加：资产减值准备		直接取自利润表的数据

续表

补充资料	金额	数据的来源
固定资产折旧、油气资产折耗、生产性生物资产折旧		通过资产负债表项目得出
无形资产摊销		通过资产负债表项目得出
长期待摊费用摊销		通过资产负债表项目得出
处置固定资产、无形资产和其他长期资产的损失（减：收益）		利润表中营业外收支的明细数据和资产处置收益中的数据
固定资产报废损失（减：收益）		营业外收支的明细数据
公允价值变动损失（减：收益）		直接取自利润表的数据
财务费用（减：收益）		直接取自利润表的数据
投资损失（减：收益）		直接取自利润表的数据
递延所得税资产减少（减：增加）		通过资产负债表项目得出
递延所得税负债增加（减：减少）		通过资产负债表项目得出
存货的减少（减：增加）		通过资产负债表项目得出
经营性应收项目的减少（减：增加）		通过资产负债表项目得出
经营性应付项目的增加（减：减少）		通过资产负债表项目得出
其他		
经营活动产生的现金流量净额		直接来自现金流量表
2. 不涉及现金收支的投资和筹资活动：		
债务转为资本		辅助资料，报表无直接数据
一年内到期的可转换公司债券		辅助资料，报表无直接数据
融资租入固定资产		辅助资料，报表无直接数据
3. 现金及现金等价物净增加情况：		
现金的期末余额		直接取自资产负债表的数据
减：现金的期初余额		直接取自资产负债表的数据
加：现金等价物的期末余额		一般企业无此项目
减：现金等价物的期初余额		一般企业无此项目
现金及现金等价物净增加额		资产负债表中货币资金期初与期末数据之间的差额

五、现金流量表的信息披露

一般企业现金流量表的信息披露主要包括三部分内容：一是"收到的其他与经营活动有关的现金"；二是"支付的其他与经营活动有关的现金"；三是现金流量表的补

充资料，即利润表中"净利润"与现金流量表中的"经营活动现金净流量"之间关系的说明。下面以我国某上市公司的实际披露资料来说明现金流量表的信息披露，其收到的其他与经营活动有关的现金附注、支付的其他与经营活动有关的现金附注见表7-9、表7-10。

表7-9　　　　　　　　　　收到的其他与经营活动有关的现金附注　　　　　　单位：元

项目	本期发生额	上期发生额
利息收入	6 954 760.09	948 956.10
政府补助	5 329 300.37	1 822 962.74
保函保证金		5 445 251.96
营业外收入——其他	2 538 354.71	16 800.00
合　计	14 822 415.17	8 233 970.80

表7-10　　　　　　　　　　支付的其他与经营活动有关的现金附注　　　　　　单位：元

项目	本期发生额	上期发生额
备用金、保证金及押金	18 581 218.23	21 649 764.64
付现管理费用	34 844 729.12	26 737 364.49
付现销售费用	13 948 066.63	11 112 061.08
付现财务费用	1 192 875.35	2 717 105.58
付现营业外支出	272 000.00	104 458.85
保函保证金	13 629 532.29	
合　计	82 468 421.62	62 320 754.64

关于上述附注的解读：在会计实务工作中，习惯上称这两个项目为"两个其他"；这两个项目数额可能不大，但是囊括了除营业收入外获得的现金，体现了除物资采购、发放职工薪酬、缴纳税款之外的所有业务。因此，在审计工作中，"两个其他"的审计难度不亚于存货、应收和应付事项等。由于"两个其他"的这些特点，大部分企业在进行财务报表披露时，都将它们作为现金流量表的附注予以披露。

现金流量表补充资料附注见表7-11。

表7-11　　　　　　　　　　现金流量表补充资料附注　　　　　　单位：元

补充资料	本期金额	上期金额
1. 将净利润调节为经营活动现金流量：		
净利润	108 752 435.28	130 347 934.28
加：资产减值准备	145 420 639.69	99 801 887.52
固定资产折旧、油气资产折耗、生产性生物资产折旧	11 532 530.84	11 757 510.33

续表

补充资料	本期金额	上期金额
无形资产摊销	648 667.74	652 923.43
长期待摊费用摊销	1 445 238.23	1 434 473.07
处置固定资产、无形资产和其他长期资产的损失（收益以"-"号填列）	-70 282.16	
固定资产报废损失（收益以"-"号填列）		
公允价值变动损失（收益以"-"号填列）		
财务费用（收益以"-"号填列）	48 479 615.63	48 680 281.98
投资损失（收益以"-"号填列）	-326 661.09	—
递延所得税资产减少（增加以"-"号填列）	-1 281 067.84	8 914.93
递延所得税负债增加（减少以"-"号填列）		
存货的减少（增加以"-"号填列）	-13 392 488.44	-35 844 115.06
经营性应收项目的减少（增加以"-"号填列）	-669 610 316.22	-411 298 080.13
经营性应付项目的增加（减少以"-"号填列）	-164 211 995.50	11 317 222.79
其他	9 316 047.54	
经营活动产生的现金流量净额	-523 297 636.30	-143 141 046.86
2. 不涉及现金收支的重大投资和筹资活动：		
债务转为资本		
一年内到期的可转换公司债券		
融资租入固定资产		
3. 现金及现金等价物净变动情况：		
现金的期末余额	642 209 672.16	1 143 312 251.64
减：现金的期初余额	1 143 312 251.64	610 718 954.29
加：现金等价物的期末余额		
减：现金等价物的期初余额		
现金及现金等价物净增加额	-501 102 579.48	532 593 297.35

现金流量表关于"补充资料"附注的解读：仅从补充资料即可以看出，信息披露企业本期的经营活动现金流量状况很不理想，面临的风险很大。具体来说，企业本期经营活动现金净流量数额（-523 297 636.30）远小于本期净利润数额（108 752 435.28）。通过"补充资料"中的数据，可以将造成这种情况的原因归纳如下：①按权责发生制基础计入本期费用的增加是最主要的原因（主要是本期多计提的资产减值准备和递延所得税资产所致）；②经营性应收项目本期又有较大数额的增加，说明客户拖欠款项加

大；③经营性应付项目在本期有较大数额的减少，说明即使企业面临较大的现金流转困难，仍然及时甚至还减少了对供应商的拖欠。这三个具体的原因，使该企业陷入了现金流转困难的境地。

请思考

1. 现金流量表的编制过程是怎样的？有什么样的具体要求？
2. 现金流量表补充资料的编制过程是怎样的？有什么样的具体要求？

●思维导引7-2

第五节　所有者权益变动表

本节重难点7-5

一、所有者权益变动表的概念、格式与内容

名师点拨7-8

何为所有者权益变动表？其反映什么内容？与利润表、资产负债表的关系是怎样的？

（一）所有者权益变动表的概念

所有者权益变动表是反映公司本期（年度或中期）内至期末所有者权益变动情况的报表。该表应当反映构成所有者权益各组成部分当期的增减变动情况；与此同时，综合收益和与所有者（或股东，下同）的资本交易导致的所有者权益的变动，应当分别列示。此处所指与所有者的资本交易，是指企业与所有者以其所有者身份进行的、导致企业所有者权益变动的交易。

从我国企业会计准则的演变过程来看，企业会计准则颁布后，我国上市公司正式对外呈报所有者权益变动表。由此，所有者权益变动表成为与资产负债表、利润表和现金流量表并列披露的第四张财务报表。在所有者权益变动表中，企业单独列示反映了下列信息：①所有者权益总量的增减变动；②所有者权益增减变动的重要结构性信息；③直接计入所有者权益的利得和损失。

所有者权益变动表既可以为财务报表使用者提供所有者权益总量增减变动的信息，

又能为其提供所有者权益增减变动的结构性信息，特别是能够让财务会计报告使用者理解所有者权益增减变动的原因和结果。

（二）所有者权益变动表的格式

我国现阶段的所有者权益变动表的格式见表 7 – 12。

表 7 – 12 　　　　　　　　　　　所有者权益变动表 　　　　　　　　会企 04 表
编制单位： 　　　　　　　　　　　____年度 　　　　　　　　　　　单位：元

项目	本年金额						上年金额					
	实收资本（或股本）	资本公积	减：库存股	盈余公积	未分配利润	所有者权益合计	实收资本（或股本）	资本公积	减：库存股	盈余公积	未分配利润	所有者权益合计
一、上年年末余额												
加：会计政策变更												
前期差错更正												
其他												
二、本年年初余额												
三、本年增减变动金额（减少以"–"号填列）												
（一）综合收益总额												
（二）所有者投入和减少资本												
1. 所有者投入的普通股												
2. 其他权益工具持有者投入资本												
3. 股份支付计入所有者权益的金额												
4. 其他												
（三）利润分配												
1. 提取盈余公积												
2. 对所有者（或股东）的分配												
3. 其他												
（四）所有者权益内部结转												

续表

项目	本年金额						上年金额					
	实收资本（或股本）	资本公积	减：库存股	盈余公积	未分配利润	所有者权益合计	实收资本（或股本）	资本公积	减：库存股	盈余公积	未分配利润	所有者权益合计
1. 资本公积转增资本（或股本）												
2. 盈余公积转增资本（或股本）												
3. 盈余公积弥补亏损												
4. 设定受益计划变动额结转留存收益												
5. 其他综合收益结转留存收益												
6. 其他												
四、本年年末余额												

（三）所有者权益变动表的内容

从表的各纵列情况来看，所有者权益的各组成项目都要按照本年金额和上年金额分别填列；再从各横行情况看，所有者权益要分别按照年初各项目余额、本期变动情况，以及期末余额的情况分别填列。由于所有者权益各项目的余额同时也被计入资产负债表的所有者权益部分（从这个角度来看，所有者权益变动表只是对资产负债表的所有者权益部分的扩展性解释），所以所有者权益变动表反映的最核心的内容是所有者权益本期变动的原因和结果。具体来说，所有者权益变动的原因是：本年利润（亏损）的增加（减少），直接计入所有者权益的利得和损失、所有者投入和减少资本以及利润分配和所有者权益内部结转。

二、所有者权益变动表的编制要求

此处只说明"本年金额"栏目的内容，即将所有者权益变动表中"本年金额"各项目的变化要求做如下说明。

（一）"上年年末余额"项目

"上年年末余额"反映企业上年资产负债表中实收资本（或股本）、资本公积、其他综合收益、专项储备、盈余公积、未分配利润的年末余额。

（二）"会计政策变更"和"前期差错更正"项目

这两个项目着重说明由于会计政策变更与前期差错更正对使用者权益的影响额。

（三）"本年增减变动额"项目

此处从五个方面进行说明。

1. 净利润

"净利润"反映企业利润表中当年实现的净利润（或净亏损）金额，对应列在本表内的"未分配利润"栏。

2. 其他综合收益

"其他综合收益"反映企业当年直接计入所有者权益的利得和损失金额。

3. 所有者投入和减少资本

"所有者投入和减少资本"反映企业当年所有者投入的资本和减少的资本。其中，"所有者投入资本"反映企业接受投资者投入形成的实收资本（或股本）和资本溢价或股本溢价，对应列在"实收资本"和"资本公积"栏。

4. 利润分配

"利润分配"下的各项目反映当年对所有者（或股东）分配的利润（或股利）金额和按照规定提取的盈余公积金额，对应列在"未分配利润"和"盈余公积"栏。其中：①"提取盈余公积"项目，反映企业按照规定提取的盈余公积；②"对所有者（或股东）的分配"项目，反映对所有者（或股东）分配的利润（或股利）金额。

5. 所有者权益内部结转

"所有者权益内部结转"下的各项目反映不影响当年所有者权益总额的所有者权益各组成部分之间当年的增减变动，包括资本公积转增资本（或股本）、盈余公积转增资本（或股本）、盈余公积弥补亏损等项金额。其中：①"资本公积转增资本（或股本）"反映企业以资本公积转增资本或股本的金额。②"盈余公积转增资本（或股本）"反映企业以盈余公积转增资本或股本的金额。③"盈余公积弥补亏损"反映企业以盈余公积弥补亏损的金额。

（四）"本年年末余额"项目

"本年年末余额"项目反映企业在会计期末所有者权益各构成项目的结余数额，此项目中的"未分配利润"的数额要与企业资产负债表中本年年末的"未分配利润"一致。

（五）其他有关项目的具体说明

1. "其他权益工具持有者投入资本"项目

该项目反映企业发行的除普通股以外分类为权益工具的金融工具的持有者投入资本的金额。该项目应根据金融工具类科目的相关明细科目的发生额分析填列。

2. "其他综合收益结转留存收益"项目

该项目主要反映：①企业指定为以公允价值计量且其变动计入其他综合收益的非交易性权益工具投资终止确认时，之前计入其他综合收益的累计利得或损失从其他综合收益中转入留存收益的金额；②企业指定为以公允价值计量且其变动计入当期损益的金融负债终止确认时，之前由企业自身信用风险变动引起而计入其他综合收益的累计利得或损失从其他综合收益中转入留存收益的金额等。该项目应根据"其他综合收益"科目的相关明细科目的发生额分析填列。

名师点拨 7-9

所有者权益变动表在整个财务报表体系中的地位和作用是怎样的？
（音频）

三、所有者权益变动表在整个报表体系中的地位与作用

就上述情况而言，所有者权益变动表在我国现阶段的财务报表体系中，有其独特的地位和作用。所有者权益变动表既是对资产负债表中所有者权益部分的全方位解释，又是将企业的利润表与资产负债表联系起来的"桥梁"。

在所有者权益变动表中，期初（期末）的所有者权益总额与资产负债表的期初（期末）所有者权益数额一致；所有者权益变动表要从利润表中取得当年实现的净利润（或净亏损）金额。更需要强调的是，未分配利润是所有者权益变动表中最关键的数据，这个数据（连同提取盈余公积、分配股利）是对利润表中净利润数

据的处理结果，也是资产负债表、利润表中最关键的数据，这个项目起到了将所有者权益变动表与资产负债表、利润表联系在一起的重要作用。

由于所有者权益变动表是企业财务报表体系中内容简单的一张，因此企业在报出所有者权益变动表时，一般不附报表附注。

请思考

所有者权益变动表的格式是怎样的？各纵列、横行各反映什么的内容？相互之间的关系是怎样的？

● 思维导引 7-3

第六节 合并财务报表

本节重难点 7-6

一、合并财务报表的概念与作用

（一）合并财务报表的概念

按照我国企业会计准则的解释，合并财务报表是指反映母公司和其全部子公司形成的企业集团整体财务状况、经营成果和现金流量的财务报表。此处的母公司，是指控制一个或一个以上主体（含企业、被投资单位中可分割的部分，以及企业所控制的结构化主体等，下同）的主体。而此处的子公司，则是指被母公司控制的主体。

将上述内容进行综合，可将合并财务报表表述如下：**合并财务报表**是指由企业集团中的控股公司（母公司）于会计年度终了时编制，以其自身、子公司及其可控制的所有企业为编制范围，服务于企业集团所有股东和债权人，包括拥有少数股权的股东，但主要服务于母公司的控股股东和债权人的一种不同于一般单个企业情况的财务报表。

名师点拨 7-10

何为合并财务报表？其与一般企业编制的财务报表关系是怎样的？其作用是什么？
（音频）

法规速查 7-4

企业会计准则第33号——合并财务报表

（二）合并财务报表的作用

与一般企业编制的财务报表相比，合并财务报表是建立在具有母子公司格局的企业集团基础之上的。具体来说，合并财务报表视企业集团为一个会计主体，反映其所控制的资产、承担的负债、实现的收入及发生的费用等信息。由于我国的企业集团不是法人主体，因此合并财务报表一般不是企业进行利润分配（包括缴纳所得税、分派股利）的直接依据，它主要是起到提供企业集团整体经营情况信息的作用。

这样，当一家企业（控股公司）事实上控制了被投资企业的财务和经营方针时，前者应当编制合并财务报表，将其控制的境内外子公司和事实上可以控制的被投资企业纳入合并财务报表的范围，编制将多个企业组成的企业集团视同单一企业的合并财务报表。

二、合并财务报表的编制过程及工作要求

（一）合并财务报表编制的准备工作

合并财务报表至少应当包括下列组成部分：①合并资产负债表；②合并利润表；③合并现金流量表；④合并所有者权益（或股东权益，下同）变动表；⑤附注。

为了编制合并财务报表，母公司应当统一与子公司的会计政策、财务报表决算日、会计期间和记账本位币；对境外子公司以外币表示的财务报表，按照一定的汇率折算为以母公司的记账本位币表示的财务报表。母公司对子公司的权益性资本应采用权益法进行处理。

（二）编制合并工作底稿

合并工作底稿的作用是为合并财务报表的编制提供基础。在合并工作底稿中，对母公司和子公司的个别财务报表各项目的金额进行汇总和抵销处理，最终计算出合并财务报表各项目的合并金额。就此而论，合并财务报表的工作主要是通过工作底稿的编制来完成的。

（三）编制调整分录和抵销分录

1. 编制调整分录

在合并财务报表的过程中，一般是先编制调整分录。这主要是母公司将对子公司

的长期股权投资由成本法改为按权益法所进行的调整；也包括在子公司采用的会计政策、会计期间与母公司不一致的情况下，按照母公司的会计政策和会计期间，对子公司的个别财务报表进行调整。

2. 编制抵销分录

在合并工作底稿中编制抵销分录，是将内部交易对合并财务报表有关项目的影响进行抵销。从实际工作的角度看，编制抵销分录，进行抵销处理是合并财务报表编制的关键和主要内容，其目的在于将个别财务报表各项目的加总金额中重复的因素予以抵销。按照我国企业会计准则的要求，可将我国现阶段合并财务报表业务中的抵销分录做以下几方面的归纳：

（1）将子公司的所有者权益划分为母公司与少数股权，并将母公司的长期股权投资、少数股权与子公司所有者权益相互抵销。

（2）将母子公司之间的所有往来项目（应收、应付事项等）相互抵销。

（3）将母子公司之间的内部交易往来（收入和采购等）项目相互抵销。

（4）将母公司的投资收益、少数股东损益与子公司本期实现的净收益相互抵销。

（5）如果分派现金股利尚未支付，也将这项应收股利与应付股利相互抵销。

在此应注意的是：在合并工作底稿中编制的调整分录和抵销分录，借记或贷记的均为财务报表项目（资产负债表项目、利润表项目、现金流量表项目和所有者权益变动表项目），而不是具体的会计科目。比如，对存货（多个科目的汇总额）、应收账款（扣除坏账准备后的净额）、固定资产（扣除累计折旧后的净额）等进行的调整和抵销。

（四）计算合并财务报表各项目的合并金额

在母公司和子公司个别财务报表各项目加总金额的基础上，分别计算出合并财务报表中各资产项目、负债项目、所有者权益项目、收入项目和费用项目等的合并金额。

其计算方法如下：

（1）资产类各项目，其合并金额根据该项目加总金额，加上该项目抵销分录有关的借方发生额，减去该项目抵销分录有关的贷方发生额计算确定。

（2）负债类各项目和所有者权益类项目，其合并金额根据该项目加总金额，减去该项目抵销分录有关的借方发生额，加上该项目抵销分录有关的贷方发生额计算确定。

（3）有关收入类各项目和有关所有者权益变动各项目，其合并金额根据该项目加总金额，减去该项目抵销分录的借方发生额，加上该项目抵销分录的贷方发生额计算确定。

（4）有关费用类项目，其合并金额根据该项目加总金额，加上该项目抵销分录的借方发生额，减去该项目抵销分录的贷方发生额计算确定。

（五）填列合并财务报表

根据合并工作底稿中计算出的资产、负债、所有者权益、收入、费用以及现金流量表中各项目的合并金额，按照企业会计准则给定的合并财务报表格式，填列生成正式的合并财务报表。

三、合并财务报表编制的举例说明

（一）基本资料整理

本书举例说明在企业合并日编制合并资产负债表的基本过程。

【例7-5】 A公司在本年会计期末采用货币资金购买了B公司60%的股权，实现了对B公司的控股。在企业合并日，A公司和B公司各自编制的资产负债表反映了双方资产负债项目的期末余额（见表7-13），列示了由双方确定的投资事项。

表7-13　　　　　　　　　A公司、B公司资产负债表各项目余额　　　　　　　　单位：万元

资产	A公司	B公司	负债和股东权益	A公司	B公司
货币资金	4 000	4 200	短期借款	12 000	5 300
应收票据	4 700	3 000	应付票据	9 000	3 000
应收账款	5 800	3 900	应付账款	8 000	5 200
其他应收款	4 200	0	应付职工薪酬	6 000	5 600
存货	31 000	20 000	应交税费	2 000	1 200
其他流动资产	1 300	1 200	应付股利	1 000	0
长期股权投资	20 600		长期借款	6 000	4 000
固定资产	21 000	18 000	应付债券	10 000	5 000
在建工程	20 000	3 400	长期应付款	3 000	0
无形资产	4 000	1 600	股本	40 000	20 000
商誉	2 000	0	资本公积	10 000	5 000
			盈余公积	8 000	800
			未分配利润	3 600	200
资产总计	118 600	55 300	负债和股东权益总计	118 600	55 300

要求：依照双方财务报表的数据做出 A 公司企业合并的全部会计分录，并编制合并财务报表。

双方商定的股权交易事项为 A 公司以货币资金 15 000 万元，购买 B 公司有表决权的股份的 60%。另外，在 A 公司购买股权时，B 公司资产的账面价值与公允价值一致。

（二）进行长期股权投资的会计处理

A 公司的会计处理包括两个方面：一是要做出与 B 公司的股权交易（也称为资本交易）的会计处理，完成企业合并的相关手续等；二是在进行股权交易之后即刻编制双方合并日的合并报表，包括编制合并报表前的调整分录与编制合并财务报表时的抵销分录。

按照长期股权投资成本法的要求编制购买 B 公司股权时的会计分录：

借：长期股权投资——B 公司   150 000 000

    贷：银行存款   150 000 000

（三）编制合并财务报表的调整分录和抵销分录

（1）编制合并报表准备时将成本法转为权益法的调整分录（调整分录也如同抵销分录，在工作底稿上进行登记）。

$$\frac{\text{按照权益法的要求应该}}{\text{记录的长期股权投资额}} = \frac{\text{子公司的所有者}}{\text{权益总额}} \times \frac{\text{母公司持有子公司}}{\text{有投票权股份的比率}}$$

代入数值：

按照权益法的要求应该记录的长期股权投资额 = 26 000 × 60% = 15 600（万元）

需调增 A 公司长期股权投资额 600 万元。

借：长期股权投资   6 000 000

    贷：营业外收入（转至年末未分配利润）   6 000 000

（2）在合并财务报表工作底稿上编制合并财务报表的抵销分录：

借：股本   200 000 000

    资本公积   5 0000 000

    盈余公积   8 000 000

    未分配利润   2 000 000

    贷：长期股权投资   156 000 000

        少数股东权益   104 000 000

（四）设计和登记合并资产负债表工作底稿

将上述的调整分录与抵销分录登记入合并财务报表工作底稿，直至得出合并财务报表需要的各报表项目数额，合并资产负债表工作底稿见表7-14。

表7-14　　　　　　　　　　　　　　　合并资产负债表工作底稿　　　　　　　　　　　　　单位：万元

资产	母公司	子公司	合计额	抵销分录 借方	抵销分录 贷方	少数股东部分	合并报表金额
流动资产：							
货币资金	4 000	4 200	8 200				8 200
应收票据	4 700	3 000	7 700				7 700
应收账款	5 800	3 900	9 700				9 700
其他应收款	4 200	0	4 200				4 200
存货	31 000	20 000	51 000				51 000
其他流动资产	1 300	1 200	2 500				2 500
流动资产合计	51 000	32 300	83 300				83 300
非流动资产：							
长期股权投资	20 600	0	20 600	600	15 600		5 600
固定资产	21 000	18 000	39 000				39 000
在建工程	20 000	3 400	23 400				23 400
无形资产	4 000	1 600	5 600				5 600
商誉	2 000	0	2 000				2 000
非流动资产合计	67 600	23 000	90 600	600	15 600		75 600
资产总计	118 600	55 300	173 900	600	15 600		158 900
流动负债：							
短期借款	12 000	5 300	17 300				17 300
应付票据	9 000	3 000	12 000				12 000
应付账款	8 000	5 200	13 200				13 200
应付职工薪酬	6 000	5 600	11 600				11 600
应交税费	2 000	1 200	3 200				3 200
应付股利	1 000	0	1 000				1 000
流动负债合计	38 000	20 300	58 300				58 300

续表

资产	母公司	子公司	合计额	抵销分录		少数股东部分	合并报表金额
				借方	贷方		
非流动负债：							
长期借款	6 000	4 000	10 000				10 000
应付债券	10 000	5 000	15 000				15 000
长期应付款	3 000	0	3 000				3 000
非流动负债合计	19 000	9 000	28 000				28 000
负债合计	57 000	29 300	86 300				86 300
股东权益：							
股本	40 000	20 000	60 000	20 000			40 000
资本公积	10 000	5 000	15 000	5 000			10 000
盈余公积	8 000	800	8 800	800			8 000
未分配利润	3 600	200	3 800	200	600		4 200
股东权益合计	61 600	26 000	87 600	26 000	600		62 200
少数股东权益						10 400	10 400
负债和股东权益合计	118 600	55 300	173 900	26 000	600	10 400	158 900

上述工作是合并财务报表的核心内容，结出工作底稿最后一栏的数据后，即可直接编制合并资产负债表。

（五）正式编制合并资产负债表

这是完成合并财务报表的最后一个步骤，即将表7-14合并资产负债表工作底稿中的数据直接填入正式的合并资产负债表中。合并资产负债表见表7-15。

表7-15　　　　　　　　　　　　合并资产负债表
编制单位：A公司　　　　　　　　202×年12月31日　　　　　　　　单位：万元

资产	行次	期末余额	负债和股东权益	行次	期末余额
流动资产：			流动负债：		
货币资金		8 200	短期借款		17 300
交易性金融资产		0	交易性金融负债		0
应收票据		7 700	应付票据		12 000

续表

资产	行次	期末余额	负债和股东权益	行次	期末余额
应收账款		9 700	应付账款		13 200
应收利息		0	应付职工薪酬		11 600
应收股利		0	应交税费		3 200
其他应收款		4 200	应付利息		0
存货		51 000	应付股利		1 000
一年内到期的非流动资产		0	其他应付款		0
其他流动资产		2 500	一年内到期的非流动负债		0
流动资产合计		83 300	其他流动负债		0
非流动资产：			流动负债合计		58 300
债权投资		0	非流动负债：		
其他债权投资		0	长期借款		10 000
长期应收款		0	应付债券		15 000
长期股权投资		5 600	长期应付款		3 000
投资性房地产		0	专项应付款		0
固定资产		39 000	预计负债		0
在建工程		23 400	递延所得税负债		0
工程物资		0	其他非流动负债		0
固定资产清理		0	非流动负债合计		28 000
生产性生物资产		0	负债合计		86 300
油气资产		0	股东权益：		
无形资产		5 600	股本		40 000
开发支出		0	资本公积		10 000
商誉		2 000	减：库存股		0
长期待摊费用		0	盈余公积		8 000
递延所得税资产		0	未分配利润		4 200
其他非流动资产		0	少数股东权益		10 400
非流动资产合计		75 600	股东权益合计		72 600
资产总计		158 900	负债和股东权益合计		158 900

这样，编制出的合并财务报表即可比照单个企业的财务报表形式反映一个企业集团的整体状况，在企业集团会计信息收集、披露方面发挥着重要的作用。

请思考

合并财务报表的编制过程怎样？要注意什么样的问题？

思维导引 7-4

本章小结

本章对会计学教材的核心内容——编制财务报表进行了较为深入的阐述。本章前面的会计处理要求部分，结合我国系列会计准则对编制企业财务报表的要求进行了全面的说明，并讲述了本书将合并财务报表的内容也包括进来的理由。在此基础上，本章对资产负债表的会计科目余额表、科目余额转换为报表项目、编制完成资产负债表的过程进行了系统的说明。由于利润表的构成及其与会计科目之间的较为简单的关系，本章将利润表的编制与本书前面章节的本年利润会计处理进行了结合讲解。在完成资产负债表与利润表的阐述后，本章还介绍了现金流量表及其附表的编制过程与要求，说明了所有者权益变动表的编制要求及其与利润表、资产负债表之间的关系。在本章的最后，对企业集团合并财务报表编制的基本过程及需要处理的业务事项做了介绍。

本章知识框架

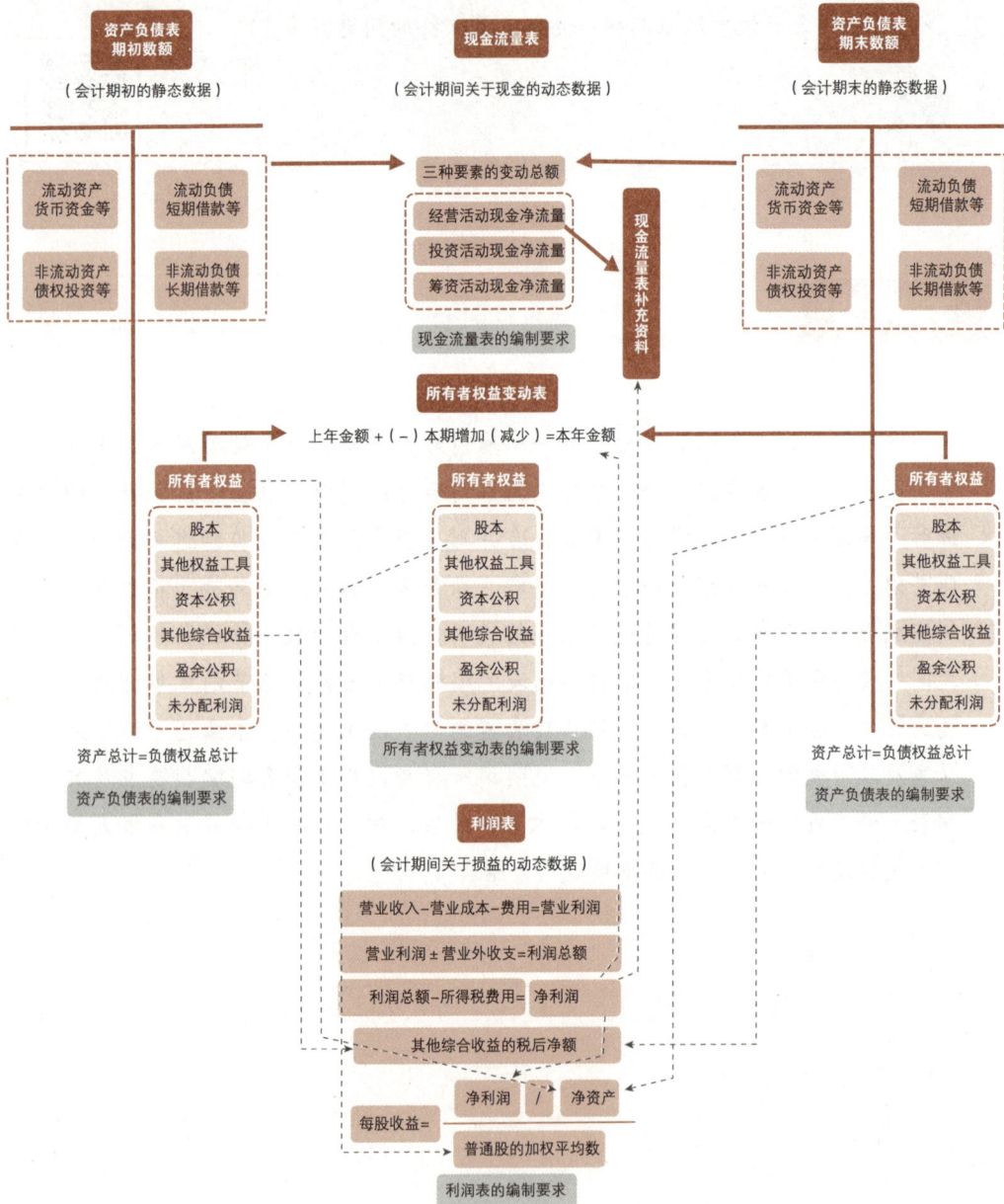

综合训练

1. 甲公司 20×1 年 12 月 31 日的会计科目余额表数据见下表。

甲公司 20×1 年 12 月 31 日的会计科目余额表　　　　单位：元

会计科目	借方余额	会计科目	贷方余额
库存现金	30 000	短期借款	70 000
银行存款	202 000	应付票据	520 000
其他货币资金	120 000	应付账款	534 800
交易性金融资产	200 000	应付职工薪酬	196 000
应收票据	120 000	应交税费	970 000
应收账款	220 000	应付利息	80 000
预付账款	50 000	应付股利	140 000
其他应收款	38 000	其他应付款	200 000
原材料	600 000	长期借款	870 000
包装物	36 000	坏账准备	11 000
低值易耗品	26 000	累计折旧	400 000
库存商品	714 000	累计摊销	40 000
生产成本	440 000	无形资产减值准备	6 000
长期应收款	340 000	实收资本	1 160 000
长期股权投资	900 000	资本公积	240 000
固定资产	1 002 000	其他综合收益	113 000
在建工程	400 000	盈余公积	90 000
无形资产	220 000	未分配利润	17 200
借方余额合计	5 658 000	贷方余额合计	5 658 000

其中：长期应收款中有 160 000 元将于下一年到期；长期借款将有 510 000 元在下一年到期。

要求：根据以上资料编制甲公司 20×1 年 12 月 31 日的资产负债表。

2. 乙公司为一普通工商企业，20×1 年，与该公司现金流量表有关的资料如下：净利润 160 000 元；折旧费用 20 000 元；资产减值损失 20 000 元；公允价值变动损益 18 000 元。公司本年没有坏账准备等；没有其他损益等的事项。该公司与现金流量表有关的账户余额见下表。

与现金流量表有关的账户余额		单位：元
会计科目	年初余额	年末余额
应收账款	10 000	12 000
应收股利	3 000	5 000
应收利息	5 000	6 000
原材料	18 000	16 000
应付账款	6 000	8 000
应交税费	4 000	1 000

　　要求：根据上述资料计算该公司现金流量表中的"经营活动产生的现金流量净额"。

答案7-2

第八章

财务报表分析

本章 PPT

导言

　　本章关于财务报表分析的内容着眼于我国现阶段上市公司对外公开披露的财务会计报告。 具体来说，本章在介绍财务报表直观分析的基础上，对各财务报表之间的数据关系进行了深刻的解析。 本章对各种财务指标及其计算方式、经济含义也进行了解释说明，要求同学们能够理解企业财务指标分析的内容与作用。 另外，还综合介绍了杜邦分析法与沃尔评分法，促使大家能够利用这样的方法对一个企业进行完整的财务分析，以求在做出经济决策方面发挥作用，为经济管理工作打好基础。

本章学习要点

　　1. 理解并掌握企业财务分析的基本方法，能够进行财务报表的深度解读。

　　2. 熟练掌握企业偿债能力指标、营运能力指标和获利能力指标的计算及分析。

　　3. 掌握企业发展能力指标、上市公司专门指标的计算及分析。

　　4. 能够运用杜邦分析法和沃尔评分法进行企业财务报表的综合分析。

　　5. 理解上市公司的分部报告与扣除非经常损益后净利润的含义与运用。

第一节 财务报表分析概述

本节重难点 8-1

一、企业财务报表分析及其重要作用

（一）财务报表分析概述

财务报表分析，又称财务分析，是通过收集、整理企业财务报告中的有关数据，并结合其他有关补充信息，对企业的财务状况、经营成果和现金流量情况进行综合比较和评价，为财务报告使用者提供管理决策和控制依据的一项管理工作。

财务报表能够全面反映企业的财务状况、经营成果和现金流量情况。但仅就财务报表上的数据还不能直接或全面说明企业的财务状况，特别是不能说明企业经营状况的好坏和经营水平的高低，只有将企业的财务指标与有关数据进行比较，才能说明企业的财务状况，而要做到这一点，就需要进行财务报表分析。就此而论，财务报表分析的对象是企业财务报表反映的各项基本活动。财务报表分析就是从报表中获取符合财务报表使用者分析目的的信息，认识企业活动的特点，评价企业经营业绩，发现其问题。

名师点拨 8-1

财务报表分析的重要作用是什么？有哪些主要内容？

（二）财务报表分析的重要作用

此处主要着眼于对上市公司定期发布的企业财务报告的分析与理解来说明这一问题。

（1）财务报表分析可以从所有者和经营者的不同角度理解企业三大财务报表，促使财务部门与其他管理部门及众多财务报表使用者进行卓有成效的沟通。资本市场发展到今天，企业的经营者与投资者、潜在的股东等，都是通过发布财务报告以及对财务报表的分析而进行沟通的。可以说，只有对财务报表进行透彻分析，才能与企业进行有效沟通。

（2）财务报表分析可以审视企业存在的弊病，快速识别财务数据中可能存在的造假成分，从财务角度出发，为决策者提供支持。无论是在国际资本市场，还是在我国的资本市场，总会有一些投机者等，利用各种方式在财务报表上制造假象，从这样的角度来看，掌握财务报表分析的方法和技巧，对投资者来说非常重要。

（3）进行财务报表分析可提高分析者对企业资本营运的过程与结果的认知程度，从资产负债表、利润表和现金流量表的综合角度来分析企业的财务状况和利润水平，对企业的经营绩效做出正确的评估。这是对企业做出全面、准确判断的前提条件，是对企业进行绩效评价、对经营者进行奖惩的必要过程，是现代企业管理工作中的重要内容。

二、财务报表分析的内容与过程

财务报表分析是由不同的使用者进行的，他们有各自不同的分析重点，也有共同的要求。从企业总体来看，财务报表分析的基本内容主要包括以下三个方面：

（1）分析企业的偿债能力，分析企业权益的结构，估量对债务资金的利用程度。这些是财务报表分析的基础，是企业财务目标实现的稳健保证。

（2）评价企业资产的营运能力，分析企业资产的分布情况和周转使用情况。这在财务报表分析中也很重要，是企业财务目标实现的能力体现，也是企业"挖潜"的主要工作方向。

（3）评价企业的盈利能力，分析企业利润目标的完成情况和不同年度盈利水平的变动情况。盈利能力是偿债能力和营运能力共同作用的结果，同时也对前两者的增强发挥重要的推动作用。

以上三个方面的分析内容互相联系、互相补充，可以综合地描述出企业生产经营的财务状况、经营成果和现金流量情况，从而满足不同使用者对会计信息的基本需要。

第二节　财务报表的直观分析

本节重难点 8-2

名师点拨 8-2

何为财务报表直观分析？有哪些基本方法？

一、财务报表直观分析的方法

（一）财务报表直观分析的理解

财务报表直观分析，也可以近似地解释为财务报表解读，是指财务报表使用者对财务报表进行初步理解的过程或结果。

比如，当财务报表使用者与某一公司有相关利益时，一般是阅读该公司的财务报表，而现在最可能的是找到该公司的年度报告，认真阅读一下；在阅读过程中，或者是作为理解的结果，报表使用者对该公司有了一定程度的印象，这就是财务报表解读。这个解读是财务报表分析的结果，是最简单的财务报表分析，或者说是进行有深度的财务报表分析的开始，因此，又可称为初步财务报表分析。由于这样的分析只是阅读，或者是附有标记、进行简单计算的阅读，所以本书称其为财务报表的直观分析。

（二）财务报表直观分析的基本方法

财务报表分析的基本方法有比较分析法、比率分析法、因素分析法、结构分析法、趋势分析法。

（1）比较分析法是将财务报表中的某些项目或比率与其他的相关资料对比来确定数量差异，以说明和评价企业的财务状况和经营业绩的一种财务报表分析方法。

（2）比率分析法也称指数分析法，是在同一张财务报表的不同期间的相同项目或相同类别之间，或在不同财务报表的有关项目之间，用比率来反映它们相互之间的关系，据以评价企业的财务状况和经营业绩，并找出经营中存在的问题和解决措施的分析方法。

（3）因素分析法是通过分析影响财务指标的各项因素及其对指标的影响程度，说明本期实际与计划或基期相比较发生变动的主要原因以及各变动因素对财务指标变动的影响程度的一种财务报表分析方法。

（4）结构分析法是指将财务报表中某一关键项目的数字作为基数（100%），再计算该项目各个组成部分占总体的百分比，以分析总体构成的变化，揭示出财务报表中各项目的相对地位和总体结构关系的分析方法。

（5）趋势分析法又称水平分析法，是通过对财务报表中各类相关数字资料，将两期或多期连续的相同指标或比率进行定基对比和环比对比，得出它们的增减变动方向、数额和幅度，以揭示企业财务状况、经营情况和现金流量变化趋势的一种财务报表分析方法。采用趋势分析法通常要编制比较财务报表。

二、对企业财务报表的阅读理解

经过简化处理的兴盛公司的资产负债表见表8-1。

表8-1　　　　　　　　　　　资产负债表
编制单位：兴盛公司　　　　　　202×年12月31日　　　　　　单位：万元

资产	年末余额	年初余额	负债与股东权益	年末余额	年初余额
流动资产：			流动负债：		
货币资金	2 000	5 250	短期借款	13 625	12 000
交易性金融资产	3 000	3 250	应付票据	4 600	3 950
应收票据	9 290	5 175	应付账款	5 900	2 300
应收账款	8 500	6 750	应付职工薪酬	4 500	4 000
其他应收款	210	325	应交税费	275	125
存货	39 000	34 250	其他应付款	7 100	8 875
流动资产合计	62 000	55 000	流动负债合计	36 000	33 250
非流动资产：			非流动负债：		
债权投资	300	500	长期借款	7 250	9 875
长期股权投资	4 250	2 500	应付债券	4 750	4 625
固定资产	128 800	129 000	递延所得税负债	—	—
无形资产	9 800	10 000	非流动负债合计	12 000	14 500
其他资产	4 350	7 500	负债合计	48 000	47 750
递延所得税资产	—	—	股东权益：		
			股本（实收资本）	145 000	145 000
			资本公积	7 150	5 250
			盈余公积	3 850	1 500
			未分配利润	5 500	5 000
			股东权益合计	161 500	156 750
资产总计	209 500	204 500	负债与股东权益总计	209 500	204 500

（一）比较分析法与比率分析法的运用

面对上述财务报表中的各项目数据，尤其是采用比较式数据的"年末余额""年初余额"，或者"本年金额""上年金额"，财务报表使用者在解读时的第一件事情就是找出本年与上年数据中的"异常变动项目"，并计算本年与上年度数额之间的差额。

（1）报表中数据差额的计算。这就是比较分析法的运用。比如，财务报表使用者在资产负债表和利润表中各选的一组数据。

应收票据与应收账款的差额 =（9 290 + 8 500）−（5 175 + 6 750）= 5 865（万元）

这个差额确实不小。

（2）报表中数据比率的计算。这就是比率分析法的运用。比如，财务报表使用者可按此要求计算本年期末数据与上年数据的比率。

应收项目的增长情况 =（9 290 + 8 500）/（5 175 + 6 750）× 100% = 149.18%

应收项目数额增大，表明在营业收入增长的过程中，货币资金不能及时收回，或者是企业在本年取得营业收入的过程中，赊销数额增长加快。

此外，财务报表项目之间的绝对数比较数额较大时，采用相对数的方式进行比较，就会大大减小比较分析过程中的难度。因此，比率分析法的应用范围很广，可用于任何项目的分析。

（二）因素分析法与结构分析法的运用

我们再看上面资产负债表中的存货项目，期初余额为 34 250 万元，期末余额为 39 000 万元，表面上看二者差距不大，但我们知道，存货是由多种因素构成的，如果想知道详细、具体的情况，就要进行深入的分析。当找到财务报表附注中的存货项目时，可以将相关的因素揭示出来。兴盛公司资产负债表中的存货附注见表 8 − 2。

表 8 − 2　　　　　　　　兴盛公司资产负债表中的存货附注　　　　　　　　单位：万元

项目	期末余额	期初余额
原材料	9 120	21 000
在产品	11 200	7 820
产成品	18 680	5 430
合计	39 000	34 250

通过这样更为详细的各构成因素的展示，财务报表使用者可了解到：相比较而言，

本期期末存货余额存在一定的问题，即储备略显不足、生产规模增长快、产成品积压。比较各构成因素，产成品积压可能对企业的影响最大。

面对这种情况，就需要进行进一步的数据计算、分析。兴盛公司的期末存货变动情况分析见表8-3。

表8-3　　　　　兴盛公司的期末存货变动情况分析　　　　　单位：万元

项目	期末数额	期初数额	变动数额	增长变动	期末结构	期初结构
原材料	9 120	21 000	-11 880	-56.57%	23.38%	61.31%
在产品	11 200	7 820	+3 380	+43.22%	28.72%	22.83%
产成品	18 680	5 430	+13 250	+244.01%	47.90%	15.85%
合计	39 000	34 250	+4 750	+13.87%	100%	100%

第四栏和第五栏的计算为比较分析法与比率分析法的运用；而后面的两栏，即第六栏和第七栏，进行的则是因素分析法，计算了期末结构与期初结构。从计算结果可明显看出：期初结构是合理的，而期末结构不够合理，很有可能是本期的产成品销售遇到了较难处理的问题，需要企业进行内部、外部情况的深入分析。

（三）企业财务报表的共同比分析

共同比分析只是上述结构分析的扩展，或者说是上述结构分析法在某一类财务报表中的应用。此处引入上例兴盛公司的简化利润表来说明问题。利润表见表8-4。

表8-4　　　　　利润表
编制单位：兴盛公司　　　　202×年12月　　　　单位：万元

项目	本年金额	上年金额
一、营业收入	192 000	177 000
减：营业成本	113 000	103 675
税金及附加	13 750	13 575
销售费用	10 250	9 700
管理费用	6 500	7 775
财务费用	5 000	1 000
资产减值	1 000	800
加：投资收益	10 500	5 250
二、营业利润	53 000	45 725

续表

项目	本年金额	上年金额
加：营业外收入	875	500
减：营业外支出	6 000	2 700
三、利润总额	47 875	43 525
减：所得税费用	14 375	13 025
四、净利润	33 500	30 500

【例 8-1】 要求：依据表 8-4 中的相关数据，进行兴盛公司营业收入的毛利水平变动情况的分析，并进行兴盛公司利润表的共同比分析。

解析：首先可以利用结构分析法计算兴盛公司本年与上年营业收入的毛利水平变动情况。兴盛公司利润表中毛利空间分析见表 8-5。

表 8-5　　　　　　　　　　兴盛公司利润表中毛利空间分析　　　　　　　　单位：万元

项目	上年数额	收入结构	本年数额	收入结构	指数变动
营业收入	177 000	100%	192 000	100%	8.47%
营业成本	103 675	58.57%	113 000	58.85%	8.99%
税金及附加	13 575	7.67%	13 750	7.16%	1.29%
企业的毛利空间	59 750	33.76%	65 250	33.98%	9.21%

在各因素基础上进行结构分析可知，兴盛公司年内的毛利空间变化不大，各构成要素的变动基本上也保持了同步。此外，财务报表使用者还可以进行更为全面、深入的结构分析，即进行共同比分析。兴盛公司利润表共同比分析见表 8-6。

表 8-6　　　　　　　　　　兴盛公司利润表共同比分析　　　　　　　　单位：万元

项目	本年金额	本年结构	上年金额	上年结构	结构差异
一、营业收入	192 000	100%	177 000	100%	
减：营业成本	113 000	58.85%	103 675	58.57%	0.28%
税金及附加	13 750	7.16%	13 575	7.67%	-0.51%
销售费用	10 250	5.34%	9 700	5.48%	-0.14%
管理费用	6 500	3.39%	7 775	4.39%	-1.00%
财务费用	5 000	2.60%	1 000	0.56%	2.04%
资产减值	1 000	0.52%	800	0.45%	0.07%
加：投资收益	10 500	-5.47%	5 250	-2.97%	-2.50%

续表

项目	本年金额	本年结构	上年金额	上年结构	结构差异
二、营业利润	53 000	27.60%	45 725	25.83%	1.77%
加：营业外收入	1 875		500		
减：营业外支出	3 000		2 700		
三、利润总额	51 875	100%	43 525	100%	
减：所得税费用	11 820	22.79%	10 025	23.03%	-0.24%
四、净利润	40 055	77.21%	33 500	76.97%	0.24%

利用表中最后一栏的数据，财务报表使用者即可将本年成本降低工作取得的成绩基本确定下来。该表的格式在进行财务报表分析时运用较多，在计算机广泛运用的今天，又可以采取多种表格、形状来表示，很多场合都可以见到这样内容的报表。

三、财务报表的结合分析

（一）财务报表结合分析的依据

名师点拨8-3

什么是各财务报表间的结合分析？怎样进行分析？

从本书前面所述内容可知：财务报表虽有资产负债表、利润表、现金流量表之分，但是所用的数据资料是统一的，都是取自会计处理形成的各种数据，只不过有的取自数据的发生额，有的取自数据的余额等。这样，各种报表之间确实存在我们所说的钩稽关系，即报表数据之间相互联系、相互制约的关系。

比如，本书前面曾多次提及的利润表与所有者权益变动表、现金流量表之间的关系，资产负债表与所有者权益变动表、现金流量表、利润表之间的关系等。

财务报表使用者在进行各种财务报表之间的结合分析时，经常利用现金流量表中的数据。此处再加入兴盛公司本年度现金流量表中经营活动现金流量部分。兴盛公司现金流量表（部分）见表8-7。

表8-7　　　　　　　　　　　兴盛公司现金流量表（部分）　　　　　　　　　单位：万元

项目	行次	本年金额	去年金额
一、经营活动产生的现金流量：			
销售商品、提供劳务收到的现金		164 200	160 500
收到的税费返还		—	—
收到的其他与经营活动有关的现金		24 300	21 200

续表

项目	行次	本年金额	去年金额
经营活动现金流入小计		188 500	181 700
购买商品、接受劳务支付的现金		92 700	80 260
支付给职工以及为职工支付的现金		31 900	20 080
支付的各项税费		11 300	9 750
支付的其他与经营活动有关的现金		28 900	17 600
经营活动现金流出小计		164 800	127 690
经营活动产生的现金流量净额		23 700	54 010
二、投资活动产生的现金流量（内容略）		−33 525	（略）
三、筹资活动产生的现金流量（内容略）		13 075	（略）
……		……	……
五、现金及现金等价物净增加额		3 250	（略）
……		……	……

（二）利润表与现金流量表的结合分析

此处进行分析的第一组数据，是利润表第一行"营业收入"的数据与现金流量表第一行"销售商品、提供劳务收到的现金"的数据。下面以举例的方式说明。

【例8-2】 以兴盛公司的利润表（表8-4）和现金流量表（表8-7）中的数据为基础进行分析。

要求：计算、分析兴盛公司营业收入现金收回情况。采用简单列表的方式说明问题。

解析：兴盛公司的营业收入现金收回情况分析见表8-8。

表8-8 兴盛公司的营业收入现金收回情况分析 单位：万元

分析项目	本年数额	去年数额	增加（减少）数额	增加（减少）比率
实现的营业收入	192 000	177 000	15 000	8.47%
销售商品、提供劳务收到的现金	164 200	160 500	3 700	2.31%
二者间差额	27 800	16 500	11 300	68.48%
数据变化结果	可能导致应收项目增加，企业对外偿付能力减弱			

（三）资产负债表与利润表、现金流量表的结合分析

财务报表之间的第二组数据分析，以表8-8中利润表与现金流量表的数据之比为基础，进一步了解资产负债表的变动与此情况的同质性。仍以举例的方式说明。

【例8-3】 以兴盛公司的利润表（表8-4）、现金流量表（表8-7）和资产负债表（表8-1）中的数据为基础进行分析。

要求： 分析兴盛公司营业收入现金收回情况对资产负债表项目的影响。

解析： 结合资产负债表的数据可知，企业营业收入收回现金能力的减弱，确实引起了资产负债表相关数据的变化。仍采用简单列表的方式说明问题。对于兴盛公司营业收入现金收回情况对资产负债表项目的影响，我们可以将利润表与现金流量表结合分析，也可将资产负债表与利润表、现金流量表结合分析，分别见表8-9、表8-10。

表8-9　　　　营业收入现金收回情况对资产负债表项目的影响（1）　　　单位：万元

分析项目	本年数额	去年数额	增加（减少）数额	增加（减少）比率
实现的营业收入	192 000	177 000	15 000	8.47%
收回的现金	164 200	160 500	3 700	2.31%
二者间差额	27 800	16 500	11 300	68.48%

表8-10　　　　营业收入现金收回情况对资产负债表项目的影响（2）　　　单位：万元

分析项目	本年数额	去年数额	增加（减少）数额	增加（减少）比率
应收票据	9 290	5 175	4 115	79.52%
应收账款	8 500	6 750	1 750	25.93%
应付票据	4 600	3 950	650	16.46%
应付账款	5 900	2 300	3 600	156.52%
数据变化结果	应收项目、应付项目与未收回现金同步增加，企业财务负担加大			

（四）资产负债表与利润表、现金流量表的综合性分析

此处的三种报表的综合性分析，主要是指现金流量表补充资料（见表7-11）中企业净利润与经营活动现金净流量之间关系的展示。

具体来说，在现金流量表补充资料中，三种表格的数据都在此有所表现：

（1）表中的净利润、资产减值准备、资产处置收益（含报废损失）、公允价值变动

损失、财务费用、投资损失等均直接来自利润表。

（2）表中的固定资产折旧（含油气资产折耗、生产性生物资产折旧）、递延所得税项目的增加减少、存货的增加减少、经营性应收项目的增加减少、经营性应付项目的增加减少等均间接来自资产负债表。

（3）表中经营活动产生的现金流量净额，则直接来自现金流量表。该报通过上述的综合运算，很好地将利润表的最后一行"净利润"与现金流量表经营活动现金流量部分的最后一行"经营活动现金净流量"之间的数据联结在了一起。

我们说，这样的计算过程可以总括了解资产负债表变动与现金流量表变动的同质性；而且此处对这样关系的解答，亦即由此形成的关联数据，能够给企业管理及信息评论提供很大的帮助。从现在的情况来看，几乎所有的上市公司都将这一信息在定期报告中进行披露。此处不再举例说明。

请思考

1. 怎样进行财务报表的直观分析？从哪些角度入手？要分析什么样的内容？

2. 怎样进行各种财务报表之间的结合分析？

思维导引 8-1

第三节　财务报表的指标分析

本节重难点 8-3

一、财务指标与财务报表分析

（一）财务指标的概念

财务指标也称财务分析指标，是指企业总结和评价财务状况和经营成果时衡量目标的方法，即预期中计划达到的指数、规格、标准，一般用相对数据表示。将不同企业之间的财务指标进行比较后可知，财务指标是财务报表分析的基础，财务报表分析是建立在各种财务指标基础之上的，因此，掌握财务指标的概念及其构成内容是很重要的。

（二）财务指标的构成

名师点拨 8-4

我国曾于 1992 年版《企业财务通则》中为企业规定了三种财务指标：偿债能力指标（包括资产负债率、流动比率、速动比率）、营运能力指标（包括应收账款周转率、存货周转率）、盈利能力指标［包括资本金利润率、销售利税率（营业收入利税率）、成本费用利润率］等。目前，我国对企业进行经济评价时运用的财务指标主要有四类，即偿债能力指标、营运能力指标、盈利能力指标、企业发展能力指标。

何为财务指标？我国的财务指标体系主要由哪些指标构成？

在企业会计、财务工作实践中，通过对企业财务状况和经营成果的解析，能够对企业经济效益的优劣做出准确的评价与判断，而作为评价与判断标准的财务指标的选择和运用就显得尤为重要。

（三）财务指标与财务分析

财务报表是企业财务状况和经营成果的信息载体，但财务报表所列示的各类项目的金额，如果孤立地看，其并无多大意义，必须将它与其他数据相比较，才能成为有用的信息。

这种参照一定标准将财务报表的各项数据与有关数据进行比较、评价就是企业财务分析。具体地说，财务分析就是以财务报表和其他资料为依据和起点，采用专门方法，系统分析和评价企业的财务状况、经营成果和现金流量状况的过程。其目的是评价过去的经营业绩，衡量现在的财务状况，预测未来的发展趋势。

严格来说，财务报表分析不仅是财务指标的计算和比较，也有很多直观比较分析的内容。本书在前面的部分，结合各会计要素的会计处理与信息披露，对财务报表各要素的直观分析进行了一定程度的介绍和说明。在此处，本书主要说明利用财务指标进行财务报表分析的内容与过程，这是财务报表分析的核心内容。

名师点拨 8-5

何为企业偿债能力指标？由哪些具体指标组成？计算公式与内容分别是什么？

二、企业偿债能力指标的内容与计算

企业偿债能力是指企业偿还到期债务（包括本息）的能力。企业**偿债能力指标**主要出于资产负债表，主要有流动比率、速动比率、现金流量负债比、负债比率、所有者权益（股东权益）比率等。

（一）流动比率

流动比率是流动资产对流动负债的比率，用来衡量企业流动资产在短期债务到期以前，可以变为现金用于偿还负债的能力。其计算公式为

$$流动比率 = \frac{流动资产}{流动负债}$$

流动资产与流动负债就是资产负债表中这两个项目的数额。一般来说，流动比率越高，说明企业资产的变现能力越强，短期偿债能力也越强；反之则弱。一般认为，流动比率应在2:1及以上，"流动比率2:1"表示流动资产是流动负债的2倍，即使流动资产有一半在短期内不能变现，也能保证全部的流动负债得到偿还。另外，在评价流动比率时，还应分析各项流动资产的质量。

（二）速动比率

速动比率是指速动资产对流动负债的比率，用来衡量企业流动资产中可以立即变现用于偿还流动负债的能力。其计算公式为

$$速动比率 = \frac{速动资产}{流动负债}$$

速动资产包括货币资金、交易性金融资产、应收票据、应收账款、其他应收款项等，其特点为可在较短时间内变现。至于预付账款和待摊费用根本不具有变现能力，所以理论上应加以剔除。而流动资产中的存货、一年内到期的非流动资产及其他流动资产等也不应计入。传统经验认为，速动比率维持在1:1较为正常，它表明企业每1元流动负债就有1元易于变现的流动资产来抵偿，短期偿债能力有可靠的保证。速动比率过低，企业的短期偿债风险较大；但速动比率过高，企业在速动资产上占用资金过多，会增加企业投资的机会成本。另外，在评价速动比率时，还应分析应收账款等的质量。

（三）现金流量负债比

现金流量负债比是企业一定时期的经营活动现金净流量同流动负债的比率，它可以从现金流量角度反映企业当期偿付短期负债的能力。其计算公式为

$$现金流量负债比 = \frac{年经营活动现金净流量}{年末流动负债}$$

经营活动现金净流量可直接从同期现金流量表中取得。一般来说，该指标大于1，

表示企业流动负债的偿还有可靠保证。这个指标越大，表明企业经营活动产生的现金净流量越多，越能保障企业按期偿还到期债务。但这个指标并不是越大越好，该指标过大，表明企业流动资金利用不充分，盈利能力不强。利用此指标的意义是，其可以反映经营活动产生的现金对流动负债的保障程度；或者说，企业除借新债还旧债外，一般经营活动的现金流入就是被用来偿还债务的。

（四）负债比率

负债比率也称资产负债率，是企业负债总额占资产总额的百分比。其计算公式为

$$负债比率 = \frac{负债总额}{资产总额} \times 100\%$$

这个指标反映了在企业的全部资产中由债权人提供的资产所占比重的大小，反映了债权人向企业提供信贷资金的风险程度，也反映了企业举债经营的能力。

此处所说负债比率是衡量企业负债水平及风险程度的重要标志，着眼于以下几点：①资产负债率能够揭示出企业的全部资金来源中有多少是由债权人提供的。②对负债程度究竟多高为好，各方判断不一。从债权人的角度看，资产负债率越低越好；对投资者或股东来说，负债比率较高可能带来一定的好处（如财务杠杆等）；从经营者的角度看，他们最关心的则是在充分利用借入资金给企业带来好处的同时，尽可能降低财务风险。从我国的实际情况来看，一般认为企业资产负债率的适宜水平是40%～60%。

（五）所有者权益（股东权益）比率

所有者权益（股东权益）比率又称自有资本比率或净资产比率，是所有者权益（股东权益）总额与资产总额的比率。

$$所有者权益（股东权益）比率 = \frac{所有者权益（股东权益）总额}{资产总额} \times 100\%$$

该比率反映企业资产中有多少是所有者（股东）提供的。所有者权益（股东权益）比率与上述负债比率之和等于1。这两个比率从不同侧面反映企业的长期财务状况，所有者权益（股东权益）比率越大，资产负债比率就越小，企业财务风险就越小，偿还长期债务的能力就越强。所有者权益（股东权益）比率应当适中。如果所有者权益（股东权益）比率过小，表明企业过度负债，容易削弱企业抵御外部冲击的能力；而所有者权益（股东权益）比率过大，意味着企业没有积极地利用财务杠杆来扩大经营规模。由于所有者权益（股东权益）比率与上述的负债比率互补，因此，一般认为企业所有者权益（股东权益）比率的适宜水平是60%～40%。

【例8-4】 参考表8-1所列示的兴盛公司资产负债表中的各项数据。

要求： 依据兴盛公司资产负债表、现金流量表（如表8-7所示）中的各项数据，计算兴盛公司的偿债能力指标。

解析：（1）流动比率 = 62 000/36 000 = 1.72

（2）速动比率 =（62 000 - 39 000）/36 000 = 0.639

（3）现金流量负债比 = 23 700/36 000 × 100% = 65.83%

（4）负债比率 = 48 000/209 500 × 100% = 22.91%

（5）股东权益比率 = 161 500/209 500 × 100% = 77.09%

名师点拨8-6

何为企业营运能力指标？由哪些具体指标组成？计算公式与内容分别是什么？

三、企业营运能力指标的内容与计算

企业营运能力是指企业的经营运行能力，即企业运用各项资产赚取利润的能力。**企业营运能力指标**一般是利润表数据与资产负债表数据共同结合而成的相对数，主要有存货周转率、应收账款周转率、流动资产周转率、固定资产周转率和总资产周转率。这些比率揭示了企业资金运营周转的情况，反映了企业管理、运用自身经济资源的效率的高低。具体来说，企业资产周转越快，流动性越高，企业的偿债能力越强，资产获取利润的速度就越快。

（一）存货周转率

存货周转率（次数） 是企业一定时期营业成本与存货平均余额的比率。其计算公式为

$$存货周转率（次数）= \frac{营业成本}{存货平均余额}$$

存货周转率用于反映存货的周转速度，是反映企业购、产、销平衡效率的一种尺度。存货周转率越高，表明企业存货资产变现能力越强，存货及占用在存货上的资金的周转速度越快。这样，通过对存货的流动性及存货资金占用量是否合理的计算和考核，企业就可以在保证生产经营连续性的同时，提高资金的使用效率。因此，这一指标不仅可以用来衡量企业生产经营各环节中的存货运营效率，还可以用来评价企业的经营业绩，反映企业的绩效。

（二）应收账款周转率

应收账款周转率（次数） 是企业在一定时期内赊销净收入与应收账款平均余额之

比。它是衡量企业应收账款周转速度及管理效率的指标。其计算公式为

$$应收账款周转率（次数）= \frac{赊销净收入}{应收账款平均余额}$$

公司的应收账款在流动资产中有着举足轻重的地位。公司的应收账款如能及时收回，公司的资金使用效率便能大幅提高。应收账款周转率就是反映公司应收账款周转速度的比率。它说明一定期间内公司应收账款转为现金的平均次数，或者说明1元应收账款投资支持的销售收入。用时间表示的应收账款周转速度为应收账款周转天数，也称平均应收账款回收期或平均收现期。它表示企业从获得应收账款的权利到收回款项、变成现金所需要的时间。

（三）流动资产周转率

流动资产周转率（次数） 是一定时期内营业收入与流动资产平均余额的比率，反映流动资产周转速度和流动资产利用效果。其计算公式为

$$流动资产周转率（次数）= \frac{营业收入}{流动资产平均余额}$$

流动资产周转率反映了企业流动资产的周转速度，是从企业全部资产中流动性最强的流动资产的角度对企业资产的利用效率进行分析的财务指标。一般情况下，该指标数值越高，表明企业流动资产周转速度越快，利用越好。在较快的周转速度下，流动资产会相对节约，相当于流动资产投入的增加，在一定程度上增强了企业的盈利能力；而周转速度慢，则需要补充流动资金参加周转，会形成资金浪费，降低企业盈利能力。要想实现加快流动资产周转速度的目标，就要以营业收入增幅高于流动资产增幅作保证。通过该指标的对比分析，可以促进企业加强内部管理，充分有效地利用流动资产，如降低成本、调动暂时闲置的货币资金用于短期投资创造收益等，还可以促进企业采取措施扩大销售，提高流动资产的综合使用效率。

（四）固定资产周转率

固定资产周转率（次数） 也称固定资产利用率，是企业销售收入与平均固定资产净值的比率，表示在一个会计年度内固定资产周转的次数，或表示每1元固定资产投资支持的销售收入。其计算公式为

$$固定资产周转率（次数）= \frac{销售收入净额}{平均固定资产净值}$$

固定资产周转率主要用于分析对厂房、设备等固定资产的利用效率，比率越高，

说明利用率越高，管理水平越好。如果固定资产周转率与同行业平均水平相比偏低，则说明企业对固定资产的利用率较低，可能会影响企业的获利能力。它反映了企业资产的利用程度。

（五）总资产周转率

总资产周转率是企业一定时期的销售收入净额与平均资产总额之比，它是衡量资产投资规模与销售水平之间配比情况的指标。其计算公式为

$$总资产周转率 = \frac{营业收入净额}{平均资产总额}$$

总资产周转率综合反映了企业整体资产的营运能力，一般来说，资产的周转次数越多或周转天数越少，表明其周转速度越快，营运能力也就越强。通过不同企业或同一企业不同期间该指标的对比分析，可以反映企业本年度以及以前年度总资产的运营效率和变化，发现企业与同类企业在资产利用效率上的差距，促进企业挖掘潜力，积极创收，提高产品市场占有率，提高资产利用效率。

【例8-5】 参考表8-1、表8-4所列示的兴盛公司的资产负债表、利润表中的各项数据进行计算。

要求：依据兴盛公司的资产负债表、现金流量表中的各项数据，计算兴盛公司的营运能力指标。

解析：（1）存货周转率 $= \dfrac{113\ 000}{(34\ 250 + 39\ 000)/2} = 3.09$（次）

（2）应收账款周转率 $= \dfrac{192\ 000 \times 40\%}{(6\ 750 + 8\ 500)/2} = 10.07$（次）

（假定报表中全年赊销净收入占全年销售收入的40%）

（3）流动资产周转率 $= \dfrac{192\ 000}{(55\ 000 + 62\ 000)/2} = 3.28$（次）

（4）固定资产周转率 $= \dfrac{192\ 000}{(128\ 800 + 129\ 000)/2} = 1.49$（次）

（5）总资产周转率 $= \dfrac{192\ 000}{(204\ 500 + 209\ 500)/2} = 0.93$（次）

需要补充说明的是：在进行上述计算时，一般都有一个"周转次数"与一个"周转天数"，二者之间的换算是：使用年天数（习惯上按照年天数360天换算）除以按照上述公式计算出来的周转次数，计算的结果为上述各类资产的周转天数。这也就有了"周转次数多，周转天数少；反之亦然"之说。

名师点拨 8-7

何为企业盈利能力
指标？由哪些具体
指标组成？计算公
式与内容分别是什
么？

四、企业盈利能力指标的内容与计算

企业盈利能力就是企业赚取利润、加速资金增值的能力，通常表现为企业在正常营业状况下收益数额的大小与收益水平的高低。**企业盈利能力指标**主要包括营业利润率、成本费用利润率、总资产报酬率、净资产报酬率等。

（一）营业利润率

营业利润率是企业一定时期营业利润与营业收入的比率。在实务工作中，企业经常使用营业毛利率、营业净利率两个指标来分析企业经营业务的获利水平。其计算公式为

$$营业毛利率 = \frac{营业收入 - 营业成本}{营业收入} \times 100\%$$

$$营业净利率 = \frac{本期净利润}{营业收入} \times 100\%$$

营业利润率越高，表明企业市场竞争力越强，发展潜力越大，盈利能力越强。对于上述营业毛利率和营业净利率，又可以这样解释：营业毛利率是很重要的，其高低情况，表明社会上对企业产品在价格上的认可程度；营业净利率则要以毛利率为基础进行考虑，它是在社会上对企业产品信任与否的基础上，综合体现企业管理水平高低。

（二）成本费用利润率

成本费用利润率反映企业在当期发生的所有成本费用带来收益的能力，或者说反映企业正常营业活动的获利能力。其计算公式为

$$成本费用利润率 = \frac{利润总额}{成本费用总额}$$

成本费用总额 = 营业成本 + 税金及附加 + 销售费用 + 管理费用 + 财务费用

成本费用利润率指标可以评价企业对成本费用的控制能力和经营管理水平，促使企业加强内部管理，节约支出，提高经营质量。成本费用利润率指标中的利润，应当是营业利润，而其分母项的内容，则是全部的、实际发生的生产经营费用。该指标越高，表明企业为取得利润付出的代价越小，成本费用控制得越好，盈利能力越强。

（三）总资产报酬率

总资产报酬率是指企业一定时期内获得的报酬总额与平均资产总额的比率。其计算公式为

$$总资产报酬率 = \frac{息税前利润总额}{平均资产总额} \times 100\%$$

$$息税前利润总额 = 净利润 + 所得税费用 + 利息费用$$

或

$$总资产净利率 = \frac{净利润}{平均资产总额} \times 100\%$$

它表示企业包括净资产和负债在内的全部资产的总体获利能力，是评价企业资产运营效益的重要指标。总资产报酬率反映企业利用全部经济资源的总体获利能力，用来衡量企业管理当局运用全部资产取得的经济效益。总资产报酬率是一个综合指标，既反映企业资产的获利能力，又反映企业继续综合运营的能力；它既与营业利润率有关，又受总资产周转速度的影响。另外，总资产报酬率是否高于社会上的平均资本成本（或平均利息率），也是确定企业是否应利用负债作为经济杠杆的重要依据。

（四）净资产报酬率

净资产报酬率又称股东权益报酬率、净值报酬率、权益报酬率、权益利润率、净资产收益率等，是企业一定时期内获得的净利润与平均净资产的比率。它是反映企业资产综合利用效果的指标，也是衡量企业利用债权人和所有者权益总额所取得盈利的重要指标。其计算公式为

$$净资产报酬率 = \frac{净利润}{平均净资产} \times 100\%$$

该指标越高，表明企业的资产利用效益越好，企业的盈利能力越强，经营管理水平越高。该指标体现了自有资本获得净收益的能力，是衡量企业运用自有资本的效率，对股东投入资本的利用效率的最直接指标。它弥补了每股税后利润指标的不足，也是衡量"钱生钱"的关键指标。因此，这个指标是衡量上市公司盈利能力的最重要指标。

【例8-6】参考表8-1、表8-4所列示的兴盛公司的资产负债表、利润表中的各项数据。

要求： 依据兴盛公司的资产负债表、利润表中的各项数据，计算兴盛公司的盈利能力指标。

解析：

（1）营业毛利率 $= \dfrac{192\,000 - 113\,000 - 13\,750}{192\,000} \times 100\% = 33.98\%$

（2）营业净利率 $= \dfrac{33\,500}{192\,000} \times 100\% = 17.41\%$

（3）成本费用利润率 $= \dfrac{47\,875}{192\,000 - 53\,000} \times 100\% = 34.44\%$

（4）总资产净利率 $= \dfrac{33\,500}{(204\,500 + 209\,500)/2} \times 100\% = 16.18\%$

（5）净资产报酬率 $= \dfrac{33\,500}{(156\,750 + 161\,500)/2} \times 100\% = 21.05\%$

五、企业发展能力指标的内容与计算

🙎 名师点拨 8-8

何为企业发展能力指标？由哪些具体指标组成？计算公式与内容分别是什么？

　　企业的发展能力，也称企业的成长性，是企业通过自身的生产经营活动，不断扩大积累而形成的发展潜能，是企业在生存的基础上扩大规模、壮大实力的潜在能力。企业能否健康发展取决于多种因素，包括外部经营环境、企业内在素质及资源条件等。发展能力分析主要考察以下指标：营业收入增长率、资本保值增值率、资本积累率、总资产增长率、营业利润增长率、固定资产成新率、营业收入三年平均增长率和利润总额三年平均增长率。

（一）营业收入增长率

　　营业收入增长率是企业当年营业收入增长额与上年营业收入总额的比率，反映企业营业收入的增减变动情况。其计算公式为

$$营业收入增长率 = \frac{当年营业收入增长额}{上年营业收入总额} \times 100\%$$

$$当年营业收入增长额 = 当年营业收入总额 - 上年营业收入总额$$

　　营业收入增长率大于零，表明企业当年营业收入有所增长。该指标值越高，表明企业营业收入的增长速度越快，企业市场前景越好。

（二）资本保值增值率

　　资本保值增值率是企业扣除客观因素后的本年年末所有者权益总额与年初所有者

权益总额的比率，反映企业当年资本在企业自身努力下的实际增减变动情况。其计算公式为

$$资本保值增值率 = \frac{扣除客观因素后的本年年末所有者权益总额}{年初所有者权益总额} \times 100\%$$

资本保值增值率越高，表明企业的资本保全状况越好，所有者权益增长越快，债权人的债务越有保障。该指标通常应当大于100%。

（三）资本积累率

资本积累率是企业当年所有者权益增长额与年初所有者权益总额的比率，反映企业当年资本的积累能力。其计算公式为

$$资本积累率 = \frac{当年所有者权益增长额}{年初所有者权益总额} \times 100\%$$

资本积累率越高，表明企业的资本积累越多，应对风险、持续发展的能力越强。

（四）总资产增长率

总资产增长率是企业当年总资产增长额与年初资产总额的比率，反映企业本期资产规模的增长情况。其计算公式为

$$总资产增长率 = \frac{当年总资产增长额}{年初资产总额} \times 100\%$$

$$当年总资产增长额 = 年末资产总额 - 年初资产总额$$

总资产增长率越高，表明企业一定时期内资产经营规模扩张的速度越快。分析时，需要关注资产规模扩张的质和量的关系，以及企业的后续发展能力，避免盲目扩张。

（五）营业利润增长率

营业利润增长率是企业当年营业利润增长额与上年营业利润总额的比率，反映企业营业利润的增减变动情况。其计算公式为

$$营业利润增长率 = \frac{当年营业利润增长额}{上年营业利润总额} \times 100\%$$

$$当年营业利润增长额 = 当年营业利润总额 - 上年营业利润总额$$

该指标值越高，表明企业在营业收入增长的情况下得到的利润越多，企业的发展潜力越大。

（六）固定资产成新率

固定资产成新率又称"固定资产净值率"或"有用系数"，是企业当期平均固定资产净值与平均固定资产原值的比率，反映企业所拥有的固定资产的新旧程度，体现了企业固定资产更新的快慢和持续发展能力的大小。其计算公式为

$$固定资产成新率 = \frac{平均固定资产净值}{平均固定资产原值} \times 100\%$$

该指标高，表明企业固定资产比较新，对扩大再生产的准备比较充足，发展的可能性比较大。

（七）营业收入三年平均增长率

营业收入三年平均增长率表明企业营业收入连续三年的增长情况，反映企业的持续发展态势和市场扩张能力。其计算公式为

$$营业收入三年平均增长率 = \left(\sqrt[3]{\frac{本年营业收入}{三年前营业收入总额}} - 1 \right) \times 100\%$$

营业收入三年平均增长率越高，表明企业营业持续增长势头越好，市场扩张能力越强。

（八）利润总额三年平均增长率

利润总额三年平均增长率表示企业资本连续三年的积累情况，在一定程度上反映了企业的持续发展水平和发展趋势。其计算公式为

$$利润总额三年平均增长率 = \left(\sqrt[3]{\frac{年末利润总额}{三年前年末利润总额}} - 1 \right) \times 100\%$$

利润总额三年平均增长率越高，表明企业整体持续增长势头越好，发展后劲越足。企业发展能力指标的计算举例略。

六、上市公司特殊财务指标的运用说明

上市公司的财务指标，在上述指标中的偿债能力指标、营运能力指标、发展能力指标几个方面与一般企业基本一致，有所不同的是盈利能力指标。这是因为上市公司将股东权益细化为每个股东所持有的股份数，这些股份都有其社会价格，即股价。因

此，其盈利能力指标也就有了与净资产报酬率和股价有关的每股收益、市盈率、每股净资产、市净率的特殊表示方式。

（一）每股收益

每股收益（earnings per share，EPS），又称每股税后利润、每股盈余，是指净利润与普通股股数的比率，是普通股股东每持有一股所能享有的企业净利润或需承担的企业净亏损。其计算公式为

$$每股收益 = \frac{净利润}{普通股股数}$$

每股收益是用来反映企业的经营成果，评价企业的盈利能力，预测企业成长潜力的重要财务指标。本书在前面的章节中对此进行过介绍，此处主要指基本每股收益。

（二）市盈率

市盈率（price earnings ratio，P/E ratio）是由每股市价除以每股收益得出的（以公司市值除以年度股东税后利润也可得出相同结果）。其计算公式为

$$市盈率 = \frac{每股市价}{每股收益}$$

市盈率是很具参考价值的股市指针。在公司对外发行股份及股票上市时，关于股票价格形成过程中最有参考价值的指标即市盈率；或者说，市盈率是用来评估股价水平是否合理的重要指标之一。市场广泛谈及的市盈率通常指静态市盈率，是用来比较不同价格的股票是否被高估或者低估的指标。

（三）每股净资产

每股净资产是指每股股票代表的公司净资产价值，是支撑股票市场价格的重要基础。其计算公式为

$$每股净资产 = \frac{年度末股东权益}{年度末普通股股数}$$

每股净资产值越大，表明公司每股股票代表的财富越雄厚，通常创造利润的能力和抵御外来因素影响的能力越强。

（四）市净率

与市盈率的概念相对应，市净率指的是每股市价与每股净资产的比率。其计算公

式为

$$市净率 = \frac{每股市价}{每股净资产}$$

净资产的多少是由公司经营状况决定的，公司的经营业绩越好，其资产增值越快，股票净值就越高，股东所拥有的权益也越多。一般来说，市净率较低的股票，投资价值较高；反之，则投资价值较低。但在判断投资价值时还要考虑当时的市场环境以及公司的经营情况、盈利能力等因素。

【例8-7】 参考表8-1和表8-4所列示的兴盛公司的资产负债表、利润表中的各项数据；假设兴盛公司的股本数额为145 000股，股票价格为10元/股，其他数据不变。

要求： 依据兴盛公司的资产负债表、利润表中的各项数据，计算兴盛公司的每股收益、市盈率、每股净资产、市净率，并说明上述指标与公司净资产报酬率之间的关系。

解析：（1）每股收益 = 33 500/145 000 = 0.23（元）

（2）市盈率 = 10/0.23 = 43.48

（3）每股净资产 = 161 500/145 000 = 1.113 8（元）

（4）市净率 = 10/1.113 8 = 8.98

（5）净资产报酬率 = 净利润/净资产 = 33 500/161 500 × 100% = 20.74%

（6）净资产报酬率 = 市净率/市盈率

$\qquad\qquad$ =（股票价格/每股净资产）/（股票价格/每股收益）

$\qquad\qquad$ = 每股收益/每股净资产

$\qquad\qquad$ = 净利润/净资产

$\qquad\qquad$ = 20.74%

边学边练

甲公司简易的年度资产负债表、利润表和现金流量表如下：

资产负债表

编制单位：甲公司 $\qquad\qquad$ 202×年12月31日 $\qquad\qquad$ 单位：万元

资产	年末余额	上年年末余额	负债与股东权益	年末余额	上年年末余额
流动资产：			流动负债：		
货币资金	4 000	10 500	短期借款	27 250	24 000

续表

资产	年末余额	上年年末余额	负债与股东权益	年末余额	上年年末余额
交易性金融资产	6 000	6 500	应付票据	9 200	7 900
应收票据	19 000	11 000	应付账款	11 800	12 600
应收账款	17 000	13 500	应付职工薪酬	9 000	8 000
存货	78 000	68 500	其他应付款	550	250
流动资产合计	124 000	110 000	应交税费	14 200	13 750
非流动资产：			流动负债合计	72 000	66 500
长期股权投资	6 500	5 000	非流动负债：		
固定资产	252 200	259 000	长期借款	14 500	19 750
无形资产	19 600	20 000	应付债券	9 420	9 200
其他资产	16 700	15 000	递延所得税负债	80	50
递延所得税资产			非流动负债合计	24 000	29 000
			负债合计	96 000	95 500
			股东权益：		
			股本*	290 000	290 000
			资本公积	14 300	10 500
			盈余公积	7 700	3 000
			未分配利润	11 000	10 000
			股东权益合计	323 000	313 500
资产总计	419 000	409 000	负债与股东权益总计	419 000	409 000

*表中的股本均为普通股股本。

利润表

编制单位：甲公司　　　　　　　　202×年12月　　　　　　　　单位：万元

项目	本年金额	上年金额
一、营业收入	384 000	354 000
减：营业成本	226 000	207 350
税金及附加	17 500	19 150
销售费用	18 500	19 700
管理费用	15 300	17 570
财务费用*	6 000	2 400
资产减值损失	200	140

续表

项目	本年金额	上年金额
加：公允价值变动损益	500	260
投资收益	5 000	3 500
二、营业利润	106 000	91 450
加：营业外收入	1 750	1 000
减：营业外支出	12 000	5 400
三、利润总额	95 750	87 050
减：所得税费用	28 750	26 050
四、净利润	67 000	61 000

*表中的财务费用为本期的利息费用。

现金流量表（部分） 单位：万元

项目	行次	本年金额	上年金额
一、经营活动产生的现金流量：			
销售商品、提供劳务收到的现金		363 000	289 170
收到的税费返还		2 320	1 820
收到的其他与经营活动有关的现金		60 830	44 590
经营活动现金流入小计		426 150	335 580
购买商品、接受劳务支付的现金		253 150	219 600
支付给职工以及为职工支付的现金		71 180	66 140
支付的各项税费		41 650	32 940
支付的其他与经营活动有关的现金		25 730	28 760
经营活动现金流出小计		391 710	347 440
经营活动产生的现金流量净额		34 440	-11 860
……		……	……
五、现金及现金等价物净增加额		-6 500	4 470

要求：列示每一指标的计算公式，并根据上述资料的数据，列式计算该公司的下述分析指标（注明每一指标计算的文字公式、计算的数据式，并标注计算结果的经济含义）。

（1）负债比率；

（2）股东权益比率；

（3）流动资产周转率；

  （4）流动比率；

  （5）速动比率；

  （6）应收账款周转率（设赊销额是全部销售收入的50%）；

  （7）存货周转率；

  （8）净资产报酬率；

  （9）总资产报酬率；

  （10）每股收益；

  （11）营业净利率；

  （12）营业毛利率；

  （13）每股净资产；

  （14）总资产净利率；

  （15）成本费用利润率；

  （16）营业收入增长率；

  （17）总资产周转率。

答案8-1

第四节　财务报表的综合分析

本节重难点8-4

名师点拨8-9

何为财务报表综合
分析？有何特征？
主要有哪几种方法？

一、财务报表综合分析的特征与方法

（一）财务报表综合分析的概念

  此处所述财务报表的综合分析，就是将整个企业的财务状况或盈利水平等视为一个全面、系统的总体，采用一个核心指标或者一种综合性的评价体系，对一个企业，而不仅是企业的某一方面所进行的揭示、整合和剖析，以对一个企业整体的财务状况进行评价的管理活动，通常有一个完整的分

析过程。

（二）财务报表综合分析的特征

既然是一个有整体性的活动，就应该有一些不同于某一单项活动的特征。具体来说，财务报表综合分析有以下几点特殊之处：

（1）这样的分析是将各类比较、数字计算、指标计算等结合在一起的分析过程。将企业偿债能力、营运能力、盈利能力及发展能力等各项分析指标有机地联系起来，相互配合使用，从而对企业的财务状况做出系统、综合的评价。

（2）这样的分析突破了单项分析以财务计划、财务理论为标准的框架。这种分析的比较基准是企业的整体发展趋势，甚至突出企业与企业之间、部门与部门之间相互比较的特征，因此能够起到对相关行业、企业财务工作的指导作用。

（3）这样的分析有时将分析指标进行主要指标与次要指标、辅助指标的划分。以此为基础，提倡抓住主要指标，兼顾一般指标，或者是将主要指标分解成几个下一分析层次的指标，从而把分析由表及里、由此及彼地深入下去。

综上所述，综合分析是企业总结某一阶段工作、某一项大型财务活动必需的业务程序，有利于财务报表使用者把握企业财务的全面状况，更好地指导企业的未来发展。对财务报表进行综合分析的方法主要有杜邦分析法、沃尔评分法、经济增加值、平衡计分卡和国有资本金效绩评价等。

（三）财务报表综合分析的方法

上述财务报表分析的基本方法有的是针对某个报表项目展开，如比较分析法和比率分析法；有的则是根据某一多项目集合的指标，如成本、利润的构成，进行分解式分析；即使涉及多时期的趋势分析法，也只是同时计算了多种指标。相对而言，这些分析方法都是基本方法，或者说是简单方法。现代财务报表分析也有以下综合分析方法。

1. 杜邦分析法

杜邦分析法是利用几种主要的财务比率之间的关系来综合分析企业财务状况的方法。具体来说，它是用来评价公司盈利能力和股东权益回报水平，从财务角度评价企业绩效的一种经典方法。其基本思想是将企业的净资产报酬率逐级分解为多项财务比率乘积，这样有助于深入分析比较企业经营业绩。由于这种分析方法最早由美国杜邦公司使用，故名杜邦分析法。

2. 沃尔评分法

沃尔评分法也称沃尔比重评分法，是指将选定的财务比率用线性关系结合起来，并分别给定各自的分数比重，然后通过与标准比率进行比较，确定各项指标的得分及总体指标的累计分数，从而对企业的经营水平做出评价的方法。1928年，亚历山大·沃尔出版的《信用晴雨表研究》和《财务报表比率分析》中提出了信用能力指数的概念。亚历山大·沃尔选择了几个财务比率，分别给定各指标的比重，然后确定标准比率（以行业平均数为基础），将实际比率与标准比率相比，得出相对比率，将此相对比率与各指标比重相乘，得出总评分。此种方法后来被企业界广泛运用，是很有影响力的综合分析方法之一。

3. 经济增加值

经济增加值（economic value added，EVA）是指从税后净利润中扣除包括股权和债务的全部投入资本成本后的所得。其核心是资本投入是有成本的，企业的盈利只有高于其资本成本（包括股权成本和债务成本）时才会为股东创造价值。按照这样的方法考虑，公司每年创造的经济增加值等于税后净利润与全部资本成本之间的差额，其中，资本成本包括债务资本的成本，也包括股权资本的成本。EVA是一种评价企业经营者有效使用资本和为股东创造价值的能力，体现企业最终经营目标的经营业绩考核工具。

4. 平衡计分卡

平衡计分卡是从财务、客户、内部运营、学习与成长四个角度，将组织的战略落实为可操作的衡量指标和目标值的一种新型绩效管理体系。此方法源自哈佛大学教授们所从事的"未来组织绩效衡量方法"的一种绩效评价体系。当时该计划的目的在于找出超越传统以财务量度为主的绩效评价模式，以使组织的"策略"能够转变为"行动"。经过近20年的发展，平衡计分卡已经发展成为企业集团进行战略管理的工具，在集团战略规划与执行管理方面发挥着非常重要的作用。

5. 国有资本金绩效评价

国有资本金绩效评价是指运用科学、规范的评价方法，对企业一定经营期间的资产运营、财务效益等经营成果，进行定量及定性对比分析，做出真实、客观、公正的综合评判的分析方法。这种方法的评价对象是国有独资企业、国家控股企业；评价主体是代表出资者的政府；评价的方式包括例行评价和特定评价。具体来说，国有资本金绩效评价是以政府为主要评价主体的企业综合分析方法：由政府有关部门直接组织实施，也可以委托中介机构进行；以国有独资企业、国家控股企业为评价对象；以完善国有资本金监管制度，科学解析和真实反映企业资产运营效果和财务效益状况为评价目的。

着眼于本书的写作宗旨，本书只是在本章的最后部分对杜邦分析法和沃尔评分法进行一般性介绍。

二、杜邦分析法的应用过程

（一）杜邦分析法的由来

前已述及，杜邦分析法利用几种主要的财务比率之间的关系来综合分析企业的财务状况，其具体思路为：

（1）企业出资者的投资要有一定的收益保证，而这样的保证可由企业净资产报酬率来表现。

（2）进一步来看，资本的使用者是否扩展了筹资范围，取得的资本是否得到了合理甚至是出色的运用，是投资者的投资能否得到合理收益、超额收益的重要条件。

（3）再进一步，企业资本使用者是否使其所使用的资本发挥了充分的效能，即是否能攫取最大化的价值等。

杜邦分析法将企业净资产报酬率逐级分解为多项财务比率乘积，从而能深入分析企业取得经营业绩的原因和效果。本章在此只是从会计学的基础角度，讲明分析的过程及其各种数据的出处。

（二）"金字塔"分析体系的指标构成与组合方式

杜邦分析体系的核心为前述"净资产报酬率"（投资者投资的回报水平），最关键的指标即二级指标是"平均权益乘数"（在投资者投资基础上扩大的资本范围）和"总资产报酬率"（利用扩大了范围的资本形成的净收益），再一层则是"总资产周转率"（利用上述总资产形成净收益的量的表现）和"营业净利率"（利用上述总资产形成净收益的质的表现）。由此可知，这种方法以净资产报酬率为核心指标，依次将与之有关的指标列示出来，形成一个指标体系的"金字塔"。杜邦分析的"金字塔"指标体系见图 8 - 1。

（三）杜邦分析体系与各报表项目之间的关系

上述指标的计算数据完全来自财务报表体系，是各财务报表中不同项目的相互组

净资产报酬率
（净利润/平均净资产）

总资产报酬率   ×   平均权益乘数
（净利润/平均资产总额）   （平均总资产/平均净资产）

营业净利率   ×   总资产周转率
（净利润/ 营业收入）   （营业收入/ 平均资产总额）

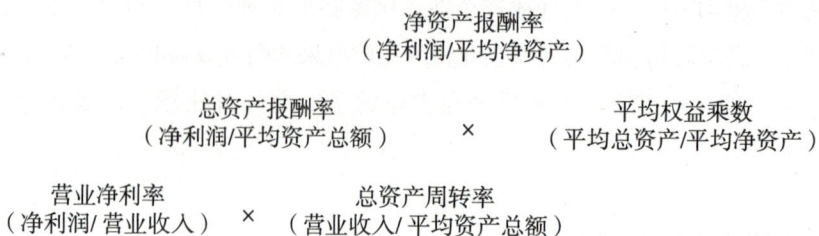

图 8 - 1 杜邦分析的"金字塔"指标体系

合。我们在此处将本章兴盛公司的财务指标填列进去，对杜邦分析体系进行深入解释。杜邦分析"金字塔"与财务报表项目之间的关系见图 8 - 2。

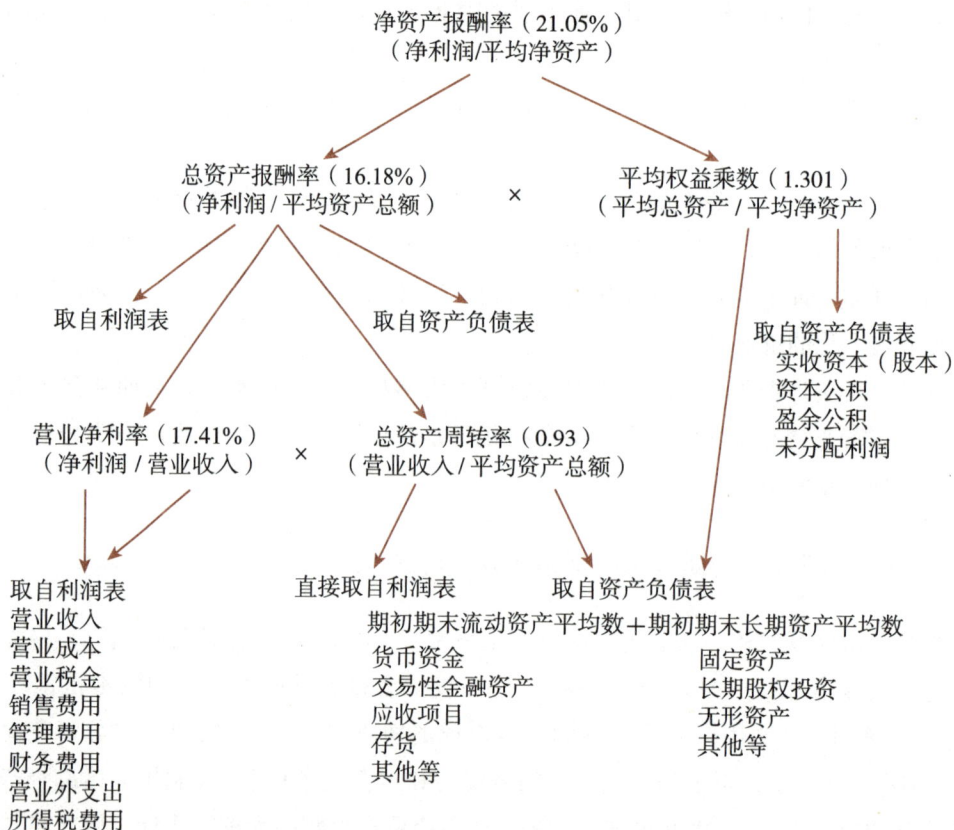

净资产报酬率（21.05%）
（净利润/平均净资产）

总资产报酬率（16.18%）   ×   平均权益乘数（1.301）
（净利润/ 平均资产总额）   （平均总资产/ 平均净资产）

取自利润表   取自资产负债表

                                                    取自资产负债表
                                                    实收资本（股本）
                                                    资本公积
                                                    盈余公积
                                                    未分配利润

营业净利率（17.41%）   ×   总资产周转率（0.93）
（净利润/ 营业收入）   （营业收入/ 平均资产总额）

取自利润表   直接取自利润表   取自资产负债表
营业收入   期初期末流动资产平均数＋期初期末长期资产平均数
营业成本   货币资金   固定资产
营业税金   交易性金融资产   长期股权投资
销售费用   应收项目   无形资产
管理费用   存货   其他等
财务费用   其他等
营业外支出
所得税费用

图 8 - 2 杜邦分析"金字塔"与财务报表项目之间的关系

图 8 - 2 中的各指标虽各自相对独立，但是又通过居于"金字塔"顶端的"净资产报酬率"连在了一起。这样，根据企业每个工作岗位与各报表项目之间的责任关系，就可以将公司全体员工的工作与公司财务目标结合起来，使公司目标得以顺利实现。

三、沃尔评分法的应用过程

（一）沃尔评分法建立基础解释

沃尔评分法早在 1928 年，就在信用能力指数的评价中选择了 7 个财务比率，即流动比率、产权比率、固定资产比率、存货周转率、应收账款周转率、固定资产周转率和自有资金（净资产）周转率。首先，将这些财务比率用线性关系结合起来，并逐一给定其在总评价中的比重（比重总和为 100）；其次，确定标准比率，并与实际比率相比较，评出每项指标的得分；最后，将不同计量性质的各种事项无差别地联结在一起，综合地给出总评分。

在这样的过程中，沃尔评分法通过换算，把原来不可相加的各个指标，如有的是天数，有的是百分比，还有的是价值单位，变得能够相加在一起，从而起到了把不同的指标加在一起的综合评价作用。这种思路在后来的财务分析中多被用到。

（二）沃尔评分法的计算过程举例

此处仍以前述兴盛公司财务报表中的数据，对沃尔评分法进行说明。

【例8–8】 此处依据表 8–1、表 8–4 兴盛公司的资产负债表和利润表中的数据进行相关计算。在这一过程中设定的评分程序为：①选定评价企业财务状况的比率指标。②根据各比率的重要程度，确定重要性系数。③确立各项比率的标准值。④计算企业财务指标在一定时期的实际值。⑤求出各指标实际值与标准值之间的关系比率。⑥求得各项财务指标的综合指数及其合计数。按照上述程序选定的分析指标为流动比率、股东权益比率、固定资产比率、存货周转率、应收账款周转率、固定资产周转率和总资产周转率。

要求： 根据上述程序，完成对兴盛公司信用能力的综合分析。

解析： 此处需要补算兴盛公司的固定资产比率、固定资产周转率和自有资金（净资产）周转率：

$$固定资产比率 = \frac{固定资产额}{资产总额} \times 100\% = \frac{128\ 800}{209\ 500} \times 100\% = 61.48\%$$

$$固定资产周转率 = \frac{营业收入额}{固定资产平均净值} = \frac{192\ 000}{(129\ 000 + 128\ 800)/2} = 1.49（次）$$

$$总资产周转率 = \frac{营业收入}{平均资产总额} = \frac{192\ 000}{(204\ 500 + 209\ 500)/2} = 0.93（次）$$

具体计算过程见表 8 –11。

表 8 –11　　　　　　　　沃尔评分法计算表

指标	重要性系数（1）	标准值（2）	实际值（3）	关系比率（4）＝（3）／（2）	综合指数（5）＝（1）×（4）
流动比率	0.15	2 倍	1.72 倍	0.86	0.129
股东权益比率	0.10	60%	77.09%	1	0.128
固定资产比率	0.10	50%	61.48%	1	0.123
存货周转率	0.15	4 次	3.09 次	0.77	0.116
应收账款周转率	0.15	8 次	10.07 次	1.26	0.189
固定资产周转率	0.15	1.5 次	1.49 次	0.99	0.149
总资产周转率	0.20	1.0 次	0.93 次	0.93	0.186
合计	1.00				0.969

注：计算过程中，对指标高过标准值但并不见得增加效益的股东权益比率和固定资产比率，超过 1 的计为 1；没有超过的，按实际计算值。而对于一些高于标准值可增加效益的指标，如各类资产周转率等，则将高于标准值的部分按实际计算结果计分。

（三）对上述计算结果的说明

（1）表格中各考核指标的确定，需要企业根据自身管理的实际情况或者行业考核标准等进行。

（2）表格中各标准值的确定，需要依据企业自身的实际情况或者行业标准、专家意见等进行。

（3）表中的计分方式，有的可能是超过"1"的只计"1"，如"股东权益比率""固定资产比率"，也有的可能超过"1"的按实际数值计，如表中的周转率指标。

（4）确定的总分，可作为不同单位间的评比依据，以发现不足、表彰先进。

名师点拨 8-10

上市公司其他财务指标包括哪些内容？实际运用过程是怎样的？

四、上市公司其他财务指标及其披露

在企业年度财务报告中，还有一些与财务报表分析相伴而行的事项，如企业的主要会计数据和财务指标、分部报告、非经常性损益及其扣除等。此处对这样的事项进行介绍。

（一）主要会计数据和财务指标

这样的数据和指标，在上市公司年度报告中开头最突出的部分进行列示。可参看某软件业上市公司 20×6 年披露的相关内容。其主要会计数据和财务指标附注见表 8-12。

表 8-12 主要会计数据和财务指标附注

数据与指标	20×6 年	20×5 年	本年比上年增减	20×4 年
营业收入/元	6 476 747 733.49	5 629 416 583.02	15.05%	5 171 048 660.00
归属于上市公司股东的净利润/元	899 647 231.24	1 141 878 403.18	-21.21%	1 038 654 013.57
归属于上市公司股东的扣除非经常性损益的净利润/元	733 256 861.71	936 583 557.45	-21.71%	1 017 138 835.94
经营活动产生的现金流量净额/元	-501 109 930.09	-34 556 857.73	-1 350.10%	-15 144 074.12
基本每股收益/(元/股)	0.573 1	0.741 6	-22.72%	0.701 3
稀释每股收益/(元/股)	0.573 1	0.739 7	-22.52%	0.698 1
加权平均净资产报酬率	10.00%	15.28%	-34.55%	20.74%
总资产/元	12 428 188 875.83	11 156 713 729.02	11.40%	7 923 961 761.50
归属于上市公司股东的净资产/元	8 782 567 390.96	8 503 772 488.42	3.28%	6 287 895 827.15

表 8-12 中的数据展开较广，财务报表使用者可依据自己关注的部分选择要了解的内容。

（二）分部报告

这样的数据和指标，是上市公司年度报告中可选择披露的部分，但了解这样的内容对深刻认识一个公司是有益处的，国际跨国公司尤其如此。此处也参看某软件业公司 20×6 年的情况，其营业收入构成的披露见表 8-13。

表 8-13 营业收入构成的披露 单位：元

项目	20×6 年		20×5 年		同比增减
	金额	占营业收入比重	金额	占营业收入比重	
营业收入合计	6 476 747 733.49	100%	5 629 416 583.02	100%	15.05%
分行业分部报告					
通信行业	526 780 794.35	8.13%	508 819 244.69	9.04%	3.53%

项目	20×6 年		20×5 年		同比增减
	金额	占营业收入比重	金额	占营业收入比重	
电力、水利、铁路、交通行业	845 374 508.59	13.05%	814 080 152.01	14.46%	3.84%
石油、化工行业	140 213 559.86	2.16%	138 083 320.42	2.45%	1.54%
政府行业	556 672 305.91	8.59%	509 566 959.98	9.05%	9.24%
金融、保险、医保行业	3 361 362 854.45	51.90%	2 812 854 039.84	49.97%	19.50%
计算机服务业	279 425 324.38	4.31%	266 854 409.70	4.74%	4.71%
制造业	144 535 569.97	2.23%	143 663 397.29	2.55%	0.61%
其他	432 545 839.54	6.68%	383 222 619.49	6.81%	12.87%
分地区分部报告					
东北地区	364 733 390.31	5.63%	336 642 516.41	5.98%	8.34%
华北地区	3 711 423 151.66	57.30%	3 240 559 920.82	57.56%	14.53%
华东地区	891 150 553.22	13.76%	795 378 935.07	14.13%	12.04%
华南地区	215 513 280.32	3.33%	201 964 298.76	3.59%	6.71%
华中地区	301 782 059.97	4.66%	266 601 301.34	4.74%	13.20%
西北地区	411 602 869.73	6.36%	370 384 891.02	6.58%	11.13%
西南地区	390 705 451.84	6.03%	365 612 280.00	6.49%	6.86%
非主营业务收入	189 836 976.44	2.93%	52 272 439.60	0.93%	263.17%

　　这样的报表从两个角度揭示了公司（按照不同行业分部与按照不同地区分部）营业收入的不同构成，能够使财务报表使用者对企业收入状况有更深刻的认识。

（三）非经常性损益及其扣除

　　这样的信息能够给财务报表使用者提供扣除偶然情况收支之外的企业真实盈利能力与盈利水平的信息。仍参看某软件业公司20×6年非经常性损益及其扣除的情况，其当期非经常性损益明细表附注见表8-14。

表 8-14　　当期非经常性损益明细表附注　　单位：元

项目	金额	说明
非流动资产处置损益	23 601 895.73	
计入当期损益的政府补助（与企业业务密切相关，按照国家统一标准定额或定量享受的政府补助除外）	55 037 999.04	
计入当期损益的对非金融企业收取的资金占用费	205 416.67	
除同公司正常经营业务相关的有效套期保值业务外，持有交易性金融资产、交易性金融负债产生的公允价值变动损益，以及处置交易性金融资产、交易性金融负债和可供出售金融资产取得的投资收益	100 718 452.00	
除上述各项之外的其他营业外收入和支出	2 101 649.14	
丧失控制权后，按照公允价值重新计量剩余股权产生的利得或损失	4 304 314.80	
减：所得税影响额	17 408 151.03	
少数股东权益影响额	2 171 206.82	
合计	166 390 369.53	

信息披露解释：对公司根据《公开发行证券的公司信息披露解释性公告第 1 号——非经常性损益》定义界定的非经常性损益项目，以及把《公开发行证券的公司信息披露解释性公告第 1 号——非经常性损益》中列举的非经常性损益项目界定为经常性损益的项目，应说明原因。

上述信息披露解读：该公司披露的本年净利润的数额为 899 647 231.24 元，其扣除非经常性损益后的净利润为 733 256 861.71 元（899 647 231.24 - 166 390 369.53）。扣除非经常性损益后的净利润是企业经常用到的重要获利能力指标，表明扣除一些偶然因素后企业的真实获利水平。

请思考

思维导引 8-2

1. 何为杜邦分析法？实际运用过程是怎样的？

2. 何为沃尔评分法？实际运用过程是怎样的？

3. 财务报表综合分析还有哪些方法？分别有哪些具体内容？

4. 何为分部报告？结构格式是怎样的？反映了什么样的内容？

5. 何为非经常性损益？为什么要进行扣除计算？其反映了哪些内容？

本章小结

　　财务报表分析是多门管理学科都要运用的一种较为普及的专业方法或技能。由于上市公司财务会计报告面向全社会披露，此项方法或技能在社会资金配置方面发挥着越来越大的作用。本章从财务报表分析的基本理论开始，对财务报表的直观分析进行了较为深入的解释，这也是本章、本课程需要熟练掌握的重点内容之一。财务指标的内容及其取得、运用，一直以来是会计学面向社会的重要内容，即本章中的企业财务指标分析为本章、本课程需要熟练掌握的又一重点内容。本章还对杜邦分析法和沃尔评分法进行了系统介绍，要求同学们在理解的基础上对此系统进行掌握。本章关于上市公司其他指标分析的内容，如有关市盈率、市净率、每股净资产、每股收益，以及分部报告、非经常性损益，也需要大家理解、掌握。

本章知识框架

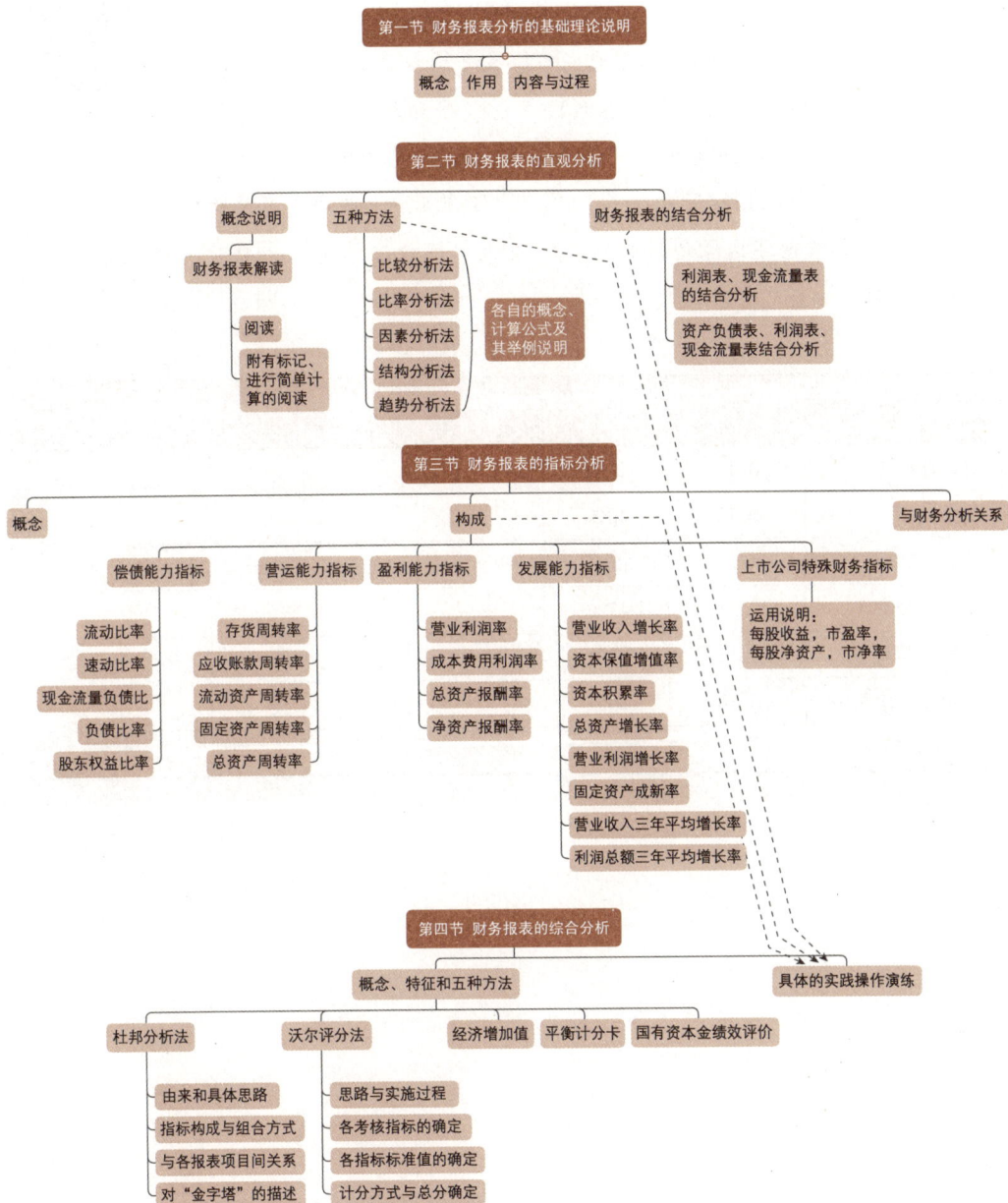

第一节 财务报表分析的基础理论说明
概念　作用　内容与过程

第二节 财务报表的直观分析

概念说明　　五种方法　　　　　　　　　　财务报表的结合分析

财务报表解读　　比较分析法　　　　　　　　利润表、现金流量表的结合分析

阅读　　　　　比率分析法　　　　　　　　资产负债表、利润表、现金流量表结合分析
　　　　　　　因素分析法　　各自的概念、
附有标记、　　结构分析法　　计算公式及
进行简单计　　　　　　　　　其举例说明
算的阅读　　　趋势分析法

第三节 财务报表的指标分析

概念　　　　　　　　　　　　构成　　　　　　　　　　　　与财务分析关系

偿债能力指标　　营运能力指标　　盈利能力指标　　发展能力指标　　上市公司特殊财务指标

流动比率　　　存货周转率　　　营业利润率　　　营业收入增长率　　运用说明：
速动比率　　　应收账款周转率　成本费用利润率　资本保值增值率　每股收益，市盈率，
现金流量负债比　流动资产周转率　总资产报酬率　　资本积累率　　　每股净资产，市净率
负债比率　　　固定资产周转率　净资产报酬率　　总资产增长率
股东权益比率　总资产周转率　　　　　　　　　营业利润增长率
　　　　　　　　　　　　　　　　　　　　固定资产成新率
　　　　　　　　　　　　　　　　　　　　营业收入三年平均增长率
　　　　　　　　　　　　　　　　　　　　利润总额三年平均增长率

第四节 财务报表的综合分析

概念、特征和五种方法　　　　　　　　　　具体的实践操作演练

杜邦分析法　　　沃尔评分法　　　经济增加值　平衡计分卡　国有资本金绩效评价

由来和具体思路　　思路与实施过程
指标构成与组合方式　各考核指标的确定
与各报表项目间关系　各指标标准值的确定
对"金字塔"的描述　计分方式与总分确定

综合训练

1. 根据本章前述边学边练资料，完成杜邦分析法计算综合分析结果。

💡答案8-2

$$净资产报酬率（\quad）$$

$$（净利润/平均净资产）$$

$$总资产报酬率（\quad）\times 平均权益乘数（\quad）$$

$$（净利润/平均资产总额）\qquad（平均总资产/平均净资产）$$

$$营业净利率（\quad）\times 总资产周转率（\quad）$$

$$（净利润/营业收入）\qquad（营业收入/平均资产总额）$$

2. 根据本章前述边学边练资料，完成沃尔评分法计算表，并计算出沃尔评分法综合评分值。

沃尔评分法计算表

指标	重要性系数（1）	标准值（2）	实际值（3）	关系比率（4）=（3）/（2）	综合指数（5）=（1）×（4）
流动比率	0.15	2倍			
负债比率	0.15	40%			
存货周转率	0.20	4次			
营业毛利率	0.25	45%			
总资产周转率	0.15	1次			
营业收入增长率	0.10	10%			
合计					